东北财经大学财政学系列教材

U0656967

FOREIGN PUBLIC FINANCE SYSTEMS

外国财政制度

（第三版）

刘明慧 编著

东北财经大学出版社
Dongbei University of Finance & Economics Press
大连

图书在版编目（CIP）数据

外国财政制度 / 刘明慧编著. —3版. —大连：东北财经大学出版
社，2016.4
（东北财经大学财政学系列教材）
ISBN 978-7-5654-2163-1

Ⅰ．外… Ⅱ．刘… Ⅲ．财政制度-国外-高等学校-教材
Ⅳ．F811.2

中国版本图书馆CIP数据核字（2015）第288731号

东北财经大学出版社出版
（大连市黑石礁尖山街217号 邮政编码 116025）
教学支持：（0411）84710309
营 销 部：（0411）84710711
总 编 室：（0411）84710523
网 址：http://www.dufep.cn
读者信箱：dufep@dufe.edu.cn

大连雪莲彩印有限公司印刷 东北财经大学出版社发行
幅面尺寸：170mm×240mm 字数：443千字 印张：21 1/4 插页：1
2016年4月第3版 2016年4月第4次印刷

责任编辑：时 博 责任校对：惠恩乐
封面设计：潘 凯 版式设计：钟福建

定价：43.00元

东北财经大学财政学系列教材
编审委员会

第 三 版 前 言

《外国财政制度》一书自 2008 年出版以来，较好地满足了普通高校的教学需要，也获得了广泛的好评。近几年来，随着国际经济形势的变化，一些国家的财政税收制度进行了适时的调整和改革，因此，为了更全面、及时地反映相关制度改革的内容和更好地适应教学需要，对本教材进行了再次修订。

在本书的修订过程中，作者以贴近教学、满足教学需要为着眼点，立足于系统阐释国外财政制度的机理、基本内容和基本特征，并力求将典型国家最新的财政制度改革实践融入书中，以便及时把握国外财政制度改革的动态，并对我国相关财政制度改革提供有益借鉴。

外国财政制度涉及面非常广泛，本书从教学和学习的实际需要出发，将教材范围体系限定于世界上具有代表性的国家的财政制度，并对其进行系统、深入的阐述。在内容上，共分十章，分别阐述了财政制度的基本要素、财政支出制度、财政收入制度、税收制度、预算制度、财政体制、社会保障制度、公债制度和财政调控制度。

本书第一章、第二章、第三章、第四章、第八章、第十章由刘明慧教授执笔，第五章、第六章、第七章由崔惠玉教授执笔，第九章由张海星教授执笔。全书最后由刘明慧教授总纂定稿。

本书的主要特色体现在：

（1）体系框架合理。根据财政学学科性质和研究对象，注重学科知识的系统性，力求结构完整、构思严谨、脉络清晰。

（2）内容设计严密。教材内容丰富、重点突出、案例特色明显、阐述透彻，广泛吸收最新研究成果。

（3）每章均有"本章小结"和"复习思考题"，有助于学生总结、回顾本章的重点内容和知识要点，便于学生的课后学习。

（4）新增两套模拟试题并配备答案，以帮助学生系统掌握所学内容和测试学习成果，请任课教师登录东北财经大学出版社网站（www.dufep.cn）免费下载。

本书经过一再充实和修改，确实是具有很强的可读性和实用性，适合财政学专业本科教学需要，同时，还可作为财政方面的研究者和从业者了解、掌握外国财政制度的参考书。

在编写过程中，本书参阅了国内外相关教材，并借鉴和引用了在学术杂志上发表的一些科研成果，特此说明并表示真诚谢意。

由于作者理论水平和实践经验有限，错误与疏漏在所难免，恳请读者批评指正。

编著者
2016 年 4 月

目 录

第一章

导　论

第一节　　财政制度及其要素

一、财政制度特征

（一）制度的界定与特征

新制度经济学的著名代表人物道格拉斯·C.诺思指出，所谓制度就是一个社会的游戏规则，它是为决定人们相关经济和社会关系而人为设定的一些制约，由道德、习惯和行为准则等非正式约束与宪法、法令和产权等正式约束所组成。制度构成了人们日常的行为选择方式，并决定了达到预期目标的路径。

制度的特征主要包括：（1）制度随着经济社会的发展而不断演进和发展。（2）制度能够通过降低交易成本来促进交换的发展和市场的扩大。正如诺斯所言："制度在社会中起着更为根本性的作用，它们是决定长期经济绩效的基本因素。"合理的制度变迁是落后国家实现转型的首要前提。（3）制度为人们的行动提供了保证，通过帮助人们形成合理的预期来协调相互关系，在复杂的和不确定的世界中给予秩序和稳定性。

（二）财政制度及其特征

财政制度是对财政分配关系的制度性安排，是国家为保证公共财政活动所建立的法律和政策规范，是国家对财政活动的目标、内容、组织机构、行为主体、管理方法、运作程序等方面的原则规定。财政制度是一国经济社会制度的重要组成部分，它的制定是在国家的宏观经济制度的约束下进行的。从本质上讲，财政制度是一种公共产品，它具有广泛的"外部性"，对社会的所有成员具有普遍的约束力与影响力。

在现代市场经济条件下，公共财政制度具有 3 个特征：

1. 以提供公共产品为基本准则

公共财政制度与其他经济制度的根本区别首先在于它以提供社会公共产品为准则。公共产品，如国防、公共秩序、社会保障、医疗卫生、环境保护、科学技术、基础教育和基础设施等具有基础性、共同性和广泛性，是社会经济发展中人们共同的需要，是个人和私人团体所不能充分、有效提供的。在现代市场经济条件下，提供社会公共产品是政府财政资源配置职能的核心内容，是政府责无旁贷的义务。

从社会资源配置方式来看，政府与市场既相互分工区别，又相互补充配合。市场配置活动集中于利益最大化的产业和产品领域，政府配置活动则是为了弥补市场机制的缺陷，定位于市场活动之外的公共产品领域，这样既能满足社会需要，又可以优化社会资源配置。从这个意义上说，规范公共产品提供就构成公共财政制度的基础。

2. 以公共选择和民主监督为运行机制

财政制度的制定是公共领域政治选择过程的结果。以公共选择为基本运行机制就是要求财政制度的设计符合财政民主化、法制化的理念。从财政的本质上讲，财政分配是为了满足社会公共需要，财政活动是一项社会公共活动。因此，客观上要求财政活动中财政收入的取得和财政支出的使用必须置于社会成员的监督之下，做到取之得当、用之合理。

以公共选择和民主监督为运行机制的具体内容包括：（1）在国家的宪法、基本财政法等法规中明确规定财政活动的原则与机制。（2）政府将包括所有收入和支出在内的财政预算方案和执行状况完整地向社会公布，让公众及其代表进行讨论和审议，以公开透明和民主选择的方式让公众参与决策和表达对公共产品的偏好与需求，对财政活动进行监督和管理。（3）对政府从事的财政活动进行适当的约束，准确把握公共产品的内容范畴，保证财政活动的规范性和决策的合理性、可行性。

3. 以分权管理为体制模式

公共财政是分权财政，是一种以分权自主为基础，又具有合作协调功能的结构体系。在联邦制国家，财政分权协调的结构模式是与宪法规定的政府间关系一致的，又称为财政联邦主义模式；在非联邦制国家，财政分权协调结构是以宪法或财政法中的有关规定为基础的。

财政分配体制模式的依据是：（1）公共产品受益范围不同，既有全国性公共产品，也有满足各个地方居民需求偏好、适应各个地区发展需要的地方性公共产品。（2）根据不同范围内的公共需要，采取分权提供的方式，能够重视地方财政的作用和创新精神，充分顾及地方利益，并满足整个社会的需要，真正保证财政的公共性和民主性。（3）从财政活动的效率来看，在中央与地方之间划分公共产品提供的责任和权力，可以更好地赋予各级财政自主权，调动各级财政的积极性，形成公共服务上的创新和竞争机制，从而提高公共产品提供的效率。

二、财政制度要素

财政制度要素包括：财政制度的主体、财政制度的客体和财政制度的内容。

（一）财政制度的主体

按照制度主体的概念，财政制度的主体就是财政制度的制定者。财政制度是关于政府收支活动的制度性安排，一般是由政府的相关部门制定的，并成为政府制度的一个组成部分，因此，财政制度的直接主体是政府。

（二）财政制度的客体

财政制度的客体是指承担财政制度所规定的权利、义务的政府部门及经济领域的利益集团和社会成员，换言之，是财政制度规范与约束的对象。财政是政府获取和运用物质资源的手段，财政活动尤其是公共财政活动涉及政治、经济、社会、法律等多个领域，与各级政府、企业、个人、社会团体产生直接和间接的利益关系，这些活动特征决定了财政制度的客体分布领域的广泛性。

（三）财政制度的内容

财政制度所涉及的所有的制度对象的权利、义务都以具体的法律、法规、条例、条文、原则等形式体现在财政制度的内容之中。财政制度的内容通常在相关理论指导下，根据制度所要达到的政策目标，制度运行的国内外条件与环境，并考量与其他制度的配套协调等因素加以确定和适时调整。

三、财政制度构成

财政制度主要包括财政组织制度、财政收支制度、预算管理制度、公债制度和财政调控制度。

（一）财政组织制度

财政组织制度是关于财政行政机构设置的制度，属于政府组织制度的范畴。财政组织制度从政府行政组织上为财政职能的实现构建了最基本的硬件平台，它往往以法律法规的形式规定了政府财政部门的组织结构，以及财政部门与其他政府部门之间、各政府财政部门之间的各种行政关系。

由于财政组织制度是政府组织制度的一部分，因此，财政组织制度与政府组织制度有相同的主体，即中央及地方最高权力机关。而财政组织制度的客体则是各财政行政机关的工作人员以及与财政部门有行政关系的社会成员或团体。财政组织制度的内容由于不同时期的社会政治、经济制度以及政府组织制度的不同而不同，主要包括政府财政组织机构的设置、财政部门在各级政府中的地位，以及财政部门之间的关系三个部分。

（二）财政收支制度

财政收支制度是关于财政收支方面的实际操作性制度。财政收支制度的主体一般是国家的权力机关以及各级政府的财政部门；其客体则是所有与财政分配相关的部门、单位和社会成员；财政收支制度的内容包括财政收入制度和财政支出制度。

（三）预算管理制度

预算管理制度是正确处理中央与地方以及地方各级政府之间的财政分配关系、保证财政活动合法性和合理性的制度安排，是整个财政制度体系的一项重要内容。财政作为以政府为主体的分配，是实现政府职能的重要保证。有一级政府，就有一级财政，一级预算，财政资金在各级政府之间的合理分配就成为预算管理制度的一项重要内容。

预算管理制度的主体是国家各级权力机关，即全国人民代表大会及其常务委员会和地方各级人民代表大会及其常务委员会。其客体是各级政府财政部门及与财政分配活动有关的政府职能部门。财政预算管理制度的内容主要包括财政预算制度和财政管理体制。

（四）公债制度

公债是政府通过信用的形式从本国居民和单位或从国外取得债务收入而形成的一种债务。公债制度是政府发行公债过程中政府与经济领域的各利益集团、社会成员之间的经济关系的制度安排。公债制度的主体一般包括：国家权力机关以及中央银行。公债制度的客体是政府（即债务人）以及公债债权人。公债制度的内容则包括公债发行制度、公债偿还制度以及公债管理制度。

（五）财政调控制度

1.财政调控制度的含义

财政制度不仅是一项满足政府职能需要、保证政府职能实现的分配制度，而且承担着国家对社会的公共职能，从总体上对社会行为和经济活动进行控制和调节。财政调控制度就是政府运用各种财政手段控制社会行为和经济活动的制度安排，是各种财政政策的综合，具有以社会宏观经济为目标、灵活性和阶段性的特点。

2.财政调控制度的要素

（1）财政调控制度的主体

财政调控制度的主体具有层次性和相对性。一般而言，凡是能对财政制度施加影响的政府部门都可以成为财政调控制度的主体。就现实而言，财政调控制度的主体是指财政调控制度的制定者和执行者。财政制度的制定者多数情况下为中央政府，执行者为中央和地方政府。但有时地方政府也可以是政策的制定者，这主要与一国的政治体制相联系。在高度集中的政治体制下，地方政府一般为政策的执行者，没有制定政策的权力；实行联邦制的国家，地方政府可以有制定政策的权力。但是，任何一级地方政府都没有权力制定全国性的财政调控制度，仅可以依据中央政府的政策导向，结合本地区的实际情况，制定地方性制度。所以，从严格意义上讲，宏观调控制度的制定主体是中央政府，地方政府对经济的调节仅仅是从属于中央政府，是对中央政府宏观调控政策的延伸、扩展和具体化。

（2）财政调控制度的客体

财政调控制度的作用机制在于以现有财政制度为基础和工具调节社会成员的行为以及财政分配关系，因而其客体是所有参与财政分配的对象，包括行政事业单位、企业、社会成员等。

（3）财政调控制度的内容

财政调控制度的内容是指各种对宏观经济调控的财政政策。这具体包括：财政支出政策、政府投资政策、税收政策、预算政策、政府间转移支付政策、公债政策等，这些政策互补协调，共同发挥对社会供求的调节作用，保证宏观经济的平稳运行。

第二节　财政制度制定的原则

财政制度制定的原则是由财政制度的特点决定的。由于财政制度是国家制度的一个组成部分，因此，财政制度的制定首先必须遵循国家制度所在的政治领域的一般规则，即社会性规则。其次，财政制度的安排必须处理好公平问题。最后，绩效原则是任何制度安排都应该遵循的基本原则。

一、社会性原则

（一）社会性原则的含义

社会性原则就是一切行为、政策都以社会为基本前提和出发点，社会政策的制定、社会问题的解决都以社会的全面、持续的进步为基础。社会性原则建立在社会与个人的关系机理基础之上——既然自然选择使人类只能以社会群体的方式生存，那么社会性就是赋予人类的本质特征。个人只有先适应社会，自己才能得以发展，社会发展是实现个人解放、实现人类幸福的根本途径。

（二）社会性原则的产生

在人类社会漫长的社会进化和社会分工过程中，一部分人开始专门提供公共产品以满足社会的公共需要。逐渐地，社会形成了一个专门的行为领域——公共领域。公共需要在社会生活中的不可或缺性，以及公共产品提供权（也称公共权力）的重要性决定了追求这种权力成为在公共领域内各种组织的行为目标，从而形成了政治领域（公共领域）的一般行为准则——社会性原则。

社会性原则是社会成员或组织长期相互博弈的结果。根据诺斯悖论假定，一方面，参与公共权力博弈的社会成员或组织是完全自利的，参与人对于公共权力的追求是基于个人利益最大化的目标；另一方面，为得到并保持公共权力，必须以提供公共产品为前提，这对于博弈参与人有更大的制约性。所以，公共领域内的各种行为虽然本质上是行为人获取自身最大利益的手段，但却必须遵循"社会性"这个一般性原则。

（三）公共财政制度遵循社会性原则的依据

公共财政以公共领域为活动范围，其目的在于满足社会公共需要。公共需要具有以下4个主要特点：（1）提供的不是以单个人为目标而是以社会整体性需要为目标，是某一社区甚至是全社会的社会成员的共同需要。（2）满足公共需要的公共产品需要在社会成员之间进行公平分配。（3）当某人以某种行为满足他自己的这种需要时将难以避免其他人从中受益。（4）公共需要的满足是社会正常运转的必要条件。财政分配行为是一种重要的公共领域的行为，财政制度是约束参与财政分配的社会成员及组织的各种规则体系的总和。因此，财政制度的制定必须遵循公共领域的一般行为准则——社会性原则。

二、公平性原则

（一）公平的含义

公平是一个规范性的概念。"公平作为一种道德要求和品质，指按照一定的社会标准（法律、道德、政策）、正当的秩序合理地待人处事。"[1]从着重于制度安排操作性的角度出发，"公平"的含义体现在 3 个方面：

1. 公平是一个社会历史范畴，并由通行的社会价值观决定

通俗地讲，公平就是"大家都平等"。然而问题的关键不在于是不是平等，而在于"怎样地"平等以及平等的标准问题。这一标准的确定是随着社会的变化而变化的，这种变化又取决于社会价值观的变化。就公平与社会价值观的关系而言，社会价值观决定公平的内涵。

2. 机会公平、程序公平和结果公平的关系

"机会公平"是指人们在行为之初就处于一个平等的位置，而不应设置造成不平等的障碍；"程序公平"是指人类个体之间事实上是有差异的，而且这种差异很大，公平的重点应该放在人们行为的过程中，而不是起点和终点；"结果公平"则着重于终点，因为公平本身带有规范的特征，公平不公平的判断来源于人们的内心感觉，而只有结果的公平才能使人真正体会到公平的实在性，这样的公平也才有意义。

这 3 种观念对公平的理解都有其合理性。从目标与手段的关系看，由于公平的确切内容是由一定历史阶段的社会价值观决定的，因此，公平本身不是目标而只是实现社会价值观的手段。如果社会价值观认为"机会公平"是公平的本质，那么，"程序公平"和"结果公平"就只是实现"机会公平"的手段，反之亦然。

3. 公平和效率的关系

效率和公平是判断社会经济福利是否增进的两大准则。一方面，一个经济社会要实现效率目标。经济效率是指资源配置达到帕累托最优状态，无论做任何改变都不可能使一部分人受益而没有其他的人受损，也就是说，当经济运行达到高效率时，一部分人处境改善必须以另一些人处境恶化为代价。显然，效率目标意味着要使资源得到充分的利用，使每个社会成员的福利在其他社会成员的福利水平一定时达到最高。另一方面，一个经济社会要追求公平目标。虽然对于什么是真正的公平

① 辞海编辑委员会.辞海[M].上海：上海辞书出版社，1999.

人们有不同的解释，但总体上说公平目标意味着使社会收入分配状况趋向均等化。

帕累托最优是资源配置的一种理想状态，是经济效率实现的标准，但是效率并不是经济运行的唯一标准和社会发展的唯一目标。从社会经济福利的角度看，效率和公平都是增进社会福利所必不可少的因素，必须综合考虑。帕累托最优尽管保证了经济效率的实现，却不能自动实现收入分配的公平性。符合帕累托最优的资源配置状态并不是唯一的，在有效率的资源配置状态下可能存在着严重的收入分配不公平。因此，只有将效率和公平综合起来才能最终决定社会福利的最优状况。

（二）财政分配与公平

财政的本质是一种社会产品分配关系，即财政分配关系。财政分配包括两个互相联系的过程，即财政收入的取得和财政支出的使用。就财政收入的取得而言，公平原则是被广泛接受的。"这起源于法律面前人人平等的原则，因为税收处理在本质上是法律的处理。"[①]对于财政支出而言，理论上财政支出用于向社会提供公共产品，满足人们的公共需要。财政公平是指财政分配的公平。财政制度是财政分配关系的制度安排，财政制度的确定必须保证财政分配的顺利进行。因此，财政制度安排应该遵循公平性原则。

三、绩效性原则

（一）制度绩效的含义

制度绩效是指制度安排的效率问题，即以最小的制度安排费用，取得最大的制度收益。制度绩效包含两个内容：第一是降低制度安排的费用；第二是降低制度运行的费用，并提高制度运行的效率。

制度运行的效率，是指制度的执行结果与制度安排所确立的目标的差距应该最小。提高制度运行的效率应着重解决 3 个方面的问题：

1. 制度体系构建

任何制度都不是作为单一制度独立存在的。因此，一项制度的安排，首先应该明确这项制度在整个社会制度体系中的位置。

2. 制度运行效率的适用性

制度运行效率在于制度的内容与所谓的"元规则"的契合度。"元规则"是指一个社会的风俗习惯、文化传统等经过多年沉积而形成的属于意识形态的规则体系，社会制度的安排必须遵循"元规则"，否则制度的执行会遇到阻碍。

3. 制度运行的效率的保障

制度运行的效率决定于制度规则的制定。根据不同制度的不同特点，在原则性规则（只进行原则性规定，而执行则依赖于执行者对原则的理解）与判例性规则（指直接规定是什么，应该怎么样，执行者只要依据规则行为就可以）之间进行适当的选择，提高制度运行的效率。

---

① 布坎南.公共财政[M].赵锡军，译.北京:中国财政经济出版社，1991.

（二）绩效性原则的内容

1.简单性原则

简单性是指制度规则易于被绝大部分社会成员理解和掌握，在规范人的行为上有较高效率。一般而言，判例性规则有利于迅速准确地执行制度，但可能存在僵硬而不易变通的弊病；原则性规则虽然灵活，但由于需要更多地依据执行者对规则的理解，可能出现人为的失误。因此，简单性原则事实上就是判例性与原则性的统一。

2.稳定性原则

稳定性原则是指财政制度在一定的经济社会条件约束下保持相对稳固，为社会成员带来稳定的预期。如果制度可以被随意改动，不仅使社会成员丧失对制度的信心，而且会对制度执行形成巨大的阻力。

3.开放性原则

开放性原则是指在保证制度稳定性的前提下尽量提高制度的灵活性，尽可能缩小制度与客观实际之间的差距，保证制度内容与客观现实以及与制度实施环境之间的协调。

4.普适性原则

普适性原则是指制度内容尽可能包容制度规范对象的差异性，包容的差异性越大，制度得以应用和普及的程度就越大。

5.次优性原则

在现实中，由于信息不对称、人类知识的有限等因素的制约，理论上制度的"最优"往往是不存在的。次优性原则是指财政制度的制定与实施尽可能实现帕累托改善。

（三）财政制度与绩效性原则

财政制度的调整对象是财政分配关系，分配关系直接决定了社会利益分配格局的形成。财政制度的重新安排意味着对原有利益格局的改变。财政制度安排遵循绩效性原则，就是要建立有利于社会稳定和发展的新的利益格局，以及以最小的社会成本来实现新旧利益格局之间的转化。

四、社会性原则、公平性原则和绩效性原则的关系

（一）社会性原则是实现公平性原则和绩效性原则的前提

公平性的内容需要依据社会价值观确定，只有遵循了社会性原则，财政公平才可能实现。这是因为财政公平本身是一种公共产品，只有遵循了社会性原则，公共产品的提供才成为可能。同时，只有从社会角度进行思考，绩效性原则的内容才可能符合实际，财政制度的安排才可能达到最高的制度绩效。因此，财政制度安排只有遵循了社会性原则，公平性原则和绩效性原则的实现才会成为可能。

（二）公平性原则是财政制度安排的基础

虽然公平的内涵是由社会价值观来决定的，但是财政制度所能体现的社会性却仅仅表现在公平地实现它的社会目标。此外，由于制度的实现与制度的特点密切联

系，财政制度安排只有遵循了公平性原则，才会使财政制度符合其自身特点，才能为制度绩效打下基础。

（三）绩效性原则是财政制度安排的目标

财政制度安排在于确定财政制度的内容。在现实生活中，制度安排往往是制度博弈的均衡结果的反映。因此，制度安排的目标就是对制度博弈中正确的利益分配格局进行的实际操作。

第三节　财政制度的职能

就制度的职能而言，通常表现在两个方面：一是协调各类社会成员行为的稳定协调职能；二是规范人们行为的规范职能。财政制度作为公共财政活动的规范，决定了财政活动主体的地位及相互关系，它既是政府财政活动的基本保证，也为公共财政运行提供了方向和路径，有助于减少财政活动的成本，保证财政效率，并为政府履行社会经济职能提供法律保证。具体来说，财政制度的基本职能表现在两个方面。

一、稳定协调职能

（一）降低财政运行的社会成本

财政分配覆盖面广，涉及领域多，核心是公共产品分配。在财政分配活动中一方面会产生自身的运行成本以及相应的社会成本。例如，财政制度的呆板和僵硬降低了财政管理的效率，财政资金使用效率低下加大了财政制度运用的难度；财政制度有时成为政府人员设租、寻租的工具，从而造成巨大的社会损失。另一方面，在财政分配活动中会引起社会利益分配格局的变化和分配关系的调整。财政制度的确立可以提高资源配置的效率，减少社会福利净损失，降低财政活动的交易成本，化解利益分配的各种冲突。

（二）保证收入分配的社会公平

社会公平是社会稳定的"减震器"，财政收支制度是收入分配的一种手段。现实中财政制度失范是造成各部门、地区之间利益分配不均衡，不同社会群体、社会利益集团之间分配不公平，进而造成整个社会收入分配不公平的重要原因。因此，财政制度客观上要为收入公平分配提供两种可行的渠道：第一，收入分配制度的有效调整。通过合理确定财政收入规模，重新调节财政收入存量和增量分配，确保收入分配结构合理化。第二，支出分配制度的规范设计。通过公共产品供给机制的优化，财政支出结构的调整，充分发挥财政支出在缩小收入差距和消费差距方面的作用。

（三）稳定现有的国家制度

财政制度作为整个社会制度体系的一个子系统，它是整个社会运转的一个重要环节，对于社会制度体系的整体功能以及其他社会制度的职能的实现，都具有不可或缺的作用。财政制度所反映的财政分配关系与国家制度密切相关，通过财政制度的变革，事实上可以起到稳定现有国家制度的作用。具体表现在：第一，国家制度决定了财政分配关系的性质和地位；第二，财政分配关系的变化具有独立性，这种独立性由社会生产力的变化决定；第三，社会生产力的不断运动导致社会分工的不断变化，从而使社会利益集团的构成不断变化；第四，社会利益集团的变化引起财政分配关系的变化，这种变化导致掌握政治权力的利益集团所控资源的变化；第五，这种变化将对国家制度产生重大影响。

二、规范职能

（一）规范公共领域事权、财权与财力的分配

财政分配活动中中央与地方的分配关系是一个重要领域，其实质就是政府间事权、财权与财力的划分问题。财政管理体制作为处理政府间财政关系的一项制度，对事权、财权和财力三要素的组合形式与程度具有直接的影响。通过规范和完善财政管理体制，既能明晰各级政府事权，又能为事权的有效履行提供充足的财权与财力保障。

（二）保证公共产品供给制度与需求匹配

公共产品的需求与供给是财政分配活动的主线。一方面，随着经济发展和人均收入水平的提高，社会对公共产品需求的规模不断扩大，需求的结构日益提升；另一方面，公共产品供给限于制度、政策等因素的影响往往难以适应公共产品的需求。公共产品制度的改革和完善有助于改变现行的公共产品供给格局，从而提高与公共产品需求的匹配度。同时，财政制度本身就是一种公共产品，它的供求状况可以为社会成员提供稳定的行为预期。

（三）财政制度是国家管理和控制社会经济的基本手段之一

财政制度不仅为社会成员提供了一个行为框架，而且对财政分配的过程起着管理和控制作用。这种管理和控制可以在财政收支制度与政策中明确地反映出来，如通过政府购买支出制度和税收制度，引导社会投资的方向；通过公共投资改善投资环境，引导社会投资；通过转移性支出制度，缩小社会经济发展中的贫富差距；通过规范的政府间转移支付制度平衡地区间的财力差异和确保公共服务均等化；通过财政政策和国债制度对宏观经济有效调控；通过财政预算管理制度，有效动员政府财力，合理分配公共资源等等。

第四节　财政制度绩效评价

一、财政制度绩效评价概述

（一）财政制度绩效评价的含义与作用

1.财政制度绩效评价的含义

财政制度绩效评价，也称财政制度效益评价，是对财政制度安排、运行和实施

结果，就其科学性、可行性和目标效果等进行的综合性分析、衡量、比较和评估。财政制度绩效评价贯穿于制度安排和实施的全过程，是发挥制度功能、提高制度科学性、促进制度目标实现的重要保证。

2. 财政制度绩效评价的作用

财政制度绩效评价的作用主要表现在 3 个方面：

（1）保证制度安排科学性和可行性的重要条件。通过对制度制定、安排过程的绩效评价，可以发现制度本身是否科学、是否符合实际要求，制度目标是否合理，从而为制度制定不断提供准确信息，保证制度的科学性和可行性。

（2）保证制度实施和功能发挥的重要条件。财政制度的实施和贯彻效果，直接关系到制度功能的有效发挥，关系到制度目标的实现程度。通过对财政制度实施全过程的绩效评价，不断提供反馈信息，分析制度运行中的经验与不足，保证制度朝着有利于目标实现的方向运行。

（3）提高制度效果的重要保证。通过对财政制度运行结果进行绩效评价，可以了解财政制度目标的实现程度，进一步考察制度制定和安排的科学性程度，总结经验和教训，为财政制度的不断完善提供重要的实践价值和理论依据，促进财政制度绩效得以不断提高。

（二）财政制度绩效评价的内容

财政制度绩效评价，应贯穿于财政制度的全过程，是对财政制度各个要素的全部运行过程进行的综合评估。财政制度绩效评价应包括 4 项内容：

1. 制度目标评价

根据制度出台的经济和社会背景，制定明确合理的制度目标，并预测目标的实现程度和偏离程度，分析可能造成目标偏离的各种因素，选择恰当有力的措施，保证制度目标的实现。制度目标是否合理决定着整个制度的绩效高低，因而制度目标评价成为制度绩效评价的首要环节。

2. 制度方案评价

根据合理的制度目标制订具体的制度方案。通过对不同方案进行分析、比较，找出有利于制度目标实现的最优方案，并在制度运行过程中，根据不断变化着的实际情况，对方案进行修正和完善。制度方案评价是提高制度绩效的重要保证。

3. 制度运行评价

制度运行评价是对制度实施的全过程进行评价，包括制度运行状态是否正常，是否沿着制度目标的实现轨道发展，存在哪些重大问题和矛盾，各种制度之间是否协调运行，制度功能的发挥情况，以及制度运行引起的社会、经济反应等。制度运行评价涉及面广、情况复杂多变，是制度绩效评价的主要内容。

4. 制度效果评价

对制度的实施结果进行评价，分析制度实施结果与既定目标的偏离程度，考察制度实施后所取得的社会效益和经济效益，并对制度成本与制度效益进行比较，促进制度效益得以不断提高。制度效果评价，是各项制度绩效评价的最终体现，是制度绩效评价的最后环节。

财政制度绩效评价应该是一套完整而有序的体系，不仅指评价过程本身，还应该包括相关信息的收集、评价指标的建立、衡量标准的确定、对实证进行分析测度，以及经验、教训的总结等。这些内容相互依存，彼此牵制，任何一个环节出现漏洞或欠缺，都会影响到整个评价体系的进程和评价效果的真实性、可靠性。因此，在进行财政制度绩效评价时，应配备专门的机构或人员，明确分工，职责分明，确保绩效评价预警作用、反馈作用和指示作用的充分发挥。

二、财政制度绩效评价的指标体系

(一) 指标体系建立的原则

1. 可度量性原则

财政制度绩效评价指标体系的可度量性原则，是指构建财政制度绩效评价指标体系时，所设计的绩效评价指标应该可以量化，或者在一定的范围内可以定量地分析各项财政制度所达到的实际效果。财政制度绩效评价指标只有坚持可度量性原则，才能尽量避免对财政制度绩效定性评价的人为干扰和主观臆断，才能客观地反映各种财政制度目标的实现程度，保证制度的灵活性和高效性。

政府的财政行为是以促进人类社会的公平为归宿的，有别于市场行为的效率归宿原则。而何谓公平却是一个带有较强伦理价值判断的观念，对其进行准确测度是相当困难甚至是不可能的，从而也给指标设计的可度量性原则带来实际操作上的难度。尽管如此，可度量性原则仍然是指标体系设计中永恒的目标和宗旨。

2. 可控制性原则

财政制度绩效评价指标体系的可控制性原则，是指所建立的指标体系的变量必须为财政制度的内生变量。在制度运行与传导机制健全的条件下，政府有目的、有意识地对财政制度进行适当调节，可以影响到相应指标发生变化，通过指标反映的新的结果，为政府制定、调整或评价财政制度绩效提供客观依据。如果所建立的指标体系为政府所不可控制性变量，则指标体系的构建反映财政制度绩效的意义也将不复存在，从而丧失了建立财政制度绩效评价指标体系的必要性。

3. 全面性原则

一项具体的财政制度，既是一个独立的制度体系，又是整个财政制度系统、社会和经济系统的一个分支。在设计某项财政制度绩效的评价指标时，必须建立一个多维空间，以多维空间上的一个点或一个向量对财政制度进行评价。因此，财政制度绩效评价指标体系应该包括该个体制度自身运行的绩效指标，以及该项财政制度与整个财政系统、经济系统和社会系统的关系指标等。并且，由于每一项财政制度的绩效又通常表现在多个方面，如社会绩效、经济绩效、政治绩效等；在每一个方面，又通常有正面绩效与负面绩效、直接绩效与间接绩效之分。所以，在设计财政制度绩效评价的指标体系时，应全面考虑，既要设计主要指标，又要设计相应的辅助指标。

4.最小性原则

最小性原则要求绩效评价的指标体系在精简到最小限额指标的前提下，仍能获得几乎与其他指标体系同样的信息来满足财政制度运行绩效评价的需要，其效果几乎没有影响，即采用较少的指标得到等价的效果。这样，一方面减少了大量的工作量，节约了人力、物力、财力以及时间等，从而提高了工作效率；另一方面也排除了一部分几乎多余因素的影响，有利于得出客观、准确的评价结果，提高决策效率。

（二）指标体系的分类

1.内容分类

按照财政制度绩效评价内容的不同，可将财政制度绩效评价的指标体系分为：财政组织制度的绩效评价指标、财政收支制度的绩效评价指标、财政预算管理制度的绩效评价指标、公债制度的绩效评价指标和财政调控制度的绩效评价指标等。

（1）财政组织制度的绩效评价指标。建立这一指标旨在从理论上确定各级财政组织机构及其人员的合理规模。这类指标应该包含财政组织机构或人员的效益指标和成本指标。前者可以反映财政组织机构或人员在履行其职能过程中所产生的贡献力度，如边际绩效指标；后者用来衡量财政组织机构或人员在维持其自身生存发展以及履行其职能中所耗费的资源量，如边际成本指标。

通过将财政组织机构或人员的效益指标与成本指标进行对比分析，可以得出该机构或人员产生的净效益状况，据此考察其存在的必要性程度以及发挥绩效的高低，根据更具体的成本效益分析，来确定财政组织机构或人员的合理规模。

（2）财政收支制度的绩效评价指标。这一指标涉及财政活动的方方面面，包括税收制度、企业利润分配制度、社会保障制度等各种活动的绩效评价。通过对各种制度从不同的角度建立多样性的评价指标，可以直观地反映该种制度的运行状况，分析各种制度安排的合理性和它们之间的相互协调性，以及各种制度实际运行态势与预期之间的实现程度和偏离程度，以此保证各项财政收支制度之间能够相互协调，共同促进财政制度的完善和经济社会的发展。

（3）财政预算管理制度的绩效评价指标。这一指标就是通过建立各种不同的反映财政预算活动特点的评价指标，对财政资金在各级政府之间的分配状况、财政活动的合法性和合理性以及财政管理水平等进行评价，分析财政资金的纵向流动和横向分布状况，考核财政制度安排的科学性、合理性和有效性，反映制度运行的绩效水平，从而规范财政分配，提高财政管理水平。

（4）公债制度的绩效评价指标。发行公债是取得财政收入、实现财政支出以及促进经济社会全面发展的重要保证，是政府调控经济的重要手段之一。与其他政策手段相比，运用公债政策灵活性更大、针对性更强，而且实施起来既有效又简便。因此，对公债发行前的可行性状况、公债发行的全过程、公债发行给各利益主体产生的效益大小以及公债发行的可能性区间等方面内容，建立详细、完整的评价指标，可以全面反映公债制度的绩效水平，保证公债制度健康高效运行。

（5）财政调控制度的绩效评价指标。它主要是指财政对经济、社会的调控力度和调控效果，反映财政在促进经济发展和社会稳定中的作用。财政制度并不是一个独立的系统，而是经济系统和社会系统的一个子系统，财政制度的运行离不开社会和经济的大背景，而经济和社会的发展又有赖于财政制度的高效运转，它们之间相互依赖，彼此制约。财政调控制度的绩效评价指标，在一定程度上反映了财政与经济、社会之间的依赖关系，是促进财政制度与经济、社会系统更为协调发展的重要保证。

2. 阶段性分类

按照财政制度评价指标所反映的政府行为的阶段不同，可将财政制度绩效评价的指标体系分为：前期评价指标、过程评价指标和结果评价指标。

（1）前期评价指标。它是针对财政制度实施前的制度安排阶段而言的，是对制度安排的必要性和可行性做出考察。通过相关性评价指标，在对制度实施对象、目标以及制度内容进行充分论证的基础上，全面保证制度安排和实施的必要性、可行性，这是财政制度得以按照预期目标顺利运行的重要前提。

（2）过程评价指标。它是指在充分论证财政制度可行性的基础上，对已经付诸实施的财政制度进行实时监控所建立的相关指标，以考察制度实施过程是否在既定轨道上按预期目标运行。而且，通过制度实施过程的各种相关指标，还可以随时对制度实施所产生的绩效水平进行评价，反映制度目标的实现程度、各利益主体的反应以及影响制度实施的各种因素，从而不断地进行修正和补充，使制度内容不断完善，朝着有利于目标实现的方向发展。

（3）结果评价指标。它是在财政制度得到全面贯彻实施以后，对实际运行绩效进行考察，进一步论证制度安排是否可行、制度实施是否正常；通过将实际运行结果与预期目标进行比较，考察整个财政制度的绩效状况，并总结制度运行全过程的经验和教训，以此为依据，进一步改革和完善其他相关财政制度的安排与实施。

（三）经济、社会关联性分类

按财政制度与整个经济、社会系统的联系，可将财政制度绩效评价的指标体系分为：财政制度自身运行的绩效评价指标、财政制度与经济系统的关系指标、财政制度与社会系统的关系指标。

（1）财政制度自身运行的绩效评价指标。财政制度本身是一个复杂的系统，不仅包括制度的所有要素，如制度主体、客体、内容以及制度安排、运行的全过程，而且涉及财政活动的各个方面，如财政收入、财政支出、公债、预算、财政组织机构和人员等。任何一个要素的运行质量都直接影响和决定着整个财政制度的绩效发挥。针对每一要素和环节构建相应的指标，使其运行正常、高效，既是及时发现问题、不断加以完善的重要措施，也是促进财政制度整体绩效提高的重要保证。

（2）财政制度与社会系统的关系指标。财政制度以促进社会公平为首要准则，以全社会整体福利的提高为其归宿点，社会的公平程度（包括地区间的公平和社会成员间的公平）和社会福利水平的高低，是评价财政制度绩效的重要方面。因此，有必要通过相关的社会发展指标和社会公平性指标，来考察财政制度对于社会发展与公平的促进作用；通过对旨在促进社会公平的有关财政制度绩效的衡量，考察其作用方式和力度，如财政支出中以促进社会公平为宗旨的社会保障支出和转移性支出的倾斜度指标等。

（3）财政制度与社会系统的关系指标。优化资源配置、促进经济发展是财政重要的经济职能。通过财政政策，实现对经济的宏观调控，也是政府重要的政策手段之一。构建财政制度与经济系统的关系指标，一方面体现财政制度对于经济发展的依赖度，另一方面考察财政制度拉动经济增长的贡献度，这有助于进一步促进二者之间的高效运行使其能在相互促进的良性循环中共同发展。

□ 本章小结

＊ 财政制度是对财政分配关系的制度性安排，是国家为保证公共财政活动所建立的法律和政策规范，是国家对财政活动的内容、目标、组织机构、行为主体、管理方法、运作程序等方面的原则规定。在现代市场经济条件下，公共财政制度具有3个特征：（1）以提供公共产品为基本准则；（2）以公共选择和民主监督为运行机制；（3）以分权管理为体制模式。

＊ 财政制度的要素分为：财政制度的主体、财政制度的客体和财政制度的内容。主要由财政组织制度、财政支出制度、财政收入制度、预算管理制度、国债制度和财政调控制度构成。

＊ 财政制度制定的原则是由财政制度的特点决定的，主要包括社会性原则、公平性原则和绩效性原则，其中，社会性原则是实现公平性原则和绩效性原则的前提，公平性原则是财政制度安排的基础，绩效性原则是财政制度安排的目标。

＊ 财政制度有两个基本职能：一是稳定协调职能，体现在降低财政运行的社会成本、保证收入分配的社会公平以及稳定现有的国家制度；二是规范职能，表现在规范公共领域事权、财权与财力的分配，保证公共产品供给制度与需求匹配，作为国家管理和控制社会经济的基本手段。

＊ 财政制度绩效评价是指对财政制度安排、运行和实施结果，就其科学性、可行性和目标效果等进行的综合性分析、衡量、比较和评估，内容包括制度目标评价、制度方案评价、制度运行评价、制度效果评价。财政制度绩效评价指标体系建立的原则反映在可度量性、可控制性、全面性、最小性4个方面。财政制度绩效评价指标分类可以按内容、阶段、经济社会关联3个标准进行。

□ 关键概念

财政制度　财政制度客体　制度绩效　财政调控制度　财政制度绩效评价

□ 复习思考题

1. 论述财政制度的特征。

2. 财政制度要素包括哪些内容?

3. 财政制度主要由哪几部分构成?

4. 财政制度制定的原则有哪些?

5. 简述绩效性原则的内容。

6. 论述财政制度的职能。

7. 简述财政制度绩效评价的内容。

8. 简述财政制度绩效评价指标体系建立的原则。

第二章

财政支出制度

第一节 财政支出概述

一、财政支出界定

财政支出是指政府为履行其职能而支出的一切费用的总和。财政支出反映政府的政策选择，一旦政府在以多少数量、以什么质量向社会提供公共产品或劳务方面做出了决策，财政支出的规模和结构就被确定。财政支出实际上就是执行这些决策所必须付出的政府行为成本。

财政支出是公共财政活动的一个重要方面。在西方国家，公共财政对经济的影响作用主要表现在财政支出上，政府干预、调节经济的职能也主要是通过财政支出来实现的。财政支出的规模在很大程度上反映着政府介入经济生活和社会生活的广度和深度，也反映着公共财政在经济生活和社会生活中的地位。

二、财政支出分类

为了对财政支出进行有效管理，需要按财政支出的不同目的和方法进行分类，常用的财政支出分类标准有以下 6 种：

（一）按性质分类

财政支出按性质分类，可分为购买性支出和转移性支出。

1. 购买性支出（purchase payments）

购买性支出是指政府购买商品和劳务的支出，直接表现为政府购买商品与服务的开支。购买性支出包括购买政府日常活动所需要的商品和劳务的支出，也包括购买用于公共投资所需要的商品与劳务的支出。

购买性支出的效应体现在两个方面：第一，购买性支出表现为政府参与市场交换的规模，政府的市场购买会扩大和增加社会需求，直接刺激社会生产的规模扩大、引起生产结构的变动与调整，成为拉动社会总需求的重要因素。第二，购买性支出增加也表明政府对经济资源的所有权的扩大，政府和政府支配的企业运用和吸纳的经济资源越多，私人部门所能运用和掌握的资源就相对越少，这就是所谓公共支出对私人活动的排挤问题。在这一意义上，购买性支出在经济衰退时增加是必要的，但在一般情况下不宜过大，以避免出现排挤效应。

2.转移性支出（transfer payments）

转移性支出是指政府根据一定规则将公共资金无偿地转移给一些个人和组织，而不取得相应的商品和劳务。政府对个人的转移性支出包括社会保障金的支付、失业保险支付、低收入贫困家庭的资助和救济等；对组织的转移性支出包括对社会团体、公司企业的补贴和对外国政府与国际组织的捐赠等。

转移性支出的效应具体体现在：第一，转移性支出增加不表现为政府拥有的资源所有权扩大，也不意味着政府和公共部门占有和运用资源的增加。第二，它通过增加一部分居民和一些企业、团体的收入，可以直接改变社会财富的分配结构和国民收入的分配比例，有助于解决社会收入分配不平衡问题，支持盈利水平低而又需要鼓励和发展的产业、行业和企业。第三，转移性支出同样会增加社会需求，不过这种需求拉动作用是间接的。

（二）按资本形成分类

财政支出按资本形成分类，可分为经常性支出和投资性支出。

1.经常性支出（current expenditure）

经常性支出是直接用于政府运作所需的商品和劳务（如政府雇员的工薪）支出，以及对个人和组织的转移支出，这类支出是经常发生的。一般来说，经常性支出不直接对资本形成产生贡献。

2.投资性支出（capital expenditure）

投资性支出是政府进行公共工程项目投资、形成社会资产的支出。在理论上，政府的生产建设性投资和公共工程项目支出会增加社会资产，有益于生产扩大、就业扩大和经济增长。

（三）按功能分类

财政支出按功能分类就是按政府职能或任务进行分类。在分析政府的资源配置和其他政策功能时，这种分类十分重要。在很多国家，财政支出的功能分类一般至少包括：国防军事支出、社会文教支出、经济建设支出、国债利息支出、行政管理支出5大类。在美国，联邦财政支出按功能分为19类。

（四）按目的性分类

财政支出按目的性分类，可分为预防性支出和创造性支出。

1.预防性支出（precautionary expenditure）

预防性支出是指用于维持社会秩序和保卫国家安全，不使其受到国内外敌对力量的破坏和侵犯，以保障人民生命财产安全与生活稳定的支出。这类支出主要包括国防、警察、法庭、监狱与政府行政部门的支出。

2. 创造性支出（creative expenditure）

创造性支出指的是用于改善人民生活，使社会秩序更为良好、经济更加发展的支出。这类支出主要包括经济、文教、卫生和社会福利等项支出。对财政支出作这样的区分，可以揭示公共支出的去向及其在经济生活中的作用。

（五）按控制能力分类

按照政府对财政支出的控制能力来分类，可分为不可控制性支出与可控制性支出。控制能力是指政府可根据经济形势的变化和财政收入的可能而对财政支出进行调整（增减）的能力。这种分类可以表明政府对其支出项目的可控制能力，哪些支出有伸缩的余地，哪些支出是固定不变的。

1. 不可控制性支出

不可控制性支出是指根据现行法律和契约所必须进行的支出，也就是说，在法律或契约的有效期间内必须按照规定准时如数支付，不得任意停付或逾期支付，也不得任意削减其数额。在西方国家，这类公共支出主要包括两大项：一是国家法律已有明文规定的个人所享受的最低收入保障和社会保障，如失业救济、食品券补贴等；二是政府遗留义务和以前年度设置的固定支出项目，如债务利息、对地方政府的补助等。

2. 可控制性支出

可控制性支出是指不受法律和契约的约束，可由政府部门根据每个预算年度的需要分别决定或加以增减的支出。

（六）按受益范围分类

财政支出按照受益范围来分类，分为一般利益支出与特殊利益支出。按照这种标准进行分类，可以说明公共支出所体现的分配关系，分析财政支出归宿，以及了解不同阶层或不同利益集团的投票者在公共支出决策过程中所可能采取的态度。

1. 一般利益支出

一般利益支出是指全体社会成员均可享受其所提供的效益的支出，如国防支出、警察支出、司法支出、行政管理支出等。这些支出具有共同消费或联合受益的特点，所提供给各个社会成员的效益不能分别测算。

2. 特殊利益支出

特殊利益支出是指对社会中某些特定居民或企业给予特殊利益的支出，如教育支出、医药支出、居民行动支出、企业补助支出、债务利息支出等。这些支出所提供的效益只涉及一部分社会成员，每个社会成员所获效益的大小有可能分别测算。

第二节　典型国家财政支出制度的特点

一、美国的财政支出制度及特点

（一）科学界定财政支出范围

美国是发达的市场经济国家，财政职能范围界定的理论基础是公共财政理论。依据公共产品理论，财政支出可以划分为以下 4 个方面：（1）一般政府服务，如行政管理、国防、社会治安和国际事务等；（2）社会和公共服务，如教育、卫生、社会保障和福利、文化娱乐和宗教、公用设施等；（3）经济服务，主要用来改善宏观经济管理和提高经济运行效率，如创造就业机会，提高国际竞争力，支持农业、交通和能源等重点产业的发展；（4）其他服务，如公债利息支出等。

（二）财政支出规模大，转移性支出比重高

美国财政支出规模和支出结构的变化，反映了当代美国财政支出政策的变化和公共财政的目标取向，也代表了西方发达国家的基本走势。在资本主义发展的各个历史阶段，随着国家的职能、作用、活动范围的不断变化，国家财政支出的结构和规模也在随之变动。在资本主义发展初期阶段，国家职能基本上限于"维护社会秩序"和"保卫国家安全"，国家在经济、文化、社会等方面很少有所作为，因而财政规模很小。

自 20 世纪 30 年代资本主义爆发经济危机之后，美国的财政支出范围和支出规模在不断扩大，主要是联邦政府职能的扩大（国防开支和债务利息支出增加）和新职能的引入（建立社会福利制度和医疗保健制度）。在财政支出结构方面，消费性支出（亦称经常性支出）占 GNP 的比重逐渐提高，投资支出（亦称资本支出）占 GNP 的比重呈下降趋势，社会保障转移支出占 GNP 的比重快速提高，在转移性支出中对个人和家庭的支付、补贴又占很高的比重。

（三）各级政府支出重点明确

1. 联邦政府支出的重点是人力资源和国防

在美国联邦政府支出中，人力资源和国防支出一直占总支出的比重较高。在人力资源支出增长中，又主要是社会保障和收入保障（对贫困家庭的资助）的增长。另外，国债利息支出在美国联邦支出中也占较大比重。

2. 州和地方支出的重点是教育、福利保障、交通和公用事业

在美国，州、地方政府的主要职能是提供本辖区范围内的公共服务，促进经济发展、提高本地区的竞争力。因此，州和地方支出的基本方向和重点一直是教育、福利保障、交通和公用事业等。地方政府财政支出结构中教育占 45%，公共福利

占 34%，两项合计共占支出结构的 79%①。同时，联邦政府对州和地方的转移支付也集中在这些方面，以鼓励州和地方政府加强基本公共服务的提供。因此，州和地方政府的教育、福利保障、交通和公用事业支出增长成为美国财政支出增长的重要因素。

（四）注重提高财政支出效率

为了保证财政支出效率，美国建立了一系列法规制度。一是对政府部门所需的商品和服务实行集中采购，通过集中、公开、公平的招标采购方式，利用最低的价格购买到最有价值的商品或服务，达到少花钱多办事的目的。二是建立支出效率评估制度。美国的支出评估一般包括两个方面的内容——支出单位的支出目标评估和支出项目的效率评估，目的是审核支出单位是否真正有效地使用财政资金，是否全面履行自己的职责。同时，通过进行横向成本效益分析，找出单位或项目之间的成本效益差距，为下一年度的预算编制提供客观依据。

二、日本的财政支出制度及特点

（一）财政支出规模相对较小

1. 缩小对企业的财政支出规模

第二次世界大战（以下简称"二战"）结束以后，日本重建财政的基本目标是建立公共财政。政府坚持市场经济原则，不直接干预企业经营，严格限制政府企业设立，使财政支出用于提供公共产品的规模扩大，直接用于企业的支出规模减小。

2. 限制国防军费支出

二战后，日本严格控制国防军费增长，国防军费占财政支出的比重下降，同时也带动了财政支出规模的减小。

3. 社会保障支出水平较低

特殊的企业组织和制度结构，使日本政府负担的社会保障支出规模相对于欧洲国家较小。

（二）公共投资支出比重高

二战后，日本政府一直重视公共投资和资本形成。日本政府投资主要是通过财政投融资计划和地方公共投资来实现的。根据日本大藏省的统计，公共投资支出主要集中在以下 4 个方面：一是农业水土保持和农村环境；二是道路、机场、港口、医疗卫生设施；三是住房和生活条件；四是环境保护。投资支出的快速增长，促进了日本基础设施和社会公共福利设施建设，为资本主义扩大再生产提供了雄厚的物质基础。

（三）地方财政支出比重较高

日本地方担负比较广泛的公共服务事务，加上中央政府的某些职能也交由地方政府完成，所以，日本地方财政支出的比重比中央支出高得多。从结构来看，在日

---

① 党艳东，王子涵. 中美地方财政支出比较[J]. 地方财政研究，2013（1）.

本公共投资支出中，地方的投资支出比重一般要占 70%以上，日本中央财政对地方财政的转移支付和地方的债务借款主要用于地方的公共投资。

（四）实行有偿性财政资金分配制度

1.有偿性财政资金的特点

有偿性财政资金是日本政府在一般财政资金的范围之外，以国家信用方式集中，并以有偿方式加以运用的特殊形式的财政资金。有偿性财政资金的存在是二战后日本财政制度的重要特色之一。有偿性财政资金具有独立性（与国债相比）、公共性与政策性（与私人银行资本相比）、有偿性和灵活性（与一般财政预算资金相比）的特点。

2.有偿性财政资金的作用

有偿性财政资金的作用在于：（1）弥补一般财政预算资金的不足，扩大了日本财政支出的规模。（2）使政府能在更大的范围内分配社会资源，更加灵活地调节社会资金的流量和流向。（3）加强政府的投资支出以充实社会资本，支持作为政策重点的基础产业、新兴产业和落后产业的发展。（4）根据经济周期的变化控制有效需求，增强了财政调节经济的能力。

三、俄罗斯的财政支出制度及特点

俄罗斯财政支出制度是在苏联时期财政支出制度的基础上，随着俄联邦独立和向市场经济转变，经过不断改革逐步建立起来的。俄罗斯的财政支出制度代表了经济转轨国家积极进行财政支出调整的情形，其基本特点可概括为以下 3 个方面：

（一）财政支出规模下降，财政支出结构快速调整

1.财政支出规模呈下降趋势

俄罗斯财政支出规模的下降是俄罗斯经济转型和体制转轨的结果，反映了其财政支出制度的基本取向。在苏联时期，财政分配建立在生产资料公有制基础上，财政支出范围十分宽泛。1990 年俄联邦独立并开始进行全面的经济转轨，随着市场化改革及私有化改革的发展，财政支出的范围随着政府职能的转变而逐步调整，财政支出规模随之下降。

2.经济支出比重下降，社会性支出比重上升

苏联时期，财政支出结构中以经济建设支出为主体，经济建设投资在国家财政支出中一直占有较大比重，20 世纪 80 年代一直保持在 55%以上。市场化改革后，经济支出占财政支出的比重逐渐下降。同时，社会保障支出占比不断上升。1996年以后，俄罗斯政府进一步调整财政支出结构，将财政支出的重点放在两个方面：一是社会性支出，包括"社会政策"项目下的各类支出，如提高养老保障、科学、教育和文化艺术支出水平等，以及增加社会改革支出；二是军事支出，包括国防、国防科研的支出，军队改革支出。

（二）联邦与地方的财政支出范围重新划分

财政支出范围必然涉及各级政府和财政职能的分工与调整定位。俄罗斯是联邦

制国家，试图建立一个类似德国的财政分权与合作的体制。财政体系包括联邦财政、地区（联邦主体）财政和地方财政。国家财政支出按级次分为联邦财政支出、地区财政支出和地方财政支出；按性质分为预算支出和预算外基金支出。

1.联邦政府财政支出范围

联邦政府财政支出范围包括：国家外交、国防、国内治安和全国性的公用事业、国家大型企业、输油管道、电力设备、海洋运输、国际贸易、基础科学和国家环境保护、社会福利等方面的支出。其中，重点是国防、外交、国有工业、国家债务等。

2.地区政府财政支出范围

地区政府财政支出范围包括：承担社会文化发展，地区范围内的公用事业、河道、道路、环境设施和森林保护支出。

3.地方政府财政支出范围

地方政府财政支出范围包括：当地的社会福利，包括教育、保健、住房、公用事业等。从地方财政支出看，与地区财政支出尚未拉开距离，公用事业、教育、卫生也是地方支出的重点。另外，联邦与地区、地方在财政支出中所占的比重正在快速调整。联邦支出的比重呈下降趋势，而地区和地方的财政支出的比重则呈上升趋势。

（三）预算外基金支出占一定的比重

1.预算外基金的含义

在俄罗斯，联邦和地方都有一定规模的预算外基金。预算外基金是俄联邦和地方政府集中及再分配货币资金的一种特殊形式，是国家和地方财政体系的组成部分。联邦一级的预算外基金根据俄罗斯联邦议会的决定设立，地区一级的预算外基金根据联邦主体立法机构的决定设立，地方一级的预算外基金根据地方自治机关的决定设立。预算外基金具有严格的专用性，实行单独管理。

2.预算外基金的用途

国家预算外基金是独立的财政信贷机构，可以作为投资者参加金融市场投资、购买国家有价证券；国家预算外基金主要用于具有全国意义的社会需要拨款及补充地区的经常性和资本性支出。联邦一级跨部门的和部门的预算外基金主要用于科研和提供经济技术保障。地区和地方的预算外基金根据其专用方向，主要用于对居民的社会资助和住宅建设发展。联邦预算外基金支出有：联邦养老基金支出、联邦医疗保险基金支出、居民就业基金支出等。

第三节　发达国家基础教育财政支出制度

一、政府教育支出管理体制的类型

政府教育支出管理体制的形成从根本上说取决于各国的政治经济体制以及由此

决定的教育管理体制。发达国家政府教育支出管理体制大致可分为三类：地方分权制、中央集权制以及集权与分权结合制。

（一）地方分权制

美国是实行地方分权制的代表性国家。地方分权制在教育财政方面的职责和权力划分大致如下：

1.联邦教育部的职责和权力

联邦教育部负责管理联邦政府教育经费，确定它的使用范围和重点。这具体包括：（1）管理和分配国家拨给各州的教育经费；（2）根据国家的特殊需要，直接向公立和私立学校提供资金，如一些学校的设施建设、开设特定课程的资助等；（3）管理、分配联邦的资助款，对处境不利者和残疾人给予资助；（4）对学生提供补助金、低息贷款和工读活动等财政资助。

2.州政府的职责和权力

州政府为支付教育经费的主体，占教育支出总数的50%以上，其权力也最大。州教育委员会负责协助地方完成教育计划，制定各种教育条件的具体标准和管理州的教育经费。这具体包括：（1）编制由州政府支付的教育拨款预算；（2）分配和拨付州政府经费，如付给初等、中等教育的补助金等等；（3）对州政府的教育拨款进行管理和监督使用。

3.地方学区教育委员会的职责和权力

地方学区教育委员会主要负责管理公立中小学的经费。这主要包括：（1）编制预算；（2）负责征收居民的财产税，用做教育经费；（3）监督教育经费的使用。

4. 私立学校的职责和权力

私立学校由其法人负责筹集和管理教育经费，联邦和州给予各种资助。

（二）中央集权制

法国是实行教育财政中央集权制的典型国家。中央集权制在教育财政方面的职责和权力划分大致如下：

1.中央政府的职责和权力

教育部是法国中央政府最大的一个部，权限非常广泛，有对全国教育进行全面直接领导的权力。对地方学校处理一般事项的操作过程与具体方法有明确的规定与限制。

国家教育经费总额的80%以上由中央国民教育部负责支付与管理。教育部所掌握的教育经费除科研经费单独列出外，其余的均根据各学校的性质、规模等，每年进行一次性分配。所有公立教育机关的教职人员以及与国家缔结合同的私立教育机关的教职人员，都是国家公务员，其工资由国家管理和支付。国家对公立中小学的建筑、设施、设备等予以补助，并对其使用进行监督。

2.地方教育行政机构的职责和权力

法国有一套组织严密、完全接受教育部垂直领导和监督的地方教育行政机构，负责由地方教育当局支出的经费项目，即支付学校建筑、设施和设备中国家补助不足部分的开支并进行管理；支付并管理地方当局聘用的学校职工的工资。

（三）集权与分权结合制

英国是实行中央集权与地方分权相结合体制的典型代表。其特点是：教育经费由中央和地方两级共同管理。集权与分权结合制在教育财政方面的职责和权力划分大致如下：

1. 中央政府的职责和权力

中央一级设立教育部，通过财政援助、指导工作和其他协助方式进行指导监督，中央不直接设立和管理学校，主要由地方教育局负责。在经费分配方面，中央的职责包括：（1）中央承担全部教育经费的大约60%，同时负责其分配并监督使用。（2）对一些私立学校提供直接补助；支付地方机构为儿童提供的膳食费用。（3）支付教师进修所需费用的60%。（4）提供均衡拨款，对于某些达不到教育拨款水平的地方政府予以补贴。

2. 地方政府的职责和权力

地方设立教育委员会，地方对经营管理学校各项事务有很大的教育自治权。地方教育当局负责支付初等与中等教育经费的40%，其余的60%由中央支付并负责其具体管理。

3. 私立学校的职责和权力

私立学校自行解决经费并负责管理，但其中一部分接受国库的补助。

二、典型国家政府基础教育支出制度

从发达国家基础教育实践看，初、中等教育的发展大致经历了"精英—普及（机会均等）—公平"3个阶段，不同阶段基础教育经费各级政府分担的制度有所不同。大多数国家的通常执行方法是：基础教育以地方政府管理为主，经费支出责任由各级政府共同分担。由于各国的文化传统、政治体制以及政府间财力分配模式不同，基础教育经费分担责任在各级政府间配置的差异比较大。

（一）美国的基础教育支出制度

1. 城乡一体化

美国实行城市和农村一体化的教育财政管理体制。美国基础教育服务没有城乡差别之分，各个学区实行独立管理。

2. 各级政府分担经费

美国建立了合理的各级政府基础教育经费分担制度。美国实行以州和地方为主，各级政府共同分担基础教育经费的制度。各级政府的税收收入支撑为基础教育发展提供了财力保障。联邦政府支持基础教育服务的主要收入来源是个人所得税，州一级政府是消费税，地方政府则是财产税。

二战后，联邦政府加大了对教育的参与力度。在基础教育阶段，联邦教育部通过增加资金投入，支持各州的教育普及，通过启动教改项目，引导各地基础教育的巩固提高。

　　3. 教育转移支付

　　在联邦、州和学区之间建立了规范有序的转移支付制度。为了减少学区间教育财政的不均等，美国建立了各级政府间基础教育转移支付制度。从转移支付规模看，联邦政府转移支付规模较小，其转移支付的项目一般与国家某项特殊利益结合在一起；州政府转移支付规模较大，作用显著。

　　州政府对学区也实行了多种基础教育财政转移支付的模式。为了实现州内的基础教育服务均等化，州政府根据自身情况选择了适合本州的转移支付模式，主要包括：（1）水平补助模式；（2）基数补助模式；（3）保证税基补助模式；（4）基数补助与保证税基补助结合模式。

　　（二）日本的基础教育支出制度

　　日本的基础教育经费分担制度经历了由高度分散到适度集中，并在长期的基础教育实践中较好地解决了基础教育的公平与效率问题。日本现行法律规定，基础教育所需经费原则上应由设置者——市町村政府负担，但若市町村政府财政能力不足，中央政府可在财政上给予补助，即日本基础教育经费支出实行由地方政府（市町村）管理为主，中央政府直接出资或对地方提供转移支付金，各级政府共同分担的制度。其基本特征表现在 3 个方面：

　　1. 各级政府基础教育经费分担内容明确

表 2-1　　　　　　　　　　**日本各级政府基础教育经费分担比例**

项　目	中央财政	都道府县财政	市町村财政
学生教科书经费	全部		
学生经费	全部		
地方公立学校教职员工资、福利保障	1/2	1/2	
地方公立学校新建或扩建校舍、室内运动场经费	1/2		1/2
地方公立学校校舍危房改造经费	1/3	1/3	1/3
地方公立学校经济困难学生补助费	1/2		1/2

　　资料来源：李静. 日本义务教育经费投入制度的启示[J]. 学园，2010（10）.

　　由表 2-1 可知，日本基础教育主要项目经费在各级政府的分配比例合理，内容细化，确保了各级政府基础教育提供和管理职能的有效履行。

　　2. 对贫困家庭给予特殊补助

　　日本通过立法，明确规定国家有义务保证包括家庭经济条件困难的儿童在内的所有儿童接受基础教育。市町村政府根据有关法律规定，对由于经济原因不能就学的儿童家长给予经济补助，中央主要采取了教育扶助和就学援助两种措施对市町村给予补助。

3.转移支付方式规范

中央政府对地方的转移支付分为两种形式：一是中央通过均等化的一般性转移支付（地方交付税），按计算公式直接向地方两级政府分配补助金，以确保地方两级政府具有提供基础教育经费的财政能力；二是通过国库支出金，为地方两级政府负责的基础教育项目提供配套补助，以保证基础教育能够达到中央所要求的实际水平。

（三）法国的基础教育支出制度

1.教育支出集中模式

与较为集中的教育体制和财政体制相适应，法国的基础教育责任主要集中在中央政府，中央政府通过国民教育部把全国基础教育教师的工资直接划拨到教师个人账户，从而承担了70%以上的基础教育经费。地方政府只需负担份额较小的基本建设和行政费。这种体制对于促进法国国内不同地区间基础教育服务的均衡发展起到了关键性的保障作用。

2.区域性基础教育财政转移支付制度

法国政府采取的基础教育服务均等化措施更加侧重于解决区域之间、家庭之间和个人之间的教育不均衡，用以帮助处境不利的地区，特别是帮助边远农村地区达到一定的基础教育服务提供水平。比如，在农村地区广泛推行适当集中的办学政策；对城市处境不利的地区广泛建立优先教育区等。政府采取的这些措施适应了农村和城市社区的实际需要，使基础教育服务能够在不同发达程度地区得到较为均衡的发展。

3.特别教育财政制度

法国为处境不利的社会群体和家境贫困儿童制定了一系列的特别财政制度，以保证每个学生都能享受到最低水平的基础教育服务。这些制度主要有国家助学金制度、开学补贴制度、上学交通补贴制度、午餐补贴制度等等。在一些地区，议会还拨专款资助生活条件差的学生。这种在全国范围内施行的针对特殊群体和个人的财政制度，使得基础教育均等化更加细微、真实，更加贴近服务的需求者，也更有效地解决了公共服务不均等的问题。

（四）韩国的基础教育支出制度

1.优先发展偏远地区基础教育

韩国基础教育财政投入基本由中央政府负责，地方出少量资金。实施基础教育服务的地区顺序为：先偏远地区，后中心地区；先农村，后城市。为此，政府还专门制定了《偏僻、岛屿地区教育振兴法》。具体的财政制度包括：（1）对偏远和不利地区实行专项拨款补助的"教育优先区制度"；（2）对低收入家庭的学生提供足够学习用的奖学金；（3）对贫困家庭直接发放"教育代用券"等等。韩国的这种做法旨在保证偏远地区弱势群体的孩子们都能得到基础教育服务，从而维持较高的总体入学率，这也是韩国经济快速增长的一个重要因素。

2. 不同地区采取差异化基础教育财政制度

公共财政优先保证地方教育的发展，农村的基础教育服务一直处于优先地位，并得到了各种制度上的倾斜和优惠。转移支付主要针对农村基础教育服务，也补助一部分小城镇，大城市的教育经费很大一部分由地方政府负责。

（五）各国政府基础教育支出制度的共性

1. 基础教育各级政府分担制度规范化

各级政府对基础教育服务的责任都作了合理的划分和明确的界定。各国基本采用的是"委托基层地方政府办学，多级政府分担经费"的支出体制，而且联邦（中央）和高层地方政府通过转移支付在其中承担了相当大的责任。多级政府分担经费，既保证了基础教育的资金需要，也加强了各级政府支持教育的责任。

这种基础教育各级政府分担制度的理论依据在于：

（1）基础教育属于地方性公共产品，其利益在一定程度上由地方居民获得，地方政府负责筹资或帮助效率更高。同时，由于人员的流动，基础教育又具有很强的利益外溢性，上级政府的财政干预能更好地实现资源配置的最优状态。

（2）联邦政府及州政府提供的理论依据是基础教育资源的平等配置。由于不同地方经济发展水平不同，因而提供公共产品的财政能力不同，加之对基础教育具有不同价值判断，造成各地方之间在人均教育支出水平、教育质量方面存在很大的差异和基础教育结果的不公平。因此，必须通过联邦政府及州政府对基础教育资金的再分配，才能实现基础教育资源的获得均等化，避免因地方政府缺乏财力保障而使基础教育不能充分发展的现象。从资金再分配的内容看，联邦资金主要用于为低家庭收入或其他特殊需要而提供的特定项目；州政府在教育资金均等化（学校区、市、县）方面起着主要的作用，均等化的目的是为学生创造更加平等的机会，使其不会因为所受的基础教育的差异在未来进入劳动力市场时而处于不利的地位。

2. 政府间财政转移支付是实现基础教育服务均等化最重要的手段

财政转移支付制度的作用在于校正各级政府间纵向财政失衡和横向财政失衡。就基础教育而言，通过自上而下的转移支付，一方面可以提高上级政府对基础教育服务的财政供给水平，强化对基础教育服务的宏观调控能力；另一方面，可以给予下级政府更多的基础教育财政支持，消除或缩小地区之间基础教育发展的不平衡性，从而保证全国范围内基础教育的均衡发展。

3. 教育财政分配注重弥补横向的缺口

政府在基础教育体制的设计上没有城乡之分，实施城市和农村一体化甚至农村优先于城市的教育财政管理体制，并且在实现基础教育服务均等化的财政制度选择和定位上，遵循罗尔斯主义的平等价值观，贯彻"国民待遇"原则，实行区域性以及针对弱势群体和个人的教育财政公平措施，保证每个学生不因居住地域和家庭条件的不同而受到教育歧视或差别待遇。切实使不利地区、弱势群体可以享受到最低水平的基础教育服务。

第四节　财政支农支出制度

农业是国民经济的基础产业。从世界近代历史看，几乎所有国家都在工业化之前和工业化推进过程中对农业给予了大量的投资和支持，即使在工业化基本完成之后，对农业发展的支持也未减弱。当前主要发达国家和经济转轨国家的农业支出一般是在农业改革和农村发展目标下有计划地展开的，农业支出与确定的改革和发展项目相联系。农业结构调整和现代化、农村社会发展与农民收入水平的提高是财政支农的基本内容，财政支农的力度在各国也呈现加大趋势。

一、美国的财政农业补贴政策

美国政府从 19 世纪末 20 世纪初开始全面干预经济、社会事务，尤其对农业的扶持和保护力度日渐加强。农业补贴政策在促进美国农业发展、提高农民收入水平的进程中发挥了决定性作用。

（一）美国政府补贴农业的依据

美国政府补贴农业的依据是：（1）农民相对贫困，应当通过政府支持得到更高的收入。（2）家庭农场是美国农业的基础机制，应当予以扶植。（3）农民会受到从事其他行业不会面临的危害，如洪水、干旱、虫害，而他们又得不到对这些灾害的保险赔偿。（4）虽然农业是完全竞争性市场，但农民要从市场垄断力很强的农药、农机、汽油等行业购买投入品。这些行业能够控制其价格，但农民在销售其产品时，往往不得不任由市场摆布。因此，农民应当得到政府资助以消除他们在交易中的不利地位。

（二）农业补贴政策演变

从总体上讲，美国农业补贴政策的历史演变可分为 3 个阶段：

1.1933—1985 年，农业政策形成与修订阶段

针对 1933 年经济大危机时农产品价格暴跌、大量农户破产的状况，美国 1933 年制定了第一个以保障农民收入为目标的《农业调整法》（The Agricultural Adjustment Act of 1933），采取对农业较强的政府控制与保护措施，奠定了农业保护政策的法律基础。

2.1985—2002 年，市场化改革阶段

由于巨额农业补贴导致的沉重赤字负担给联邦政府带来巨大财政压力和舆论压力，美国政府于 1985 年和 1996 年两次颁布农业法案，开始向市场化方向进行农业改革，农业补贴额逐年减少。

3.2002 年以来，逆市场化阶段

20 世纪 90 年代后期，世界农产品价格不断下跌，以出口为导向的美国农业陷入困境，农场主农业收入急剧减少。为扭转这种困境，2002 年美国出台《农业安

全及农村投资法》，宣布在未来 10 年里将联邦政府对农业的补贴提高 67%，总计达到 1 900 亿美元，这一法案扭转了自 1985 年以来的农业市场化改革步伐[①]。2008年又制定了《食物、环境保育与能源法》（The Food，Conservation and Energy Act of 2008）。

（三）农业补贴政策体系

根据农业自身发展的要求不同，以及国内国际市场行情和政治因素的变动，美国政府通过永久性立法和阶段性立法相结合的形式，采取了灵活多变、协同性较好的补贴工具与方式，形成了非常健全、系统的农业补贴政策体系，对农业提供全方位、多层面的支持和干预。

1. 价格支持

美国早在 1933 年的《农业调整法》中就提出了价格支持手段，即由政府设置一个最低价格，当农产品市场供过于求时，使市场价格保持在这一最低价格之上，以保护农民的利益。

（1）农产品价格补贴

美国政府虽然倡导农产品贸易自由化，实际上多年来对本国农业生产与农产品流通给予了极大支持。为支持粮食生产，美国通常实行粮食价格补贴，即在粮食上市季节，根据粮食的生产成本加上适当利润确定粮食的保证价格。如果市场价格低于保证价格，政府或者是按保证价格直接收购粮食，或者是补贴农民出售粮食的价格差额。

（2）无追索权贷款

无追索权贷款是政府实施价格支持的重要手段。无追索权贷款项目由农业部下属的农产品信贷公司具体负责实施，农场主可以自愿参加，凡参加无追索权贷款项目的农场主可以按照"贷款率"将符合条件的谷物抵押给农产品信贷公司，并获得"贷款率×谷物抵押量"额度的贷款。农产品信贷公司对贷款无追索权，贷款是否偿还只取决于贷款期限内未来市场价格走势。在贷款到期前，如果谷物价格提高并超过贷款率，农场主可以将谷物自行出售并偿还贷款本息；如果谷物价格没有提高或超过贷款率，农场主可以放弃对抵押谷物的赎回权而不偿还贷款。

（3）营销贷款补贴

"营销贷款补贴"是 1996 年以前美国主要的农业补贴工具，1996 年后被直接补贴替代，在 2002 年《农业安全与农村投资法案》中又被重新引入到价格支持体系中。销售贷款补贴是农民在播种前，将未来的农作物产量抵押给美国农业部的商品信贷公司（CCC），依据"贷款率"获得贷款从事农业生产，作物收获后，如果市场价格高于"贷款率"，农民可以按市场价格销售农产品并按照贷款率偿还贷款；如果市场价格低于"贷款率"，农民可以在按市场价格销售农产品以后，再按照低于"贷款率"的市场价格偿还贷款，而"贷款率"与市场价格之间的差额相当

于农民获得的直接补贴。

2. 收入补贴

（1）固定直接补贴

固定直接补贴是 2002 年《农业安全与农业投资法案》中提出的一种与农产品生产、市场价格不挂钩的直接补贴制度，其核心内容是在 1996 年《农业法》的基础上，增加对农业的补贴，属于 WTO 农业补贴规则中的绿箱政策范畴。其主要目的是用来代替 1996 年《农业法》中的生产灵活性合同补贴。直接补贴的范围除了粮食外，还包括各种谷物、油料作物、蛋白作物、纤维作物等绝大多数农作物。这种补贴按既定的补贴面积、补贴单产和直接补贴率确定，与当年的实际生产情况和市场价格无关，所以它不会刺激特定作物的生产，因此可以实现在不影响农民生产决策的情况下提高农民收入。

（2）农产品平均收益补贴

2008 年《农业法》设立了农作物平均收益选择项目。从 2009 年起，农业生产者可以自愿选择加入各州农作物平均收益选择项目，获得 ACRE 农业补贴，即可获得"80%的固定直接补贴+70%营销贷款补贴+农作物平均收益补贴"。当加入该项目的农作物一年的实际收益低于 ACRE 项目的基准收益（revenue guarantee）时，该生产者即可获得补贴。在 ACRE 项目下，各州每年、每种作物、每英亩的基准收益是被预先确定的。对任何一年的任何一种农作物，补贴率不得超过州基准收益的 25%。州基准收益上升或下降的幅度不得超过上一年度的 10%。在 2009—2011 年种植面积的 83.3%可以获得补贴，而在 2012 年种植面积的 85%可以获得 ACRE 补贴。

3. 农产品出口补贴

基于巨大的农业生产力和有限的农产品需求，经常性农产品过剩是美国农业的常态。美国政府为了保证其农产品在国际贸易中的绝对份额，解决国内农产品过剩问题，自"罗斯福新政"开始实行农业奖出限入的措施，并在长期的农业政策改革中不断修正和完善，直至形成现有的综合体系。美国的出口补贴主要有直接出口补贴和出口信贷两种。

（1）直接出口补贴

直接出口补贴主要包括出口促进计划和奶制品出口刺激计划。这两个项目皆源于 1985 年的《农业法》。出口促进计划是美国农业部向出口商支付现金，使其以低于成本的价格在国际市场销售农产品，以应对来自高额补贴国家和地区的竞争，达到抢占市场份额的目的。奶制品出口计划主要是向出口美国奶制品的实体提供补贴。

（2）出口信贷

出口信贷是一种间接的出口补贴方式。它始于 1982 年，目前为美国最大的农产品出口支持项目，主要功能是为美国农产品出口商提供回款担保。2002 年的《农业法》规定了 4 个出口信贷项目，2008 年新《农业法》规定，2008—2012 年间继续提供出口信贷，以促进加工品和高价值的农产品出口。

4. 支援农业科技教育和研发的补贴

在美国，虽然相当的应用性研究费用源于私人机构，但基础性、理论性和长期性的农业科技研究是由政府出资的。联邦政府不断加大预算拨款支持农业科研，农业科研公共拨款占农业国内生产总值的比重不断提高。

支援农业科技教育和研发的具体做法是：

（1）组织建成了以农业部为主干，融教、科、产为三位一体的农业科学、教育和推广体系。美国的农业教育、科研和推广制度是在 1862—1914 年间逐步形成和完善的，特别是进入 19 世纪 20 年代以后，美国农业的发展迫切要求政府在农业科学技术的研究和发展以及农场主的教育方面起更多、更举足轻重的作用。该体系是由农学院、农业试验站和合作推广站 3 个系统组成的，由农学院统管全州的农业教育、科研和推广任务。

（2）公立的农业科研项目经费主要来源于政府预算拨款。其中 30%~33% 来自联邦农业部拨款和其他联邦机构，55%~60% 来自各州预算拨款，其他约 15% 来自民间私人企业合同和赠款等。

（3）为农学院、农业试验站和农业科研机构提供经费。经费来源主要是联邦政府预算和国家科学基金拨款，其他还有各种基金组织、个人或企业的资助。

（4）重视对农业生产者的教育和培训。通过推广站、农学院和社区学院等为农场主提供各种技术服务。

5. 农业保险补贴

这项补贴主要是对因各种自然灾害而遭受经济损失的种植业和畜牧业生产者提供现金补贴。由于农业受自然灾害的影响较大，灾害风险所造成的损失不仅范围广，而且难以挽回。为保障农业生产者的利益，当灾害发生导致农业严重损失时，政府都要给予财政补贴。美国政府针对自身的国情，形成了独具特色的农业保险运营模式和财政支持模式。农业保险在政府财政的大力扶持下得到了很快的发展，农业保险险种创新越来越多，农业保险的参与度也有了很大的提高。

（1）支持模式

①市场化程度高。农业保险的具体业务均由私营农业保险公司直接经营，政府完全退出农业保险直接经营的领域。②美国风险管理局（联邦农作物保险公司）负责农业保险推广和教育，并且对私营农业保险公司经营的农业保险业务提供财政支持，对投保人提供保费补贴。③为了对农业保险的参保率提供保证，以经济手段将农业保险的保费补贴与其他农业财政支持计划捆绑起来，对农业保险实行事实上的强制参加。

（2）支持项目

美国财政对农业保险的支持项目齐全，体系完善。收入风险保险于 1997 年开始实施，保险项目类别不断增加，既有覆盖单个作物的收入保险，也有覆盖整个农场的收入保险，还有覆盖某一地区的区域性收入风险保险。尽管收入保险项目在具体实施类别上仍存在不同缺陷，但是它在不扭曲市场价格的前提下直接保障了农民的收入水平，符合 WTO 的农业补贴规则。具体支持内容包括：①保费补贴。针对农业保险投保人所承担高保险费率提供补贴。②业务费用补贴。针对经营农业保险具体业务、私营农业保险公司所承担的高成本提供补贴。③再保险支持。针对私营农业保险公司经营农业保险的高风险性提供比例再保险和超额损失再保险保障。④联邦农作物保险公司的各项费用以及农作物保险推广和教育费用。⑤灾害补贴。联邦政府向遭受干旱、洪水、冰雹、龙卷风等自然灾害的农场主提供财政援助，在某种程度上是对作物保险补贴的补充。灾害补贴的形式主要有两种：一是无偿赠送，主要针对牲畜和家禽生产者。二是灾害补贴，即对农业灾害给予直接补贴和成本补贴[①]。

（3）支持标准

①美国政府财政对参加农业保险的农民所交保费提供补贴，各险种的补贴标准不同，补贴标准因产量保障水平的差异而有所不同，随时间推移越来越大，同保障水平的高低相反。②美国对农业保险的财政支持标准很高。虽然政府不介入农业保险的直接经营，但其对农业保险经营业务都有很高比例的财政支持。

（4）支持层次

农业保险的主要作用在于稳定农业生产，分散经营风险，从而降低农产品价格，使生产者剩余向消费者剩余转移。在统一的国内市场中，农业保险作为一种准公共产品，其受益范围是全国，因此，政策性农业保险的财政支持也应该主要由中央政府来提供，地方政府可以根据其财力、农业生产条件等具体情况提供辅助性的财政支持。

美国农业保险的财政支持主要来源于联邦政府财政，保费补贴、业务费用补贴、再保险支持，联邦农作物保险公司的各项费用以及农作物保险推广和教育费用均由联邦政府财政负责。联邦政府还通过其他一些法律规定，鼓励地方政府根据其财力状况对农业保险进行补贴。

（5）税收优惠

美国政府对农业保险业务的税收优惠力度较大，具体包括：①对于联邦农作物保险公司一切财产，包括分支机构、资本、准备金、结余、收入、财产权和免赔款，免征一切现有和将来可能开征的税收，包括国家所征税种、各级地方政府所征税种。②私营农作物保险公司保险合同和由公司提供再保险的保险公司均免征一切税收。各级政府对农业保险的税收优惠政策，使农业保险经营机构除了其业务成本外不再有其他方面的负担。

6.农业绿色补贴

进入 20 世纪以来，美国农业政策中实行"绿色补贴"的趋势越来越明显，即把大量农业补贴转变成防治农业污染补贴，将保护农民收入与改善农业生态环境的

---

① 马述忠，冯冠．健全农业补贴制度——规则、模式与方案[M].北京：人民出版社，2010.

目标有机结合。2002 年美国出台的《农业安全与农村投资法》包含了 9 项与农业生态环境保护有关的发展计划，这些计划以现金补贴和技术援助的方式，鼓励农民自愿参加各种生态保护补贴项目。其特点是补贴资金规模持续增长，补贴范围逐渐扩大，在提高政府对农业投入的效率和解决农业外部性问题方面取得了较好的效果。

（1）农业环境保护补贴

农业环境保护补贴始于 1936 年的《土壤保护与家庭分配法》。1985 年的《农业法》首次涉及有关资源保护、环境保护、草地保护、沼泽地保护等条款。2002年《农业法》规定，2002—2007 年自然资源及环境保护补贴总额达 220 亿美元。农业部通过实施土地休耕、水土保持、湿地保护、草地保育、野生生物栖息地保护、农田与牧场环境质量激励等方面的生态保护补贴计划，以现金补贴和技术援助的方式，把资金分发到农民手中或用于农民自愿参加的各种生态保护补贴项目，让农民直接受益。2008 年《食品、环境保护和能源法》除了继续扩大补贴资金规模外，还新增了"农业用水提升计划"，扩大农村环境保护领域。

（2）土地休耕补贴

土地休耕补贴是美国农业限产计划的一个重要组成部分，最早始于 1933 年的播种面积限额补贴。1956 年《农业法》确立了耕地面积储备和土壤储备。前者是允许主要农产品的生产者短期停耕土地；后者是农场主将一部分土地长期（不超过10 年）退出耕种，用于植树和保护土地，而每年都可以获得补贴。其目的是削减农产品产量并稳定农产品价格，但是初期效果并不显著。

1961 年推出一种新的自愿生产控制计划，该计划规定应至少停耕 20% 的耕地，且必须将这些耕地用于土壤保护目的的情况下才可获得停耕土地正常产量50% 的现金或实物补偿。如果停耕土地超过 20%，补偿比例可提高至 60%。1985年的《农业安全法》采用了诸如面积控制、限额及休耕补贴等多种办法使土地休耕计划得到进一步发展。1996 年《联邦农业发展与改革法案》计划到 2002 年休耕保护土地 364 万英亩。依据此计划，农民可以自愿提出申请，与政府签订长期合同，将那些易发生水土流失或者具有其他生态敏感性的耕地转为草地或者林地，时间为10~15 年，政府对参加计划的农民发放数额为 50~5 000 美元的补贴[①]。

7. 食品和消费补贴

食品和消费补贴是通过国内粮食援助项目对低收入的消费者实行补贴。该项目属于"绿箱"支持政策，在美国的国内支持中所占的比重最大。2008 年新《农业法》进一步加大了对国内粮食援助的投入，应对食品和能源价格上涨给低收入消费者所带来的冲击。新《农业法》规定从 2009 财政年度开始，将其更名为补充营养援助计划（SNAP），主要用于紧急食品援助计划和新增的营养计划的实施，特别是为低收入家庭的学生提供免费的蔬菜和水果，帮助他们获得营养。

---

① 　马述忠，冯冠.健全农业补贴制度——规则、模式与方案[M].北京：人民出版社，2010.

二、欧盟的财政农业补贴政策

（一）农业补贴政策改革

自 20 世纪 60 年代诞生至今，欧盟的农业政策经历了多次改革和调整，其中有两次调整和改革影响比较深远。

1.1992 年改革

1992 年欧盟第一次比较全面地对共同农业政策进行了改革，从过去以价格支持为基础的机制过渡到以价格和直接补贴为主的机制，逐步降低价格支持水平，控制农产品生产过剩和财政补贴过度增长。

2.20 世纪初的改革

2000 年欧盟出台的《2000 年议程》是欧盟共同农业政策最为激进、最为全面的一次改革，这次改革涵盖了欧盟共同农业政策在经济、环境、农村发展等方面的所有功能，具有里程碑式的重要意义。为了细化和强化《2000 年议程》，2003 年欧盟通过了共同农业政策的改革新方案，其核心是改变了欧盟对农业的补贴方式，完成了农业政策由以价格支持为基础逐步过渡到以对农民收入补贴为主的演变进程。同时，该方案增加了欧盟农业环境保护计划，大幅提高了对有利于环保、食品安全和动物福利的农业项目的补贴金额。

（二）农业补贴政策体系

1.农产品价格干预

欧盟对农产品价格进行干预旨在稳定市场价格和保护生产者的最低收入。通过价格干预，调控市场上农产品供应量，保持市场价格相对稳定。采取的干预方式主要有：

①贮藏补贴或撤出补偿。在农产品上市的集中旺季，向农产品生产者或经销商发放一定数额的补贴，让他们将农产品贮藏一段时间，然后再投放市场，从而避免农产品集中上市引起价格下降；对于某些种类的农产品如蔬菜和水果等，当其供大于求时，如果生产者将部分产品撤出市场，则由此造成的损失由市场管理组织给予补偿。

②价格补贴。当市场价格低于干预价格时，市场管理组织者除了按干预价格收购外，也允许生产者在市场上出售农产品后从欧盟设在各国的干预中心领取市场价格与干预价格之间的差价补贴，从而确保生产者的收入不低于干预价格的水平。

③出口补贴。为解决农产品大量过剩问题，欧盟为了鼓励高价农产品出口而对农产品出口实行高额补贴（等于干预价格与世界价格之差）。

④进口控制。当其内部市场价格高于国际价格水平时，便对进口实施控制。如果某种进口农产品的到岸价格低于门槛价格，欧盟会对其征收两种价格之差的进口差价税。

2.直接收入补贴

1992 年改革将价格补贴转变为直接收入补贴，初衷是因农产品价格支持减少而给予农户的一种补偿。该项补贴目前已成为欧盟农民收入的主要来源，大约占40%。欧盟以历史情况为基础，分行业分种类对农业损失进行补贴。

（1）实行直接收入补贴与产量脱钩而与面积挂钩

面积补贴是根据符合补贴条件的作物种植面积或休耕面积发放的，分为作物面积补贴和休耕面积补贴两类。前者按作物每吨补贴额与生产区平均单产确定，后者依据符合条件的休耕面积数量来发放，在欧盟内部，不同国家和不同地区的休耕补贴有所不同，每公顷休耕地的休耕补贴与当地谷物产量的作物面积补贴额相当。

（2）设立单一农场补贴制度

2003 年改革新方案规定，各成员国必须在 2005—2007 年间设立单一农场补贴取代上述与种植面积挂钩的直接收入补贴。作为脱钩补贴，单一农场补贴与当前种植的作物种类及种植面积等生产情况无任何关系，计算基础是生产者 2000—2002 年间获得的农业补贴数额，而与未来的生产情况无关[①]。成员国在实施单个农场补贴时拥有极大的自主权，它们可以根据本国农业情况，在一定时期内维持有限的产量挂钩支持，以避免出现农田抛荒；将补贴额度与环保、食品安全等挂钩，不符合上述标准的农民将无法得到补贴。

3. 结构调整补贴

20 世纪 70 年代，为缓解农产品过剩压力，欧盟开始关注农业的结构性调整，并相应采取了一系列旨在调整农业生产结构的补贴政策。

（1）加强农业劳动力队伍建设投入

①1972 年欧盟开始开展农业职业培训。运用补贴手段，鼓励青年农民从事农业生产，1988 年欧盟向青年农民提供创业补贴，对农业土地进行投资补贴。

②优化劳动力年龄结构。改革提前退休制度，鼓励老年农民提前退休以更新农业劳动力队伍，提高劳动生产率。

（2）优先发展落后地区经济

1975 年采取了一些措施对在恶劣条件下从事生产的农民提供补贴，对边远山区等实行一定的补贴政策，扶持山区和条件差的地区农业的发展，以逐步消除区域间不平等。如对边远山区等恶劣条件下从事农业生产，补贴所需投资的 25%，最高达 65%[②]。

（3）休耕计划补贴

1992 年引入的生产结构调整计划规定，获得直接收入补贴的农民必须参加减少 15% 种植面积的生产结构调整计划，但不包括耕地面积 20 公顷以下的农场，对耕地休耕给予补助。

4. 环境保护补贴

欧盟将环境问题纳入共同市场组织中加以考虑，先后通过与农业环境相关的法案 160 多个，政策导向是鼓励农场主生产中注重环境保护。各成员国都在耕种面

① 朱行，李全根. 欧盟共同农业政策改革及启示[J]. 世界经济与政治论坛，2005（1）.
① 刘晓亮，殷向晖. 欧盟农业补贴政策的改革演进[J]. 对外经贸，2015（3）.

积、耕种方式及农业生产状况等方面采取有效的环境保护措施，具体实施措施的模式由各成员国具体制定。英国规定，对农民因减少农药和化肥使用而造成的减产，由政府按环保政策给予补偿。目前，荷兰 5% 的农地被划为"环境敏感地带"，由荷兰和欧盟共同出资，监管农业产销活动，保护生态平衡。

环境保护补贴的具体类型包括：一是对整个农场的生产活动全部符合生态农业标准的生态农业补贴。二是将耕地变为粗放使用型草场的，给予粗放型草场使用补贴。三是对农作物放弃使用除草剂造成的损失给予补贴。四是对休耕年限达 20 年并专门用于环保目的的土地，除给予休耕补贴外，还给予额外的补贴。

5. 信贷补贴

通过政策性的农业金融机构向农民提供大量优惠贷款、鼓励农户增加农业投入是欧盟实现农业现代化的重要途径，同时也为农民提供了间接补贴以及增加收入的机会。欧盟信贷补贴制度以德国和法国为代表。

（1）德国。为了鼓励金融机构参与农村信贷活动，德国对农村信贷实行利息补贴，补贴范围涵盖所有种植业、农业生产资料、农产品加工、水利设施、土地改良与归整、农业结构调整、生态农业以及环境保护等。

（2）法国。法国政府规定，凡符合政府要求和国家规划发展的项目，都可以获得优惠贷款，贷款利率与市场利率之差由国家财政负责补贴，补贴金额随贷款的增加而不断上升。从贷款的具体类型看，农业贷款银行和地区农业互助信贷银行都是面向农业的专业金融机构，提供短期、中期和长期贷款。短期贷款年限为 1 年左右，不得超过一年半，主要用于购买种子、化肥、饲料和临时雇用劳动力；中期贷款不超过 15 年，主要用于购买农机具和牲畜；长期贷款不超过 30 年，用于购买土地和兴建建筑物。这些政策既保障了农民的利益，免除高利率的负担，又能有效引导农民按照政府的意图行事。

6. 基础设施建设补贴

为改善农业生产条件，提高农业生产力，欧盟对农业基础设施建设提供一定比例的财政补贴，包括购置大型农业机械、土地改良、兴修水利等。

7. 农业保险补贴

欧盟还对农产品在备耕、种植、管理和销售 4 个阶段进行保险，与农民分担风险。农业保险补贴的基本形式有补给保险机构和补给农民两种，无论采取暗补贴还是明补贴方式，均起到了有效化解农业风险的作用。

（三）欧盟农业补贴政策特点

（1）立法体系健全。欧盟农业补贴立法层次高，覆盖范围广。每一个补贴项目均先由各成员国提出议案，经欧盟议会讨论通过，再由欧盟理事会以条例这一法律形式规范。补贴目标、范围、标准、期限、实施方式、资金来源及执行机构等均通过法律详尽规定，公开透明，可操作性强。

（2）政策目标适时调整。欧盟农业补贴政策目标由最初"温饱目标"，即实现农产品自给、提高农业生产者的收入转变为"稳定目标"，即保持农业生产稳定，减少农产品过剩生产和减轻财政负担，进而深化为"可持续发展目标"，即农业环境保护和农村可持续发展。

三、日本的财政农业补贴政策

（一）农业补贴政策的发展演变

1. 二战后到 1990 年

二战后初期，日本出现了最严重的食品短缺问题，促使日本政府确立了以粮食自给为目标的政策。20 世纪 50 年代，日本政府加大了对农产品的价格支持力度，不断创新农业补贴制度，农产品价格补贴、农业机械与设施建设补贴、农业现代化改造贷款利息补贴、农业生产保险补贴等补贴方式日益完善。特别是 1961 年《农业基本法》颁布后，出台了一列农业支持政策，农业保护水平迅速提高。

2. 20 世纪 90 年代至今

为更加全面适应 WTO 农业规则和日本农业农村发展的要求，从 20 世纪 90 年代开始，日本政府较大幅度地调整了本国农业政策，实施一系列新的农业政策，逐步减少对粮食的直接补贴。如 1994 年的《新粮食法》，1999 年的《大米流通法》和《食品、农业、农村基本法》，2001 年的《农业经营政策大纲》等等。日本政府在减少对粮食的直接补贴的同时，强化了对农业资源环境保护、农业人才培养、农村基础设施投入、种植结构调整方面的财政支持力度，以确保粮食的稳定供给、农业国际竞争力逐步提升以及日本农业的可持续发展。

（二）农业补贴政策体系

1. 国内农产品价格保护制度

农产品价格保护制度是日本农业补贴体系中最为重要的补贴项目。由于资源的限制，日本对农产品进口的依赖性较大，因而政府对农产品价格干预程度较高。二战以来，日本政府几乎对所有农产品都实施了形式不同的价格支持政策。

（1）对大米实行国家直接控制的"双重米价制"

大米是日本的主食，是日本价格支持政策的核心。政府长期实行政府统一收购、统一出售政策，稻米的收购价一般高于销售价，即国家向农户支付的"生产者米价"明显高于其向消费者出售的"消费者米价"，其差额部分由政府财政补贴，称之为"政府米"。

（2）最低保护价制度

最低保护价制度主要用于小麦、大麦以及加工用的豆、甘薯、甜菜、甘蔗等价格支持。政府规定了这些农产品的最低价格标准，若市场价格低于最低保护价格，产品将全部由政府的有关机构按规定的最低价格购入，促使农产品价格回升到最低价格以上并保证生产者的收入。

（3）价格差额补贴

政府事先确定大豆、油菜籽和加工用牛奶等农产品的基准价格。无论市场价格高于还是低于基准价格，农民都在市场上按市场价格出售上述农产品。只是当市场价格低于基准价格时，政府将实际市场价格与基准价格之间的差额直接以补贴金形式发放给农民。

（4）建立农产品基金制度

建立了蔬菜、鸡蛋的价格安定基金，调节市场价格，弥补因价格下跌给农民带来的损失。

2. 农业基础设施建设补助

日本政府高度重视农田水利基本设施建设，为此专门设立了许多资助与补贴项目。这些项目主要包括排水灌溉、土地平整、圃场区划扩大、农道建设、土地开垦等基本建设和品种改良、优育与繁育、育苗、栽培管理与农业技术推广等方面的基础设施建设。

从投资费用各级政府的负担比例看，根据不同种类确定不同标准。大型农田水利设施一般由中央政府直接投资兴建。对于一般水利基本建设项目，只要经过审批程序并达到一定标准后，中央财政补贴其全部投资的50%左右，都道府县和市町村财政分别补贴25%和15%，剩余的很少一部分修建成本由农户自身负担。

3. 农业生产资料购置补贴

日本农业现代化的高速发展离不开农业机械化的支持，而农业机械化快速实现又得益于农业机械设备购置补贴政策。20世纪60年代以来，由于国民经济的高速发展，农业劳动力急剧外流，为此政府对农业机械及其他设备的采用实行了巨额的财政补助。1965年日本政府开始对农民购买的两类农业机械给予较大规模的补贴：第一类是农民联合购买粮食生产动力与作业机器，例如拖拉机、插秧机、收割机、灌溉动力机、动力喷雾机与撒粉机；第二类是粮食加工、运输与贮藏机械设备，例如磨米机、烘干机、农用运输汽车及贮藏设备。从补贴规模与结构看，平均补贴额度占机械购置成本的比例呈上升的趋势，中央财政都道府县财政补贴的比例较高。

4. 农业保险补贴

粮食生产的特点决定了灾害发生的高频率性和粮食生产的不稳定性，这对粮食生产的稳定发展非常不利，因而日本政府对农业保险特别是种植业保险比较重视，实行低收费高补贴优惠政策，保费补贴和损失赔偿对农民收入的稳定起到了显著的支持作用。日本农业保险制度的特点是：

（1）以农业保险立法来增强政府干预农业保险的能力，构筑全国农业保险体系。政府直接参与保险计划。凡是生产数量超过规定数额的农民和农场都必须强制参加保险。

（2）政府财政提供保费补贴、业务补贴。①农业保险基金由政府财政补贴和农户投保保费组成，独立于商业保险之外，由中央农林金库负责统一管理，基层农协信用部具体办理投保和赔付事宜。②鼓励地方或农户成立互助保险合作组织，建立农业保险专项风险基金，通过减免营业税、所得税等优惠办法扶持其发展。

5. 农业贷款利息补贴

农业贷款利息补贴又称为"制度性贷款"。通过由财政出资，建立农业政策性银行和政策性保险公司，发放长期低息贷款，从而直接满足农户增加农业投入的需要。此类补贴一般不直接支付给农户，而是当农户按一定条件向有关金融机构获得低于正常市场利率的低息贷款时，依据该贷款利率低于正常市场利率的差额，对这些金融机构进行补贴，以补偿其低利的损失。

四、法国的财政农业支出制度

在法国农业现代化历程中，政府财政职能的作用主要体现在 3 个方面：

（一）农业基础设施建设和农村地区开发

二战前，法国农业以私人投资为主。二战后，政府重视对农业的投资，决定把农业投资正式纳入国家预算项目。法国政府支持农业基础设施建设主要包括水利工程和土壤改良、道路建设、生活供水、农村用电、农村地区的大型整治等。在水利和土壤改良方面，1951 年 5 月，政府正式通过法令，成立各种专业化的公私合营公司来承担农业水利和土壤改良工程，并由政府统筹管理。1955 年又通过法令扩大公司范围，吸收农业部门和工业部门参与投资和管理。在对农业的投资过程中，法国政府强调使用效率，注重引导、激励其他投资主体参与，如允许银行集团参加投资。这些公司在灌溉和土壤改良方面取得了较好的成就。

（二）实施农业保护政策

1. 促进土地集中和规模化经营

二战后，法国政府积极支持土地集中，扩大农户经营规模，提高农业劳动生产率，以适应发展农业现代化的需要。（1）为了鼓励土地兼并，对失去土地的农民给予赔偿和生活补贴。（2）为了扩大农场经营规模，法国政府通过财政支持建立"土地调整公司"，收购土地（高价购买"无生命力农场"），然后再把土地出售或租赁给大农场主。（3）鼓励年老体衰者提前退休，给予终身生活补助[①]。

2. 建立农业服务体系

动用国家财力（低息贷款或无偿投资）协助建立各种类型的农业合作社和互助组织，引导农民走向互助和合作。建立一系列服务型的机构，从金融机构、道路交通到农产品加工，为法国农业、农村和农户服务。加大农产品销售合作社等项目的投资，有力地推进了农业专业化和一体化发展。

3. 实施有利于农业发展的财政补贴政策

一是对农作物、畜产品和加工品进行补贴。农作物按面积补，牲畜按头数补，葡萄酒按质量补。二是对购买农业机器设备、农用燃料、农用化肥采取补贴或免税等优惠。三是通过投资治理生活环境和自然生态环境，保证了农业资源的可持续利用。

---

① 李树，陈刚. 国外财政支农的经验与启示[J]. 宏观经济管理，2009（2）.

（三）完善农村教育体系

二战后，为了提高农民教育素质、提升农业科技实力、提供相匹配的农业科研推广体系，法国出台了一系列政策措施，主要内容包括：

（1）建立以中等农业职业技术教育、高等农业教育和农民成人教育为主要内容的农业教育体系，培养农牧林等各个领域、各个层次的人才。

（2）规定从事农业经营者的资格要求。法国政府规定：农民必须接受职业教育，取得合格证书，才能享受国家补贴和优惠贷款，取得经营农业的资格。

（3）建立了完整的农业科研体系和健全的推广体系。法国政府自20世纪50年代初开始相继建立健全了农业所需各种科研机构，搭建了系统的农业科研体系，形成了一个农机、农药、化肥、良种和先进农艺的立体推广网络。从生物、化学、水利、机械等各个方面提供农业科研成果，普及农业科技。

政府鼓励地方和私人在农业地区创办农业科学研究机构，为此还设立了"科学研究活动地方奖金"，规定凡投资额在1 000万法郎以上的科研企业可获得占设备投资的15%~25%的该项奖金。国家和地方政府、农业行业组织和工业企业从各自不同的角度参与农业技术的推广和普及，农业科研和技术推广经费大部分都是政府提供的。政府的相应拨款都有稳定的渠道，每年政府要按规定从农业耕地税和产品税中划出10%拨付给农业发展署和联合会，专门用于农业科研和技术推广。

五、韩国的农业财政支出政策

（一）对农村生产生活设施投资给予倾斜

进入20世纪90年代以来，韩国政府强调"农者天下之大本"的传统重农思想，将农业摆在新经济政策的重要位置，积极支持农、林、水产业发展。政府的农业投资主要用于农田水利建设、河渠治理、土地改良、良种培育、修建桥梁和公路、购买农用生产资料等，这些措施大大降低了农村生产的自然风险和农民的运输成本。农村生活设施投入重点放在：用于改善农（渔）村住宅、提高饮用水质量、建立污水处理系统、进行社区开发、改善农（渔）村生活条件并建设上规模的现代化农（渔）村。

（二）支持农业技术开发、推广和人才培训

韩国政府将农业技术推广和人力资源开发、人才培训作为发展农业的一个重点环节来支持。在农业科技高校中按地域选定中心院校，重点培养经营农业后继人才。设立农业专业经营课程，对优秀专业农民进行再教育。无论是国立还是个体农业养殖、加工企业，都要求做到现代化管理与计算机操作。

（三）支持农产品流通体系建设，完善农业社会化服务组织

韩国政府十分重视农产品流通体系建设，改革农产品流通体制，减少流通环节，维护生产者和消费者的利益。（1）扶持建立各种专业生产者组织，并在此基础上形成生产集团，担负生产、加工、储藏、出售、出口等任务。（2）强化市场基础设施建设，制定完备的交易规则，建立农产品批发市场。（3）支持农产品加工企业

拓展国外市场，在国外建立销售网体系。

（四）加大经济开发投资，增加农民收入

韩国政府自新村运动初期开始，在全国范围内推广"统一号"水稻高产新品种，不仅推广科学育苗、合理栽培的技术，而且为保护"统一号"水稻的价格提供相应的财政补贴，控制了农业生产的社会风险。得益于粮食增产和高粮价政策，农民收入增加较快。同时鼓励发展畜牧业、农产品加工业和特产农业，并通过政府投资、政府贷款和村庄集资的方式建立各种"新村工厂"，大力发展农村工业，扩大生产，把原来家族式的小农经营转化为集生产、销售、加工为一体的综合经营，使非农业收入大大增加。

第五节 财政支出项目绩效评价制度

一、财政支出项目绩效评价的界定与实施背景

（一）财政支出项目绩效评价的概念

财政支出项目绩效评价是指对一个支出项目或项目的一部分进行全面、系统的评价，保障支出项目的适当性、效率性和有效性。具体来说，包括 3 个层次的含义：

（1）在环境发生变化尤其是政府的政策发生变化的情况下，评价项目的目标是否具有持续性（即项目目标可行性的评价）。检测项目执行的结果是否达到了预期的目标，确定是否有更简洁、有效的途径达到预期的目标。

（2）评价是否有必要设立一个新的项目，如果有必要上这个项目，如何有效地设立；或评价一个项目是否有必要持续下去，如有必要，如何有效地继续进行。

（3）决定是否继续增加、减少或维持项目的投入水平。

随着公共项目资金的不断增加和公众对政府支出项目及其管理的关注，项目评价的重点从评价项目消耗资源的程度转移到项目是否优化了资源的配置，是否达到了项目的目标，以及项目对社会、经济的影响及效果等。通过支出项目评价，可以为有效管理项目提供有价值的信息，增强管理者对项目的责任感，促进资源在项目间的有效配置。

（二）财政支出项目绩效评价制度实施的背景

西方国家的财政支出项目绩效评价制度是在 20 世纪 70 年代后随政府公共管理改革的需要而发展起来的，目的是建立一种效率与支出相匹配的财政资金供给制度。其实施的背景因素主要包括四个方面：

1. 财政困境

20 世纪 70 年代初的石油危机以及福利国家负担过重等因素，使西方各国普遍出现了经济衰退，财政收入下降，财政支出增加，财政赤字持续出现，各国政府都

面临财政困境。

2.改革政府管理方式的需要

二战以来，西方国家政府职能不断扩张，政府规模不断扩大，导致西方各国政府机构普遍臃肿，效率低下。纳税人对政府的管理方式和效果不满意，要求政府公布公共支出的使用情况和效果。

3.信息技术的影响

受信息技术革命的影响，各国政府迫切需要建立适合本国国情的政府管理模式。

4.新公共管理运动的发起

各国所面临的各种经济、政治和社会危机以及政府自身的种种弊端，迫使政府重新审视自己的行为，进而寻求有效的治理工具以替代过时的传统行政模式。在这一背景下，西方各国掀起了公共行政管理的改革浪潮，其中一项重要的改革内容就是把一些科学的企业管理方法，如目标管理、绩效评估、成本核算引入公共管理领域，以提高公共管理水平及公共服务质量为特征的"新公共管理"运动。自此，西方国家逐步建立起财政支出项目绩效评价制度。

新公共管理运动为财政支出项目绩效评价奠定了制度基础，主要体现在：

（1）绩效评价的基础是以"结果为本"。传统政府管理的特征之一是轻结果而重过程，轻产出而重投入，支出预算并没有与结果很好地联系起来。新公共管理根据交易成本理论，认为政府应重视管理活动的产出和结果，应关注政府部门直接提供服务的效率和质量。因此，政府管理应该是以结果为本的管理，即通过使命、目标以及产出或结果逐级描述，直至分解成"可测量的绩效指标"，从而最终通过绩效的是否达成来体现行政机构和管理者的责任。

（2）绩效评价为分权化改革提供了基础。新公共管理要求分权，实现"从等级制到参与和协作"的转变。而要实行分权管理，主管部门就必须明确各分权机构完成组织战略目标的责任义务范围，建立工作需求、结果产出方面的指标。也就是说，分权化管理必然要以绩效是否可以得到测定和展现为前提。作为组织绩效的系统测定和展示，绩效管理为上级提供了充分的信息和控制绩效的手段。

（3）绩效评价体现了责任机制。新公共管理将传统责任机制改变为由公共管理者直接对公众负责的责任机制，其责任更容易进行衡量。而公共责任的落实就必然需要具有评价和衡量功能的绩效评价工具的运用。

（4）绩效评价的服务理念是顾客导向。"顾客至上"理念来自于市场中自由竞争的企业经营理念。随着新公共管理运动的开展，"顾客至上"理念成为公共管理领域中的一种时尚。这种理念强调了政府对社会公众需求的回应力，通过为顾客提供选择公共服务的资源和选择服务供给的手段，提高了政府管理活动的效率与服务质量。因而，政府绩效管理以顾客导向为服务理念就成为公共管理领域中的重要发展趋势。以顾客为中心，顾客满意成为政府绩效评价的终极标准，评价过程也有公民广泛参与。

目前，财政支出项目绩效评价在西方国家已经成为一项制度化、规范化、系统化和经常化的工作，并成为政府公共管理的一个重要组成部分。

二、财政支出项目绩效评价制度体系

财政支出项目绩效评价制度体系一般包括：（1）制定明确、合理的公共支出绩效目标；（2）建立科学、规范的绩效评价指标体系；（3）对绩效目标的实现程度及效果实施考核与评价；（4）把绩效评价与预算编制与预算管理紧密结合起来等等。绩效评价是政府实现绩效管理的最关键问题，能否实现客观、科学、公正、有效的评价，是决定能否实现绩效管理的关键。西方各国在新公共管理运动的推动下已建立起一套科学、客观、系统、合理的评价体系，其基本特征包括：

（一）绩效评价有法可依

西方国家对财政支出项目绩效评价都建立了一套较为完善的法律法规体系框架。通过法律法规明确财政支出项目绩效评价工作在整个财政资金使用及监督过程中的作用，确定评价工作必须采用的规则、程序、评价内容和方法、评价的组织方式，同时也对相关行为主体的权利和义务做出了相应的界定。例如，美国1993年1月国会通过了《政府绩效与成果法案》，同时还成立了国家绩效评价委员会，专门负责这一法案的实施和监督，从而把财政支出项目绩效评价置于法律的指导和约束框架内。

（二）绩效评价价值标准

效率、秩序、社会公平和民主是当代政府绩效评价的基本价值取向。这种多元价值取向决定了其评价标准的转变：由传统的、单一的效率取向扩展为反映公共管理多元目标的价值标准体系，即"3E"标准体系——经济、效率和效益。

1. 经济（economy）

经济表示投入成本的最小化程度，即在维持特定水平的投入时，尽可能降低成本或充分使用已有的资源以获得最大和最佳比例的投入。在实践中，经济性指标考察的是成本与投入之间的关系。

2. 效率（efficiency）

效率表示在既定的投入水平下使产出水平最大化，或在既定的产出水平下使投入水平最小化，它是指一种活动或一个部门组织投入和产出之间的关系。低投入高产出即为高效率，反之则为低效率。

3. 效益（effectiveness）

效益表示产出对实现最终目标的影响程度，包括产出的质量、期望得到的社会效果、公众的满意程度等。效益指标一般涉及产出与效果之间的关系。在实践中，对效益的测定可以从两方面着手：一是看管理活动是否满足了社会或公众的需要；二是看这一活动的产出对既定目标的实现作出了多大贡献。

经济、效率、效益在绩效评价过程中不可偏废。经济评价可以把成本降至最低，效率评价可以确定完成特定产出要付出多少代价成本，效益评价对政府部门的绩效提高更重要，尽管这一评价难度很大。政府财政支出的某个项目既经济又有效率，如果其提供的服务是不必要的甚至是对公众有害的，那就很难说是有效益的，只有评价"效益"，才能知道公共投资是否值得。只有"三管齐下"，才可能用最低的成本、最少的资源投入、最高的效率提供一种被指定数量和要求的服务，才能取得最好的效益，使公众满意。

（三）绩效评价多元主体

由于财政支出项目繁多和财政支出性质与领域不同，仅靠一个部门去评价会使工作任务繁重，而且评价结果的客观公正和可靠性会大打折扣。因而西方国家有关财政支出项目绩效评价的部门呈现多元化，不同部门所评价的领域和侧重点不同。多元主体评价机制改变了过去只注重上级部门评价的现状，把上级部门、同级机关、下属部门以及广大的社会公众都综合起来，尤其是把社会公众对政府的满意度放在最为重要的位置，真正体现了公共责任的理念和政府的公共性质。

除各政府部门根据预先确定的标准和程序进行自我评价外，多数国家还设立了独立的绩效评价机构。一方面，对各部门的绩效评价结果进行整合汇总，以便公众比较评价。另一方面，有选择地独立对一些部门的绩效进行评价，以避免部门自我评价可能产生的评价失准现象。例如，美国于 20 世纪 90 年代成立了"国家绩效评价组织"，独立对政府机构进行绩效评价，并向国会和公众公布评价结果。

（四）绩效评价指标体系

指标体系的规范化和科学化是财政支出项目绩效评价的质量保证和生命线所在。西方各国都对其评价指标体系进行了科学、明确的设置和界定，特别是针对不同层次、不同区域和不同行业设置了不同特点的评价指标体系，使得评价指标体系具有同期、同质和同区域的可行性，保证了评价结果的客观公正。

1. 指标体系建立的原则

绩效评价指标是进行绩效评价的基本要素，制定有效的绩效评价指标是绩效管理取得成功的保证。一般来说，建立绩效评价指标体系的构架主要应遵循以下 3 个原则：

（1）相关性原则。相关性原则是指所选取的指标要与评价对象的绩效目标有直接的联系，以保证评价指标能够准确地反映评价对象绩效目标的实现程度。

（2）经济性原则。经济性原则指标的选取要考虑现实条件及可操作性，必须考虑获得相关数据的成本，要避免由于数据搜集复杂或者分布广泛而导致绩效评价的费用过大。

（3）重要性原则。重要性原则指一个评价对象所需要设计的指标可能会很多，在选取指标的过程中，要根据指标在整个体系中的地位和作用进行筛选，选择最具代表性、最能反映评价要求的指标。

2. 指标体系设置标准

英美等国家在绩效指标设计上所普遍遵循的公共标准是 SMART。"S"——specific，即绩效指标应该是具体的、明确的、切中目标的，而不是抽象的、模棱两可的。"M"——measurable，即绩效指标最终是可衡量的、可评估的，能够形成数量指标或行为强度指标，而不是笼统的、主观的描述。"A"——achievable，即绩效指标是能够实现的，而不是过高或过低或不切实际的。"R"——realistic，即绩效指标是现实的，而不是凭空想象的或假设的。"T"——time bound，即绩效指标应具有时限性，而不是仅仅存在模糊的时间概念或根本不考虑完成期限。

（五）绩效评价内容

西方国家财政支出项目绩效评价制度的内容一般主要包括下列 4 个方面：

（1）目标评价。即对项目目标制定的充分性、准确性、可行性和论证的科学性以及项目目标调整的必要性和合理性进行评价。

（2）管理评价。即对计划项目资金的来源或支出的合理性、资源配置的有效性、管理的规范性进行评价，对单位或组织的财务制度、财务管理状况，资金落实和实际支出情况以及资金使用的合规性进行评价。

（3）结果与影响评价。即对项目完成结果及其持续影响力进行评价，包括财政支出对经济发展和社会事业发展带来的直接或间接效益，是财政支出引导效应、增续效应的体现。

（4）资源配置评价。即对预算资源分配的合理性、有效性进行评价。

（六）绩效评价技术支撑

客观、公正、有效的支出项目绩效评价建立在准确、客观和全面的信息资料基础之上，因而信息资料的收集必须真实、客观和全面。从财政支出项目绩效评价的信息与数据来看，各国的评价机构都重视信息系统的建设与完善，建立了包括社会中介机构在内的数据收集或采集系统，充分利用先进的信息处理技术，形成了一个财政支出项目绩效评价的数据库，从而为财政支出项目绩效评价提供了强有力的技术与信息支持。

（七）绩效评价结果公开性

西方国家财政支出项目绩效评价的结果具有约束力，管理主体部门一方面将评价结果反馈给相关部门，作为各相关部门编制下一年度绩效计划的重要依据，进而促进各部门提高管理水平和资金使用效益。另一方面，也将评价结果、评价报告中的建议和意见论证向社会公开，让社会对评价结果进行评判和监督。如美国会计总署除了涉及国家安全机密之外的所有评价报告，都要提供给新闻界和社会公众，使社会公众能够通过对不同部门的工作绩效以及同一部门在不同时期表现的比较分析中获得更多的信息，进而提高了公众对政府行为的了解程度。

□ 本章小结

* 财政支出是指政府为履行其职能而支出的一切费用的总和。为了有效地对财政支出进行管理，通常可以对财政支出进行如下分类：按性质分为购买性支出和转移性支出；按资本形成分为经常性支出和资本性支出；按功能分为国防军事支出、社会文教支出、经济建设支出、国债利息支出、行政管理支出等；按目的性分为预防性支出和创造性支出；按控制能力分为可控制性支出与不可控制性支出；按受益范围分为一般利益支出与特殊利益支出。

* 美国的财政支出制度的特点体现在：（1）科学界定财政支出范围；（2）财政支出规模大，转移性支出比重高；（3）各级政府支出重点明确；（4）注重提高财政支出效率。日本的财政支出制度的特点是：（1）财政支出规模相对较小；（2）公共投资支出比重高；（3）地方财政支出比重较高；（4）实行有偿性财政资金分配制度。俄罗斯的财政支出制度的特点可概括为以下 3 个方面：（1）财政支出规模下降，财政支出结构快速调整；（2）联邦与地方的财政支出范围重新划分；（3）预算外支出占一定的比重。

* 发达国家政府教育支出管理体制大致可分为地方分权制、中央集权制以及集权与分权相结合制 3 个类型。美国、日本、法国、韩国的基础教育支出制度的共性是：（1）基础教育各级政府分担制度规范化；（2）政府间财政转移支付是实现基础教育服务均等化最重要的手段；（3）教育财政分配注重弥补横向的缺口。

* 美国形成了一套系统的极具特色的农业补贴政策体系，主要包括价格支持、收入补贴、农产品出口补贴、支援农业科技教育和研发的补贴、农业保险补贴、农业绿色补贴。欧盟的财政农业支出制度主要体现在：农产品价格干预、直接收入补贴、结构调整补贴、环境保护补贴、信贷补贴、基础设施建设补贴、农业保险补贴。日本政府的农业支持政策是：（1）国内农产品价格保护制度；（2）农业基础设施建设补助；（3）农业生产资料购置补贴；（4）农业保险补贴；（5）农业贷款利息补贴。法国财政职能的作用主要体现在 3 个方面：（1）农业基础设施建设和农村地区开发；（2）实施农业保护政策；（3）完善农村教育体系。韩国的农业财政支出政策包括：对农村生产生活设施投资给予倾斜，支持农业技术开发、推广和人才培训，支持农产品流通体系建设，完善农业社会化服务组织，增加经济开发投资，增加农民收入。

* 财政支出项目绩效评价是指对一个支出项目或项目的一部分进行全面、系统的评价，保障支出项目的适当性、效率性和有效性。绩效评价体系涉及的要素包括：法律法规、价值标准、多元主体、指标体系、评价内容、技术支撑和结果公开。

□ 关键概念

经常性支出　投资性支出　预防性支出　创造性支出　可控制性支出　不可控制性支出　一般利益支出　特殊利益支出　农产品价格补贴　固定直接补贴　财政支出项目绩效评价

□ 复习思考题

1. 如何对财政支出按不同的标准进行分类？
2. 简述美国财政支出制度的特点。

3. 美国联邦政府支出的重点是什么?州和地方政府支出的重点是什么?

4. 简述日本财政支出的特点。

5. 简述俄罗斯财政支出制度的基本特点。

6. 发达国家政府教育支出管理体制有几种类型?以哪些国家为代表?

7. 论述各国政府基础教育支出制度的共性。

8. 美国农业财政补贴包括哪些项目?

9. 简述价格支持政策内容。

10. 简述美国农业收入补贴政策内容。

11. 简述美国支援农业科技教育和研发的补贴内容。

12. 论述欧盟的农产品价格干预政策体系的内容。

13. 论述法国的财政农业支出制度的内容。

14. 论述韩国的农业财政支出政策的内容。

15. 简述财政支出项目绩效评价指标体系建立的原则。

16. 简述财政支出项目绩效评价的内容。

第三章

财政收入制度

　　财政收入制度是一国政府运用税收和收费等方式取得一定比例的国民收入或公共资源的制度规范。在财政收入中，税收收入占有十分重要的地位。在各级政府中，税收和收费的比重明显不同，关键在于财政收入制度特别是税收制度的安排不同。本章主要阐述收费的相关理论与管理制度，美国、英国、德国、法国、日本和俄罗斯税收制度的基本特点，以及发达国家与发展中国家税收制度的差异及影响因素。

第一节　财政收入概述

一、财政收入分类

　　财政收入是指政府依据法律规定所取得或占有的一部分国民收入。财政收入按取得的来源、连续性的作用、方式或形式不同，主要分为以下 3 类：

　　（一）按收入取得的来源，分为公产收入、主权收入、税收收入

　　这种分类是 18 世纪中期德国官房学派的代表人物尤斯蒂提出的。公产收入是指公有财产（土地和非土地财产）经营收入；主权收入是指运用国家主权、特权或信誉取得的收入，如货币发行收入、专卖收入、对外服务收入和取得的赔款收入、公债发行收入等；税收收入是指通过征税取得的收入。

　　（二）按收入取得的连续性和作用，将财政收入分为经常收入和临时收入两类

　　经常收入是按某些规则连续地获得的收入，经常收入主要用于国家机构运转和经常性支出，如税收、使用费收入、公有财产经营收入等；临时收入或非经常性收入是非连续地获得的收入，如公债收入、罚款收入等，临时收入主要用于非经常性支出或作为补充性收入。

　　（三）按收入取得的方式或形式，将财政收入分为税收收入和非税收入两类

　　税收收入是国家运用政治权力强制性向居民征取的各种收入；非税收入是政府

运用公有产权，或按市场原则以及提供特殊商品与服务所取得的各种收入，如公产或公营事业收入、公债收入、服务收费收入等。

二、收费概述

（一）收费存在的必要性

1. 准公共产品提供的成本补偿

在市场经济条件下，准公共产品是介于公共产品和私人产品之间的混合物品，一方面具有消费的局部公共性或外部性，表明在一定范围内不能由市场提供，或由市场提供缺乏效率；另一方面又具有消费的局部可排他性和竞争性特征，说明消费的边际成本并不绝对为零，在一定情况下向使用者收费具有实际操作的可行性。从这个意义上讲，准公共产品可以通过收费方式提供，收费是准公共产品的价格。

2. 符合受益公平原则

受益公平原则是指按照人们从政府提供的公共产品中受益的程度来分配负担，受益多者多负担，少者少负担，没有受益者不负担。收费是针对付费者所享受的服务收取的，成本与受益相对称，体现了受益公平的原则。

3. 降低交易费用的要求

对于公共产品来说，由于收费制度实行受益与付出直接对应的原则，收费制度的交易费用（制定费用与执行费用）通常小于税收制度的交易费用。

4. 对自然垄断行业合理定价的需要

对于自然垄断行业，政府管制的一个重要手段就是进行公共定价。合理的公共定价机制应是按照平均成本定价。平均成本定价超过边际成本定价的部分实际上是一种政府收费。这种收费对企业和消费者利益的协调作用是税收所不能取代的。

5. 矫正负的外部性

运用收费可以较好地矫正私人物品的负外部性问题。政府如果通过收取使用费，并把使用费确定在等于甚至高于额外利润的水平上，则可以运用经济手段迫使企业治理污染，或者政府运用收费收入来治理污染。

（二）收费的特征

1. 收费的含义

收费是政府部门向公民提供特定服务、实施特定行政管理或提供特定公共设施时按照规定的标准收取的费用，是基于市场交换原则取得的、对政府履行职能进行补偿的一种重要收入形式，符合"谁受益，谁负担"的原则。

2. 收费与税收的共性与区别

（1）收费与税收的共性

收费作为财政收入的一个组成部分，在性质上既有不同于其他财政收入的特点，又有与其他财政收入相似之处，这一点在其与税收的关系上表现得特别明显。收费与税收的关系表现在：税收和收费是政府收入的两种基本来源，它们在"量"

上互替，"质"上互补，因此在性质上具有某些相同之处：

①收费与税收的主体均为行使政府职能的行政机关或其授权单位；

②收费与税收都是政府参与国民收入分配的一种重要形式，从收入的性质来说都属于财政性资金；

③收费与税收的征收都有一定的"规制"，即两者征收方面的规章制度都是通过政治程序制定的；

④从收入的基本用途来看，收费收入与税收收入均用于履行政府的职能。

（2）收费与税收的区别

收费与税收这两种收入形式具有不同的形成机制，在性质上有着各自不同的特点：

①受益与支付的对等性不同。收费是以政府行使特定职能和公共产品的需求为前提，即政府在为某些社会成员提供特定服务时才能收取费用。付费与受益之间存在着直接的对应关系，付费者就是从政府提供的特定服务中受益的人，受益者所支付的费用较为接近政府提供产品或服务所耗费的边际成本，从而使资源的配置更有效率；就一般性税收来说，纳税与受益之间没有直接的对应关系，个人缴纳税款时并不能直接从政府获得相应的公共产品或服务。

②具体用途有所不同。收费在用途上比较注重受益者与付费者之间的联系，一般有专门的用途，用于提供具体受益对象明确的混合产品，如高速公路、桥梁等公共设施或公共服务；税收通常不规定特定用途，而由政府统筹安排使用，它所提供的产品主要是具体受益对象难以确认的公共产品，如国防、一般行政管理服务等纯公共产品。纯公共产品的特征决定了只能采取普遍征收、普遍服务的形式，即税收来筹集资金。

③普遍性程度不同。收费以交换为基础，在消费与否的选择上具有自愿性，一般局限于一个特定的范围，收费的这种非普遍性决定了收费收入只是财政收入的一种补充形式；税收在征收对象上具有普遍性，征收范围几乎涉及社会各个经济领域，因而在市场经济国家的财政收入中占很高的比重。

④立法层次和稳固性不同。从立法层次看，收费项目一般事关局部而非全局，牵涉的范围较小，立法权限或政策制定权限比较分散且层次低，往往由地方政府根据本地区的情况因地制宜地建立相应的收费制度和进行征收；税收由国家权力机关立法，立法权限集中且层次高。

从制度稳定程度看，收费主要是对特定行为和特定管理对象收取的，具有较大的灵活性。一旦该行为或该对象消失或减少，收费项目也就随之废除，特别是一些具有限制性或惩罚性的收费；税收的课税对象、课税标准等一经立法，在相当长的时期内将固定不变。因此在通常情况下，税收制度具有稳定性和连续性，而不会经常进行变更。

（三）收费的构成

在西方主要国家，收费收入主要包括以下 4 个方面：

1. 规费收入

规费收入是指政府的行政、司法等部门为自然人和法人提供特定服务时所收取的费用。规费是对政府提供服务的一种补偿，与政府提供的服务数量有着密切的关系。规费可分为行政规费和司法规费两种，主要有各种注册、登记费，特别警事服务费等。

政府部门收取规费通常采用两个标准：一是填补主义，即根据政府部门提供服务所需的费用数额确定规费的收取标准；二是报偿主义，即以公民从政府部门服务中所获得效益的大小来确定规费的收取标准。

2. 政府主办的公用企业和事业的收费

政府主办的公用企业和事业的收费是指国有企业、事业单位的经营性收费，如公有部门提供自来水、煤气、交通、邮政、医疗、教育服务等收取的水费、煤气费、交通费、邮资费、出诊费和学费等。

3. 公共设施使用费

公共设施使用费是政府部门向特定公共设施或公共服务的使用者收取的费用。它是对政府提供产品或服务进行补偿的又一重要形式。使用费的收费标准是通过特定的政治程序制定的，依据的是受益原则，即谁受益，谁负担，受益越多，负担越多。同时，公共设施使用者缴纳的使用费必须专款专用，专门用于该设施的建设、维护和保养。使用费的项目主要是一些受益对象比较明确、受益数量能在一定程度上进行计量的公共设施与公共服务，如隧道、桥梁、高速公路等收费。

收取使用费的作用，除了可为政府筹集一部分财政收入之外，更重要的还在于以下两个方面：一是有利于促进政府所提供的公共设施的使用效率；二是有助于避免经常发生在政府所提供的公共设施上的所谓拥挤（congestion）问题。

4. 特许费或许可证收费

特许费或许可证收费是指政府授予个人或团体某种特殊权益而向受益人收取的费用，如污染物排放、矿产、森林、海洋等资源的开发和利用收费等。

（四）收费管理

由于收费缺乏规范性，目前各国对收费项目都建立了严格的管理机制。尽管不同国家的管理制度不同，但都呈现以下 5 个主要特点：

1. 依据法律设定收费项目

出台任何收费项目和变动收费标准都需经过严格的法律或行政审议程序。全国性的和中央政府部门的收费项目，一般要经国会审议批准后以法律形式颁布；地方性收费项目，一般由地方议会审议批准设立，但中央可以对地方公共部门的收费标准进行干预和限制。

从一些国家来看，美国对于收费的审批管理基本与税收相同。地方政府确立收费项目时，要由地方政府议会或社区的选民通过投票来决定。澳大利亚政府收费审批权集中在联邦和州两级，收费机构设立收费项目，按照隶属关系向联邦国库部或州国库部门提出申请，经联邦国会或州议会批准后，以联邦或州法律形式颁布实施。芬兰国会颁发的《收费法》对政府机构收费行为作了具体规定，地方政府收费主要由地方议会负责审批。

2. 实行听证协商制度

在收费项目设立过程中，议会和行政部门往往举行听证会，广泛听取公众和服务对象的意见，与公众和服务对象进行协商。加拿大国库部规定，联邦政府部门和机构在收费项目设立过程中，必须认真听取缴费人意见：（1）在设立新的收费项目或修订收费标准之前，采取适当方式通知缴费人，给予缴费人反馈意见的机会；（2）就有关问题与缴费人进行磋商并达成共识；（3）设立答辩程序，阐明对缴费人提出意见和建议的接纳程度及其原因。未履行上述程序，或未经协商和达成一致意见的，不得实施收费。省级和市级政府设立收费的有关程序与联邦政府大体相似，也要在本区域范围内广泛征求各方意见。

3. 合理确定收费标准

西方国家确定收费标准，通常依据两个原则：一是高于平均成本原则；二是低于平均成本原则。普遍采用的是低于平均成本原则。其原因是，费用收取应有利于满足居民的最低消费水平需要、体现对低收入者的照顾；同时，还应鼓励公众对某些公共产品的消费。至于按高于平均成本收费的情况，主要是为了降低公共资源的耗费、防止产生拥挤，如对汽车收取较高的牌照费和停车费，以降低私人拥有的汽车数量、减少道路的拥挤程度。

以加拿大为例，加拿大《财政管理法》规定，对使用者收费不得超过成本。为此，国库部制定了专门的成本费用计算公式，供联邦政府部门和机构制定收费标准时参考，并规定特许权收费标准按市场价值确定，其他服务收费标准按照低于成本费用原则确定。

4. 统一纳入财政预算，政府集中管理收支

目前各国普遍把收费项目纳入预算，实行分类规范管理，保证了财政预算的统一性和完整性。同时，对专门用途的收费，设立专门基金，专款专用。

美国政府收费收入实行基金预算管理。与预算管理体制相适应，在坚持统一预算管理下，分类设置了不同的基金账户。美国联邦基金包括一般基金、特种基金、政府内部运营和管理基金、公共企业运营基金。政府收费大多进入公共企业运营基金和特种基金，特种基金收入都有特定的用途，存入独立的账户，在法律规定的条件下使用。

加拿大《财政管理法》规定，联邦政府收费必须统一缴存到出纳总署的"综合收入基金"账户中，除个别收费收入可以用于补偿提供服务发生的费用外，收费收入原则上由政府统一安排使用。有关部门和机构开支必须列入部门或单位预算，并事先获得国库委员会和议会的批准。

5. 建立严格的收支审查制度

美国政府收费收入的审批、收取、使用都做到了"公开透明"。收费收入的所有相关收支情况必须向议会、公众进行详细、及时、完整的报告，收支活动都要接

受各方的严格监督，对于社会公益事业的收入和支出的预算和决算，也要经过政府审查和批准，并对其财务情况进行审议和监督。

加拿大联邦政府通过多种形式加强社会公众对收费的监督：（1）在实施收费前，收费机构通过媒体公布收费项目和标准；（2）每年在向议会报告政府财政收支预算时，必须包括有关收费的具体内容；（3）在国库部设立联络点，听取缴费人的意见；（4）在政府《公共会计》、部门和单位《年度报告》中详细反映收费收支情况。

（五）非税收入制度

1. 美国

政府非税收入是财政收入的一种重要形式。美国作为成熟的市场经济国家，其政府非税收入的规模、结构都趋于合理。

（1）三级政府非税收入占比不同。美国的政府非税收入主要包括各类收费、政府经营企业收入、博彩业收入等。从全国来看，联邦政府非税收入规模相对较小，其中邮政服务局的邮政服务费和健康与人员服务部收取的部分医疗保险费是其中的重要项目；州和地方政府中非税收入所占比重高于联邦政府，但各州与地方比例差别较大。

（2）州和地方政府非税收入的项目分类。美国州和地方政府非税收入分为一般性非税收入和非一般性非税收入两类。一般性非税收入包括收费收入和其他一般性收入，其中，收费收入主要包括教育、医院、高速公路、机场、停车场、海港和内河港口、自然资源、公园和休闲设施、住房和社区建设、污水处理、垃圾处理及其他收费；其他一般收入主要包括利息收入、特别评估收入、资产销售收入和其他一般收入。

非一般性非税收入主要包括公用设施收入、酒店专营收入、保险信托收入3项，其中公用设施收入主要是政府提供自来水、电力、燃气、交通等方面的收入。可见，政府收费是美国政府非税收入的主体，美国政府非税收入项目结构充分体现了公益性、服务性、有偿性的原则[1]。

2. 日本

日本的非税收入主要有专卖收入、国有企业利润和国营事业收入、财产处理收入、杂项收入和上年度结转收入等。在二战前，日本的非税收入占一般会计收入的比重一直较高。二战后，由于政府不允许发行公债，而处于战后恢复状态的国民经济又不可能提供足够的税收作为财政收入来源，因此，非税收入在财政收入中的比重仍然较高。进入20世纪70年代后，非税收入的比重呈下降趋势[2]。

3. 俄罗斯

俄罗斯非税收入主要有：国有财产收入、有偿服务收入、各种罚没收入和其他收入等。近年来，随着税制的进一步完善，俄罗斯采取了一系列"费改税"措施。

① 徐永翥.美国政府非税收入管理[J].中国财政，2007（12）.
② 李建昌,张进昌.当代日本财政简明教程[M].北京:中国财政经济出版社，1989.

例如，从 1999 年起，将原"森林资源使用费"改为"林业税"，将"地下资源使用权付费"改为"地下资源使用税"，从 2001 年起，将社保方面的国家预算外社会基金缴费改为"统一社会税"等等，税收收入占预算收入的比重进一步提高，非税收入占的比重逐渐下降。

4.非税收入的收缴与使用制度

非税收入的收缴与使用制度主要包括非税收入项目和标准的确定、非税收入收缴管理的规范、非税资金的使用、非税收入的监管等不同层面。

（1）非税项目和标准的确定。国外通常依照两条原则来确定非税项目的标准：一是对私人成本进行社会调整；二是把社会成本向私人分摊。前者如反垄断的限制性收费、消除"外部负效应"的惩罚性收费、解决拥挤问题的准入性收费和反欺诈的规范性收费等；后者如公共物品生产的集资性收费、非营利组织的补偿性收费等。

（2）非税收入的收缴。许多市场经济国家对规范非税收入收缴渠道都做出严格的规定，并采取收缴机构直接收缴、银行自动划转、金融机构代办代缴、电话委托缴付、邮局付款等灵活多样的收缴方式，取代传统单一的人工收缴方式。通过充分利用先进的信息技术，在全国范围内建立起发达的计算机信息征缴网络系统，对征缴实施全过程监管。

（3）非税资金的使用。国外在非税收入的使用上主要存在两种模式：一是专款专用。如美国商品收费的收入存入专门基金，用于支付这一产品的费用；特项收费存入特定账户，用于专门的改造项目；补偿性收费存入计息账户，一定期限不用还要退还开发商。美国联邦政府核心财务报表中的净成本表就是按照政府部门分别列示，即哪一部门征收的收费就用于抵减哪一部门发生的成本，这清楚表明美国在非税收入管理上是收支挂钩的，是属于部门自主支配的收入。美国基金式预算的特征实际上也反映了这种情况。二是政府统筹。如加拿大非税收入缴入国库后，通过政府预算由政府统一安排使用，不规定专项用途，与部门收支脱钩。

三、债务收入

债务收入是发达国家政府重要的财政收入来源，举借债务也是各国政府平衡政府预算收支，弥补财政赤字的主要办法。美国自 20 世纪 80 年代以来，随着财政赤字规模的扩大，联邦政府的债务呈逐年增长之势。日本 1965 年爆发了二战后较大的一次经济危机，从此开始放弃平衡财政原则，实行凯恩斯主义的财政政策，开始发行公债，公债迅速成为主要财政收入来源。自 20 世纪 90 年代以来，债务规模呈现扩大的趋势。俄罗斯自 20 世纪 90 年代以来，由于在经济转型和改革中发生经济衰退，导致财政收入减少和支出增加，债务收入快速增长，并成为弥补财政赤字的重要收入来源。

四、其他财政收入

（一）政府引致的通货膨胀

政府引致的通货膨胀（government-induced inflation）是指为了弥补政府提供的物品或劳务的费用而扩大货币供给，从而造成物价的普遍上涨，其结果是人们手中持有的货币的购买力下降，政府部门所能支配的资源即财政收入增加。换言之，政府引致的通货膨胀，实质上是一种社会资源的再分配，其净效应是将私人部门占有的一部分资源转移到公共部门，只不过它采取的是一种隐蔽的形式。就这个意义讲，政府引致的通货膨胀被喻为"通货膨胀税"。

（二）对政府的捐赠

当政府为某些特定的支出项目融资时，一般会得到来自个人或组织的捐赠（donations）。比如，向遭受自然灾害地区的灾民或其他生活陷于困难之中的人提供救济时，政府建立专门的特别基金并要求或号召人们向这一基金提供捐赠。在现代经济社会条件下，自愿捐赠只能作为政府的一个很小部分的财政收入来源。

第二节　主要国家税收制度特点

一、西方国家的税收结构

税收结构是指一个国家税类或税收种类的构成。西方各国由于自己的国情不同，税种的类型与结构也不同。但大体上还是表现出许多共同点，其具体体现就是按 OECD 组织和国际货币基金组织的标准分类。OECD 把税收分成 6 大类：（1）所得税，包括对所得利润和资本利得的课税；（2）社会保险税，包括对雇主、雇员和自营人员的课税；（3）薪金及人员税；（4）财产税，包括对不动产、财产价值、遗产和赠与的课税；（5）商品和劳务税，包括产品税、销售税、增值税、消费税，也包括进出口关税；（6）其他税。国际货币基金组织与 OECD 的分类大同小异，唯一的不同是把第 5 类一分为二，即把进出口关税独立出来作为单独的一类。

西方国家的税收结构经历了由单一税制结构向复合税制结构转变的过程。二战前，以消费税等流转税为主体税种；二战后，美国、英国、日本等逐渐变为以所得税为主体税种；20 世纪 80 年代税改浪潮后，部分发达国家在所得税为主体的税种结构中开始提高商品税特别是增值税的比重。目前，世界各国普遍形成了多种税种并存、相互协调、相互补充，而以不同税种为主体的复合税制结构。

二、西方国家税收制度改革

20 世纪 70 年代至 80 年代初，整个西方世界经济处于一种通胀与失业并存的"滞胀"局面。面对"滞胀"这种新的经济现象，税制本身的不适应性也暴露出来，高边际税率大大挫伤了人们储蓄、劳动供给的积极性，抑制了企业家精神，还导致普遍的逃税和避税现象，税负不公平。因此，从 20 世纪 80 年代以来，美国里根政府进行了以降低边际税率为主要措施的税制改革，并引发了世界性税制改革的浪潮。为了促进经济增长，提高国际竞争力，一些国家也纷纷围绕着大幅降低税率、减少级次和增进横向公平展开了较深较广的个人所得税改革。最高边际税率改革后，一般在 40%上下，级次一般简化为 3~5 级[①]。

1. 英国

（1）降低劳动者税收负担。①降低了个人所得税税率，2000 年将个人所得税低税率由 20%减为 10%；②改革了税收宽免额规定，开始用对工人家庭和儿童的税收宽免额替代家庭宽免额；③取消了低收入者的社会保障税，即废除了处于最低收入范围的纳税人交纳社会保障税的规定，使社会保障税结构与所得税结构趋同、社会保障税税基与所得税税基紧密联系。

（2）降低公司税税率。1999 年将公司税基本税率减为 30%。

（3）增加了消费税和增值税。1993 年提高石油和烟草的消费税税率后，2000 年这两类商品的税率又提高了 5%。1995 年扩大增值税税基（如对家庭用燃油和能源课征增值税等），增值税的标准税率也由 15%提高到 17.5%。

2. 德国

（1）规范个人所得税制度。个人所得税改革从 1998 年开始，采取了分步实施的办法。其主要内容是减税：①提高起征点，增加免税额，如增加对子女、住房购置的减免额。②逐步降低税率。

（2）减轻企业所得税税负。从 1996 年开始，提高企业折旧额度，延长退税期限；从 2001 年开始，降低股份公司税率，由 40%降到 25%，对非股份公司缴纳的贸易税，按标准化形式从其税基中减免。

（3）生态税改革。措施主要包括征收燃油税，积极鼓励使用各种再生能源等。

3. 法国

1986 年以后，法国税制改革的主要目标是减税。

（1）降低个人所得税税率。个人所得税最高边际税率由 65%降低到 58%。

（2）降低公司所得税税率。1993 年将公司所得税税率降低到 33.3%。

（3）降低增值税税率。根据欧盟取消边界限制、成员国可选择税率的规定，1993 年对增值税制定了 18.6%的标准税率。

（4）税收折扣。为了刺激劳动需求，1993 年建立了对低工资工人社会保障税的等级折扣制度。

4. 日本

20 世纪 80 年代后期日本对税制调整的主要内容是：

（1）简化和降低所得税税率，增加继承税的扣除和提高课税起点。

① 孙玉栋，陈洋. 个人所得税综合税制国际比较与评价[J]. 财政与税务，2008（4）.

（2）纠正直接税和间接税的比率，降低直接税，增加间接税。20世纪90年代后，继续进行税制调整：①调整土地税。土地税调整的内容主要有新设地价税、改革与土地收益有关的所得课税、调整与土地有关的固定资产课税等。总体上是增加和强化土地课税，抑制土地价格上涨和土地投机。②适当降低个人所得课税比率，继续提高消费税比率。其主要原因是财政赤字和国债规模不断扩大，在多年经济萧条、社会保障支出迅速增长、财政收支矛盾加剧的情况下，政府希望通过适当调低个人所得税来刺激消费需求，增加财政收入。

三、典型国家税制特点

（一）美国

1. 联邦政府以所得税为主体税种

随着美国经济社会发展，联邦政府的财政收入经历了一个由以流转税为主体向以所得税为主体变化的过程。1913年随着所得税的引入，所得税逐步取代关税和销售税成为联邦政府的主要财政收入来源。到20世纪20年代，公司和个人所得税占联邦总税收的比重接近60%。20世纪30年代后期，随着社会保障体系的创立，社会保障（工薪）税逐渐成为联邦政府仅次于个人所得税的第二大税收来源。

2. 税权配置实行分权与收入管制相结合

美国是典型的三权分立联邦制国家，自1787年成立联邦政府以来一直实行联邦、州和地方三级政府。从税权的配置来看，美国没有全国统一的税法，各级议会在宪法框架下分别制定自身的税法和税制，联邦、州和地方三级政府分别行使属于本级政府的税收立法和执行权，根据实际情况开征或停征某些税种，征管机构、税率及税收减免等均自行确定。

虽然地方政府拥有较大的财政自主权。但是，财政自主权并非不受限制。在宪法和法律的基础上，高层政府对下层政府的财政活动实施了各种管制。州和地方都要受到上级法律的监督和制约，州政府的有关法律直接制约着地方政府的征税能力，联邦宪法对州政府和地方政府的税权也作了限制，即税制安排中也带有集权因素。

各州都有征税和借债的权力，而且这种权力只受各州自己法律的约束。在收入管制方面，最常见的是税率和税额限制。许多州对地方财产税设定最高税率，并对全部财产税设定收入增长幅度。

3. 明确划分各级政府财权，主体税种同源征收

美国是一个多税种的国家，税收收入约占财政收入的85%。联邦政府集中的各项税收收入约占全国税收总收入的60%；州约占25%，地方约占15%[①]。联邦政府可以开征除财产税以外的各种税；州政府可以开征除关税以外的所有税种并决定税率；地方政府以不动产为标的征税。

----

① 李海、张达芬.分税制国际经验介评——以英、法、德、美四国分税制为例[J].财务研究，2014（11）.

各级政府按照事权和财权相统一的原则划分税收收入，州和地方两级地方政府都有各自的主辅税种，州税以销售税为主，其收入占州政府税收总收入的 50% 以上，辅助税种包括所得税、消费税和遗产税等；州以下地方税以财产税为主，其收入占地方政府税收总收入的 70% 以上，辅助税种为销售税和个人所得税等。三级政府间设立了多个分享税源式的共享税种，如个人所得税、销售税。

财产税作为地方政府的重要收入来源的依据是：（1）税基稳定，纳税面宽，且征收方法简便，透明度高；（2）财产税充分体现了受益原则，即不论个人财产还是企业财产都享受着地方财政公共支出的利益，理所当然应该纳税。

4.各级政府都有隶属于本级政府的税收征管机构

作为分权管理的重要内容，美国联邦、州和地方都有自己的税收征管机构，负责征收本级税收。各级政府税收征管机构的设置与职责是：

联邦税收征管机构是国内收入局（IRS），国内收入局下设管理中心和地区管理署（不按州设置）。管理中心负责税收征集、选择需要审计检查的纳税人；地区管理署负责审计检查，并负责征收拖欠的税款。州和地方有自己的税务局，负责本级税收的征管。为了节约征管成本、提高征管效率，地方政府课征的一些税收，如销售税往往由州政府代为征管。

5.税收制度运行以立法保障

税收建立在国家的法律体系基础之上，与此相适应也实行立法、执法和司法分开、各司其职和相互制约的管理办法。同时，立法强调税收制度不要过多干预经济活动，把税收优惠限制在最小的范围之内。

（二）英国

在英国，通常将税收分为直接税、间接税和社会保障税 3 类。直接税包括个人所得税、公司所得税、市政税、营业税、印花税、石油收益税、资本利得税、资本转移税、土地开发税、地方财产税；间接税有增值税、消费税、关税等；社会保障税主要是国民保险税。英国税收制度的基本特点是：

1.直接税为主、间接税为辅的税收结构

英国的税制结构自 1975 年以来总体上一直保持稳定。税制结构的变化和调整主要是直接税和间接税内部的结构调整，即直接税中个人所得税的比重降低，间接税中增值税的比重增加。

2.中央享有税收立法权

英国是一个中央集权制国家，税收立法权和税收法规的制定完全属于中央。国家议会通过的税收法律和中央政府（主要是财政部和财政委员会）的税收规定是国家税收活动的依据。中央政府在进行税收立法时，通过财政部向议会提出财政法案，经议会讨论通过，并由英王签署之后才能生效。

地方无税收立法权，不能决定地方税种的设置与开征。地方享有少量机动权，只对属于本级政府的地方税享有征收权和适当的税率调整、税收减免权，并且这些地方税权受中央限制。

3. 主体税种中央独享，中央财政占据主导地位

在税收关系上，中央和地方主要按税种划分收入，实行分税制，并且不设共享税。所得税、增值税、消费税和关税等主体税种由中央独享，中央税收约占全国税收总收入的 90%；地方税种主要包括市政税（council tax）和营业房产税。营业房产税全额上缴中央，再由中央按各地区居民人数返还地方[①]。

4. 税收征管机构分类设置

英国中央税收由财政部所属的国内收入局、关税与消费税局负责。国内收入局负责直接税的征收与管理；关税与消费税局负责间接税的征收与管理，包括增值税、消费税、关税、车辆牌照税、赌博税等；国民保险税由中央社会保障部门负责；其他税则委托相关的部门代收后上缴财政部。英国的地方税收由各地方（郡）财政局下属的税务机构负责。

（三）德国

德国税收包括所得税、流转税、财产税 3 个大类，其中所得税包括个人所得税和公司所得税；流转税包括增值税、营业税、保险税、消费税、矿物油税等；财产税包括土地税、土地交易税、房产税、遗产税和赠与税等。德国税收制度的基本特点是：

1. 直接税与间接税并重的双主体结构

1995 年以前，德国税收占 GDP 的比重通常低于欧洲的平均水平，且与欧洲的差距越来越大，主要是因为间接税占 GDP 的比重一直低于欧洲平均水平。1995 年以后，随着德国统一后的经济复苏，增值税和消费税增加。就单项税收来看，个人所得税为第一大税种，其次是增值税，呈现直接税与间接税比重并驾齐驱变化的趋势。

2. 税收立法权相对集中、执行权相对分散

德国是联邦制国家，税收立法权归联邦与州两级，地方政府无税收立法权。根据德意志联邦共和国《基本法》，联邦政府掌握主要税权，德国的联邦政府享有关税和国家专卖税的专属立法权、共享税的优先立法权，其他税收联邦有竞争立法权，即在竞争立法权范围内，只要联邦未立法，各州就有立法权。对于地方性的消费税，各州有自己的立法权，并可以部分地转移给地方政府，地方政府有制定本地税收标准的权力。

尽管州和地方政府在地方税的管理方面拥有自主权，如对财产税等地方税种可以自行决定是否开征、规定税率、减免或加成，但它们仍需依照联邦的有关规定。税收立法的这种规定主要是避免各州在税收收入上的不平衡，以保证全国范围内公共负担与社会福利的基本统一。

在协商立法的范围内，已有联邦立法的，州不得自行立法；立法涉及州、地方利益的，由各州派员参加计划财政委员会进行审核；联邦税法与州税法产生矛盾时

① 李海，张达芬. 分税制国际经验介评——以英、法、德、美四国分税制为例[J]. 财务研究，2014（11）.

由联邦最终裁决。

3. 共享税为主、专享税为辅

德国宪法按照联邦、州、地方三级政府职能，对有关税收权限和税收收入进行了规定和划分，以保证各级政府履行职责、落实支出责任所需资金及全国财税政策的协调统一。联邦政府税收收入约占全国税收总收入的 48%，州约占 35%，地方约占 14%，上缴欧盟收入约占 3%。

目前，德国共开征 50 多个税种，主要税种 28 个，税基大、税源稳定的税种如个人所得税、公司所得税、增值税、营业税等均为共享税，税基窄、税额小的税种为各级政府的专享税，共享税约占全部税收收入的 70%，是三级政府收入的主要来源。

增值税是共享税中调整联邦与州之间财力的唯一税种，其分成比例由联邦与州政府定期协商确定。地方税主要包括房地产税和营业税，房地产税由地方独享，营业税则由三级政府分享，地方占 60%[①]。

4. 税收征管由统一性和地方性税务机构分别负责

德国联邦、州和地方三级政府设三级财政机构（联邦财政部、州财政部、地方财政局），但不负责税收征管。联邦税、州税和共享税统一由区域税务管理局负责，区域税务管理局是联邦财政部和所在州财政部双重领导的机构，局长由联邦财政部和州财政部轮流选派，区域税务管理局征收后再按规定向联邦和州分配税收收入。地方财政局下设地方税务局，仅负责地方税的征收和管理。

（四）法国

1. 税制结构向直接税和间接税并重方向发展

法国具有以间接税为主的传统，到 20 世纪 90 年代中期，间接税在总税收收入中的比重仍超过 60%。到了 1999 年，直接税与间接税并重格局基本形成，直接税和间接税占 GDP 的比重已经趋同。这表明，法国的税制结构正在与欧洲国家的一般结构相融合。

2. 中央享有税收立法权和税收收入分配权

法国实行中央高度集权。税收立法权和法律政策的制定完全属于中央。国家议会通过的税收法律和中央政府（主要是经济与财政部）的税收规定是国家税收活动的依据。财政部制定税收条例、法令，每年核定一次地方税标准税率。地方无税收立法权，须严格执行国家税收政策与法令，仅对部分地方税有一定机动权，制定一些地方税的税率和采取某些减免措施。

3. 中央和地方税收收入结构

增值税、所得税、消费税等大宗、稳定的税种均为中央税，中央税收约占全国税收总收入的 75%；地方税则以房地产税为主，地方税约占全国税收总收入的

---

① 李海，张达芬. 分税制国际经验介评——以英、法、德、美四国分税制为例[J]. 财务研究，2014（11）.

25%①。

4.国家税务机构统一进行税收征管

法国的税收征管机构是从中央到地方的垂直型，地方设立只负责地方税收的税务机构。国家税务机构对各种税收统一进行征管。国家税收系统由国家税务总署、大区税务局、省税务局和下属的税务中心构成。

（五）日本

日本的税收包括直接税（所得税、财产税）、间接税（消费税）、其他税（流通税、目的税），并按税种划分为中央税（国税）和地方税。地方税又分都道府县税和市町村税。日本现行税制特点体现在以下 3 个方面：

1.以直接税为中心的多税种的复合结构

日本的税收分所得课税、消费课税和资产课税 3 类。2014 年度预算直接税与间接税比例为 66：34。从所得税类看，主要包括个人所得税和企业所得税。个人所得税主要由"个人住民税"和"个人事业税"构成，占比为 30.6%；企业所得税主要由"法人住民税"和"法人事业税"构成，占比为 20.6%。消费税类主要包括消费税、地方消费税、汽油税、酒税和其他消费课税，占比为 33.9%。资产税类主要包括固定资产税、遗产及赠与税、城市规划税和其他资产课税，占比为 14.9%②。

2.税收立法权和管理权集中

日本是中央集权的多行政层级国家。税收的立法权统一在国会，主要税种的管理权集中在中央。对地方税收立法的管制主要根据法定原则，即地方只有在规定的范围内才享有立法权。即便如此，地方政府也没有确定税基的权力，只有在一定范围内调节税率的权限。为了确定地方的税收立法范围，日本划分"法定"与"法定外"税收，法定外税收被定义为不属于中央立法范围内、地方可以自由选择开征的税收，主要为法定外普通税。即当地方政府出现收不抵支情况时，需经地方议会讨论通过，报经中央政府批准，方可在法定税种以外开征普通税税种。

地方有独立管理地方税种的权力，大部分地方税的税率都由地方税法规定，部分地方税采用全国统一的法定税率，地方不得自行更改。对于法律没有明确规定税率的地方税种，地方政府可自行决定其税率。

为防止地方随意征税，日本采用"课税否决"制度，即：地方在决定开征地方税法规定的税种之外的税收时，必须得到日本自治大臣的许可；自治大臣根据地方法定外普通税开征的条件来决定是否许可。地方法定外普通税开征的条件是：（1）地方确有可靠的税源。（2）地方确有开征该税的财政需要。

"课税否决制度"不仅严格控制地方政府的税收开征权，同时还对地方税税率给予适当的限制，规定地方不能独自决定税率，中央政府有权制定税率的上限，并

① 李海，张达芬.分税制国际经验介评——以英、法、德、美四国分税制为例[J].财务研究，2014（11）.
① 崔成，明晓东.日本财税体制及借鉴[J].中国经贸导刊，2015（1）.

且还规定标准税率。这些约束便于控制地方滥用税权，防止税率失衡和各地税收负担的严重失衡。

3. 严格的征管体系

在税收征管上，日本制定了完备的税收法律体系。《国税通则法》和《地方税法》分别对国税和地方税的税务行政及征管做出规定。三级政府都有自己的税务机构，各自依法进行征税和管理。为方便纳税，在实际征收中也实行代征，如地方消费税由国税部门在征收中央消费税时一同征收，然后划拨地方财政；再如都道府县居民税由市町村财政代征后再上缴都道府县财政。

日本实行"蓝色申报"制度，纳税义务人经纳税所在地税务机关许可后，依据税收法规相关规定，采用蓝色申报表缴纳税款，由于申请采用"蓝色申报"的纳税义务人必须建立个人财务账簿，翔实记录收支情况和交易行为，因而对于完善纳税申报制度、提高税收征管效率有积极作用。

对纳税人的申报进行评估是"蓝色申报"的重要环节，也是一线征管机构的核心业务之一。各国税局和税务署都设有机构处理有关税收方面的申述。同时，还设有专门的约谈机构及税务调查部门，评估纳税申报过程中出现的问题，对涉税案件进行调查处理。

（六）俄罗斯

1. 从经济转轨到 2001 年之前的税制特点

在经济转轨前，苏联将国家税收分为国有企业缴款、合作社税收和居民税收 3 类。1991 年，俄罗斯制定《俄罗斯税收基本法》、《企业财务税法》、《增值法》、《关于在俄境内对企业联合公民和公民临时征税办法的决定》等税法，构建了俄罗斯联邦各级政府税制的基本框架。从经济转轨到 2001 年之前，俄罗斯税制改革和发展的特点主要表现为：

（1）建立公司税，废除按经济成分设置税收。经济转轨后，根据 1991 年 12 月 30 日俄罗斯制定的《企业所得税法》，宣布对内、外资企业一律适用《企业所得税法》，按国际会计惯例计算企业所得，开始恢复一般公司所得税对不同经济成分的公司企业同等待遇的做法。相应地，废除了苏联按经济成分设置税收的做法。

（2）个人所得税以综合制替代分类制。1991 年 12 月俄罗斯颁布《个人所得税法》，废除原来按收入性质不同以不同税率征税的方法，全部按照个人在世界范围内的年收入综合计征，并采用累进税率制度，与国际通行的个人所得税制度接轨。

（3）废止周转税，实行增值税。1992 年 2 月 17 日俄罗斯政府以《经济备忘录》的形式决定开征增值税，以取代周转税，对俄罗斯境内所有商品生产和劳务提供企业征收增值税。

（4）改变集中管理体制，建立联邦和地方税体系。1992 年 1 月的《俄罗斯联邦税法纲要》规定，建立联邦、地区和地方三级税收管理体制。地区和地方税收的开征部分由联邦法律统一规定，部分由地区和地方自行决定。与此相应，1991 年以来，联邦、州和地方三级建立了自己的税务机构，负责本级税收的征管。

（5）逐步建立所得税与商品税并重的税收结构。税收结构由以所得税为主向所得税与商品税并重的方向发展。税收结构的变化代表了中东欧转轨国家的一般趋势。

2.2001 年新税收法典体现的税制特点

俄罗斯从 2001 年开始全面实施一整套新的税收法典。这部税收法典是俄罗斯税收制度逐步走向完善的标志。

（1）规定了俄罗斯税收体制建立的基本原则，确定了税收的种类以及联邦主体税和地方税设立的基本原则，真正按照市场经济的基本要求来规定政府与纳税人之间的权利和义务关系。

（2）在具体的税收管理制度上，对原有法规和实际做法进行了大的调整和改进，包括将税收立法权收归联邦，改变了过去地方政府任意开征税种的无序状态。

（3）在税收体系上加大了资源税课税力度，使这方面税收收入迅速增长。

（4）实施了个人所得税改革，具体内容包括：

①简化和降低税率。鉴于传统个人所得税超额累进税率制度的复杂性，以及边际税率过高刺激偷逃税造成大量税收流失的问题，俄罗斯将从原来的六级超额累进税率改为 13% 的单一税率。个人所得税税率调整后，其收入在税收收入中的比重进一步提高。

②拓展税基。确定税基时考虑纳税人的所有收入，包括其以货币形式、实物形式或者物质优惠形式的收入。

③细化免税收入项目。为了保障低收入阶层基本生活需要和应得利益，在实行单一税率的同时强化了税收抵免因素。通过规定各种必要的免税事项和收入扣除来体现个人所得税的社会公正性和收入分配调节功能。新的个人所得税法共规定了 32 种免税项目，涉及保障居民基本生活需要以及体现政府各项经济社会政策因素的收入。

④细化税收扣除。一是标准税收扣除，即对老战士、伤残军人、战斗英雄，以及需要抚养儿童的居民等，规定了从应税收入中按一定的标准或比例进行税收扣除；二是社会性税收扣除，除对纳税人为公益事业捐款规定一定比例税收扣除外，特别是增加了纳税人在纳税期内用于自身（及家属）教育和医疗方面支出的税收抵扣；三是财产性税收扣除，比如纳税人出售一定年限的住宅所获收入中对建（购）房支出的相关扣除；四是职业性税收扣除，包括对私人经营者、自由职业者的税收扣除，以及由于文学艺术作品、科学创作、技术发明等获得收入的税收扣除。

四、税制结构比较

（一）发达国家税制结构的演变

税制结构的演变和发展是由社会生产力水平决定的。发达国家税制结构的历史演变大致经历了 3 个阶段。

1. 简单的直接税制

在农业经济时代，由于生产力水平低下，社会剩余产品由农业生产所提供（虽然存在少量的手工业和商业，但均不构成独立的产业体系，只是依附于农业而存在），土地是社会收益的主要源泉。因此，农业经济时代的生产力和社会收益特征决定了农业收入是税收的主要来源；而传统农业生产自给自足的非商品特征又决定了只能以土地和人力作为课税对象，即以土地、人口等社会经济的外在标志作为计税依据，实行等额征税。这种仅以土地、人口为课税对象，不考虑纳税人负担能力的税收，称之为原始、古老和简单的直接税制。

2. 由简单直接税制到间接税制

进入工业经济时代，由于工业兴起，分工加速，市场发展和商品经济盛行，工商业在国民收入中所占的比重逐渐超过农业经济的贡献水平，社会收益的来源和分配呈分散状态，从而产生了新的税收来源与结构。此时，税收收入的主要来源已转换为工商业经营收入，课税对象和主体由此转换为工商企业和商品与劳务的销售收入，以商品和劳务的流转额作为课税对象的间接税制取代了古老和简单的直接税，成为税制结构的主体，税制结构的复合性得到发展。

3. 由间接税制到现代直接税制

二战后，由于技术革命和社会生产力进一步发展，工业化高度发展后经济结构向服务业演进，社会收益的来源和分配结构更加多样化，税制结构调整和选择的空间更加扩大。根据近代以来所形成的社会价值观、文化传统的差异，西方发达国家在将以关税、消费税等间接税为主体的税制变革为现代直接税制的同时，形成了两种税制模式：（1）以美国、日本为代表的直接税（主要是个人所得税）主体模式；（2）以法国、德国为代表的直接税与间接税并重的双主体模式。在这个演变过程中，税制结构不仅完成了从古老简单的直接税到现代直接税的回归，也在直接税内部完成了由土地和人头税到现代所得税和财产税的转变，以及在间接税内部完成了由落后的关税和流转税为主体到现代以增值税和消费税为主体的结构转型。

（二）发达国家税制结构

进入 21 世纪以来，发达国家（以 OECD 成员国为代表）税制结构可从税类结构和税种结构来说明。从税类结构看，所得税仍是最主要的税收来源，占税收收入比重的 60% 以上；货物与劳务税比重较低，在 32%～34% 之间浮动；财产税则稳定在 5.5% 左右。从税种结构看，个人所得税、社会保障税及增值税贡献收入最多，前两者各为 25% 左右，后者约占 19%[①]。

税制结构的变化情况分为金融危机前（2000—2007 年）税制结构基本稳定、小幅波动和金融危机后（2008 年至今）税制结构明显波动两个阶段（见表 3-1、表 3-2）。

---

① 樊丽明、李昕凝. 世界各国税制结构变化趋向及思考[J]. 税务研究，2015（1）.

表 3-1　　　　　　　　　2000—2007 年发达国家（OECD）的税制结构

税类	主要税种	变化趋势	主要措施
所得税	个人所得税	比重略有下降	30 个 OECD 成员国中有 25 个国家降低了最高边际税率；超过 2/3 的成员国缩减了累进级次
	公司所得税	比重明显上升	低税率、宽税基。30 个 OECD 成员国有 27 个降低税率
	社会保障税	比重变化不大	
货物与劳务税	增值税	基本稳定	
	消费税	略有下降	
	关税	大幅降低	
财产税		基本稳定	制度比较成熟
资源环境税		基本稳定	制度比较成熟

资料来源：樊丽明，李昕凝．世界各国税制结构变化趋向及思考[J]．税务研究，2015（1）．

表 3-2　　　　　　　　　2008 年以后发达国家（OECD）的税制结构

税类	主要税种	变化趋势	主要措施
所得税	个人所得税	从 2008 年的 24.8% 降至 2010 年的 23.8%，2011 年以来占比上升	对高收入者课征附加税、增设高级次税率或提高最高边际税率
	公司所得税	2008—2009 年明显下滑，2010 年以来在低水平上保持稳定	减税力度放缓，个别国家酝酿适当提高公司所得税税率
	社会保障税	比重上升	有增有减的结构性调整
货物与劳务税	增值税	明显上升，由 2008 年的 19% 升至 2010 年的 19.8%	提升税率，或扩大征税范围
	消费税	略有增加，整体变动不大	调整多集中在增加奢侈品类、烟酒类、资源类消费品上的税负
	关税	在低水平上保持稳定，自 2008 年以来一直处于 0.5% 左右	
财产税		相对稳定(5.5%左右)	2013—2014 年 11 个欧盟成员国提高了财产税标准税率或特殊税率，部分国家拓宽遗产税税基
资源环境税		略有下降	金融危机初期降低了企业生态税，2013—2014 年间 15 个欧盟国家提高了能源产品和电力的消费税，14 个国家提高环境税税率

资料来源：樊丽明，李昕凝．世界各国税制结构变化趋向及思考[J]．税务研究，2015（1）．

（三）发展中国家税制结构

21 世纪以来，发展中国家（以"金砖国家"为例）的税制结构开始呈现"双主体"特征。并且，由于所得税征收实现率远远落后于发达国家，尤其个人所得税税基较窄、征收力度不够，发展中国家所得税的比重仍有进一步上升的空间，相应地货物与劳务税比重会有所下降。此外，发展中国家财产和环境资源类税收虽然收入占比较低，但重视程度及改革力度均在加强。2000 年以来发展中国家税制结构变化趋势如表 3-3 所示。

表 3-3　　　　　　　　　2000 年以来发展中国家税制结构变化趋势

税类	主要税种	变化趋势	主要措施
所得税	个人所得税	比重上升	税率结构扁平化改革提高纳税遵从度，扩大税基
	公司所得税	比重上升	加强收入来源监控和税务稽查，降低税率、扩大税基
	社会保障税	比重上升	有增有减的结构性调整
货物与劳务税	增值税	比重下降	增加增值税应税项目，降低税率
	消费税	变化不明显	结构性调整，倾向于降低普通消费品或节能产品的税率，而提高特定消费品如高耗能产品、奢侈品、烟酒商品的税率
	关税	大幅降低	税率普遍下降，课税范围缩小
财产税		在低水平上保持稳定	2013—2014 年 11 个欧盟成员国提高了财产税标准税率或特殊税率，部分国家拓宽遗产税税基
资源环境税		比重上升	增设新税、提高税率或提升资源产品的消费税税率

资料来源：樊丽明，李昕凝.世界各国税制结构变化趋向及思考[J].税务研究，2015（1）.

（四）影响发达国家和发展中国家税制结构及变化的因素

1.受税收经济社会效应的制约

发达国家在确定税收制度时更多地关注税收的经济社会功能。在主体税种选择方面，西方发达国家趋向于选择所得税，原因是：①所得税对纳税人带来的额外负担或对经济效率损害程度较商品课税轻，对消费者选择和资源配置干扰相对较小；②所得税是一种直接税，不会像商品税那样通过价格调整转嫁税负，可以有针对性地利用税收手段调节收入分配；③累进的所得税具有内在稳定器的特征，可以起到稳定经济的作用。

2.受财政收入要求的制约

发展中国家面临发展经济所需的巨大资金需求，因此，政府在选择税收制度时，往往把保证财政收入放在首位，注重税收的收入筹集功能。当财政收入目标与其他税收政策目标相冲突时，往往牺牲其他目标而保证财政收入。因为商品税税源广泛，不受利润影响，加之发展中国家人均收入水平较低，因此，发展中国家趋向于选择商品税作为主体税种。

3.受税收征管水平的制约

所得税对纳税人信息依赖度很高，如果没有很高的征管水平，就会导致巨大的征管成本。发达国家税收征管体系健全，征管技术手段先进，由此决定了以个人所得税为主体税种的征管方面的可行性。比较而言，发展中国家由于税收征管体系不完善，很难把非工资所得、自营所得或实物所得等收入来源比较完整地纳入应税所得，所得税征收比较困难，征管成本很高。

4.受市场机制发育的制约

发展中国家的市场机制发育程度远远不如发达国家，同时开放市场又面临着日益激烈的国际竞争。因此，发展中国家的政府需要更多地对经济进行干预和调节，以弥补市场机制的不足，税收往往成为调节经济的重要手段。反映在税制建设上，发展中国家更重视运用税收制度来贯彻政府的经济调节和引导政策。为了体现政府对不同产业的鼓励或限制政策，对不同行业或不同产品设置了差异商品税率；同时，与发达国家大范围地取消税收优惠措施相反，发展中国家普遍设立一些税收优惠措施来实现调节经济的目标，这些税收优惠措施比较集中在农业、生活必需品、出口产品、新技术产业、外商投资、出口加工区和自由贸易区等方面，以鼓励这些领域的投资和生产。

5.受引致税制结构调整的需求制约

发达国家税制结构变化深受客观经济环境和税收政策变动的影响，经济的长期发展决定着税制结构模式的变迁，经济的短期波动同样会对税制结构造成重要冲击。发达国家税收制度比较完善、征管水平进入稳态，所推行的税制改革一般不具有颠覆性；发展中国家税制结构的变化驱动主要来自完善税收制度、优化税制结构的内在需求，并主要通过大规模税制改革及征管水平的提升来实现。

□ **本章小结**

＊财政收入制度是一国政府运用税收和收费等方式取得一定比例的国民收入或公共资源的制度规范。财政收入按取得的来源分为公产收入、主权收入、税收收入；按取得的连续性和作用分为经常收入和临时收入；按取得的方式或形式分为税收收入和非税收入。

＊收费作为财政收入的一种形式，其存在的必要性体现在：（1）准公共产品提供的成本补偿；（2）符合受益公平原则；（3）符合降低交易费用的要求；（4）对自然垄断行业合理定价的需要；（5）矫正负的外部性。

＊收费是政府部门向公民提供特定服务、实施特定行政管理或提供特定公共设施时按照规定的标准收取的费用。收费与税收既有共性又有区别。在西方主要国家，收费主要由规费收入、政府主办的公用企业和事业的收费、公共设施使用费、特许费或许可证收费构成。目前各国的收费管理机制是：依据法律设定收费项目，实行听证协商制度，合理确定收费标准，统一纳入财政预算，政府集中管理收支，

建立严格的收支审查制度。

　　* 美国非税收入制度的特点是：（1）三级政府非税收入占比不同；（2）州和地方政府非税收入的项目分类。日本的非税收入主要有专卖收入、国有企业利润和国营事业收入、财产处理收入、杂项收入和上年度结转收入等。俄罗斯非税收入主要有：国有财产收入、有偿服务收入、各种罚没收入和其他收入等。非税收入的收缴与使用制度主要包括非税收入项目和标准的确定、非税收入收缴管理的规范、非税资金的使用、非税收入的监管等不同层面。

　　* 债务收入是发达国家政府重要的财政收入来源。"通货膨胀税"是以一种隐蔽的形式将私人部门占有的一部分资源转移到公共部门。政府捐赠也是财政收入的一个很小部分的来源。

　　* 美国现行税制的特点是：联邦政府以所得税为主体税种，税权配置实行分权与收入管制相结合，明确划分各级政府财权，主体税种同源征收，各级政府都有隶属于本级政府的税收征管机构，税收制度运行以立法保障。

　　* 英国税收制度的基本特点是：以直接税为主、间接税为辅的税收结构，中央享有税收立法权，主体税种中央独享、中央财政占据主导地位，税收征管机构分类设置。

　　* 德国税收制度的基本特点是：直接税与间接税并重的双主体结构，税收立法权相对集中、执行权相对分散，共享税为主、专享税为辅，税收征管由统一性和地方性税务机构分别负责。

　　* 法国税收制度的特点是：税制结构向直接税和间接税并重方向发展，中央享有税收立法权和税收收入分配权，中央税收收入占比较高，国家税务机构统一进行税收征管。

　　* 日本现行税制特点体现在：以直接税为中心的多税种的复合结构，税收立法权和管理权集中，严格的征管体系。

　　* 发达国家税制结构的演变经历了由简单、原始的直接税制到间接税制，再发展成为现代直接税制的过程。进入21世纪以来，发达国家税制结构变化分为金融危机前（2000—2007年）和金融危机后（2008年至今）两个阶段，发展中国家的税制结构也呈现了新的变化特征。

　　* 受经济社会效应、财政收入要求、税收征管水平、市场机制发育等因素和引致税制结构调整的需求的制约，发达国家和发展中国家税制结构存在着很大的差异。

□ 关键概念

　　公产收入　主权收入　非税收入　收费　规费收入　公共设施使用费　特许费　通货膨胀税

□ 复习思考题

　　1. 发达国家财政收入是如何分类的？

2. 论述收费存在的必要性。

3. 试分析收费与税收的共性和区别。

4. 简述收费的构成。

5. 论述发达国家收费管理的主要特点。

6. 简述国外非税收入的收缴与使用制度。

7. 论述美国税制的基本特点以及三级政府的主体税种。

8. 简述英国税制的基本特点。

9. 简述德国税制的基本特点。

10. 简述法国税制的基本特点。

11. 简述日本税制的基本特点。

12. 论述俄罗斯从经济转轨到 2001 年之前的税制特点。

13. 简述俄罗斯 2001 年个人所得税改革的内容。

14. 论述发达国家与发展中国家的税制结构差异及变化的影响因素。

第四章

税种分类与税制要素

第一节　所得税制

一、所得课税的一般界定

所谓所得课税，就是以所得为课税对象，向取得所得的纳税人课征的税。这一课税体系主要包括个人所得税、公司所得税和社会保险税（工薪税）。

（一）课税对象是净所得

在现代市场经济条件下，一定时期内的国民收入经过初次分配和再分配过程，大体形成下列份额：（1）工资收入；（2）股息收入；（3）利息收入；（4）未分配利润；（5）农民和其他小生产者的收入；（6）土地所有者和房产主的租金收入等等。所得课税就是以这些收入份额为课征对象。所得课税的课征对象在理论上被定义为净所得，而不是总所得（毛收入）。

（二）应税所得额的计算程序复杂

从净所得到应税所得，通常要经过一系列复杂的计算程序。从发达国家个人所得税来看，为了对纳税人的不同所得项目实行区别对待，通常采取下列措施：一是将某些所得项目排除在应税所得之外；二是将纳税人为获取所得而必需的业务费用开支从应税所得中扣除；三是照顾纳税人的某些特殊生活开支的需要，将这些开支从应税所得中排除；四是考虑纳税人赡养或抚养亲属的情况，以适应具有相同收入的不同类型家庭的负担能力，从应税所得中按家庭人口数字固定扣除一定数额。

（三）通常按累进税率课征

目前，西方国家一般都以超额累进税率来计算个人所得税税额并进行课征。在实行超额累进税率的前提下，分析所得税的负担水平应区分名义税率和实际税率、边际税率和平均税率。

1. 名义税率和实际税率

名义税率和实际税率是分析税收负担的重要工具。名义税率与实际税率存在差异的因素包括：税收减免、征管漏洞、通货膨胀等。前两个因素导致名义税率高于实际税率；第三个因素在累进税制下，会因档次爬升造成实际税率高于名义税率。

2. 边际税率和平均税率

边际税率和平均税率是分析税率变动对纳税人经济决策的影响的工具。边际税率是指随着应税所得额的增大而最后适用的税率。平均税率是全部税额同全部应纳税额的比率。

边际税率提高，对纳税人而言影响其税后工资水平，既产生收入效应又产生替代效应，如果变化边际税率同时配之税法中的某些变动，如增加免征额、保持平均税率使纳税人税额不变，那么变动边际税率就只产生替代效应，即平均税率不变，边际税率提高，劳动力供给会减少；当边际税率不变，变动平均税率只产生收入效应，即平均税率提高，税后收入普遍下降，劳动力供给会增加。

二、个人所得税

（一）课征范围

1. 税收管辖权原则

就一般意义来说，税收的课征范围指的是一个主权国家的税收管辖权及于课税主体（纳税人）和课税客体（课税对象）的范围。税收管辖权是国家主权的有机组成部分。在各国长期实践的基础上，被国际公认的税收管辖权原则大体有以下两种：一是属地主义原则，它根据地域概念确定，以一国主权所及的领土疆域为其行使税收管辖权的范围，而不论纳税人是否为本国公民或居民。二是属人主义原则，它依据人员概念确定，以一国所管辖的公民或居民为其行使税收管辖权的范围，而不论这些公民或居民所从事的经济活动是否发生在本国领土疆域之内。

以美国为例，按照美国税法，美国联邦个人所得税（personal income tax）的纳税义务人为：美国公民、居民和非居民。美国公民指在美国出生的人和加入美国国籍的人；居民是指在美国具有永久居住权（如获得绿卡），或在美国居住达183天以上的外国籍人员；非居民是指没有美国公民和居民身份，但停留在美国并取得收入的外国籍人员。联邦个人所得税的课税对象是美国公民、居民的全球所得和美国非居民在美国境内的所得。

2. 收入来源地认定标准

各国通行的收入来源地认定标准一般根据所得项目的不同而有所区别：（1）劳务报酬所得，依据劳务活动的受雇地点或就业地点而定。（2）利息所得，依据是否由本国境内债务人支付而定。（3）股息所得，依据支付股息公司的设立地点而定。（4）财产租赁所得，依据财产的坐落地点而定。（5）特许权使用费所得，依据版权、商誉、专有技术、专利等特许权的使用和费用支付地点而定。（6）不动产所得和财产租赁所得依据不动产的坐落地点而定。

（二）课税对象

个人所得税的课税对象一般来说是个人的所得额。在实际生活中，个人所得的范围要狭窄得多，且不说实际课征所得税时，总要依据其性质将所得进行相应的分类，如将所得区分为毛所得和净所得、财产所得和劳动所得、实际所得和名义所得、经常所得和偶然所得、交易所得和转移所得、应收所得和现金所得等，而且就其形式来说，它一般也主要由工资、股息、利息、租金、特许权使用费以及资本利得等构成。

（三）应税所得的确定

以美国联邦个人所得税应税所得的具体计算步骤为例，联邦个人所得税采取综合课征方法，个人所得税应税所得的计算是先将所得加总，再做一些扣除，然后得到应税所得额或税基。即：

总所得－不予计列项目＝毛所得

毛所得－事业费用＝调整毛所得

调整毛所得－扣除项目＝净所得

净所得－个人宽免＝应税所得

1. 不予计列项目（exclusions）

不予计列项目包括：（1）州和地方公债利息收入；（2）社会保险收入；（3）年金和退休账户收入；（4）馈赠和继承；（5）奖学金和研究补助；（6）慈善捐款。

2. 事业费用（business deductions）

事业费用包括：（1）培训支出；（2）研究支出；（3）搬迁支出；（4）交通、服装、招待等工作支出。

3. 扣除项目（deductions）

扣除项目包括：（1）个人不能控制的支出，如偶然事故、灾害和盗窃损失；（2）医疗和牙科费用超过调整毛所得 7.5% 的部分；（3）州与地方个人所得税和财产税；（4）教育贷款利息；（5）住房贷款利息等。这些支出降低了纳税人的付税能力。纳税人可以按这些项目分项扣除，也可以选择标准扣除（即按毛收入的一定百分比固定扣除）。

4. 个人宽免（exemptions）

个人宽免是指给予每个纳税人及所抚养的家庭成员的免税额。

（四）适用税率

西方国家的个人所得税税率目前大都实行超额累进税率，也就是税收负担随着纳税人收入等级的上升相应发生递增。除了规定基本税率之外，对于某些特殊性质的收入项目，往往还要规定特殊税率。尤为普遍的是，许多国家如英、美等国，都把资本利得从综合收入中划分出来，规定较低的税率，这样做的目的是为了刺激私人投资。

（五）征收模式

1. 征收模式类型

理论上，个人所得课税征收模式通常被划分为以下 3 种类型：

（1）分类所得税，也称"分类税制"。分类所得税将所得按来源划分为若干类别，对各种不同来源的所得，分别计算征收所得税。分类所得税创始于英国，但今天纯粹采用分类所得税的国家已很少。即使采用，也是将其与综合所得税配合使用。

（2）综合所得税，也称"综合税制"。综合所得税是对纳税人全年各种不同来源的所得，综合计算征收所得税。综合所得税的突出特征，就是不管收入来源于什么渠道，也不管收入采取何种形式，都将各种来源和各种形式的收入统一计税。这种模式最符合支付能力原则，成为当代所得税课征制度的一个重要发展趋向。

（3）分类综合所得税，也称"混合税制"。分类综合所得税将分类和综合两种所得税的优点兼收并蓄，实行分项课征和综合计税相结合。

以日本实行的个人所得税为例，日本在税法上将个人收入项目分为 10 类：①利息；②股息；③不动产所得；④经营利润；⑤工薪收入；⑥退休金；⑦林业收入；⑧资本利得；⑨临时所得；⑩其他收入。对以上 10 类收入项目，日本按 3 种方法计征个人所得税：其一是综合计征法，适用于第③、④、⑤、⑨、⑩类收入；其二是分类计征法，适用于第⑥、⑦类收入；其三是综合或分类选择计征法，适用于第①、②、⑧类收入。由此可见，日本个人所得税实行兼具综合所得税和分类所得税两种特征的混合税制。

分类综合所得税主要的优点在于：它既坚持了按支付能力课税的原则，对纳税人不同来源的收入实行综合计算征收（综合所得税的优点所在），又坚持了对不同性质收入实行区别对待的原则。除此之外，稽征方便，有利于减少偷漏税。

2. 英国和美国个人所得税综合税制内容

自从 18 世纪 60 年代资本主义工业革命以来，西方许多国家纷纷走上了经济发展的快车道。为适应发展，许多西方国家先后采用了综合税制。从课税范围看，税基普遍较为宽泛。除了赡养费、社会保障收入等所得项目外，其他所得类别几乎都要纳税。从扣除范围看，大多数国家在扣除项目上有个人宽免的规定，允许纳税人扣除必要的生活费用，以维持劳动力的再生产；对必要的经营费用，多数同家允许纳税人进行扣除，扣除方法分为标准扣除、分项扣除；对于经营费用，多数国家限制扣除或少允许纳税人进行扣除；对于亏损，多数国家都允许冲减所得，少数国家允许分项弥补经营亏损。

（1）英国综合所得税制的做法

①采用标准税和附加税相结合的形式，即先征收比例税率的标准税，再对较高所得征收累进税率的附加税。②在应税项目的列举上采用"正列举"形式。计税依据是所得税分类表规定的各种源泉所得，各自扣除允许扣除的必要费用后，加以汇

总，再统一扣除生活费用后的余额。允许扣除的生活费用包括：基础扣除、抚养扣除、劳动所得扣除、老年人扣除、病残者扣除、寡妇（鳏夫）扣除和捐款扣除等等。③在征收方法上，个人所得税采取源泉扣缴和查实征收两种方法，前者主要适用于对工资、薪金、利息所得的征税，后者主要适用于对其他各项所得的征税。

（2）美国个人所得税综合征收模式的特点

①个人所得税灵活、及时、直接。建立在完善的信用制度基础上的个人所得账户，能及时显示个人的收入流量，按照收入状况实行累进税，所以高收入者多纳税，对不确定的临时性收入可及时征税。

②个人所得税有大量的不予计征的应税所得项目。这一特点使税收全面介入再生产过程，对不同的经济活动起到调节的作用，如美国个人所得税在确定应税所得时，允许一定的扣除项目和个人宽免额（见表4-1）。

表4-1 美国联邦个人所得税的税收优惠措施

类别	层次	具体规定
扣除项目	从调整后毛收入中扣除	分为标准扣除额和列举扣除额两种，纳税人可以根据自身情况任选其一。2014年美国个人所得税的标准扣除额为单身人士每人6 200美元，已婚人士合并申报每户12 400美元
宽免项目	从应纳税所得额中扣除	根据通货膨胀指数和国家经济发展形势对宽免额进行适当调整，实行"宽免额分段扣减法"，即当个人收入达到一定水平后，宽免额会随着个人收入的增加按比例减少，当收入达到一定程度后，个人宽免额取消
抵免项目	从应纳税额中扣除	主要针对的是低收入者，对残疾人和65岁以上的老人规定了特殊的税收抵免政策

③为了减少通货膨胀对税收的影响，从1981年开始实行税收指数化调整，以实现自动消除通货膨胀对实际应纳税额的影响。现行个人所得税中的个人宽免额、标准扣除、税基档次和个人劳动所得税收抵免等都实行指数化。

④在纳税申报上，以夫妻合计申报为主，每年4月15日前向联邦税务局填报纳税表格。

（六）课征方法

个人所得税的课征方法有从源征收法和申报清缴法两种。各国往往根据不同收入项目同时采用这两种课征方法。

1.从源征收法

从源征收法是指在支付收入时代扣代缴个人所得税。通常的情况是，在支付工资、薪金、利息或股息时，支付单位依据税法负责对所支付的收入项目扣缴税款，然后汇总缴纳。这种方法的优点：一是可以节约税务机关的人力、物力消耗，简化征收管理手续；二是可以避免或减少偷漏税，及时组织税款入库；三是由于纳税人从未真正全部占有其收入，便可以大大减轻纳税人的心理税收负担。

2.申报清缴法

申报清缴法就是分期预缴和年终汇算相结合，由纳税人在纳税年度申报全年估算的总收入额，并按估算额分期预缴税款。到年度终了时，再按实际收入额提交申报表，依据全年实际应纳所得税税额，对税款多退少补。这种方法的优点主要是在税务管理上，对税务机关和纳税人来说都方便易行。

目前各国除对某些收入项目采用从源征收法外，一般都是采用申报清缴法。在美国，除了对工薪收入实行从源课征和申报清缴相结合的课征方法之外（工薪收入由雇主在支付时预扣代缴，但在年终要由纳税人本人进行清算，多退少补），对纳税人工资以外的其他收入采用按季自报缴纳、年终汇算清缴的办法。

申报清缴的具体做法是：（1）预扣代缴。凡有固定职业者，工资、薪金所得部分由雇主在支付时实行预扣代缴。（2）申报预缴。无固定职业者以及固定职业者除工资以外的其他所得，均采用按季申报预缴；选择公历年为税收年度时，每季缴纳时间为 4 月 15 日、6 月 15 日、9 月 15 日和次年 1 月 15 日。（3）年终结算。每个纳税人都必须在 4 月 15 日前填报两份申报表，一份本年度纳税申报表，一份上年度结算申报表。纳税申报表概算本年度总所得，根据概算所得算出估计应纳税额，并分季交纳；结算申报表是上年度实际所得的申报表，根据实际应纳税额和已经交纳的税款申请结算，补交或要求退税。（4）国外税收抵免（income tax credit）。对于美国公民和居民在国外已交纳的所得税，其税款可以在个人所得税款中抵免。

三、公司所得税

公司所得税是以公司（厂商）为纳税义务人，对其一定期间内的所得额（利润额）课征的一种税收。在西方国家，公司所得税一般不是对所有的企业征收，而只是针对有限责任公司征收。

（一）课征范围

1. 居民公司与非居民公司

同个人所得税的原理一样，公司所得税的课征范围也是由各国所行使的税收管辖权决定的。即将公司区分为居民公司和非居民公司，居民公司负有无限纳税义务，就其来源于全世界范围的所得在本国缴纳公司所得税。非居民公司负有限纳税义务，就其来源于收入来源国境内的所得缴纳公司所得税。

2. 居民公司的认定标准

各国通行的居民公司的认定标准大体有登记注册、总机构和管理中心 3 种标准：登记注册标准是依据公司的注册登记地点而定；总机构标准是依据公司的总机构设立地点而定；管理中心标准是依据公司实际控制或实际管理中心的所在地而定。凡不在上述标准之内的公司，均属非居民公司。

（二）课税对象

公司所得税的课税对象是公司的应税利润。所谓应税利润是指公司的收入总额扣除营业时发生的一切成本和费用后的余额。在这方面，各国税法都有一系列具体的规定，这些规定主要涉及两个方面的内容：

1.应当计税的所得项目

应当计税的所得项目通常包括的主要项目有：（1）经营收入，即销售价款减除销售成本之后的销售利润；（2）资本所得，即指出售或交换投资的财产，如房地产、股票、特许的权利等所实现的收入；（3）股息收入，即公司作为其他公司的股东而取得的红利收入；（4）利息收入；（5）财产租赁收入；（6）特许权使用费；（7）前期已支付费用的补偿收入，如保险收入等；（8）其他收入，如营业外收入等等。

2.可以作为费用扣除的项目

公司所得税的应税所得的计算要先计算总所得，然后减去不予计列项目、规定的扣除项目（公司所得税没有宽免额）。公司所得税的不予计列项目主要有州和地方债券利息收入。公司所得税的扣除项目称为经营支出，也被视为公司取得收入所得的成本，主要包括：债务利息、已缴纳的州和地方政府税（如动产税和不动产税、所得税、超额利润税、营业税、消费税等）、经营费用和亏损、呆账、劳务支出（工人的工资报酬与各种福利）、科研开发费用、资产折旧、慈善捐赠、灾害保险支出等。

美国联邦公司所得税经营支出扣除项目的基本规定是：

（1）资本收入和损失。公司资本收入政策与个人纳税人不同。①个人纳税人的资本收入享受税收优惠，净中期资本收入最高税率为28%，净长期资本收入最高税率为20%，公司资本收入没有税率优惠。②对资本损失的处理也不同，个人纳税人每年可以在总收入中扣除多达3 000美元的资本损失，直到扣除全部资本损失；但公司资本损失不允许在当年的总收入中扣除，只允许“转回”到过去3年的应税所得中去冲抵（得到相应的退款），如不能完全冲抵，则可以“结转”到以后5年的收入中扣除。

（2）净经营损失处理。公司的净经营损失是指公司的总收入减去公司股息收入扣除和其他扣除后的“负所得”。净经营损失可以“转回”到过去两年和“结转”到未来20年的应税所得中扣除。

（3）股息收入扣除。公司股息收入的扣除限定为公司应税所得额（按不考虑净经营损失计算）的一定百分比。主要有3种情况：第一，若一家公司股东拥有另一家公司20%以下的股份，该公司股息收入可扣除的比例为70%；第二，若该公司拥有另一家公司20%~79%的股份，该公司股息收入的可扣除比例为80%；第三，若拥有另一公司80%以上的股份，股息扣除比例为100%。

（4）组织费用扣除。公司的组织支出是指公司组建过程中的支出（开办费），它包括法律服务、会计服务、各种会议和股份发行支出等。组织支出可选择在60个月以内或更长时期内摊销，但必须在公司的第一个税收年的申报中做出选择。

（5）资产折旧扣除。联邦税法规定，公司用于经营事业的有形资产如厂房、机器，无形资产如广告资产的折旧费，都在总收入的扣除之列。无形资的购置成本可以在 5~15 年内按照"直线法"折旧；有形资产可以在 3~39 年内运用"余额递减法"或"年数合计法"加速折旧，一般车辆设备的折旧年限为3 年，大部分机器设备的折旧年限为 5 年，大多数厂房建筑物的折旧年限为31.5 年。

（6）慈善捐赠扣除。公司当年对依法设立或组织的以宗教、慈善、科学、文化、教育等为目的的机构的捐款，如对保护儿童、动物而设立的基金或团体所进行的捐款等可以在总所得中扣除，但扣除额以应税所得（不考虑慈善捐款、净经营损失、资本损失和股息收入扣除所计算的应税所得）的 10% 为限；超过 10% 的部分可以"结转"到今后 5 年扣除。

（三）税制类型

公司所得税税制按归属程度和对已分配利润是否适用低税率为标准划分为古典制、归属制和分率制 3 种类型。

1. 古典制

古典制是指公司所得税就公司取得的所有利润征收，支付的股息不能扣除，股东取得的股息收入必须作为投资所得再缴纳个人所得税。

2. 归属制

归属制是指将公司所支付的公司所得税的一部分或全部归属于股东所取得的股息中，然后在股东缴纳的个人所得税中实行部分或全部抵扣。归属制有利于消除公司所得税的重复课税。

3. 分率制

分率制是指对公司已分配利润和未分配利润按不同税率课征的制度。由于分率制仍然涉及有无归属性税收抵扣问题，故又可分为分率古典制和分率归属制。

（四）适用税率

西方国家在公司所得税上大多采用单一比例税率，即使实行累进税率的国家，其累进程度也较为缓和。实行单一税率结构的原因是：公司所得税实质上不是"对人税"，课税的依据也非个人的综合负担能力，所以按照所得额的大小规定高低不同的税率，在理论上没有太大意义。

但是，出于以下两个方面的考虑，有些国家在公司所得税上仍然保留着多级累进税率结构：（1）财政方面的考虑。因为公司所得税的大头是由大公司缴纳的，如果不分公司大小实行统一税率，税率定高了，中小公司可能税负过重；税率定低了，国家财政收入会减少。（2）政策方面的考虑。对公司所得税实行累进税率，在一定程度上会对个人收入起到一定的调节作用。美国联邦公司所得税实行累进税率，税率有 4 个基本档次：15%、25%、34% 和 35%。州和地方公司所得税实行比例税率，而且各州公司和地方公司所得税税率不一。

（五）课征方法

各国对公司所得税的课征方法，一般都采用申报纳税方法。通常的情况是，纳税年度由公司根据其营业年度确定，但一经确定便不能随意改变，一般在年初填送预计申报表，年终填送实际申报表；税款实行分季预缴，年终清算，多退少补。

以美国公司所得税的课征方法为例，美国公司必须在纳税年度开始后第 3 个月的第 15 天以前提出预计申报表，并依照申报表在纳税年度内分 4 次（在第 4 个月、第 6 个月、第 9 个月、第 12 个月的 15 日前）预缴公司所得税（除非合理的预缴额少于 500 美元）。不能按期预缴的公司将受到"无扣除"的处罚。纳税年度终了后，公司应将本年度所得税纳税情况填报结算申报表，同时缴纳所欠的公司所得税。如果本年度已经预缴的公司所得税税额超过最后结算应缴纳的公司所得税税额，则可冲抵下年度的应纳税款。另外，联邦公司所得税征收时，对公司在国外已缴纳的所得税实行抵免法，与个人所得税相同，其抵免额以按本国税率计算的所得税应纳税额为限。

（六）公司所得税改革

进入 21 世纪以来，为了应对全球经济增长放缓的趋势，各国纷纷推出了新的减税计划和方案，掀起了新一轮的世界性减税浪潮。从总体来看，降低税率、扩大税基的改革仍是 21 世纪前 5 年世界税制改革的主旋律。各国公司所得税改革的特点与趋势主要体现在以下 5 个方面：

1. 综合税率呈现下降趋势

世界各国为了吸引外资、促进本国的经济增长，纷纷下调了公司所得税的最高边际税率。2000—2006 年，OECD 的成员国当中，一般公司所得税综合税率（综合考虑了中央税、地方税、利润附加等）呈现下降趋势的有 25 个，占 83%；保持不变的有 5 个，占 17%。从 OECD 国家的平均公司所得税税率来看，这一数值分别为 33.6%、32.5%、31.2%、30.7%、29.8%、28.6% 和 28.4%，呈稳步下降的趋势。

2. 税率在较低的水平上达到了基本趋同

过去的 20 几年间，工业化国家和发展中国家的名义公司所得税税率都有明显下降。1980 年 OECD 国家和发展中国家的标准公司所得税平均税率分别为 51% 和 39%，2000 年这两个国家集团的公司所得平均税率分别下降至 38% 和 32%，2006 年又分别下降至 28.4% 和 29.0%。

3. 降低了小公司所得税税率

小公司的发展对于发达国家的技术创新、经济增长与充分就业具有举足轻重的作用。基于这一认识，很多对小公司单独设置税率的发达国家纷纷降低了小公司的所得税税率。2005 年，OECD 国家中对小公司单独设置所得税税率的国家有 10 个。2001—2005 年，共有 6 个国家降低了针对小公司的所得税税率，占单独设置小公司税率国家的 60%，特别是法国和英国，减税的幅度都超过了 10 个百分点。

4. 调整公司所得税优惠的范围

各国有针对性地保留了一些重要的税收鼓励规定。在拓宽税基的基础上，很多国家都主动加大了科技税收优惠政策的力度，表现为在研发活动和科技成果应用等方面给予税收抵免、加计扣除、加速折旧、提取投资准备金等所得税优惠政策。

5. 消除对股息的经济性双重征税

发达国家加快了公司所得税和个人所得税一体化的步伐。在大多数国家中，公司取得利润时要缴纳公司所得税，在将税后利润分配给股东时，股东又要对股息申报缴纳个人所得税。也就是说，存在对股息的双重征税。目前，除少数国家没有采取措施解决双重征税问题外，大部分 OECD 国家都实行了公司所得税与个人所得税的一体化，以尽量消除或减缓经济性双重征税。

四、社会保险税

社会保险税是世界各国为筹集社会保障资金而征收的一类税收或税收形式的缴费，是社会保障最重要的资金来源方式，是一种受益税和目的税，收入专门用于社会保障支出，专款专用。

自美国 1935 年以法律形式规范社会保障税的征收管理以来，迄今为止，世界上已经有 100 多个国家实行了社会保障税制度。虽然各国社会保障税的规定千差万别，但具有以下共同特点：一是具有强制性，有法律作为征收依据；二是不具备完全的直接受偿性，很多国家中没有缴纳过此类款项的无收入人员也可以从中获得医疗、失业等保障。

（一）各国社会保险税比较

基于各国国情不同，社会保障税在称谓、税制要素、征收管理等方面也存在差异。从称谓来看，世界各国的社会保障税并没有统一的名称，美国称为工薪税（payroll tax），法国称为社会保障缴款（social security contributions），英国称其为国民保险缴款（national insurance contributions）。

1. 从税种来看，有的国家是一个税种（如英国），有的国家是由多个税种组成（如瑞典等）。

2. 从税基来看，多数国家以工资薪金为税基，自雇者以营业收入为税基（如美国、英国、德国），少数国家以所得为税基（如新西兰）。

3. 从税率来看，有的国家设置比例税率（如英国、美国），有的国家则实行累进税率（如芬兰、埃及），有的国家实行地区差别税率（如挪威、澳大利亚）。

4. 从征收机构来看，有的国家由税务机关征收（如美国、俄罗斯），有的国家由独立的社会保障机构征收（如德国）。

5. 从社会保险税模式来看，依据参保对象与参保项目侧重点的差异，可以将目前世界范围内社会保障税的模式大致上划分为项目式社会保障税、对象式社会保障税与混合式社会保障税 3 种（见表 4-2）。

表 4-2　　　　　　　　　　　　3 种社会保障税模式比较

类型	项目式	对象式	混合式
界定	按参保项目的不同类别分门别类设定不同税目	依照参保对象的差异分门别类设定不同税目	同时依照参保对象与参保项目设定不同税目
优点	专款专用；返还性非常明显；具有累进性，可适时调整税率	有针对性，便于执行；可调剂余缺；覆盖面广	适应性较强，特定的承保项目在税款收支上可自成体系，可实行加强式社会保险
缺点	各个项目之间财力调剂余地小	税收负担差别很大，公平性缺失；征集与参保项目并没有直接联系，也没有充分体现直接返还性	统一性较差；管理不够便利；返还性表现不够具体；累退性较强
典型国家	瑞典	英国	美国
征税项目	父母保险税、事故幸存者养老保险税、老年人养老保险税、疾病保险税、工资税、工伤保险税、失业保险税	一般雇员、个体工商业者、营业利润大于起征点的自营人员、自愿投保的个人	工薪税、失业保险税、铁路员工退职保险税、个体业主税

资料来源：蓝相洁.项目式还是对象式——社会保障税设置模式比较及其选择[J].河北经贸大学学报，2014（2）.

（二）美国社会保险税的基本税制要素

1935 年美国制定了《社会保障法案》，规定了支付养老保险的税收条款和失业补偿管理的税收问题。根据该法案，美国设立了专门的工薪税以筹集社会保障资金，并于 1937 年开征。2000 年以来，美国社会保障税收入占 GDP 比重稳定维持在 6%以上，成为仅次于个人所得税的第二大税种。

1. 纳税人

按照适用对象的不同，工薪税也被称为联邦保险缴款法案税（Federal Insurance Contributions Act（FICA）taxes）和自雇者缴款法案税（Self Employment Contributions Act （SECA）taxes）。前者纳税人为雇主和雇员，雇主即企业主，雇主和雇员分别按照规定缴纳工薪税，雇员的工薪税由雇主发放工资薪金时代扣代缴。后者纳税人是自雇人员，包括个体工商户、自由职业者等，由个人申报纳税。

2. 课税对象

联邦保险缴款法案税以雇员取得的工资薪金总额为征税对象，包括奖金和实物工资等，自雇者缴款法案税的征税对象是自雇者的纯收入。具体包括 3 个方面：

（1）无论是工资薪金还是纯收入工薪税都没有税前扣除或其他的扣除规定，但对应税收入有最高限额规定，这一限额称为社会保障工资基数（social security wage base）。如果雇员的年工资薪金收入或自雇者的年纯收入小于当年的社会保障工资基数，则以实际收入作为应纳税所得额计算纳税；反之，则以社会保障工资基数的数额作为应纳税所得额计算纳税。这意味着这类纳税人实际税负并没有名义税率那么高，造成收入越高的人实际税负相对越低，从而形成累退性。

社会保障工资基数会随着平均工资、物价水平、社保资金需求等因素的变化而调整，这一基数在 1937 年最先开征工薪税的时候为 3 000 美元/年，1951 年提高至 3 600 美元/年，1955 年提高至 4 200 美元/年，之后每年基本都有所提高，2014 年这一基数为 117 000 美元/年[①]。

（2）不允许有宽免或费用扣除，即它不像个人所得税的课征对象那样，可从总所得中扣除为取得收入而发生的费用开支，或可扣除一些个人宽免项目，而是把毛工薪收入额直接作为课税对象，因而不需经过一系列的计算过程。

（3）不包括纳税人除工薪收入外的其他收入，资本利得、股息所得、利息收入等均不计入社会保险税的课税基数。所以，社会保险税的税基小于对综合收入课征的个人所得税的税基。

3. 适用税率

社会保险税税率的高低是由各国社会保障制度的覆盖面和受益大小决定的。雇主与雇员适用统一的比例税率，基本上每年对其进行调整，税率呈现不断提高的态势。1937 年开征时为 2%，雇主和雇员各自负担 1%。随着社会保障水平提高，税率也逐年提高，1990 年提高至 15.3%。其中：OASDI 税率为 12.4%，雇主、雇员各自负担 6.2%；医疗保险税率为 2.9%，雇主和雇员各自负担 1.45%，2000 年达到 17.64%。基于政治原因，奥巴马政府于 2010 年底推出了减税法案，其中包括将雇员的 OASDI 税率由 6.2% 降至 4.2%，而雇主依然按照 6.2% 缴纳。因此，2011 年和 2012 年，美国合并后的 OASDI 税率降至 10.4%，医疗保险税税率未变。2013 年 OASDI 税率又被恢复至调整前的水平[②]。

4. 课征与管理

社会保险税多采用从源课征法。具体来说，它是通过雇主这个渠道课征的。雇员所应负担的税款，由雇主在支付工薪时扣缴，最后连同雇主所应负担的税款一起向税务机关申报纳税。无需雇员填具纳税申报表，方法较为简便。至于自营人员应纳税款，则必须由其自行填报，一般是同个人所得税一起缴纳的。

美国工薪税由国内收入局（IRS）负责征收，筹集的资金纳入政府预算，上缴至财政部特定的信托账户，形成社会保障信托基金。同年所需的社会保障支出由社会保障署（Social Security Administration，SSA）提出预算并经国会批准后，从信托基金中给付。

（三）美国社会保险税构成

美国社会保险税主要包括联邦工薪税和州失业保险税两个层次。

①　丁芸，胥力伟. 美国社会保障税及对我国的启示[J]. 国际税收，2014（1）.
②　丁芸，胥力伟. 美国社会保障税及对我国的启示[J]. 国际税收，2014（1）.

1. 联邦工薪税

1935 年美国建立了社会保障制度，对社会成员提供老年和失业保障。其中，老年退休保障制度最初只包括"老年与遗属保险"（称为 OASI），1956 年增加"伤残保险"（合称为 OASDI），1966 年增加"老年医疗保险"（合称为 OASDHI）。联邦工薪税就是为"老年、遗属、伤残、医疗保险"提供财源。

（1）联邦社会保险税。联邦社会保险税是用于 OASDI 的专项税收，其税基是雇员不超过某一数额的年薪或工资的总额，按比例征收，由雇主和雇员各负担一半，并由雇主代扣代缴。2002 年，对雇员不超过 84 900 美元的工薪所得部分征税（这与退休者获得的超过某一数额的社会保险收入要缴纳联邦个人所得税的规定，具有一定的对应性），由雇主和雇员分别按 6.2% 的税率缴纳，由雇主按季申报纳税。

（2）联邦医疗保险税。联邦医疗保险税是用于老年医疗（住院医疗、护理、住院以外的医疗和保健）保险的专项税收，与联邦社会保险税基本相同，只是没有税基限制，税率较低。2002 年，联邦医疗保险税由雇主和雇员分担部分的税率都是 1.45%。此外，自营人员的联邦社会保险税和医疗保险税与上述基本相同，不同的是税基是自营人员的纯收入，全部由自营人员自己缴纳，并实行同个人所得税一起申报、缴纳的办法。

2. 失业保险税

失业保险税由州政府失业保险税和联邦失业保险税组成，其中，联邦失业保险税是为弥补州政府失业保险资金不足而开征的。联邦立法规定由企业雇主缴纳失业保险税款，雇员不缴纳。

失业保险税在纳税人上有具体界定：每季支付所得（即为工资薪金）1 500 美元以上或在一个年度内连续 20 天雇用一人以上的雇主。课税依据则是其支付的工资、薪金总额，税率全国不统一，由各州政府自主决定，平均税率为 0.8%。州失业保险税通常实行鼓励雇主稳定或增加雇用的政策，如雇主很少解雇职员，其税率就低；相反，如雇主的解雇率高，其税率就高。

3. 铁路员工退职保险税

设立该税的目的是为铁路员工筹集退休金。该税具有强制性、贡献性和福利性。该税缴税方法是源泉缴扣法，雇主和雇员构成该税的纳税人，雇主承受的税收负担要高于雇员；铁路职工退职保险税的计税依据包括雇员得到的工资薪金和雇主支付的工资薪金两个方面。美国铁路职工退职保险税也规定应税收入存在最高额度。1980 年该税应税收入（雇主月工资薪金）最高额度为 2 158.33 美元，适用 9.5% 的比例税率；而雇员应税最高限额为月工资 2 158.33 美元，税率为 6.13%。此外，铁路员工还有一套自成体系的失业保险税，该税全部由雇主支付，应税最高限额为每人每月 600 美元，税率为 8%。

4. 个体业主税

个体业主税即自营人员保险税。它是为单独从事经营活动的个体业主（医生除外）的伤害、医疗及养老保险而设立的。个体业主税同个人所得税联合申报，由纳税人自行申报。该税计税依据为所经营事业的纯收入额，完全由纳税人自己承担，起征点是 400 美元，税率为 12.30%[①]。

第二节　财产税制

一、财产课税的一般界定

所谓财产课税，就是以一定的财产额为课税对象，向拥有财产或转让财产的纳税人课征的税。这一课税体系主要包括对财产所有者课征的一般财产税以及对发生转让的财产课征的财产转让税（如遗产税和赠与税）。

（一）财产课税特点

在西方经济学家看来，财产课税与所得课税的对象虽然不同，但它们都具有明显的"对人课税"的性质。所得总是一定人的所得，所得课税总是以人为法定纳税人的。财产总是有其主人，对财产课税虽不一定就是以他为纳税人，但总同这个所有者有着密切联系。正因为如此，这两种课税的负担归宿和影响，有相似之处。两者的区别在于，作为所得课税对象的所得额是一个时期劳动或经营的净成果。而作为财产课税对象的财产额则是在某一时点上对财富的占有量。前者不容易计算，而后者却容易确定。这也正是财产课税的实行早于所得课税的原因所在。

1. 财产课税的优点

（1）财产税是一种直接税，税负不易转嫁。（2）具有收入分配职能。防止财产过于集中于社会少数人，符合税收纳税能力原则。（3）收入比较稳定。财产位置固定，税收不易逃漏，便于地方政府因地制宜征管。（4）符合受益原则。财产需要政府的保护和公共服务，财产税和公共服务价值的差异能反映在辖区财产价值上，即它们都能资本化到财产价值中，因此，财产税是对政府提供公共服务的一种补偿。

2. 财产课税的缺陷

（1）课征手段和财产评估存在技术困难等原因，征收管理较难掌握。（2）征收弹性小，财产价值不易发生变动，财产税收入不易随财政需要而变动。（3）财产税区域性强，具有内生的横向不平衡，很难平衡区域间与区域内财政差异，具有一定的累退性，容易导致税负不公。（4）减少投资者资本收益。在经济不发达时期，一定程度上有碍资本形成。

（二）财产课税类型

财产课税的课税对象是财产，而这里的财产是指一定时点的财富存量。它可分为不动产和动产。不动产指的是土地以及附属于土地上的长期固定的设施。动产则

① 蓝相洁.项目式还是对象式——社会保障税设置模式比较及其选择[J].河北经贸大学学报，2014（2）.

指的是人们占有的除不动产之外的全部财产，包括有形动产和无形动产两大类。前者如家具、用品、首饰、货物等，后者如股票、债券、货币等。

1. 以课征范围为标准，可将财产课税分为一般财产税和特种财产税。前者是就某一时点纳税人所有的一切财产综合课征，课征时须考虑对一定价值以下的财产和生活必需品实行免税，并允许负债的扣除。后者则是就纳税人所有的某一类或几类财产，如土地、房屋、资本等单独或分别课征。

2. 以课税对象为标准，可将财产课税分为静态财产税和动态财产税。前者是就一定时点的财产占有额，依其数量或价值进行课征，如一般财产税和特种财产税。后者是就财产所有权的转移或变动进行课征，如遗产税和赠与税。

二、美国、德国的一般财产税制

一般财产税是财产课税体系中的一种重要形式。它以纳税人的全部财产价值为课征对象，实行综合课征。

（一）美国的一般财产税制

1. 课征范围

美国的一般财产税是由地方政府对财产所有者课征的，是各地方政府的主要收入来源。联邦政府不征收财产税，各州政府只征收少量或不征收财产税。基于美国同时实行公民、居民和收入来源地 3 种税收管辖权，美国一般财产税的课征范围包括美国公民和美国居民拥有的存在于世界范围内的一般财产价值以及外国公民和外国居民拥有的存在于美国境内的一般财产价值。

2. 课税对象

财产税的纳税人是在美国境内拥有住宅、工商业房地产、车辆、设备等不动产和动产的自然人和法人。课税对象是动产和不动产，以不动产为主。不动产包括农场、住宅用地、商业用地、森林、农庄、住房、企业及人行道等。动产包括设备、家具、车辆、商品等有形财产，以及股票、公债、抵押契据、存款等无形财产。美国现代地方财产税中，最主要的课税对象是非农业地区的居民住宅和非农业的工商业财产。

一般财产税的免税和优惠范围包括：（1）政府所有的房地产免税；（2）对农业生产中运用的财产规定较低的评估价值；（3）一些地方对农村宅基地（包括农场土地）免税；（4）对 65 周岁以上老年人的财产给予低税率优惠；（5）一些地方对使用 6 年以上的车辆免税；（6）财产税超过一定部分，给予减免个人所得税及折扣等优惠等等。

3. 税率

（1）美国一般财产税在各个地方之间并无一个统一的比例税率，而是因地而异。名义税率高的可达应税财产价值的 10%，低的不足 3%。（2）某一特定地方也无一固定的税率，而要因年而异。（3）美国的财产税税率不是以法律的形式"固定"下来的，而是"算"出来的。税率的高低，通常要根据各地方的财政需要逐年确定。其步骤是：首先，各地方政府依据地方公共支出和其他收入（指除财产税以外的收入）之间的差额，确定应收财产税收入总额。然后，再依据应收财产税收入总额和财产的估定价值之比确定当年的财产税税率。由于估定的财产价值往往远低于财产的实际价值，所以财产税的实际税率也就远低于名义税率。

4. 财产价值评估

对财产价值的评估主要依据市场价值、最佳和最高使用价值、资本价值、出租价值、土地位置价值等。房地产的价值不是由买卖双方成交价格来定，而是由评估员及税务等行政部门考虑多种因素来主观确定的。按房地产评估价值征税，能比较客观地反映房地产价值和纳税人的承受能力，使多占有财产的纳税人多缴税，少占有财产的人少缴税。同时，随着经济的发展及房地产市场的变化，房地产价值随之上下浮动，评估价值也会相应调整，体现了公平的原则。

财产价值评估的方法一般有 3 种，地方税务部门通常综合运用两种以上方法进行财产评估。

（1）"市场价格法"。即以应税财产的市场交易价格为准做出估价。一项财产的现值取决于该项财产在市场上的交换价值。从这一角度出发，在市场机制健全，财产类别大致相同的条件下，运用市场价格法对应税财产进行估价不仅较为合理，而且简便易行。

（2）"资本还原法"。这是一种租赁资产收入资本化的方法，即根据财产租金和市场利率，通过折算取得资本化的财产现值。这种方法可作为"市场价格法"的补充。按资本还原法得到的结果还要同近期同类财产的市场交易价格进行对比，如果相差不多，即可以作为计税依据。但若差别很大，则需做进一步调查研究，以便做出更准确的估价。

（3）"原值法"。即以应税财产的原始价值、实际购入价格或建筑价格为准做出估价。由于财产的购入价格总是可以在企业或个人的账簿中找到，所以这种方法对估价人员来说十分方便。在整个经济较为稳定的条件下，"原值"和"现值"不会发生较大差异，这一方法也就不会产生大的失误。但若处于通货膨胀或经济萧条时期，则必须采用其他方法对财产进行重新估价。

5. 课征体系

美国一般财产税的课征体系公开、透明，其课征环节包括：（1）由评估员对房产地点和产权人进行确认。（2）税务等行政部门据此建立数据库、评估财产价值、确定可予征收的范围、计算评估价值。（3）通知财产所有人确认评估价值，有异议的财产所有人可对评估进行上诉。（4）由政府部门计算税率、税额和进行课征。（5）在课征过程中，政府的司法部门人员还要履行检查职责，检查前一阶段的财产估价是否符合公平原则，税务人员有无舞弊现象。

税款的具体征收由税务部门负责执行，规定纳税人在什么季节缴纳，既可分期按季度申报缴纳，也可以按年度一次性申报缴纳，并对不按期缴纳者处以罚款以至拍卖其财产作为抵偿。

6.改革措施

美国财产税主要用于教育。为了解决财产税的累退性导致各学区教育不公平的问题，美国出台了多项财产税改革措施：（1）限制和控制财产税的增长速度，对财产评估价值增长设限、对法定财产税税率设限、对财产税收设限、地方支出封顶等；（2）州政府更多介入增加州政府对学校的资金补助，限制各学区对财产税的征收；（3）提高销售税税率和收费标准或征收地方销售税和所得税，减少教育对财产税的依赖；（4）增加州政府在评估和税率设置过程中的作用，加强技术指导及监督。

（二）德国的一般财产税制

1.课税对象

德国的一般财产税也称为净值税。对自然人来说，是以应税财产价值减去负债后的净额作为课税对象，在此基础上，有免税项目规定，扣除纳税人一定生活费用；对于法人而言，以全面财产价值为课税对象，并规定1万马克的起征点。

2.税率

一般财产税税率依自然人与法人有所不同，前者是0.7%，后者是1%。对于已经缴纳的个人所得税、法人所得税及在国外已缴的税收实行一定的扣除。

3.课征方法

每3年查实一次，按年征收，每年税额分4次缴库，财产变动大的，可在变动当年予以调整。

三、财产转让税

（一）财产转让税税种

西方各国实行的财产转让税可归并为遗产税和赠与税（estate tax and gift tax）两大类。其中前者为主税，后者为辅税。开征遗产税的主要目的是适当调节社会成员的财富分配，避免财富在一个家庭的许多代之间长期地、大规模地集中；赠与税在本质上是对遗产税的一种重要补充。遗产税和赠与税主要是一种促进社会财富公平分配的税收。

1.遗产税

（1）税制模式

遗产税于1598年起源于荷兰，英国于1694年、法国于1703年、日本于1905年、美国于1916年相继开征。遗产税的课征制度模式可按纳税义务人不同分为3种（见表4-3）。

（2）征税标准

遗产税的征税标准大致有3种：国籍标准、住所标准和财产所在地标准。国籍标准是以财产所有者的国籍为依据；住所标准是以财产所有人的住所为依据；财产所在地标准是按财产的所在地划分税收征管权。目前世界上大多数国家采取混合使用的方法，而且主要是采取属人与属地相结合的原则，如被继承人为本国居民，要就其在国内外的全部遗产征税；如被继承人为非本国居民，则仅就其在本国境内的遗产征税。

表 4-3   遗产税税制模式比较

项目	总遗产税制	分遗产税制	混合遗产税制
定义	对财产所有人死亡后遗留的财产总额进行课征	对各个继承人分得的遗产分别进行课征	先征收总遗产税，再征收分遗产税
纳税人	遗嘱执行人（或管理人）	财产继承人	财产继承人
遗产处理程序	先税后分	先分后税	先税后分再税
税率	设有起征点；一般采取超额累进税率（见表 4-4）；不考虑继承人与被继承人的亲疏关系和继承的个人情况	一般采用累进税率；税负水平的高低与继承人同被继承人之间的亲疏关系有关	
课征方法	按遗产转让次序先后课以不同水平累进税；按净额课征；规定免税额；准予分期纳税	按继承人为直系亲属或非直系亲属、分得财产数额的大小、子女的多少课征不同税率	
优点	税源容易控管，操作简便，征税成本低；采用同样累进税率条件下能提供更多收入	根据继承人的具体情况，区别对待，税收负担比较合理	既能控制税源又能兼顾继承人的具体情况
缺点	不考虑继承人的具体情况，同等负担税收，税负不合理	税制比较复杂，征管比较困难，难以控制税源，易发生逃避税	税制复杂和征管的繁琐
代表国家	美国、英国	日本、德国	加拿大、意大利

2. 赠与税

赠与税是就财产所有人或被继承人所赠与他人的财产额课征。赠与税实质上不是一个独立的税种，而是遗产税的辅助税种。其征收的目的是为了堵塞财产所有人或被继承人采用生前将财产赠与他人的方式来逃避缴纳遗产税这一漏洞，确保财产转让税税源不致流失。

世界各国赠与税的立法实践中一般存在以下 5 种模式：

（1）开征遗产税的同时开征赠与税。这种模式为多数国家采用。如美国、日本、韩国等。

（2）遗产税和赠与税同时课征。遗产税和赠与税同时课征，对被继承人生前赠与的财产除按次课征赠与税外，还需在被继承人死亡时，对其生前赠与的财产总额与遗产合并一起征收遗产税，原来已纳的赠与税给予扣减。目前意大利等少数国家采用此种模式。

（3）仅开征遗产税，但对被继承人死亡前若干年内赠与的财产追征遗产税。如英国对被继承人死亡前 7 年内赠与的财产课征遗产税。

（4）只开征遗产税，对生前赠与不征税。如伊朗，只对因继承或受遗赠而获得的所有财产征收遗产税。

（5）只征收赠与税，不征收遗产税。如加纳，只对平常赠与征收赠与税，对遗嘱中遗留财产和无遗嘱的财产继承均不课税。

（二）美国的财产转让税

1. 联邦遗产税和赠与税

在美国，遗产税包括 3 个类型的隔代资产转移税：一是遗产税；二是赠与税；三是隔代资产转让税。1916 年联邦政府开征遗产税，后为防止通过生前赠予以及将遗产以信托的方式转让给子女或下几代而逃避遗产税，联邦政府又相继开征了赠与税和隔代遗产转让税。1976 年的美国联邦税收改革法案将遗产税和赠与税的税率和宽免统一起来，故又称为统一转移税，并从 1977 年开始征收统一的遗产税与赠与税。

（1）课税对象。遗产税的课税对象包括：动产和不动产、有形资产和无形资产、财产取得的利息、人寿保险、夫妻共同持有的财产、委派财产、去世前 3 年转移的财产、年金和退休计划资产等。赠与税的对象是赠与者（死者生前）以直接、间接方式或以信托赠与等形式赠给他人的不动产、动产、有形资产、无形资产的多年累积价值。

（2）纳税人。遗产税和赠与税的实际纳税人都是遗产的管理人或遗嘱执行人。

（3）遗产和赠与财产的估价。美国联邦税法规定，遗产的执行人可以选择死亡日或是在死亡日后 6 个月内的某个可替代的日期作为估价日期。替代日期一般是指在死亡日后 6 个月内的财产分配日、销售日、交易日或其他处置日。遗产执行人应在第一次申报遗产税时做上述选择，一经选择便不得更改。

不同财产的估价规定是：①不动产应按用途并参照市场价格进行估价；②股票和债券的估价，应使用估价日的最高售价和最低售价之间的中间价格；③经营企业的权益价值应该使用估价日的合理价格进行估价，估价可以参照有意购买方按照该企业资产和获利能力所出的买价；④赠与财产应使用赠与日同类财产的市场价格进行估价。

（4）扣除与豁免。联邦遗产税的扣除项目包括：安葬费用、管理费用、债务支出、偶然损失、慈善捐赠、配偶扣除等。赠与税的扣除项目包括：配偶转移扣除、每个受赠人每年 1 万美元的扣除。

联邦遗产税、赠与税和隔代资产转让税的豁免额见表4-4。

表 4-4   美国联邦遗产税、赠与税、隔代资产转让税豁免额   单位：万美元

年份	遗产税	赠与税	隔代资产转让税
2007	200	100	200
2008	200	100	200
2009	350	100	350
2010	无须缴纳遗产税	100	无须缴纳隔代资产转让税
2011	500	500	500
2012	508	500	512
2013	100	100	136

资料来源：乔磊."山姆大叔"如何征收遗产税[EB/OL].（2012-11-26）.http：//finance.qq.com/a/20121126/004389_all.htm#page1.

（5）税率。联邦遗产税税率如表4-5所示。

表 4-5   美国联邦遗产税税率表   单位：万美元

级数	应纳税遗产额	税率（%）
1	0~1	18
2	1~2	20
3	2~4	22
4	4~6	24
5	6~8	26
6	8~10	28
7	10~15	30
8	15~25	32
9	25~50	34
10	50~75	37
11	75~100	39
12	100~125	41
13	125~150	43
14	150~200	45
15	200~250	49
16	250~300	53
17	300 及以上	55

资料来源：乔磊."山姆大叔"如何征收遗产税[EB/OL].（2012-11-26）.http：//finance.qq.com/a/20121126/004389_all.htm#page1.

（6）申报缴纳。遗产税的纳税义务人必须在死者去世后的 9 个月内向国内税务局申报纳税。如果纳税义务人因故不能按时申报，必须在申报期限内向国内税务局提交延期申请，国内税务局可以给予 6 个月的延期。如果遗产管理者在国外，申报纳税的期限还可以适当延长。

赠与税按年度申报纳税。在赠与人死亡的纳税年度赠与税的申报不得迟于该赠与人遗产税的申报期限。但是，如果该赠与人不必申报遗产税，或是遗产税的申报期限截止日在赠与人死亡次年的 4 月 15 日之后，赠与税的申报应该在赠与人死亡次年的 4 月 15 日之前完成。

2. 州遗产税和赠与税

除联邦征收遗产税之外，美国各个州也征收遗产税。各州或同联邦一样征收遗产税，或向遗产继承人征收继承税（按所分得的遗产额），或既征遗产税又征继承税，大多数州征收继承税。州继承税和赠与税的主要区别是：税率低，并根据亲疏关系运用不同的税率，具体表现为与赠与者和遗留财产者的关系越近，适用税率越低、扣除和豁免额越大。美国部分州遗产税豁免额和税率如表 4-6 所示。

表 4-6　　　　　　　　　　美国部分州遗产税豁免额和税率　　　　　　　　　单位：万美元

州	豁免额	最低和最高税率（%）
康涅狄格州	200	7.2~12
特拉华州	500	0.8~16
夏威夷州	360	0.8~16
缅因州	100	0.8~16
马里兰州	100	0.8~16
马萨诸塞州	100	0.8~16
明尼苏达州	100	0.8~16
新泽西州	67.5	0.8~16
纽约州	100	0.8~16
北卡罗莱纳州	500	0.8~16
俄亥俄州	33.8	6~7
俄勒冈州	100	0.8~16
罗得岛	89.2	0.8~16
田纳西州	100	5.5~9.5
佛蒙特州	275	0.8~16
华盛顿州	200	10~19
哥伦比亚特区	100	0.8~16

资料来源：乔磊．"山姆大叔"如何征收遗产税[EB/OL]．（2012-11-26）．http：//finance.qq.com/a/20121126/004389_all.htm#page1.

第三节　商品税制

一、美国的商品税制

商品（劳务）税是以商品和劳务的销售额为课征对象的一种税。美国的商品税主要包括联邦消费税、州和地方消费税、州和地方一般销售税等。消费税和一般销售税是州财政主要收入来源。

（一）联邦消费税

联邦消费税（excise taxes）主要对一些特定商品和服务，如酒、烟草、燃料、汽油、运动设备的销售，以及赌博活动所征收的特定销售税。按税收目的，联邦消费税可以分为4类：

（1）运动产品消费税。主要包括卡车和拖车、轮胎、航空燃料、汽车燃料、内河航行燃料、私人航空设备、国际航空旅行（如乘飞机）税。对运动产品征税一方面是考虑对环境影响，另一方面是考虑燃料的耗费。运动产品消费税是联邦消费税收入中的最大项目。

（2）环境消费税。环境消费税主要为保护环境，减少有害产品对社会的不利影响而开征。联邦环境消费税主要包括有损臭氧层的化学制品税、核电生产税、煤气使用税等。

（3）奢侈品消费税。征收奢侈品消费税主要为控制一些有损健康和社会道德风尚的产品与服务消费。奢侈品消费税主要有酒精饮料税、烟草税和赌博税。

（4）其他消费税。其他消费税包括豪华客车税、特种疫苗税、电话和电传服务税、枪支弹药税等。对这些产品和服务征收消费税主要是因为这些产品和服务的消费者具有超出一般水平的消费能力。

（二）州和地方消费税

美国各州和地方（县、市、镇、区和专门经济区）均征收消费税，通常是和联邦消费税平行征收，但各州和地方的消费税税率差别很大。酒税、烟税、汽油税是许多州和地方消费税的主要税种。此外，有些州和地方也征收旅馆服务税、娱乐设施税、游戏卡税、黄油产品税、精制食品税。

（三）州和地方一般销售税

美国有45个州及其地方政府征收一般销售税（general taxes），即对几乎所有零售商品和服务的销售额征税。一般销售税通常采用5%左右的比例税率，州、县和镇区分别按照不超过2%、3%或1%的税率征收。在一般销售税中还包括对有形资产的使用、消费和储存的征税。

二、日本的商品税制

日本的商品和劳务课税主要包括一般消费税（增值税）、消费税。日本的增值税是 1989 年开征的，除具有消费性增值税的特点外，还具有日本独有的制度特点。

（一）增值税

1.中央增值税

开征增值税是 20 世纪 80 年代日本税制改革的重要内容。开征增值税时考虑到本国的具体问题，在借鉴欧洲各国实施增值税制度经验的基础上作了进一步的改进与调整。其改革的原因是：（1）大规模降低所得税使得国家财政需要新的收入来源，开征课征面广、税收潜力极大的增值税（在日本称为一般消费税）可以保证税收的充分性；（2）日本国民的最终消费支出接近 50% 已经转向服务，单纯运用传统的对少数商品征税的消费税已经有失公平。

日本增值税的主要特点是：

（1）课税广泛。日本增值税课税对象为：国内大部分商品（包括食品）和资产（有形资产和无形资产）的销售、资产租赁、服务提供以及进口商品。不属于增值税课税对象的主要有：土地转让和租赁、住宅租赁、有价证券转让、金融保险交易、学校学费、教学图书转让等。

（2）起征点高。在日本，在一个年度内销售额低于 3 000 万日元的纳税人，不负担缴纳增值税的义务。

（3）税率单一。日本增值税采用 5% 的单一标准税率（其中含地方增值税税率 1%）。这与欧洲和其他大多数国家采用 2~3 档税率以及 10% 以上的高税率相比，显得更为简单和优惠。当然，对出口商品，仍同大多数国家一样，采用零税率和退税政策。

（4）实行比例进项扣除。日本增值税的计算采取销售项税额减去购进项税额的方法。为简化纳税，对销售额在 4 亿日元以下的纳税人，规定将销售额的一定百分比作为进项税额来扣除，以避免复杂烦琐的进项税额计算。百分比按行业分类——分别为 90%（批发业）、80%（零售业）、70%（物质生产业）、50%（不动产、运输、通信、服务业）和 60%（其他）。

（5）根据账簿进行扣除。在日本，税额扣减法不是依据增值税发票，而是纳税人的付款通知；扣减的进项税额包括纳税人同期支付的商品和资产、租赁、劳务费用，还包括纳税人的坏账和销售以后发生的退货支付。

2.地方增值税

在日本，还有一种地方（都道府县）增值税，其课税制度与作为国税的增值税完全相同。为简便起见，国税部门统一征收国税增值税和都道府县增值税，然后将税款拨给都道府县。都道府县根据市町村人口等因素，再将税收的 50% 拨给所辖的各个市町村。

（二）消费税

由于开征增值税，日本原有消费税的一部分被吸收，因而消费税仅包括酒税、烟税和石油及相关产品税，在生产环节从量征收。

1. 中央消费税

（1）酒税。日本酒税的纳税人为国内酒类生产者和进口者。酒税的征税对象具体分为 10 类。税率以不同类别、等级和酒精含量的每 1 000 立升酒的日元数额表示。酒税在出厂时缴纳。由于日本的习俗，酒税在消费税中占有最大的比重。

（2）烟税。日本烟草生产在二战后一直由烟草专卖公司所垄断，1984 年，烟草专卖公司民营化之后，成立日本烟草株式会社，由此出台烟草消费税法。烟草消费税收入约为酒税的一半。与酒税相似，烟税的纳税人为国内生产者和进口者，在出厂时从量纳税。税率以每 1 000 支香烟的日元数额表示。

（3）石油及相关产品税。石油及相关产品税包括石油税、石油煤气税、航空燃料税、挥发油税。纳税人为国内开采者、油与气的填充者、燃料使用者、生产者以及进口者。税率以每公升的日元数额表示。

2. 地方消费税

除中央政府征收消费税以外，日本都道府县和市町村也征收地方烟税、地方挥发油税（即地方道路税）。地方烟税的纳税人为烟草批发商，课税标准与中央烟税相同。地方挥发油税的纳税人和课税标准与中央挥发油税相同。

三、德国的商品税制

德国的商品（劳务）税主要包括增值税、消费税、保险税和汽车税。德国在 1968 年开征增值税，增值税作为德国联邦政府管理的一种重要商品税，其收入在联邦和州之间共同分享。

（一）增值税

德国增值税的征税范围包括：德国境内提供的商品和劳务，从欧盟成员国采购的商品，从非欧盟成员国进口的商品。不属于增值税范围的有：医疗保健服务、教育、社会保障服务、金融服务、不动产租赁、土地交易等。增值税的纳税人是增值税应税商品和劳务的提供者和进口人。

德国的增值税目前采用 3 种税率：（1）基本税率 16%，适用于一般商品和劳务；（2）低税率 7%，适用于生活必需品等，如食品、药物、报纸、书籍、剧院、博物馆和艺术服务；（3）零税率，适用于出口和欧盟成员国之间的商品与服务提供。

德国的增值税采用发票扣税法，以销售项税额减去同期的购进项税额。纳税义务发生时间一般为开具发票日，最迟不超过下一个月的最后一日。申报纳税可以采取按月申报纳税（一般纳税人）、按季度和按年度申报纳税（中小纳税人）等方式。

（二）消费税

德国的消费税范围较广，包括烟草税（纸烟、雪茄、小雪茄等）、酒税（白酒、啤酒、烧酒、汽酒等）、咖啡和饮料税、茶叶税、食糖税、盐税、矿物油税（汽油、柴油、煤油等）、煤炭税、娱乐税、赌博税等。

（三）保险税

德国的商品（服务）税还包括保险税。保险税的税基是保险公司的保费收入，但不包括社会保障业务。保险税税率一般为 10%，交纳保险税的保险公司不再缴纳增值税。

（四）地方消费税（汽车税）

汽车税是德国各州的消费税，也是最重要的商品税。汽车税的纳税人是车辆拥有者。为了保护环境，私人小汽车目前主要根据排放废气的程度制定税率，对于达到欧盟 3 级和 4 级排放标准的小汽车实行低税率，对于达不到排放标准的小汽车实行高税率。各州希望通过征收汽车税来促使社会少用或停用排放废气超标准的小汽车，加速汽车的更新和改造。

第四节　农业税制

综观世界各国税收制度，绝大多数国家对农业并没有专门的税收安排和设置独立的农业税种，而是将农业纳入到统一的税制中，与工商业适用同一套税收体系。这些国家没有把农业的征税放在城乡统一税制下的各相关税种之中。采用的一般模式为流转税、所得税和土地税（或财产税）相结合。无论采取哪种模式，各国一般都会对农业给予相应的优惠政策。

一、农业税课征范围

1. 以农产品销售收入为课税对象，征收流转税

对农产品征收流转税大致分为两种情况：一种是增值税类型，包括欧盟、挪威、加拿大、日本、韩国、俄罗斯、新西兰、印度、阿根廷等 100 多个国家。实行增值税类型的国家对农产品的税率安排有 4 种：零税率、免税、低税率和标准税率。另一种是销售税类型，主要有美国等。美国的流转税由州政府在零售环节课征，农场主只直接负担购买生产资料的税收。

2. 以农业收益为课税对象，征收所得税

绝大多数国家都将农业所得纳入所得税课税范围。其中，大多数国家将农业所得并入到经营所得中，如美国将农业所得归入经营所得，日本将农业所得归入营业所得；少数国家将农业所得单列，如韩国所得税中的农业税、土耳其的农业所得税。

来自农业的所得大致可以分为 3 类：

（1）从事农业生产所得，要缴纳个人所得税或公司所得税。如法国将"农业收益"列为个人所得税中的一个所得项目，采用家庭系数制来计算个人所得税税款。

另外，一些社会福利制度比较健全的国家还要求农业雇主和雇工缴纳社会保障税或工薪税。

（2）出租农业土地及其附着物和资产设备所得租金收入，一般要并入个人所得税或公司所得税税基中课税。

（3）买卖农业不动产或其他资本品所得，有些国家并入综合所得中课税，也有一些国家设有独立税种，如英国的资本利得税、日本的不动产转让所得税、韩国的土地转让所得税等。

3. 以土地为课税对象，征收土地税或财产税

拥有农业土地和其他资产的所有权，需要缴纳财产类税收。从世界范围征收财产税的主要国家看，绝大多数对农用土地征税。有些国家将城市土地和农村土地分为不同税目或采用不同计税标准征税。（1）美国的财产税通常将土地分为农业用地和非农业用地；（2）德国的土地税，分开对农业生产用地和建筑用地征税；（3）阿根廷的不动产税，分为乡村不动产税和城镇不动产税；（4）加拿大安大略省开征农用地财产税；（5）韩国的农地财产税等；（6）意大利、韩国、中国台湾等少数国家和地区开征了土地增值税；（7）在土地所有权无偿转让时，许多国家要课征遗产税和赠与税。

二、农业税收优惠制度

实行城乡统一税制的国家，在保持统一税收原则下，对各税种适用于农业一般都制定了特殊的优惠制度。这些农业税收优惠政策主要包括：农业适用较低税率，甚至零税率；税收减免或延缓纳税以及在计税或纳税方法上给予农业生产者更多选择权或便利。

1. 流转税中对农业的优惠制度

各国一般在流转税上对农业给予优惠政策。目前实行增值税的 130 多个国家中，大都实行消费型增值税，允许将固定资产全部进项税额一次扣除，使产品成本低、竞争力强。此外，实行增值税的国家一般都对农业有下列特别照顾措施：

（1）农业适用较低税率。欧盟的大部分国家对农产品征收的增值税实行低税率。如法国对农产品主要按 7%的低税率计征（基本税率为 17.6%），荷兰对谷物按 6%的低档税率征税（标准税率为 17.5%），德国的农业的税率是 5.%（普通税率为 11%）。这些措施使农业实际负担的增值税税负大大降低。

（2）对一些农产品免税。法国、德国等国家都有对某些农产品免税的规定。

（3）记账方法、纳税申报等方面的特殊规定。许多国家在计账方法、纳税期等方面规定农户不必按照税务部门关于登记、按期申报、开具发票、保存适当账簿等要求执行，这在一定程度上降低了农产品的税收负担，简化了税收征管程序。如法国、意大利、荷兰等国都采用多种计税方法，并允许纳税人选择有利于自己的方法纳税。

（4）投入品增值税补偿。由于不按正常方法纳税的农民不能正常抵扣投入品增值税，一些国家因此采用了变通方法进行补偿：

一是统一加价补偿法。这主要是欧洲国家的做法，根据欧洲增值税第 6 号指令，当农民按正常税率或按小额交易活动方式纳税有困难时，可使用加价补偿法纳税。其原理是利用增值税的税负转嫁性，让农业生产者在销售农产品时收取价格的一定加价比例，用于补偿所承担的投入物增值税，即进项税额。对进入工商环节的农产品采用购进环节扣税的方法处理，扣税依据是厂商支付给农民的加价额。西班牙、德国、意大利等多数国家的加价补偿由农产品购买者支付，而法国是由政府支付。

二是农业投入物零税率法。这主要是一些南美洲国家的做法。它是指对农业投入物不仅不征税，而且其所有进项税额都能得到退还，这样农民购买农业投入品时几乎不用负担增值税。不过，这些国家一般将实行零税率的范围严格限制于只能专用于农业的投入物上，如饲料、种子、农药和化肥等。而对农民购买的燃料、拖拉机、卡车及建筑物等所支付的增值税不能进行补偿，这对很少购买资本投入物的小农户比较有利。加拿大的商品与劳务税对许多农业生产投入品也实行零税率。

2. 所得税中对农业的优惠制度

发达国家一般对农业收益征收所得税都有不同的优惠政策。以美国为例，美国联邦税制中对农场主的所得税优惠政策主要体现在以下 5 个方面：

（1）用现金记账法减少农民应纳税收基数。鉴于在农业生产中往往无法精确计算在产品的数量和成本，美国联邦政府不要求农业部门使用权责发生制，允许农民采用"现金记账法"。即只要求农民在收到农产品的货款后才向税务部门报告（其他部门均为销售即纳税），而所发生的生产费用支出可在当年的收入中全部扣除。这使农民可以通过从当年收入中减去提前购买下一年度使用的种子、化肥、农药及其他投入品的办法，减少应税所得基数，从而减少纳税额。

（2）一次性扣除资本开支。资本开支是用于购买机器设备等固定资产的支出。为了减轻农民负担，联邦政府规定，农业中的资本开支不需要在使用年限内逐年摊销，而可以在付款当年的经营收入中一次冲销，还允许农场主的一些资本性开支项目可从任何一年的收入中扣除。将农民出售固定资产所获得的收益作为长期资本收益，并享有 60% 的税额减免。农业投资被认为是农场主合法的"避税所"，采取这种合法途径而获得的税收减免，最高可达应税收入的 48%，从而大大鼓励了农业投资。

（3）将大部分销售的农产品划入"资本项"，而不是"产品项"。美国《所得税法》规定，个人资本增值在计征所得税时，税率是 8%~28%，个人其他所得（包括产品销售所得）税率是 15%~39%。显然，按照资本类纳税要优惠得多。美国政府将多数销售的农产品划入"资本"项，从而使农场主在销售时享受到优惠税率。部分畜牧产品在满足一定条件时，如牛、马养两年以后，猪养一年以后，便被归于资本项目，从而销售时能享受税收优惠。

（4）实行"收入平均政策"。由于农业受自然因素和市场因素双重影响，收入在各年之间波动较大。为了保证农民税负均衡，避免个别所得较高的年份适用较高的超额累进税率，美国在 1997 年进行了大规模的税收减免运动，其中包括同意农场主按 3 年净收入的平均数申报个人所得税。

（5）农业公司、农业劳动和园艺团体、水利工会、农业协作工会等的利息所得、股息所得、财税所得等可享受免税优惠。

3. 财产税中对农业的优惠制度

由于财产税主要是地方税种，一些国家又赋予地方税收立法权，因此各地根据具体情况制定的优惠措施多种多样，优惠程度也不尽相同。

（1）美国。美国将农业用地和非农用地分开来，分别采用不同的计税方法。按农业用途的收益计算农地价值，一般可使按实际农业用途计算的农地价值比按市场价格计算的农地价值降低 30%~70%，从而减少农业经营者的税收负担。

在遗产税和赠与税方面，美国尽管遗产税税率很高，但对农业生产者有特殊优惠，主要是两个方面：①优惠的计税方法。农业土地在计算遗产价值时，按照土地农业用途的收益估算，而不像其他遗产要按"标准市价"计算。同时，继承期满 10 年后，继承人出售其所继承的土地，可享受按标准市价计算土地成本，而不必按继承遗产时的土地价格计算。②延缓遗产税的支付期限。农场主的遗产税可在财产拥有人死亡 5 年后开始缴纳，并允许在 10 年内分期缴清，而一般遗产税应在财产所有者死亡后 9 个月内缴清。

（2）德国。德国对农业生产用地征收土地税，由有关机构根据土地的不同质量将土地分为 6 等，相应评估出其产出价值作为计税标准，适用 6‰的税率；而对建筑用地以市场价值为计税依据，市场价值由各州的专家评审委员会做出评估。

（3）加拿大。加拿大的安大略省从 1998 年开始以"农场财产税"替代原来的农场税收减免政策，对符合规定的"农场财产"，按财产税率的 25%课征地方市政住宅税和农地财产税。此外，政府对有效使用土地的所有者，还提供其他的财产税减免优惠。

（4）澳大利亚。澳大利亚地方政府制定了一些对农业、林业用地的免税规定，体现了对农业生产者的照顾。

（5）法国。法国财产税主要有（财产转让时的）登记税、遗产和赠予税、个人财产税、公司财产税和印花税。其中，对农业单独有优惠的主要包括：①登记税。规定木材、乡村不动产等财产项目适用很低的特别税率。②遗产税。规定对树木、森林以及林业集团的股份、土地农业集团的股份、长期出租的农业财产、农村土地集团股份等，实行程度不同的减免税。③个人财产税。规定"特定乡村资产"等可以全部或部分免税。

第五节　环境税制

一、环境税的历史演进

20 世纪 60 年代以来，随着工业化和社会经济水平的提高，生态环境被严重破坏。在这种大背景下，世界各国经济学界着手研究"绿色经济"问题，作为宏观经济调控手段之一的税收被运用到资源与环境保护上。环境税收制度的发展大致经历了 3 次大的变化：

第一次是在 20 世纪 70 年代，主要是针对污水和废弃物等突出的显性污染强制征税，这类环境税大多属于弥补费用类税收，即为了增加控制污染的投入而向排污者征税。

第二次是 20 世纪 80 年代以来，欧美各国越来越多地采用生态税、绿色环保税等多种税来维护生态环境。这个时期出现了以刺激为特征的税收，通过向排污厂家收税促使生产者改变对环境的污染行为。

第三次是 20 世纪 90 年代以后，环境问题与税收政策更紧密联系起来，发达国家的环保税收政策又有了新的发展，从对废气、废水、垃圾、噪音、农业等污染征税发展到全面绿化税制，从零散的、个别的环保税种的开征，发展到逐步形成全面、系统的环保税收体系。除新征各种环保税收外，还对原有的税种进行调整，使之具有环保功能，从而实现全面的绿化环境税制的目标。

二、国外环境税实施的主要内容

1. 征税范围广泛，税种多样化

目前各国已经开征的"生态税"（亦即环境税、绿税）主要包括：

（1）对排放污染所征收的税。即对工业生产过程中排放废气、废水、废渣及汽车排放的尾气等行为课税，如二氧化碳税、二氧化硫税、水污染税、化学品税等。

（2）对高耗能、高耗材行为的征税。也称对固体废物处理的征税，如润滑油税、旧轮胎税、饮料容器税、电池税等。

（3）为减少自然资源开采、保护自然资源与生态资源而征收的税，如开采税、森林税、土壤保护税等。

（4）对城市环境和居住环境造成污染行为的征税，如噪音税、拥挤税、垃圾税。

（5）对农村农业污染所征收的税，如化肥、农药费等；为防止核污染而开征的税，如铀税等。

2. 重视环境税收手段与其他环境保护手段的综合运用

（1）环境税收与"费"相互配合。欧美发达国家的环保措施均以税收为主，收费为辅。各国的环境保护手段中普遍包含了与资源、环境相关的各种专项收费和使用费。其原因是："费"简便易行，且较为灵活，同时符合"谁污染谁负担"的原则，特别是当存在市场缺陷又无法确定适当的税率水平时，更注意与排污收费、产品收费、使用者收费等较为灵活的经济手段协调应用。

（2）环境税收与排污权交易和采矿权交易等手段相配合。结合的最成功范例是美国。根据美国 1990 年通过的《清洁空气法》修正案，每个厂商都需要有一个排污许可证，每证有一定的排污量配额控制指标，厂商也可将自己未用完的配额在排污许可证交易市场上交易，这是迄今为止范围最广泛的排污权交易实践。

（3）重视环境税收手段与直接管制手段之间的配合。直接管制手段并没有因为环境税收手段受到重视而被取代，直接管制为环境税收的刺激作用提供了最低的标准，而环境税收又成为直接管制的有益补充。

3. 环境税征收级次明确

环境税制在中央与地方两个层次上进行规范设计。（1）中央政府主要关心的是对燃料使用的征税。全国性的环境税有燃料税、噪音税等税种，一些税收鼓励措施，如加速折旧、自然区域所有者的税收减免等，其决策权也集中在中央。（2）低级次的政府主要关心的是对特定污染有关的行为征收的环境税，如对废物的处置、水和土壤的不适当处置等。由不同级次的政府侧重解决不同的环境问题，可以节约征收管理成本，使环境税制更具效率，既保证了国家环境政策的统一性，又便于各地因地制宜解决实际问题。

4. 规范环境税收入的使用形式

一般说来，环境税收所获得资金收入的使用方式有两种：

（1）专款专用，指定用于特定的环境保护活动。资金的专项使用极大地加强了税收在政治上的可接受性，因而环境税收专款专用的做法在世界各国十分普遍。如欧洲许多国家的水税，它专项用于水质量管理的支出；美国原料税收专项用于资助有害废弃物的处理。

（2）纳入一般预算收入。环境税收纳入一般预算后又有两种用途：①制订补偿计划，以抵消环境税可能带来的累退性，即对低收入者的影响大于高收入者，以增进公平。②用于补偿对其他税的削减，即用环境税代替那些影响劳动所得和劳动成本的税种，在保持税收总收入不变的同时，增进效率。

5. 倡导"收入中性"原则

收入中性是指国家通过对纳税人进行补偿、补贴等形式或者以减少其他类型的税收的方式，使纳税人获得与其所支付的环境税收等值的款项。从环境税来看，在一定程度上将税基由劳动所得转向环境污染，纳税人不会因为环境税的调整而增加额外负担。具体来说，一般有 3 种做法：（1）环境税的收入用于降低个人所得税收入；（2）税收返还用于降低雇主缴纳的社会保障金；（3）税收返还同时降低企业和雇员的其他税收负担。

6.重视差别税率和税收减免的调节作用

为了提供正确的市场和价格信号，更好地引导人们的行为，完善国家的激励机制，各个国家的环境税收都非常重视差别税率和税收减免的调节作用。各个国家在制定环境税率时会充分重视其对企业和消费者的刺激作用，调节生产和消费行为。例如，采用较高的税率达到刺激效果，瑞典对具有污染的燃料油征税，结果导致其从市场消失。OECD 国家另一个通常使用的方式是运用行业差别税率和产品差别税率。

三、典型国家的环境税收制度

（一）美国的环境税收制度

美国自 1987 年国会提出对一氧化硫和一氧化氮的排放征税，政府把税收手段引进环保领域至今，已形成一套相对完善的环境税收制度。

1.环境税收的主要种类

从大的方面讲，美国的环境税收主要包括 5 类：对损害臭氧层的化学品征收的消费税、汽油税、其他与汽车使用相关的税收和费用、开采税和环境收入税。

（1）对损害臭氧的化学品征收的消费税。它是一种从量征收的消费税。1990 年 1 月 1 日颁布，并于 1991 年 1 月 1 日生效，其目的是消除氟利昂的排放。

（2）联邦和州两级政府开征的汽油税。

（3）联邦、州和地方政府征收的其他一些与汽车使用相关的税收和费用。州和地方政府征收的一系列汽车使用税和费，包括每年的注册费、经营执照费、检查费和购买汽车时的销售税。

（4）开采税是对自然资源（主要是石油）的开采征收的一种消费税。

（5）环境收入税。它与企业经营收益密切相关，规定凡收益超过 200 万美元以上的法人均应按超过部分纳税。

2.环境税收的优惠制度

美国在设置专门税种的同时，也充分发挥税收优惠的作用。优惠制度主要体现在：

（1）税收减免。早在 20 世纪 60 年代，美国就对研究污染控制新技术和生产污染替代品予以减免所得税。1978 年出台的《能源税收法》规定，对购买太阳能和风能能源设备所付金额中前 2 000 美元的 30%和其后 8 000 美元的 20%，从当年应交纳的所得税中抵扣；开发利用太阳能、风能、地热和潮汐的发电技术投资总额的25%，可以从当年的联邦所得税中抵扣。1986 年，国会又通过一项法令，规定对企业综合利用资源所得给予减免所得税优惠。1991 年起，23 个州对循环利用投资给予税收抵免扣除，对购买循环利用设备免征销售税。美国的《能源政策法》还规定，企业用太阳能和地热发电的投资永久享受 10%的低税优惠。

在美国联邦政府发展循环经济政策的指导下，一些州政府也出台了不少发展循环经济的优惠政策。康涅狄格州对前来落户的再生资源加工利用企业，除了可获得低息风险资本小额商业贷款外，还可获得州级企业所得税、设备销售税及财产税的相应减免。

（2）减少应税所得。美国联邦政府对州和地方政府控制环境污染债券的利息不计入应税所得范围，对净化水、气以及减少污染设施的建设援助款不计入所得税税基。

（3）折旧优惠。对用于防治污染的专项环保设备可在 5 年内加速折旧完毕。

（4）财产税优惠。对采用国家环保局规定的先进工艺的，在建成 5 年内不征收财产税。各州税制中也有有关减少污染的财产税退税规定。

3. 环境税收的征管

美国的环境税收和其他税收一样，其征收管理环节都执行得非常严格。它由税务部门统一征收，缴入财政部。财政部将其分别纳入普通基金预算和信托基金，后者再转入下设的超级基金。超级基金是美国以环境保护为专项内容的最大一项基金，由国家环保局负责管理。该基金在财政管理上纳入联邦财政预算内管理。由于征管部门集中，征管手段现代化水平高，因此，拖欠、逃、漏生态税收的现象很少，生态税收征收额呈逐年上升趋势。

（二）荷兰的环境税收制度

荷兰是最早开征环境保护税的国家之一，其环境保护税制也是最具代表性的。荷兰政府在环境保护方面的税收政策已为不少国家所借鉴。

1. 环境税收的主要种类

（1）燃料税。开征于 1988 年，是政府为环境保护筹措资金而对汽油、重油、液化气、煤气、天然气、石油焦炭等主要燃料征收的，纳税人是这些燃料的生产商和进口商。燃料税的税率，由政府每年根据环境部确定的环境保护目标所需要的资金数额来确定。

（2）噪音税。噪音税是政府对民用飞机使用者（主要是航空公司）在特定地区（主要是机场周围）产生噪音行为征收的一种税，其税基是噪音的产生量，通过一系列公式计算出来。开征该税的主要目的是为政府筹集资金，用在飞机场附近安装隔音设施、安置搬迁居民的搬迁费等方面的支出。

（3）垃圾税。垃圾税是由政府对家庭征收的，用于为收集和处理垃圾筹集资金的一种税。其主要目的是为处理垃圾提供资金，同时垃圾税对家庭减少垃圾的产出有一定的抑制作用。垃圾税可以按每个家庭为单位征收，也可以根据家庭产生垃圾的数量来征收，地方政府可在这两种税之间进行选择。

（4）水污染税。水污染税是政府对向地表水及水净化厂直接或间接排放废弃物、污染物和有毒物质的任何个人征收的一种税。其目的是为水的净化提供资金来源，同时它具有较强的抑制作用。该税根据排放的上述物质的数量和质量来征收，主要是按照排放物质的耗氧量和重金属的量来征收，不同的水资源保护区由于净化水的处理成本不同，所以税率不同。

（5）地下水税。地下水税是省级政府对抽取地下水的单位或个人征收的一种税，其税基是抽取地下水的数量，其目的主要是筹集资金用于地下水管理的研究和成本补偿。

（6）废物税。废物税是对废物处理所征收的税，以获得废物并负责进行处理的企业为纳税人，这些企业都是经营填埋或焚化废物的企业。

（7）机动车特别税。机动车特别税是对机动车征收的一种税。如果该机动车达到一定的排放标准则可以得到一定数量的税收减免。

2.税收鼓励优惠措施

（1）对节能环保设备投资的鼓励政策

①对列在环境清单上的专门设备允许加速折旧。这一清单每年由环境部更新，包括水污染、土壤污染、废物、噪声以及节能等领域的专门设备，其中节能设备比重最高。加速折旧与研发资助的结合，极大地推动了新技术的产生。

②建立了能源投资的税额扣除制度。对有一定节能效果的耗能设备投资可扣除一定比例的税收，使法人纳税额下降。

③设立了环保设备投资偿还制度。为了促进环境产业的发展，鼓励开发和推广有利于环境的设备投资，制定了环境保护设备投资税后偿还的自由偿还制度。由环境部制定环保设备名单，主要针对一些有利于环境但因经济原因难以投入市场的设备，企业对这些设备投资时可任意选择偿还时间。

（2）对保护自然资源的其他鼓励政策

①对交通工具使用限制和引导。公司所得税规定，如果雇主用公共交通工具，则可以将自己从家中到公司上班所花费的交通成本计入营业成本中；雇员可以从其所得中扣除或部分扣除交通费用，如果使用公共交通则扣除额会高得多。如果公司的车辆由雇员私人使用，则该车价值的至少20%应视为该雇员的个人所得，要征收个人所得税。这种规定的目的是鼓励使用公共交通而减少私人车辆的使用数量，以此减少废气的排放。

②对原油产品消费税实行区别对待。对无铅汽油和含铅汽油征收消费税时制定不同的税率，鼓励无铅汽油的消费。

③绿色投资收益免税。目前，荷兰所有的大银行都为委托人提供绿色投资基金。这种基金至少应把总资产的70%投资于绿色工程，包括自然、森林、能源、风景、有机农业等领域的工程，而投资人来自这些投资的利息和股息是免税的，对捐赠给环境保护组织的款项可以从个人所得中或公司所得中扣除。

（三）德国的生态税收制度

德国是世界上公认的循环经济发展起步最早、水平最高的国家之一。德国的循环经济起源于垃圾处理，然后逐渐向生产和消费领域扩展。政府通过税收调节，鼓励节约和再利用资源、能源，鼓励开发新能源、替代资源，提高不可再生资源的成本以限制和减少使用量。

1999年德国通过了《生态税法》，旨在节约能源，保护自然资源和环境，促进可持续发展。《生态税法》的实施也取得了良好效果，促使相关行业积极研究开发节约能源、保护环境的技术和设备，也促进了循环经济的发展。

生态税法的主要特点是：

（1）采取"燃油税附加"的方式收取"生态税"。其主要目标是通过征收生态税，使石化燃料对气候和环境所造成的危害的治理成本内部化，即治理费用纳入消费者购买石化燃料产品的价格中。征税对象包括无铅油、柴油、汽油、天然气和电。所得收入 10%用于环保措施投入，大部分用于补充职工养老金，使企业养老金费率降低，从而达到降低雇主雇员劳动成本、增加就业的目的。

（2）对汽车燃油税等每年提高税率，同时鼓励再生能源项目，使用再生能源发电免征生态税，其中包括风能、太阳能、地热、水力、垃圾、生物能源等。

（3）煤炭的能源税税率为零。虽然煤是德国二氧化碳排放大户，但为了保护本国工业的竞争力，避免增加生产成本，德国 1999 年能源税改革未对煤的使用课税。

（4）工业用能税率上调有幅度控制。能源税增加而导致成本增加超过 20%的公司，可以合法地获得能源税返还性补偿。

（5）对环境的保护主要通过消费进行。即通过对家庭用能实施高税率，鼓励家庭节能或使用更清洁的能源替代不清洁能源。

（四）日本的环境税收制度

日本是个能源消耗量很大但同时又是个能源匮乏的国家，立足于这种基本国情，日本提出了循环经济的概念，目标是建立资源"循环型社会"。在环境保护的税收政策方面，最初是为了筹措道路交通服务和管理的必要资金，但随着环境问题的尖锐化，为了治理环境、减少污染、节省能源消费，日本建立了世界上最庞杂的运输税收体系，在控制污染的同时发挥着治理环境的作用。

1. 环境税收主要类型

（1）石油消费税。石油消费税是日本非常重要的消费课税，其所筹集的资金与道路使用税一起归入"道路建设改善特别预算账户"，专门用于道路建设和环境治理，具有鲜明的收入税特点。

（2）液化气税。于 1965 年开征，属于燃料课税，是对石油消费税收的扩大和补充。

（3）机动车辆吨位税。于 1971 年开征，应税范围有客车、轿车、货车和公交汽车等，按车辆吨位在登记注册时征收。

（4）车辆（商品）税。该税将运输工具作为特殊消费品，在出厂销售环节征税，涉及客车、轿车、摩托车等各种机动车辆，还包括自行车。开征之时是为了调节高档消费，但现在成为环境保护税体系的组成部分。

（5）二氧化硫税。于 1974 年开征，以那些废气排放水平超过一定标准的企业为纳税人，收入主要用于补偿那些因空气污染而构成的健康危害。

2. 税收优惠制度

（1）减免税收。1979 年颁布实施了《节约能源法》，并分别在 1998 年和 2002年进行了修改。《节约能源法》规定，对于节能达标的单位，政府在一定期限内给予减免税的优惠。环保设备使用也采取了减免固定资产税和减免土地税的优惠政策，减免固定资产税是对环保设备根据其类型的不同，分别给予免征或减征资产税的优惠；减免土地税是对环保设备所占的土地免征土地税。

（2）退税政策。日本的其他相关法规还规定，废塑料制品类再处理设备在使用年限内，除了普遍退税外，还按取得价格的 14% 进行特别退税。对废纸脱墨处理装置、铝再生制造设备、空瓶洗净处理装置等，除实行特别退税外，还可获得 3 年的固定资产退税。

（3）特别折旧。对各类不同的环保设施，在其原有的折旧率基础上，再增加14%~20% 不等的特别折旧率，以调动企业对环保进行投资的积极性。

□　本章小结

* 所得课税是以净所得为课税对象，通常按累进税率课征的税。这一课税体系主要包括个人所得税、公司所得税和社会保险税（工薪税）。

* 个人所得税的课税对象主要由工资、股息、利息、租金、特许权使用费以及资本利得等构成。以美国联邦个人所得税为例，应税所得的确定要通过不予计列项目、事业费用、扣除项目、个人宽免计算得出。理论上个人所得课税征收模式有分类所得税，综合所得税和分类综合所得税。

* 公司所得税是以公司（厂商）为纳税义务人，对其一定期间内的应税利润课征。税制类型划分为古典制、归属制和分率制三种。大多采用单一比例税率，一般都采用申报纳税方法。进入 21 世纪以来，各国公司所得税改革的特点与趋势主要体现在：综合税率呈现下降趋势，税率在较低的水平上达到了基本趋同，降低了小公司所得税税率，调整公司所得税优惠的范围，消除对股息的经济性双重征税。

* 社会保险税，也称工薪税（payroll tax），是一种受益税，收入专门用于社会保障支出。纳税主体一般为雇主和雇员。各国社会保险税在税种、税基、税率、征收机构、税收模式方面都存在着差异。美国社会保险税的基本税制要素体现在纳税人、课税对象、适用税率、课征与管理方面。美国社会保险税由联邦工薪税、失业保险税、铁路员工退职保险税、个体业主税构成。

* 财产课税是以一定的财产额为课税对象，向拥有财产或转让财产的纳税人课征的税。财产税既有优点又有一定的缺陷。财产课税以课征范围为标准分为一般财产税和特种财产税，以课税对象为标准分为静态财产税和动态财产税。美国一般财产税的税制要素由课征范围、课税对象、税率、财产价值评估和课征体系构成。

* 财产转让税体系一般由遗产税和赠与税构成。遗产税的税制模式包括总遗产税、分遗产税和混合遗产税。征税标准大致有 3 种：国籍标准、住所标准和财产所在地标准。世界各国赠与税的立法实践中一般存在 5 种模式。

* 美国的商品税主要包括联邦消费税、州和地方消费税、州和地方销售税等。日本的商品和劳务课税主要包括一般消费税（增值税）、消费税。德国的商品（劳务）税主要包括增值税、消费税、保险税和汽车税。

　　* 农业税课征范围包括流转税、所得税、土地税或财产税，并在这 3 种类型的税制中都对农业给予优惠政策。

　　* 国外环境税实施的主要内容包括：征税范围广泛，税种多样化，重视环境税收手段与其他环境保护手段的综合运用，环境税征收级次明确，规范环境税收入的使用形式，倡导"收入中性"原则，重视差别税率和税收减免的调节作用。美国、荷兰、德国、日本都建立了系统完善的环境税收制度。

□ 关键概念

　　分类所得税　综合所得税　分类综合所得税　古典公司所得税　归属公司所得税　分率公司所得税　社会保险税　总遗产税制　分遗产税制　总分遗产税制　统一加价补偿法　农业投入物零税率法

□ 复习思考题

　　1. 简述美国联邦个人所得税应税所得计算的具体步骤。

　　2. 美国联邦个人所得税的不予计列项目、事业费用、扣除项目和个人宽免都包括哪些内容？

　　3. 简述美国个人所得税综合征收模式的特点。

　　4. 试比较社会保障税 3 种模式的特点。

　　5. 论述美国社会保险税的税制要素。

　　6. 美国工薪税主要由几部分构成？

　　7. 简述财产课税的优缺点。

　　8. 如何对财产课税进行分类？

　　9. 简述美国一般财产税的免税和优惠范围。

　　10. 简述美国一般财产税税率的确定步骤。

　　11. 简述美国一般财产税课征体系的内容。

　　12. 试比较遗产税的 3 种模式特点。

　　12. 商品课税按不同的标准如何分类？

　　13. 美国的商品税制体系由几部分构成？

　　14. 论述日本增值税的特点。

　　15. 论述美国所得税中对农业的优惠制度。

　　16. 论述国外环境税实施的内容。

　　17. 简述美国环境税的税收种类。

　　18. 简述美国环境税的优惠制度。

第五章

政府预算制度

第一节　政府预算制度概述

一、政府预算制度的界定

（一）政府预算制度的含义

现代政府预算从技术层面上看是政府收支计划，从经济上看是现代经济社会配置资源的机制，从政治程序上看是对政府的财政行为进行约束和监督的一种政治法律制度。

政府预算制度是关于预算流程、相关预算文件以及各相关机构职责的一系列法律法规，是现代国家政府收支的基本管理制度，其核心是预算权在国家机构间的配置。一般来说，各国大都由行政机构主导预算的编制，即由一个核心预算机构（如财政部）集中资金的分配权，编制整体的政府收支计划（即政府预算草案）。政府预算草案必须报立法机构审查、批准才有效，其执行过程和结果必须接受立法和审计机构的监督和审查。

政府预算制度有 3 个主要功能：

（1）管理和控制功能。通过编制公共收支计划并立法确认，为政府公共部门提供服务、从事财政活动建立明确的管理和控制框架，达到宏观层次的总财力约束目标。

（2）分配和引导功能。通过编制预算，使政府的政策和目标得以贯彻实施和实现，使公众得以了解政策信息，从而使资源合理配置、经济顺利运行，实现战略层次的根据政策优先性分配资源的目标。

（3）提高操作层次的运作绩效。通过预算编制和审批过程鼓励各公共部门和机构对财政活动的成本与效率进行科学分析，达到提高公共服务效率的目的。

（二）政府预算制度的基本特征

（1）民主法制性。政府的财政收支权力来源于代表社会公众利益的立法机关的明确授权，具有法律的权威性。预算部门必须无条件执行，不得随意更改。如遇特殊情况需要调整原定预算，同样必须遵循相应的法定程序。

（2）统一完整性。一是预算涵盖所有的政府收支，政府的所有收支必须全部纳入政府预算统一进行管理，即预算的"综合性"。这有利于实现对政府收支规模的总量控制，合理确定宏观税负水平。二是预算全部置于各级立法机关和全体社会成员的监督之下。政府收支活动预算管理的实质是对各政府部门运用公共资源履行职能情况的控制和监督。所有政府收支都纳入预算管理是提高公共资源使用效率、对政府部门实施监督和问责的基础。

（3）公开透明性。政府预算应当成为公开的文件，除少数涉及国家机密的信息外，其他都应向社会公布。预算管理的整个流程，即预算草案的编制、审议、执行以及执行中的调整、决算及评估等，都应保持一定的透明度。

（4）计划精细性。现代政府预算安排应该是详细的，而且有相应报表及精确的说明，真正体现出预算的功能。

（5）程序规范性。政府预算的审议和批准权限属于立法机构，政府预算从编制草案、审议批准、执行、调整到决算的全过程都应在既定的政治程序监督和控制之下进行。

（6）行政层面财政统一性。由政府核心预算机构（如财政部门）集中资金的分配权，不仅需要财政部门掌握政府各组成部门的所有收入，同时还应根据政府的总体目标，在相互竞争的各个支出项目之间实现财政资源的配置，避免预算管理碎片化。

二、政府预算原则

政府预算的原则是伴随着现代政府预算制度的产生而产生的，并随着社会经济的发展和预算制度的发展完善而发生变化。在不同的历史发展时期，不同的国家都提出过各自的预算原则。

（一）美国政府预算原则

美国联邦预算主要注重两个理念，即效益和民主，并根据这两个理念确立政府预算原则。到 20 世纪 40 年代，美国联邦预算大体确立了 5 个原则：①年度原则。按年度编制预算，不允许有跨年度的收入和支出。②全面原则。政府预算包括年度内的全部政府收支项目活动，不允许有预算外的收支。③分类原则。预算收入和支出按有关要求分类列出，保证财政资源的分配和使用。④可靠原则。预算编制必须依据可靠的信息，预算收入和支出数据必须正确地估计。⑤公开原则。预算必须经过议会的审查和批准，并应采取一定形式向社会公布。

二战结束以后，随着预算法规的完善，美国联邦预算原则有了一些变化和调整。当前的预算原则主要包括：

（1）全面预算原则。修订的美国法典规定：政府预算应包括年度内政府的全部收入、支出、拨款、债务和财政平衡状况，以全面反映联邦政府的收支活动。

（2）多年预算原则。美国法典第 1105 条规定，联邦预算应对预算年度及以后 4 年的收入、支出和拨款建议做出估计。联邦政府在 1965 年推行计划——项目预算时开始采取多年预算。

（3）绩效预算原则。根据 1993 年的《政府绩效与结果法案》，联邦政府部门应提交包括全部预算项目在内的年度绩效计划，这个计划应包括可计量的绩效目标、实现方法等，并在财政年度结束后的 150 天内向总统和国会提交绩效报告。

（4）限制赤字原则。美国法典第 1103 条规定：联邦政府的预算支出一般不超过当年的预算收入；1985 年的《平衡预算和紧急赤字控制法案》和 1990 年的《预算执行法案》都规定，联邦政府应逐年减少预算赤字，直到预算收支平衡。

（5）预算外注释原则。目前联邦预算采用统一预算，原则上包括所有部门和项目，但邮政服务、社会保障基金等作为预算外项目只在预算表下注明；另外，联邦抵押协会、联邦农业信贷体系、联邦住房贷款银行等（政府特许、受政策制约的私营企业），既不作为预算内，也不作为预算外，它们的经营信息在预算附录中给出。

（二）英国政府预算原则

二战后，英国在 1961 年根据"普洛登委员会报告"对政府预算进行了重大改革，确立了 4 项原则：（1）统一原则。年度预算必须包括全部公共收支，以便考虑国家的资源供给能力和占用水平。（2）重要原则。年度预算支出必须考虑各种支出的相对重要性。（3）多年度原则。政府预算主要是在政府的收支规划，应是多年度的，但只有预算年度的计划具有法定效力。（4）分类原则。政府预算收支应按功能和经济性质（经常支出与资本支出）分类。

1998 年英国修订了《财政法》，通过了《财政稳定法典》。新《财政法》和《财政稳定法典》特别强调了以下 5 项原则：

（1）透明原则。政府预算必须透明和公开，使人们充分了解和认识；国会审议通过后，公开发布。

（2）稳定原则。政府预算必须考虑对宏观经济稳定运行的影响。

（3）负责任原则。政府预算应体现政府对财政管理、对社会负责任的态度。

（4）公平原则。政府预算既关系到当代人的福利，也关系到后代的福利和发展，预算应考虑不同年代之间的公平。

（5）效率原则。政府预算必须考虑效率，应从收入与支出两方面来考虑预算的社会经济效率。

（三）德国政府预算原则

二战后，德国在 1949 年通过《德意志联邦共和国基本法》，明确规定了国家的联邦性质和政府预算的有关原则。例如《德意志联邦共和国基本法》规定，政府不允许有任何预算外的收入和支出，除有关国有企业的国家特别基金外，任何部门和机构都不得拥有特别预算；预算必须在财政年度开始前提出，并经议会批准后以一定方式向社会公布等。

随着德国社会经济的发展，1967 年德国通过新《预算法》，对 1922 年的《预算法》进行了重大修改。新《预算法》确立的政府预算原则主要有以下 5 点：

（1）总体平衡原则。联邦和州在编制年度预算时必须考虑总体经济的平衡，经济总体平衡包括物价稳定、就业发展、对外经济平衡、经济持续和适度增长。

（2）借贷适度原则。新《预算法》规定，为保证总体平衡，联邦预算中允许计入国家信用收入，但信用收入一般不允许超过预算中的投资支出，除非国民经济遇到严重、持续的困难和借贷特别有利于未来发展。

（3）计划指导原则。联邦和州编制年度预算应以中期（5 年）财政收支计划为基础，中期财政收支计划应由联邦财政部部长推荐，并在州和地方的协作下制订。

（4）统一分类原则。①新《预算法》规定，联邦、州和市镇三级政府预算采用统一的分类格式，运用统一的评价标准，但各级政府的预算相互保持独立；②提交议会审批的联邦预算主要按经济性质分类，按功能分类的预算主要用于使各部门明确任务和支出规模。

（5）国会调整原则。新《预算法》规定，国会有权对联邦预算草案进行修改和调整，但一般只限于预算支出的削减方面，否则应与政府协商。

此后德国对《预算法》又作了多次修订，比较重要的修订有 1985 年关于预算审查现代化的规定；1990 年关于投资预算的规定；1994 年关于财政赤字的规定；1997 年关于财政可持续性的规定等。归结起来，补充的新规则主要是加强预算约束、控制预算赤字。

（四）日本政府预算原则

二战后日本的公共财政制度是根据 1947 年新《宪法》和《财政法》建立的。其中，日本《财政法》分为 5 章 48 款，对政府预算的各个方面作了具体规定，并在 1949 年、1950 年、1951 年、1952 年、1954 年、1962 年、1965 年、1978 年、1991 年、1997 年进行了修订。日本《财政法》确立的政府预算原则包括以下 6 点：

（1）全面预算原则。预算应计入财政年度内政府的全部收入和支出，并列出收入和支出的具体项目，不允许只列收支差额。

（2）年度预算原则。①预算收支不允许跨越年度，但也有例外；②大型工程建设一般在开工年度确定支出总额和各年度支出额，在开工年度审批后其余年度不再审批即可支出，这类支出称为递延经费（限于 5 年内）；③在特殊情况下，本年度支出可转到下一年度使用，称为跨年度支出费用。

（3）事前审批原则。政府预算必须在新预算年度开始以前提交和审批。如果在新预算年度开始前未获国会批准，则应编制临时预算提交国会审批后方可开支。

（4）预算公开原则。大藏省大臣应在每个财政年度准备预算计划草案，由内阁审定后于每年 1 月份向国会提交，在国会审议批准后向社会公布。

（5）预算形式原则。政府预算包括一般会计预算和特别会计预算，特别会计预算是为某些特定项目，或为管理某些特定基金，或使用某些特定收入，或为保证特殊支出所作的预算。

（6）国债限制原则。公共支出一般应由不包括国债发行和借款在内的收入来补偿；作为临时需要，可以发行国债和借款，但国债发行和借款的数量应由国会严格控制。

综上所述，政府预算原则是随着国家经济发展和财政状况的变化而发展的，有些是在一个相当长时期内应坚持的一般原则；有些是在一定时期内为纠正某些偏向而建立的原则。如年度原则、全面原则、分类原则、可靠原则、公开原则等可以认为是一般原则，绩效（效率）原则、公平原则、稳定原则、平衡（赤字和国债限制）原则等，则是针对预算持续扩张和无效支出过大所采取的限制性原则。

第二节　典型国家政府预算制度

预算制度是有关财政计划编制、审批、执行和决算活动的原则与规范，它直接关系到公共财政制度的建立与发展。本节主要阐述美国、日本、法国、加拿大、德国和俄罗斯等国政府的预算制度。

一、美国的政府预算制度

美国是世界上最大的经济体，在预算管理方面有一套比较系统、规范的机制和方法。

（一）政府预算管理与审核机构

美国是行政部门、立法部门和司法部门三权分立的国家。行政和立法部门各有一套参与预算编制和审核的系统，二者各有侧重，互相制约、共同配合，共同履行政府预算的职能。

1. 总统管理和预算办公室

美国联邦政府预算由隶属于总统行政办公室的总统管理和预算办公室（Office of Management and Budget，OMB）负责。该机构独立于财政部之外，直接向总统负责，其职责主要是：（1）编制支出预算，即根据各部门、机构提出的各自预算方案，经核查后统一汇编出联邦预算，交总统审核，然后由总统提交给国会；（2）经国会批准后，按项目分配资金并监督行政部门的预算执行，保证其达到预算目标，促进政府内部机构之间的合作与协调；（3）负责制定政府采购的政策、规章和程序、定员定额管理、常规预算的审查等。

总统管理和预算办公室由资源管理司（Resource Management Offices）、法规司（Statutory Offices）和综合司（OMB—Wide Support Offices）组成。其中，综合司的经济政策处参与开发政府预算所依赖的经济假设，预算评审处（Budget Review）在预算过程中起主要的领导作用，在规划和预算的决策和谈判方面对政府预算机构提供战略和技术支持。经济政策处和预算评审处还联合利用其共同研制的预算模型，就预算中的备选假设和政策在若干年内的影响进行评估。

2. 财政部

美国财政部于 1789 年建立，当时其职能是管理国内收入、组织预算执行和进行一些其他财政金融活动。其后财政部的职能和规模不断扩大，目前其基本职能主要是：（1）根据历年的收入情况和经济发展预测，编制收入预算表（支出预算表由总统预算办公室编制），供总统预算办公室参考；根据国会批准的预算，组织资金供应；（2）拟定和建议经济、金融及财政政策；（3）办理国库业务；（4）执行有关预算法令；（5）印铸货币；（6）管理公债、国家政策性银行和国家金银。

美国财政部由 12 个司和 12 个局组成，主要司局的职能包括：

（1）财政部下属的国库局负责经营管理公共钱财的收付和保管；

（2）会计局主要负责制定联邦政府的统一会计制度和报表制度，并设有一套账目簿记系统，用以控制联邦政府的收支款项；

（3）经济政策司（Office of Economic Policy）参与政府预算的编制；

（4）税收政策司（Office of Tax Policy）的职责之一就是具体负责美国联邦政府预算和预算中期调整中收入和税式支出的预测和估计，并就备选的税收政策建议和税制改革的经济、分配和财政收入效应进行模拟和分析。

税收政策司有 5 个办公室，其中，税收分析办公室（Office of Tax Analysis，OTA）又由收入估计处（Revenue Estimating Division）、企业税处（Business Taxation Division）、个人税处（Individual Taxation Division）、国际税处（International Taxation Division）、经济模型和计算机应用处（Economic Modeling and Computer Applications Division）共 5 个处组成。

其中，税收分析办公室在进行预算收入估计时，要利用其研制和维护的几个主要的模拟模型（由经济模型和计算机应用处负责），进行企业所得税和折旧补贴（由企业税处负责）、个人所得税、工薪税、特许权税、不动产和礼品税（由个人税处负责）和国际税（由国际税处负责）的经济、分配和收入的影响估计和预测。收入估计处综合估计总统和国会税收建议对于基线的预算收入影响，预测美国联邦政府年度预算和中期调整中的所有收入。经济模型和计算机应用处主要的精力放在开发新的数据源、改善模拟方法上，可以满足税收分析办公室的所有需要。

3. 国会的政府预算审核机构

美国国会由参、众两院组成，参、众两院各有一套审核联邦预算编制的庞大机构，具体包括：参、众两院的拨款委员会、筹款委员会、预算委员会、国会预算办公室（CBO）和会计总监局（审计局 GAO）。

（1）国会拨款委员会。它是国会中负责拨款法案的常设委员会，即为政府部门拨款授权，通过取消拨款的立法，开支结余结转的立法，及根据国会预算委员会的决定进行新的开支授权，两院的拨款委员会各下设 13 个小组委员会。

（2）国会筹款委员会。它是国会中专门负责税收法案审议的常设委员会。

（3）国会预算委员会。它成立于 1974 年，是国会中专门对总统的行政预算进行审议的常设委员会，主要职责是加快国会审核预算的进程，并使国会能用专家的眼光来审核总统的行政预算。

（4）国会预算办公室（CBO）。CBO 是一个专业的、非党派的机构，成立于 1975 年，主要是为参、众两院的预算委员会、筹款委员会、拨款委员会提供辅助性服务，也应国会的要求研究预算和经济方面的有关政策。

（5）国会会计总监局（GAO）。GAO 成立于 1921 年，它是审计政府财务并使政府财务活动限制在国会批准的范围内的机构。

（二）政府预算的范围及构成

1.政府预算范围

美国实行联邦制财政管理体制，一级政府一级预算，各级预算相对独立，上级政府不对下级政府的预算进行汇总。因此，美国没有汇总的全国预算，只有联邦预算、州预算和地方政府预算。

2.政府预算构成

按预算编制的形式划分，联邦预算可以分为一般预算、基金预算两部分。一般预算是指预算内收支，基金预算亦称信托基金，主要来源于特定收入，只能用于特定支出的项目，如社会保障基金、燃油税、医疗保障基金等。

政府向国会提交的联邦预算，既包括按经济性质划分的功能预算，又包括部门预算，使预算资金的分配去向一目了然。按照经济性质划分的预算又分为强制性预算和可选择性预算两类。强制性预算是指按法律规定或者客观实际必须安排的支出，一般具有刚性特点，如退伍军人补贴和公务员工资等；可选择性预算是指政府可以选择、可以控制的项目支出，政府和国会对这类支出的调整余地较大，如研制或购买军事武器支出等。

（三）政府预算年度和预算的编制、审批程序

美国联邦预算是总统就政府资源优先配置的财政建议，包括支出水平、结构和政府融资方式。预算程序的主要特点是：预算周期长，程序复杂。联邦预算编制的时间一般为 9 个月，审议批准的时间一般也为 9 个月。预算编制通常要经过 3 个自上而下和自下而上的步骤。预算审批通常要经过审议听证、通过决议、起草法案、两院协调、通过法案、总统与国会协调、总统签字等过程。

1.预算年度

1977 年以前美国的预算年度是从 7 月 1 日到下一年度的 6 月 30 日。从 1977 年开始，美国联邦政府的预算年度改变为 10 月 1 日到下一年度的 9 月 30 日。但美国大多数州政府的预算年度仍然是 7 月 1 日到下一年度的 6 月 30 日。一般来说，预算年度的确定主要考虑 3 个方面的因素：

（1）本国经济活动的周期，通过主要经济活动对收入和支出进行估计。

（2）与政策和经济统计资料编制的一致性或可利用性。

（3）与在经济上有密切关系的国家预算年度保持同步性。

2. 预算程序

美国的联邦预算是按单式预算编制的，地方预算大多按复式预算编制。美国的预算编制程序复杂、耗时，从各部门编制各自的预算开始，到联邦预算执行后的审计，一个预算周期历时为 33 个月。以 1998—1999 预算年度为例，联邦预算的编审程序如下：

（1）1998 年 3 月，管理与预算办公室根据总统确定的预算政策，向联邦政府各部门发出预算通知，对于联邦各部门的预算编制工作提供一般性指导和要求。

（2）1998 年 4—6 月，概算和协商。各部门作初步估计，通常对当前支出水平和服务状况进行评估，并假定保持当前服务水平或有所提高时，初步选择所需要的主要项目和基本支出水平；同各部门讨论年度预算的主要问题和优先选择的项目等。

（3）1998 年 7 月，管理与预算办公室发布详细指导规定，各部门编制正式预算。管理与预算办公室与总统、总统经济顾问委员会、财政部协商合作，确定具体的预算编制方案，并向联邦各部门发布预算指导文件，提供有关预算的详细要求和指导，各部门编制正式的预算书。

（4）1998 年 9 月 8 日，提交部门预算。所有政府部门和独立的预算机构，都应当向管理与预算办公室提交本部门、本机构的预算。

（5）1998 年 10—11 月，审查评估和草拟预算。管理与预算办公室工作人员根据总统的优先政策以及项目绩效、预算限制等，分析各个部门和机构提出的预算申请及建议，并向管理与预算办公室主管和管理与预算办公室内的相关政策负责人报告审查意见和结论，管理与预算办公室起草联邦预算文件。

（6）1998 年 11 月末，总统审核预算。管理与预算办公室向总统提交一份完整的预算建议，总统审核并提出修改意见；管理与预算办公室将预算决定通知各部门。

（7）1998 年 12 月，完成预算和最后磋商。管理与预算办公室完成联邦预算草案编制，各部门可以向管理与预算办公室和总统提出修改某些预算决定的要求，管理与预算办公室同各部门磋商并予解决，否则管理与预算办公室同该部门一起将问题提交总统决断。

（8）1999 年 1 月，预算相关文件准备和国会预算启动。各部门准备，并由管理与预算办公室审核向国会提交的有关预算背景和说明的资料文件。同时，国会预算办公室向国会报告对经济形势和预算问题所作的研究及基本看法。

（9）1999 年 2 月，总统发表国情咨文和提交联邦预算。总统通常在 2 月份的第 1 个星期一，通常是在国会发表国情咨文讲话后一周内，向国会提交联邦预算文件；国会预算办公室根据自己的经济与技术假设，对总统提交的联邦预算文件进行分析，国会开始对联邦预算进行审议。

（10）1999 年 3 月，国会进行审议和报告。在总统提交预算后的 6 周内，国会两院（参议院和众议院）各专业委员会同时对总统预算进行审议，召开听证会，最后向两院预算委员会提交《观点与估计》的报告——报告预算审议情况并对联邦预算调整（包括变更收支水平、增删一些收支项目，或做出其他修改）提出总体看法。

（11）1999年4月，国会两院通过"共同决议"。在审议的基础上，国会两院起草并通过关于预算的"共同决议"，确定国会认同的总支出和总收入水平，以及按功能分类的预算授权和支出额。

（12）1999年5月，众议院起草预算拨款法案。根据共同决议，国会众议院拨款委员会下属各专业分委员会起草年度拨款法案，并经修正后在众议院通过。

（13）1999年6月，国会两院协调并通过预算拨款法案。众议院将拨款法案交参议院审议通过；否则，国会两院组成预算拨款协调委员会，就有关问题进行协调，在6月30日前参、众两院都应通过拨款法案。通过的拨款法案送总统签字，成为正式法案；否则，总统将与国会进行协调磋商。

（14）1999年7月，总统报告最新预算数据。总统根据原预算和国会审议、协调的情况，向国会提交有关预算修订的最新结果的报告。

（15）1999年10月1日前，总统签署预算法案，预算审批程序完成。

（16）1999年10月1日，新预算年度开始。

3. 预算的执行和调整

预算草案经总统签署后，即成为具有法律效力的预算法案，并移交管理与预算办公室统一执行。预算执行重点关注以下4个方面：（1）确保依照财政政策法令赋予的权限执行预算；（2）预算执行能适应宏观经济的变化；（3）解决预算执行过程中的问题；（4）高效率和有效地管理资源的采购和使用。

预算执行的任务包括：（1）严格按照预算法案或预算拨款法案支拨款项，保证预算支出单位按预算法案规定的用途使用资金，并且规定任何通过行政手段延迟预算支出都必须向国会报告；（2）每个机构资金使用的详细情况都必须向财政部和预算与管理办公室报告，由财政部负责国库收支，出版关于联邦政府财政状况的月度和年度报告。

预算执行主要由管理与预算办公室和政府各部门负责。预算执行的主要内容包括：

（1）支出计划和审计。预算拨款前，各部门应向管理与预算办公室提交详细的支出计划和拨款申请。管理与预算办公室和审计部门将拨款申请与部门预算对照，确认支出授权和相应的资金后才进行拨款。

（2）年中审查。在财政年度的中期，管理与预算办公室负责审查各部门的预算执行状况，并在每年7月发布《中期审查报告》，这个报告还包括经济趋势及其影响分析；管理与预算办公室还负责向国会集中提出各部门所提出的补充拨款要求。

（3）税收计划与现金支付。预算收入和现金支付由财政部负责。税收计划执行的主要任务是确定课税对象，征收税款和有选择性地进行纳税审计，美国国内税务局（IRS）具体负责税收的征收和管理。美国预算资金的支付和收入实行银行存款制，联邦政府资金存放在联邦储备体系内，现金支付凭政府签发的支票等提取，财政部的财务管理局具体管理现金业务；常见的支付方式是电子资金转账、信用证和支票付款。

（4）政府采购。联邦预算执行中有相当大一部分工作是采购设备。政府各部门都设立专门的机构负责集中采购。采购的主要过程方式是招标、签约、进货验收。联邦计算机采购网络在其中发挥重要作用。

（5）执行监督。预算执行监督除了管理与预算办公室的中期审查之外，还有其他监督方式。

①立法机构（国会）的监督。立法机构的监督主要有立法调查，如果立法机构认为某一部门在预算执行中有非法行为，可以通过提出提案、安排专项调查和举行公开听证会等方式来审查该部门的行为。

②联邦政府在各部门内部建立了经常性的监督机制，如在部门设置监察长和财务长职位。监察长由总统任命，职责是实施定期的经常性审计并调查可能存在的欺诈、浪费和滥用政府资源的行为；近年来，联邦政府还在各部门内设置财务长职位，以加强定期的会计监督和绩效审核。

③在预算执行中，对可能出现的一些特殊情况需要追加追减预算，政府制定了一系列与预算追加追减有关的法案，对预算调整实行严格管理，无论是总预算还是单位预算的调整，都必须报国会批准。在国会批准之前，总统无权追加预算。在每个财政年度内，国会至少有三次预算调整会议，研究审议预算的追加和追减议案。

4.决算报告和审计

在预算执行的最后阶段，政府各部门需要对预算执行状况编制决算报告，部门的决算报告是在内部审计的基础上做出的，并接受外部审计，外部审计是由部门外的独立小组完成的。预算执行审计的基本功能是确认会计系统的正确操作，判定责任授权、政策方向和内部管理的合法性，发现浪费、管理不善和效率低下问题。

美国的外部审计有两种形式：（1）立法部门的审计。美国会计总署（GAO）有一项涉及广泛的调查议程，可以对政府项目的全部细节进行检查。会计总署向国会负责。（2）联合型的单一审计。1996年美国国会修订了1984年的《单一审计法案》，规定在年度内接受联邦资金达30万美元以上的州、地方政府和非营利组织，必须接受单一审计（对会计系统及对联邦资金处理方式问题的审计）。审计人员来自联邦资金管理部门、会计总署，也包括受聘的美国六大会计师事务所。外部独立审计通常给出结论和审计报告，国会根据审计报告举行听证会，批准决算报告。

二、日本的政府预算制度

（一）政府预算管理机构及作用

日本是单一预算制国家，政府内阁中，财务省（以前叫"大藏省"）在预算编制和预算政策方面的权力很大，财政部长对预算负主要责任。财务省设有部长办公室和7个局。其中，预算局负责预算的编制；税务局负责税收收入征收、税收的预测和税制改革等；金融局负责财政的投融资计划。

日本国会由众议院和参议院组成，参与预算管理的机构有众议院预算委员会、参议院预算委员会、国会预算研究办公室。两院的预算委员会由预算研究办公室协助。预算研究办公室向两院提供预算信息以供两院进行讨论，两院都有权力修改预算。政府内阁负责预算的准备，将预算提交国会批准。国会负责审议、修改和批准预算，并同行政和司法部门一起监督政府预算的执行。

（二）政府预算年度和预算的编制、审批程序

日本的财政年度为上年 4 月 1 日至下年 3 月 31 日。中央政府的预算程序，以2014 年 4 月 1 日—2015 年 3 月 31 日预算年度为例，预算编审程序如下：

（1）2013 年 6 月 26 日，内阁讨论预算政策框架和预算基线关键问题。

（2）2013 年 8 月 10 日，内阁批准大藏省拟定的预算指导方针，包括主要项目的支出上限（绝对数或变化的百分比）和优先支出的类别。

（3）2013 年 8 月 12 日，政府各部和相关机构根据指导方针准备预算，决定各种优先支出项目。

（4）2013 年 8 月 31 日，各部门向大藏省提交预算。

（5）2013 年 9—10 月，大藏省预算局进行预算审查，听取各部门和机构的详细意见，要求部门和机构补充必要的预算支出材料和数据资料等。

（6）2013 年 10—11 月，大藏省与各部门进行协商，对各部门的预算要求进行调整。

（7）2013 年 12 月 4 日，内阁决定中央预算方案设计框架和编制原则。

（8）2013 年 12 月 19 日，大藏省向内阁提交预算方案，并起草预算草案，同时与各部门作最后协商。

（9）2013 年 12 月 24 日，内阁对预算草案进行讨论和审定；大藏省和各部门准备向国会提交的各种预算文件和资料。

（10）2014 年 1 月 25 日，内阁向国会提交中央预算草案及相关文件。

（11）2014 年 1—3 月，众议院审议预算草案，然后交参议院审议。

（12）2014 年 3 月 27 日，国会通过预算。

（13）2014 年 4 月 1 日，2015 预算年度开始，预算法案生效。

（三）预算的执行和决算

1. 预算的执行

（1）预算执行阶段。预算批准后，日本大藏省和各部门与机构负责组织执行。预算执行一般分为两个阶段：一是签约阶段；二是拨款阶段。

在签约阶段，各个部门、执行机构要同大藏省签订接受支付要求的责任合同，作出一个详细的支出计划（整个财政年度的支出进程表），交由大藏省长官审定批准，还需在每个季度提交一个主要项目的支出计划，由大藏省长官根据国家财政、收入情况和金融市场条件来批准。

在拨款阶段，通常由大藏省长官提出一个支付计划给日本银行，日本银行根据支付计划和大藏省签发的支票具体负责向各部门支付，大藏省设专职长官负责签发支票。

（2）编制临时预算和补充预算。预算执行的另一种情况是编制临时预算和补充预算。当内阁估计在4月1日前不能通过预算时，通常做一个临时预算提交到国会，为新年度的部分时间准备必要的支出。此外，当正式预算已通过，而又出现额外的法定支出时，或因其他原因需要修正时，内阁就可能做一个补充预算。

（3）预算科目之间转移的执行。在预算执行过程中，要求内阁每个季度要向国会通报预算的执行情况和财政状况。除非有财政部长的批复，支出管理者不能在预算科目之间转移资金；没有国会批准，预算差额也不能在科目之间转移（从结余科目转入超支科目）。

2.国家财政基金的类型

日本的财政基金又称国家财政基金，所有财政基金都作为政府存款存放在日本银行。日本的财政基金按性质可分为4类：（1）一般账户基金与特别账户基金。这两种基金是预算执行基金，随预算执行状况而增加或减少。（2）平衡基金。平衡基金由各种其他基金如财政贷款、外汇等组成。（3）政府金融货币存款。政府金融是一种商业基金，它按相应的法律运作。（4）补充账户平衡基金。补充账户平衡基金是调节政府短期债券的货币账户。在预算执行中，日本的财政基金一般保持在一个适当的水平上，以避免它对政府支付产生负面影响。

3.政府决算

在财政年度结束后的7月末，每个政府部门和执行机构都要向财务省提交一个实际支出的书面报告和账户情况的陈述。财务省根据各部门的账户报告作出年度决算总报告，由内阁审查后在11月底送交审计委员会审计。审计委员会审计后，将决算总报告以及做出的审计报告，返回到内阁。在1月份前后，内阁将决算报告提交给国会两院审查（由国会两院的决算委员会负责具体审查）。国会在审议中发现决算中有不正当支出时，将追究政府的政治责任。若决算中出现剩余，则剩余将用于特别支出，如国债还本付息和偿付借款等。

三、法国的政府预算制度

法国各级预算是相对独立的，它们有各自的收入和支出，各级财政负责安排本级预算收支，自求平衡。在经国家议会讨论通过的国家预算中，只包括中央预算，而不包括地方预算。三级地方财政之间不存在隶属关系，其财政预算由各级议会决定，中央仅对地方的三级财政进行事后的法律监督。

（一）主要预算管理机构

法国财政部负责管理国家财政、税收、经济发展等。财政部内设经济事务部和预算部。

（1）经济事务部。经济事务部由若干个局组成。其中预测局主要负责宏观经济预测，国库局主要负责国有企业和国家债务。

（2）预算部。预算部是编制国家财政预算的主要部门，下设预算局、税务总局、公共会计局等。①预算局负责编制国家预算，决定国家预算收支平衡和政府开支的优先秩序，管理和控制政府各部门的预算，其中有一个司负责综合预算以及编制《预算法案》中的收入和支出项目预算。②税务总局负责税收方面的事务，包括税收立法和直接税的征收。③公共会计局负责预算执行和管理国库账目、年终财政决算以及间接税的征收。

（二）预算编制程序

预算编制分为 4 个阶段：

（1）从上年 12 月 15 日开始至第二年 4 月。①由预算局编制下一年度的预算大纲。同时，在假定各项立法和政策不变的情况下，由预算局对下年预算做出预测。②根据预测再进行调整，制定预算的总体框架提交给政府。③在此基础上，财政部长和总理讨论预算报告，并于 4 月份决定下年度财政预算的总原则。④总理再用正式的信函将这些原则通知各部部长，确定下年度预算的编制方针。

（2）5 月至 6 月。预算局与各部门举行第一次会议。预算局与各部门对传统项目的开支成本和新政策的开支问题进行讨论，就大多数问题达成一致意见，对于不能达成一致意见的问题，交给总理，由总理与各部门协商解决。最后，总理通过正式信函给各部门规定其支出最高限额。

（3）7 月至 8 月。预算局与各支出部进行新一轮会谈，在支出限额之内决定部门的各项预算。

（4）9 月至 10 月。预算局起草下年度《预算法案草案》，并交内阁会议讨论通过。内阁会议讨论通过以后，于 10 月份的第一个星期二提交给国民议会。

（三）预算立法程序

政府提交的年度《预算法案草案》首先由议会的财政委员会（Finance Committee）审议，然后再交给部门委员会（Sector Committee）审议。与其他法案不同，《预算法案草案》必须首先经国民议会通过，再经参议院通过。如果在两院通不过，就由两院成立一个联合委员会，与政府共同讨论一个相互妥协的方案。如果联合委员会仍然不能与政府达成一致，由国民议会最终做决定。

议会通过《预算法案草案》的程序是：

（1）审议通过《预算法案草案》的第一部分。授权征税和规定主要的支出科目，议员可以改变税法，以保证税收收入不减少。议会讨论通过预算"均衡点"，确定预算缺口和借款额度。

（2）讨论《预算法案草案》的第二部分。讨论通过按现行法律下需要保留的支出预算，投票决定预算科目和部门预算。议会可以降低预算支出水平，减少支出，但议会不能增加预算，也不能重新分配预算。

（3）议会必须讨论通过每年的支出预算，包括各项法律规定的预算支出。对于那些指令性的预算支出项目，议会除了讨论通过支出的上限之外，只对支出作一个估计，执行中这些支出在上限范围之内可以超出估计数。

（4）《预算法案草案》在财政年度之前提交给议会。如果国民议会超过了限定的时间没有做出决定，《预算法案草案》就通过一个特定的程序自动提交到参议院。《预算法案草案》经议会通过以后，就被批准为《预算法案》，同时交给宪法委员会，该委员会有权取消法案中的一部分或全部条款。

（四）支出预算的执行

1. 拨款的分配

预算在 12 月 31 日以前经议会通过后，总理通过法令形式将预算拨款指标分配到各部门。预算拨款的分配必须严格按照议会通过的预算进行，财政部既不能改变预算拨款，也不能将其留作储备或机动。预算拨款按照部门进行分配，即每个部门都负责执行本部门预算。

（1）支出科目的划分。①预算拨款分成类（budget chapter）。这些支出划分为两类：一是按支出的类型进行划分，如利息、政府公务员工资、运行经费等；二是按支出用途进行划分，如社会和文化补助、公路投资、学校投资等。各部门不能改变支出类别。财政部通过向议会建议并经议会批准后对一些重要的事项可作一些小的调整。②预算类级科目进一步细分为预算款级科目，它是按支出管理部门的职责进行划分的。③预算款级科目进一步细分为预算项级科目，它用于表示具体的支出项目，如设备支出、供热支出、旅游支出等。支出管理部门只能在款级科目之间或项级科目之间对预算进行调整。

（2）预算拨款类型。预算执行中，预算拨款分为 3 种类型：①无限额信用拨款（revalued non-limiting credits）。这类支出是绝对强制性和不可延迟的，例如国债利息，即使出现预算缺口也必须支付。政府不必要经过议会授权便可直接增加支出进行支付。②法律规定的强制性支出。它主要包括政府公务员的工资、社会服务和福利等。当这类支出出现预算缺口时，除了紧急情况之外，政府可以要求议会授权增加支出，按照法律规定，议会必须批准。③其他有最高限额的支出，这些支出不能超出预算。

2. 拨款支付程序

决策与执行相分离是法国预算执行中的一项重要原则。（1）由各部部长授权本部门的支出管理人员（即授权人员）作出支付决策，即开具拨款凭证。（2）每一笔拨款都必须经财政部派驻各部门的财政监察专员签字。财政监察专员检查各项拨款是否符合预算，支出部门是否还有预算资金用于该项拨款。（3）财政监察专员签字之后，拨款凭证送达政府的公共会计，由公共会计负责具体拨款。全国所有的公共会计都是财政部的公务员，它的责任是审核拨款是否符合规定和手续。公共会计责任很大，如果出现差错，责任直接由公共会计个人承担。

3. 预算调整与结转

预算经议会通过以后，原则上只能由议会进行更改，但在某种紧急情况下，一方面政府可以通过法令的形式增加某项预算，条件是要同时等量削减其他项目的支出预算，然后再以《预算法修正案》的形式经议会批准。另一方面政府可以不经议会同意中止某项支出，或暂停某项拨款以稳定总支出水平。预算执行情况每年至少向议会报告一次，时间一般在 11 月或 12 月。原则上，除经议会批准，预算资金在《预算法案》规定的项目之间不能进行调整，但以下两种情况例外：（1）在不超过该项目拨款总额 10% 的情况下，预算资金在部门内部相同的预算科目之间可以进行调整。（2）预算资金在支出性质不发生变化时，可以在部门之间进行转移。除了某些特殊情况之外，拨款不能结转到下年。特殊情况包括：①资本性支出在年底前没有用完的部分；②《预算法案》明确规定的资金等。其他任何支出只允许结余部分的 10% 结转下年。

四、加拿大的政府预算制度

加拿大在长期的经济发展中积累了较多的经验，逐渐形成了一套比较先进、完整的预算编制制度。

（一）财政管理机构设置

加拿大财政管理机构设置的特点是：（1）预算编制与预算执行相分离；（2）政策的制定与事务管理相分离；（3）职能机构相互协调，相互制约。

与财政收支管理直接相关的部门主要有 4 个：

1. 财政部

财政部作为宏观管理部门，负责向政府提供宏观经济形势预测和政策建议，同时还负责编制预算，承担税收和关税立法修订草案的制订，管理联邦政府债务，管理联邦对省和地区的转移支付，制定金融政策，并代表加拿大政府参加国际金融机构的各项活动。

财政部是联邦政府政策咨询与制定的重要职能部门。（1）财政部长是总理制定经济政策的主要建议人。（2）为了提高经济决策的科学性，财政部 70% 的司局及人员从事财政经济预测和政策研究。（3）财政部设有财政政策局、经济研究与政策分析局和经济分析与预测等，监测所有的国民经济运行指标，负责经济和财政形势分析，研究制定收入、支出政策以及货币政策，为联邦政府提供必要的经济信息和政策建议，提出年度财政预算框架，并就这些问题同枢密院保持密切联系。（4）业务司局的工作重心也体现在政策的研究与制定上。（5）财政部聘用了许多著名的经济学家，同时还广泛吸纳社会及私营部门的经济专业人士参与。

2. 国库委员会

国库委员会是一个内阁机构，由一名主席和包括财政部长在内的 5 位部长组成，主要负责财政支出管理，包括协助财政部编制部门预算，按预算进度下达财政资金拨付计划，监督部门预算的执行。财政部、国库委员会在财政收支管理中起着主导作用。

3. 海关与税收总署

主要负责税收预测和征收，关税征管，利用税收手段调节社会和经济发展等。

4. 国家出纳总署

它是专门负责国库收支和政府账务处理的部门，其职责是为联邦政府提供银行现金管理服务，代表政府拨付资金，管理政府所有收支项目的账务往来，起草政府财务报告和决算报告，监督各部门的预算执行。

（二）集中与分层有机结合的支出管理程序

在加拿大联邦管理体制中，项目计划由政府有关部门上报国库委员会秘书处审核。国库委员会秘书处的职责包括：（1）有权对项目合理性进行裁决，并确定资金的实际规模，若不能裁定，则上报国库委员会讨论；（2）国库委员会直接面对各部门，具有项目决策的权威性；（3）国库委员会若不能定论，由国库委员会分别报财政部和枢密院审核，若财政部和枢密院不能达成一致意见，分别报内阁预算委员会、经济委员会决定，如果经过上述程序仍然不能做出决策，最终上报总理定夺。这种决策体制，保证了决策的公开、透明和可信性，强化了对财政资金使用效益的监督，同时还明确了决策责任，规范了政府行为，避免暗箱操作，遏止不合理或违规现象。

（三）多层磋商的财政预算编制程序

加拿大实行的是部门预算管理制度。在预算编制过程中，枢密院会同财政部（或单独）向总理提出预算战略要点建议，财政部最终制定预算并负有责任，国库委员会协助预算编制并具体执行。

1. 确立初步预算框架

加拿大每年在财政年度前一个月着手编制下年预算。财政部、枢密院根据总理施政方针，提出新的收支政策和预算建议，并由国库委员会秘书处通知各专业部委。各部委根据建议制定部门业务计划，业务计划为三年滚动计划。初步预算分别报送财政部和国库委员会秘书处，由国库委员会秘书处进行初步审查汇总。

2. 内阁磋商

每年 6 月份，财政部长在内阁会议上提出财政经济预测结果及下年预算要点，与各部委负责人就预算安排进行具体磋商。根据磋商结果以及上年财政决算分析，对部门初步预算进行修改，达成预算内阁磋商框架。

3. 议会磋商

10 月中旬，众议院财政委员会举行听证会，财政部长发表预算要点，财政部配合发表《经济财政更新报告》。经过听证，众议院财政委员会提交磋商报告，包括委员会少数派的意见，但不表决。此份报告是政府预算基础。

4. 确定最终预算

财政部负责将议会磋商形成的预算建议反馈给政府，财政部长与总理根据内阁讨论结果和众议院财政委员会报告，确定最终预算案。实际上总理和财政部长是预算的最终决策者。

5. 预算批准

次年 2 月，财政部长代表政府向议会提交预算案。5 月末，众议院财政委员会向众议院全体会议提交预算审查报告，并在议会讨论通过。预算一旦通过立法程序，任何未经议会批准而改变预算的行为，都将被视为违法。预算执行结果，必须经过有关部门评估和审计署审计。若没有实现预算目标，要追究相关领导人的责任。

五、德国的政府预算制度

德国政府预算制度分为预算编制、议会审议通过、各部门组织预算执行、预算的事后检查和评价 4 个环节。

（一）预算编制

1. 预算编制的基本要求

德国的联邦、州和地方政府都拥有各自的财政主权，负责编制本级政府的预算。德国《基本法》规定，各级政府在编制预算时，不能机械地决定政府收支，应充分注意总体经济的平衡，注意对整体经济发展的调控，并服从预算管理的四大目标，即保持物价稳定、实现充分就业、确保对外收支平衡、保证经济持续适度增长。

为了使各州（地区）财政收支有可比性，《预算法》规定三级财政应采用统一的预算规则，适用统一的评价标准。（1）经济性和节约性原则，即以尽可能少的支出达到一定的效果，或者以一定的支出达到尽可能好的效果。（2）总体覆盖原则，预算编制必须完整统一，追求预算整体的收支平衡。（3）债务到期原则，即年底预算结余不能结转下一年度使用，到期收回。（4）单项预算原则，即各项收入根据来源和各项支出根据目的作逐项概算。（5）预算的真实性和明晰性原则，即要求所有收支均应列明，各个预算项目尽可能准确地核算和清晰地分类。（6）前瞻性原则，即制定中长期规划。

2. 政府预算编制与审查

德国预算由五年财政计划和当年财政预算构成，当年的财政预算均以五年财政计划为依据。联邦财政部必须提前一年编制预算草案。预算一般于上年 12 月份开始编制。编制预算时，通常由联邦财政部向各部门下达编制预算的指示与编制预算的要求。次年 3 月 1 日前，各部门将本部门的支出需求上报财政部。

德国联邦财政预算的编制过程科学严谨，预算草案的形成是多个部门博弈的结果。

（1）各个联邦部门提出的预算概算要同时提交联邦财政部和联邦审计院。审计院从概算编制的合法合规性以及重大项目的可行性等方面提出意见；财政部从概算的总收支是否平衡，支出是否符合相关标准等角度对预算进行审核。

（2）凡是涉及预计税收收入方面的数据，财政部要将测算的结果提交独立的工作小组即税收概算小组审核，同时也要提交给经济部、各州财政部、市镇最高联合会、联邦银行、联邦统计局、联邦经济顾问委员会和财政计划委员会，由上述部门做出评价。

（3）通过联邦财政部与各个有关部门以及在有关部门内部的各个层次之间的谈判，达成部门支出概算的调整。一般来说，财政部不会完全接受各部门提出的支出计划。各部门的支出最终由财政部与各部门通过不同层次的谈判决定。

预算谈判有两种形式：一种是对部门支出的每一科目逐一谈判，以严格控制各部门的预算支出规模；另一种是"一揽子"确定预算，即对人员支出、实物支出并不细化到每一科目，各年的结余也可结转下年使用，以便增加预算的灵活性。但对于"一揽子"确定的支出，部门需按支出总额的3%上缴财政部，作为取得预算管理灵活性的代价。在此基础上形成联邦预算草案。

（二）预算审议与通过

根据各部门上报的预算草案与预算谈判情况，财政部汇总形成预算草案提交总理府。联邦总理通常最迟于次年9月1日前将预算草案提交联邦议院和联邦参议院进行秋季讨论。联邦议院一般对预算草案进行3次大的辩论（也称通读）。

（1）初读。初读时，议员根据各党派的利益对预算草案提出基本看法；初读后，由预算委员会做出书面结论，传达到各专业委员会和联邦参议院。

（2）二读。根据初读的结论，财政部就预算草案修改后上报进行二读，由预算委员会将其预算草案的决议提交议会全会，对预算支出进行逐项审查并做出决议。

（3）三读。由全会对议会有关预算草案的决议进行通过。议会通过后转送联邦参议院，由联邦参议院进行审议，如果没有异议，预算草案即获通过。

（三）预算执行

德国政府预算为政府纲领的一部分，一经议会通过即具有法律意义，各部门必须严格执行。联邦各部是联邦预算的具体执行单位，财政部负责监督各部门的预算执行情况。

对于预算执行中发生的追加支出，各部门必须向财政部报告，追加支出必须同时满足3个条件：一是确实不可预见；二是支出必须发生；三是额度较小，不得超过1 000万马克（对于超过1 000万马克的支出，必须得到议会同意）。追加的支出，首先由部门自身平衡，调剂解决；其次是由财政部动用盈余来解决。

（四）预算的检查和评价

在德国，独立于行政的审计工作具有300年历史。德国联邦和各州均设有相应的审计院，联邦和各州宪法及相关的单行规定确定了审计院的任务，各级审计院没有上下级的隶属关系，各自在法律规定的框架内工作。审计工作只服从于法律，审计决定的原则等同于法庭的合议制，从而保证了联邦和各州审计机构的合理性和效率。联邦审计院独立于联邦政府，独立决定审计的时间、地点和内容。

联邦审计院在预算监督方面的主要内容是：（1）审查预算单位的支出是否符合法律、是否经济节约，重点是经济性。（2）审计方法包括总部审计和蹲点审计。（3）审计程序：一般先确定审计预案，然后决定审计的工作分工、审计重点、选择审计单位、收集审计资料、确定审计方法。之后是宣布审核名单、审核期限、审核人员，并开始审计。（4）审计结束后，通常要与被审计单位交换意见，并下达审通知，提出改进的要求和建议。

六、俄罗斯的政府预算制度

（一）政府预算管理机构和职能

俄罗斯是一个联邦制国家，自 1990 年起，实行立法、司法、行政三权分立。联邦政府负责总统预算草案的编制，并提交联邦会议审批；联邦会议审核和批准预算。预算批准后，由联邦政府和联邦会议监督执行。

1. 财政部

财政部的主要任务是：（1）制定并实施国家统一的财政政策；（2）完善政府预算计划；（3）编制联邦预算草案，负责联邦预算执行，并编制联邦预算执行报告；（4）预测国家的联合预算，并根据联邦主体的联合预算，编制全国的联合预算；（5）对联邦预算资金的收入和使用情况实施财政监督。

2. 簿记局

簿记局是常设的国家财政监督机关，其主要职责是：（1）监督联邦预算收支项目的及时执行情况；（2）监督预算资金在中央银行和其他金融机构运行的合法性和及时性，判定国家资金支出的有效性和合理性；（3）判定国家财产使用的有效性和合理性；（4）对联邦预算、联邦预算外资金、联邦法律草案进行财政鉴定等。

（二）政府预算年度和预算程序

俄罗斯的财政年度是从每年的 1 月 1 日到 12 月 31 日。预算草案的编制、审核和批准大约需要 20 个月，预算执行报告的编制和批准需要 5 个月，连同预算执行期，整个预算程序持续时间约为 3 年。

1. 预算草案的编制工作

预算草案的编制由各级政权执行机关，即联邦政府、地区政府和市、区政府机关负责，具体组织、起草工作，由各级财政部门负责。联邦预算草案经联邦政府审查后，由总统向联邦会议作预算咨文报告，并公开发布。

2. 预算草案审核与通过

俄联邦预算草案先提交国家杜马，国家杜马对联邦政府提交的预算草案进行审核，并审核各种与预算草案有关的立法草案。然后，国家杜马对预算草案进行表决，并以简单多数票通过。国家杜马通过的俄联邦预算法，在 5 天之内提交给联邦委员会进行审核，联邦委员会在表决时同样以简单多数票通过。联邦预算法经联邦会议两院批准之后，即提交联邦总统，由总统签署并颁布实施。

3. 预算的执行和决算

俄联邦预算的执行，由俄联邦财政部机关和俄联邦税务部系统机关承担。俄联邦于 1992 年在财政部内新成立的联邦国库是专职负责联邦预算执行的机构。联邦国库负责联邦预算执行的组织、实施和监督，根据统一的原则管理联邦预算的收支。

在预算执行过程中，联邦簿记局负责对联邦预算收支的及时执行情况、联邦预算资金在中央银行和其他信用机构运行的合法性和及时性进行监督，并对发现的偏离联邦预算指标的情况进行分析，提出解决存在问题和完善整个预算程序的建议。预算年度结束后，联邦政府财政部门要编制预算执行报告。联邦预算执行报告的审核、批准由联邦会议负责，以简单多数票通过。

七、外国政府预算制度的基本特点

从上面不同类型国家政府预算制度可以看出，尽管由于各国的类型不同，政体结构各异，但在政府预算制度方面，仍然具有以下共同特点：

1. 预算编制程序规范

较长的预算编制时间使预算能够细化，更加符合实际。同时，在较长的预算编制周期中，对每一阶段的工作都做了严格的规定，使预算编制实现了规范化、程序化。

2. 国会的作用贯穿于整个预算程序

尽管各个国家的政府预算草案主要是由政府行政执行部门负责完成的。但是，从预算的编制、执行和决算整个预算程序来看，国会的作用是无处不在的。国会不仅从一开始就参与预算的编制过程，而且往往会对总统预算草案进行很多重大修改，使之更符合预算目标和公众利益。在预算执行方面，各国都成立了相关机构，对政府预算的执行进行审计和监督，保证预算的严格执行。

3. 预算约束力强

对财政支出进行立法控制是民主政府的一个基本原则，也是各个国家的共同做法。（1）法制比较健全，整个预算过程都是在法律规定的程序下进行的；（2）预算法案一经批准，即成为法律，必须严格执行，除经国会批准的预算调整法案外，其他任何人不得追加或追减预算；（3）执法监督的力度大，对违反预算法的行为，国会要追究政府的责任。

4. 政府预算的透明度高

一方面，预算编制过程中政府各个部门广泛参与，使整个预算项目安排、资金分配公开透明；另一方面，预算法案确定后即向社会公布，接受社会监督，使整个预算资金的使用公开透明。预算程序的公开性和透明性，保证了政府预算的客观性和公正性，从而符合公共财政目标。

第三节　政府预算管理制度

政府预算管理制度的核心是通过建立约束与激励并存的机制，在规范管理的基础上，提升预算资金的使用效率。预算资金使用效率的主要决定因素是政府综合行政效率的高低，即公共部门将预算资源转变为广大公众需要的公共产品与服务的能力，而相关的预算管理制度则是根本性保障。

一、OECD 国家国库支付制度

OECD 国家按照效率性、政策性、可控性和透明性的基本原则，建立了高效、控制严格、低机会成本的国库支付运作机制。在财政资金支付方面都实行国库单一账户。库款集中管理，支票集中签发，资金集中支付，而且这些都以发达的电子信息网络和支付系统为依托。

（一）国库职能与国库支付原则

1. 国库机构设置及职责

OECD 国家国库机构的设置基本可分为两种类型：第一种是设有独立国库机构，如英国、美国、加拿大、澳大利亚和法国的大区国库等；第二种是国库机构设置在财政部内，为财政部下属的一个司（局）或处，如法国、日本。

虽然各国国库部门的职责大小和侧重点不尽相同，但在国库机构所履行的职能上都强调国库对政府资金的管理，特别是加强对预算支出的监督、管理和政府融资政策的制定。

（1）法国。法国国库的主要职责是在进行政府现金管理的基础上，对政府预算包括预算外资金进行广泛而严格的控制，制定政府融资政策，负责国债的发行和管理。

（2）英国。英国国库是负责英国预算支出计划与管理的主要部门，同时还承担控制政府债务、管理中央财政账户的职责。

（3）日本。日本国库主要负责监测日本银行（中央银行）的政府账户资金流动情况，制定每日政府短期融资计划等。

2. 经合组织国家国库支付制度基本原则

经合组织国家财政资金支付管理的做法各有千秋，但所遵循的原则基本相同。一般来说，主要有以下 4 项原则：

（1）效益性原则。财政资金作为公共资金，虽然注重宏观经济效益和社会效益最大化，不以微观经济效益最大化为目标，但同样也存在资金的使用效益问题，即一方面要求财政资金成本最低，另一方面要求财政资金能以最快的速度发挥最好的效益。因此，经合组织国家都要求财政部门对财政资金进行最有效的管理。建立国库单一账户、实行国库集中支付制度，可以减少国库资金的流转环节，灵活调度，实现财政资金使用效益的最大化。

（2）政策性原则。市场经济国家财政是公共财政，通过履行财政职能，弥补市场缺陷，进行宏观调控，促进经济平稳发展。因此，财政资金应为实现国家的财政经济政策目标服务。

（3）可控性原则。财政部门管理的政府资金来自于社会公众，经议会批准的预算规定资金用途，对社会和公众负责。实行国库集中支付制度，财政部门可以直接对政府部门每一笔支出进行严格的监督和控制，防止政府资金被挤占挪用。

（4）透明性原则。一方面，政府资金的使用必须得到国会和政策制定者的批准；另一方面，财政部也必须使公众感到社会公共资金是为公民和社会服务的。

（二）国库账户设置

1. 国库单一账户

国库单一账户是 OECD 国家普遍采用的政府财政资金管理办法。所谓"国库单一账户"，是指政府所有的财政资金（包括预算内和预算外资金）集中于一家银行的账户。所有的财政支出均通过这一账户直接拨付给商品供应商或劳务提供者。在 OECD 国家，所有的政府资金都集中在中央银行的国库单一账户中。

实行国库单一账户的最大特点是：（1）所有财政收入都必须直接缴入国库。（2）所有财政资金在实际使用时从国库账户直接支付给商品和劳务提供者。通过国库单一账户，能够掌握各支出部门每一笔资金的使用状况，减少了非单一账户体制下资金拨付时出现的多个转账环节，从而可以对政府资金的集中、统一使用，增强预算控制的力度，保证财政信息公开透明，杜绝不合理的支出，减少政府资金的流失。

2. 美国国库单一账户制度

美国联邦、州和地方政府实行国库单一账户制度，所有财政资金由财政部（局）集中管理，如联邦政府财政资金实行基金或账户式管理。全部财政性资金划分为不同的基金：

（1）联邦基金。联邦基金包括：①一般基金。（一般基金占预算的大部分，其收入和支出之间没有必然性的联系，几乎所有的所得税、特种销售税和国债收入都归于一般基金，其支出项目主要有国防、公债利息及联邦政府机构的日常开支。预算赤字集中在一般基金）。②专用基金（用于特定用途，如环境保护的资金）。③公用企业基金（用于按照法律规定进行商业运作的资金）。④政府基金（用于政府内部机构之间运作的资金）。

（2）信托基金。信托基金是政府为特定目的而建立起来的特别基金，包括社会保障、医疗保险、退休职员、退伍军人、高速公路、机场和空运等几大项。其资金来源主要是各项专项税收。在划分不同类型基金的同时，国库支付系统为每个预算单位建立一个单独的账户，并根据该预算单位的各项拨款法案，建立子账户。

3. 法国单一账户管理制度

法国单一账户管理制度特点体现在：

（1）国库账户不仅管理中央政府的资金，同时也管理各级地方政府（大区、省和市镇）的资金。中央政府代地方政府征税，全国所有税收人员都属于中央政府。中央政府每月将地方预算收入的 1/12 交由地方政府进行支付，以保证地方政府机构开支的需要。地方政府禁止将资金存入其他银行。政府的公共机构也必须将其资金全部存入国库，除非国库认为其资金管理过于复杂而同意其由商业银行进行管理。同时，邮政储蓄也集中到国库账户上进行管理，邮政储蓄的利率略低于市场利率。

（2）政府各部门的支出全部通过公共会计账户进行管理。法国国库资金管理模式比较特殊。法国国库资金的管理不是由其国库局操作，而是由财政部公共会计局操作。政府的每个公共会计部门都在法兰西银行开设一个账户。这些账户全部通过电子网络集中与法兰西银行总行进行联网。每日营业终了，财政部公共支出局与法兰西银行确定国库资金余额情况。各支出部门也只能在公共会计上开设账户，不能在商业银行开设账户。各级财政部门只给各支出部门分配支出指标，不直接拨付资金，所有资金停留在国库账户上。只有当支出部门开出支票，供应商凭支票从国库账户上取走资金时，资金才离开国库账户。

根据法国法律和欧盟条约的规定，法国国库账户不能出现赤字。为了保证满足这项要求，避免因资金流量预测的边际误差，国库账户上始终保持着一定的资金结余。换言之，作为一项谨慎的措施，国库总是保持借入的资金略大于实际需要借入的资金。

（3）禁止开设预算外账户（off-budget account）。法国公共账户管理原则溯源于1959年的《机构法》，它几经发展演变成了后来的《财政法》（Financial Law）。《财政法》规定禁止各单位开设预算外账户。因此，预算的各种补充性收支和其他各种特殊账户受到国库的严格控制。

法国采用国库单一账户集中管理国库资金主要有两方面的好处：一是使各个支出部门免于自我进行复杂的现金流量管理，而将主要精力用于搞好预算执行；二是统一资金管理有利于国库充分利用资金进行运作，它可以使财政资金迅速适应货币政策的需要。

（三）国库报解支付程序

1. 国库支付程序

建立在国库单一账户基础上的政府支付系统，不仅对各预算支出单位的每一项支出实行监督管理，而且在支出部门实际支付所购买的商品或劳务款项时，通过国库单一账户办理资金拨付。

国库支付程序是：根据支出部门开出的购买商品或支付劳务费的支付凭证或由国库部门签发的支票；经有关部门审核无误后，通过银行同业资金清算系统或政府支出信息管理系统，从中央银行的国库单一账户划拨资金。

（1）英国国库支付程序

英国国库的具体支付过程可归纳为4个阶段：第一，购买与承付款项阶段。政府支出部门与供应商签订购买商品或支付劳务合同，供应商根据合同提供有关商品或劳务。第二，核算阶段。当支出部门收到供应商出具的发票时，审核发票标明的商品数量和数额与订货的数量及承付款项金额是否相符，计算出国库实际应支付的数额。第三，签发支付命令。支出部门向出纳署签发支付命令，并补附相关的计算数据、承付情况及所有的辅助凭证。第四，办理支付结算。出纳署在接到政府部门或机构的支出指令后，对会计凭证及其他相关文件审核后，签章并通过银行清算系统将资金由国库支付给供应商。

（2）日本国库支付程序

第一，日本各部委和支出部门根据议会通过的预算支出计划与供应商签订购货合同，并根据供货情况开出政府支票。第二，日本银行或其代理将该支票与各部委和支出单位的"支出计划"核对，以控制和监督各部委和支出单位的实际支出。第三，在审核无误后将款项拨付给供货商。同时，日本银行对政府所有的资金活动作全面的记录，每日向财务省上交支出分配报表、融资报表及政府账户平衡表、资金报告表等各种报表。各支出部委、支出单位和财务省按月编制报表，并与各部门的账目相核对。

2. 国库支付方式

各国国库的收纳、上划和支付程序都建立在政府财务信息管理系统基础上。发达的电子信息网络和支付系统是保证国库单一账户与政府支付系统正常运行的必要条件和手段，不仅使预算执行和管理达到了科学、现代化的管理水平，而且更易于对每一项财政收入和支出进行监督和控制，这为强化预算资金管理、发挥预算资金的最大效益提供了基本保证。

由于目前各国电子化程度不同，预算收入收纳、上划至中央银行的国库单一账户的具体操作方式也存在一定的差异。在计算机网络发达和银行间资金清算系统完善的国家中，如美国、英国、法国等，纳税人根据有关的税收规定，可以将应缴纳税款和税款单交至任何一家商业银行，商业银行将纳税人缴纳的税款通过银行间电子网络系统划入中央银行的国库单一账户；日本和加拿大是由被授权的商业银行负责预算收入的收纳和上划业务；而澳大利亚则是由被授权的邮政局作为代办单位，即邮政局采用邮箱方式将纳税人所缴纳的税款集中后交给开户商业银行，由开户行通过同业银行票据清算系统将资金汇入联邦政府在联邦储备银行（中央银行）的国库单一账户。

（1）美国国库支付方式

第一，美国联邦、州和地方政府都建立了高度电子化的国库支付系统，并由财政部集中管理，对预算执行中的资金进行调度和运作。财政部在各银行都有两个账户，即收入账户（存款户）和支出账户。

第二，纳税人根据有关的税收规定，可以将应缴纳税款和税款单交至任何一家商业银行，商业银行将纳税人缴纳的税款通过银行间电子网络系统划入中央银行的国库单一账户。由于银行间已实现了联网，财政部和联邦储备银行随时都可了解到财政收入的情况。

第三，财政部根据总统预算管理办公室的预算安排，将资金由存款户划入支出户，办理预算拨付。美国联邦财政支出的40%是通过政府采购方式，由财政部直接支付给商品或劳务的供应者，其他各项支出也通过国库单一账户实行库款直达。

第四，国库对每项拨款法案支出限额，按时间或项目进度将资金从各联邦基金或信托基金中划出，分别拨付到支出单位的分账户及其子账户。当支付行为发生时，再从子账户中支付。

第五，由于计算机网络的完善，财政部可以按天编制资金平衡表，当预算资金收不抵支时，财政部可以根据国会核定的债务额度，按资金缺口的时限和当时的银行利率，灵活地确定债务种类、期限和利率。

（2）澳大利亚国库支付方式

澳大利亚建立了功能完善的国库管理信息系统。运用先进的信息技术，借助网络将预算编制和预算执行有效衔接，层层控制资金计划、承诺、支付、政府采购、现金管理等环节及流程，记录、反馈各种信息，确保资金安全有效使用。澳大利亚政府支出根据资金的不同规模采用不同的支付方式，主要有电子支付和支票支付两种方式。

①电子支出方式。大额的政府支出一般采用电子转账的方式，直接通过财政部的政府财务信息系统与联邦储备银行的国库单一账户进行资金清算。其操作过程是：第一，财政部的财务信息系统对大额支出审核后，指令联邦储备银行采取电子转账的方式办理支出。第二，联邦储备银行通过银行间的电子清算系统，将联邦公共账户需要支出的资金划转到用款单位在商业银行开立的账户，同时，联邦储备银行将支出信息反馈给财务信息系统进行信息处理，再由财务信息系统将处理信息传到支出部门的财务信息系统进行账务核对。

②支票支付方式。由财政部指定的支票签发公司按照支出指令签发支票，直接邮寄给用款单位或通过支出部委转交用款单位，用款单位将支票送交开户商业银行，以资金倒划的方式，通过同业银行票据清算与联邦储备银行的国库单一账户进行资金汇划。

二、政府采购制度

政府采购制度是市场经济条件下财政支出的一项管理制度。采购制度的基本特点是公开、竞争和透明，整个招标和采购过程都在公众、立法机构和审计部门的监督之下进行。政府采购制度的实行，能够有效地约束政府部门的采购行为，实现财政资金使用的规范性和有效性。许多发达国家政府采购管理制度经过发展和完善，已由单一的财政支出管理手段，演变为兼有财政支出管理和国家宏观调控双重功能的重要工具，成为政府介入经济运行的最直接方式之一。目前，国外政府采购制度的主要内容体现在以下 6 个方面：

1. 建立健全政府采购法律法规体系

许多国家十分重视政府采购的立法，形成了一套完整的法律体系，以法律形式规定政府采购的范围、方式、程序、政策和监督管理等事项。以美国为例，政府采购法律法规体系主要包括两个层次：

（1）联邦政府采购法律。美国政府采购涉及的法律、法规相当广泛，有专门的联邦政府采购法规，也有与政府采购直接或间接相关的法律、法规，多达 500 多个。除专门的政府采购法规——《联邦采购法规》比较详细地规定了最重要的采购制度和政策外，与联邦采购直接或间接相关的联邦法律有：《合同竞争法案》、《克林格尔-科亨法案》、《联邦采购合理化法案》、《小额采购业务法案》、《购买美国产品法》、《联邦政府行政服务和财产法》、《服务合同法案》、《信息自由法》、《诚实谈判法》等。此外，有规制政府官员和承包商之间的贪污和欺诈行为的《贪污受贿、渎职及利益冲突法令》、《反回扣法令》、《虚假赔偿法令》，还有规范政府采购合同履行过程和政府采购赔偿方面的《及时支付法令》、《司法平等法令》等法令。所有这些形成了一套比较完整和有效的政府采购法律法规体系①。

（2）联邦政府采购法规。由于没有专门的政府采购法律，有关政府采购的规定散见于众多法律之中，很难具体操作，因此，联邦政府将有关法律中所做的规定加以综合和细化，形成了一部集许多指导联邦所有的购买活动的条例于一体的《联邦采购条例》（Federal Acquisition Regulation，FAR）。该条例对联邦政府的采购计划、采购方式、合同类型、签约方法及要求、采购合同管理、采购合同条款及合同格式等，都做出了具体规定。《联邦采购条例》由总务局、国防部、航天局等部门根据总统的指示负责拟订，并根据实际情况的变化及时进行修改，一经批准公布，联邦政府各部门的所有采购活动都应当依照《联邦采购条例》进行。

随着经济全球化进程的加快，许多国际性和区域性组织也相继制定了政府采购的协议、示范法和指南，以规范统一各国的政府采购管理。世界贸易组织于1994年修订了《政府采购协议》（简称 GPA），要求签署成员制定的政府采购法律法规与 GPA 规定保持一致。

2. 不断扩大政府采购范围

随着政府职能转变和实施财政政策需要，国外政府采购范围不断扩大，逐步将涉及国计民生的铁路、市政工程、电力、通讯、机场、港口等公共基础设施项目纳入政府采购，涵盖了公共机构和部门所有的采购活动。凡涉及国家利益和社会公共利益的项目，即使是向私人融资或者是由私人企业承办，都必须实行政府采购。在欧盟国家，凡是属于政府事权范围内的采购事项都要实行政府采购。处于经济转轨的俄罗斯，其政府采购范围更广泛，包括政府所需的所有货物、工程和服务，小到办公用的笔、纸，大到铁路、奥运会项目等等。

3. 加强政府采购的预算管理和资金支付审核

各国一般都有严格的政府采购预算要求，各部门必须将所有采购项目编入预算，否则不能采购，财政也不予拨款。比如，德国政府以"三年滚动"的方式编制预算，每项支出必须经过论证和审核，并依据资产配置状况确定采购项目，没有列入预算的项目不能采购，已列入预算的项目不能突破预算额度。

在采购资金支付方面，欧美国家普遍实行采购资金财政直接支付方式。合同签订后，由财政部门按部门申请合同金额，直接支付给中标供应商。在德国、西班牙等国，财政部门支付审核的内容除了合同，还包括送货单、收货单等采购凭据，只

---

① 王爱莲. 美国的政府采购制度及其对我国的启示[J]. 天中学刊，2011（3）.

有合格的支付申请，财政部门才向供应商支付货款。

4. 建立全方位的管理监督体系

为了加强政府采购的日常监督管理，各国普遍设立了具有专业性和科学性管理特点的专职机构，这些机构及其职能体现在：

（1）联邦机构。英、法等国在财政部设立了政府采购管理司，美国在总统行政预算办公室设立了联邦采购政策办公室，负责制定采购规则和条例，负责信息公布和对采购过程进行全面监督。

（2）各级政府部门。各级政府部门设置采购事务机构，根据采购要求完成采购合同的签订过程，负责具体商品与服务的采购活动。

（3）财政和独立的审计部门。监督采购合同的履行，由接受过专业培训的专门监督人员负责，其主要任务是保证供应商所提供的商品和服务满足采购合同上的质量和性能要求，同时保证供应商按时定量提供商品和服务。一些国家（如美国）还要求财政和独立的审计部门对供货人的业绩进行评估和鉴定。

（4）司法救济。除了法律和日常管理外，还建立了司法救济机制。在美国，供应商对联邦政府部门采购合同有争议时，可以向合同争议委员会申诉，向会计总署投诉，甚至向联邦索赔法院起诉。

5. 实行分散采购为主，集中采购为辅的采购模式

由于政府采购制度在国外实行时间较长、制度规定比较完备，各部门已经形成依法采购的工作机制，再加上集中采购存在效率低等难以克服的缺陷，现已从实施政府采购制度初期的集中采购方式为主转变为以分散采购为主。目前，欧美国家普遍实行分散采购，弱化了集中采购，集中采购的主要是各部门需要的通用商品，集中采购项目由强制性采购改为选择性采购。

6. 运用电子信息手段

目前，许多国家已经开始实行电子化政府采购。电子化政府采购是指利用信息技术，确立公共部门采购货物、工程和服务的采购形式。这种采购形式能增强采购信息透明度，提高采购效率，降低采购成本，规范采购行为。从政府采购管理的实践来看，运用电子手段已经成为发达国家政府采购制度改革的必然趋势。德国要求从 2006 年 1 月起，联邦一级政府的所有通用货物和服务必须通过政府统一开发的电子平台采购。韩国已形成由电子招标、电子订货、电子合同和电子支付构成的一个完整的电子化政府采购系统。

三、预算监督制度

（一）国外预算监督制度的基本特点

法治国家的秩序源于外部的监督，因此世界各国特别是市场经济国家都十分重视预算监督的作用。不管采取何种监督制度，都无一例外地把政府预算编制、执行情况作为实施监督的重点，从而达到规范预算管理，促进经济和社会健康发展的目的。各国在预算监督实践中的共同特点是：

1. 预算监督的法制化程度较高

市场经济发达国家预算监督的最大特色是以法律、法规形式规范预算行为，预算管理和预算监督具有完备的法律法规作为依据，并规定了严密的、可操作性强的处罚条款，法律约束性很强。在这些国家的《宪法》中，通常有大量涉及财政事务的条款，其中相当一部分内容是对预算问题作出规定，甚至是非常详细的规定，涉及预算程序的各个环节。德国、瑞士、意大利等国都在《宪法》中对预算收支加以规定，从预算、税收、国库管理到审计等活动均在法律范围内进行。这为规范和约束预算监督活动提供了具有最高法律效力的依据。在《宪法》规定的基础之上，市场经济发达国家还普遍设有专门法，对预算监督做出更为具体的规定。如法国的《财政法》对预算程序、预算科目以及预算立法和预算执行机构的职责做出了明确的规定。

2. 建立了多层次预算监督体系

国外预算监督随着国家政权的形式与性质的不同而有多种类型。在这方面主要有两大学派，即阿利克斯学派和瓦格纳学派。以法国经济学家阿利克斯为主的学派认为，预算监督应按照监督机关的性质进行划分，主要包括 3 个层次的基本架构，即立法监督、行政监督和司法监督。以德国经济学家瓦格纳为主的学派认为，预算监督应按照财政活动的程序进行划分，主要包括由 4 个环节相互制约的基本架构、金库监督、计算监督、行政监督和国家监督。

从国外预算监督制度以及监督内容看，预算监督体系的建立带有综合性的趋势，即全方位、多层次地实施预算监督。"全方位"是指从各个角度来监督国家的财政活动，有的国家预算监督机构的设置既带有立法监督的性质，又带有司法监督的性质，还带有行政监督的性质。"多层次"是指鉴于国民经济和财政分配的复杂性，单纯的一种监督机构是无法实施有效的预算监督的。因此，经过多年的改进和完善，市场经济发达国家在分权制衡原则的指导下，已经形成议会或国会的事前监督、财政部门的日常监督和审计部门事后监督相结合、多层次的预算监督机制。

3. 预算监督权力配置合理且层次分明

一些发达国家各个预算监督部门的预算监督职责划分比较清楚，形成了分工明确、相互配合的预算监督体系，大大增强了预算监督的有效性。

（1）预算监督权是立法机关的基本权利之一。从各国情况来看，虽然立法机关对预算过程监督的力度有强有弱，但预算监督权无一例外的是立法机关的基本权利之一。对于一个现代国家而言，无论是政策的实施、法律的履行，还是政府机关的正常运转，都必须以一定的资金为基础。因此，议会的预算监督实质上是从最基本的层面来制约政府的活动。这也是西方国家"议会至上"原则在议会职权行使方面最重要的体现。议会预算监督权作为现代议会的一项重要监督职权，在保障政府的协调运转、不同阶层和利益集团之间合理分配国家事务管理权力、防止某一个人或某一集团实行专制等方面，起着重要的作用。议会（国会）主要行使预算监督权，审查政府预算安排的合法性。

（2）独立、专业的审计机关是辅助立法机关监督预算情况的重要机构。现代政府审计制度是从经济监督角度出发对行政机关进行的一种制衡，是保障分权与制衡民主政治原则得以实现的不可或缺的制度安排之一。审计部门主要是对管理工作水平和财政资金的使用效益进行事后的监督检查。

（3）预算资金管理和使用部门对政府预算行为实施内部监督。相对于立法机关和审计机关，政府是预算资金的使用者。在由立法机关和审计机关对其进行外部监督之外，为确保每个政府部门及其下属各个行政层级都能够依法、合理、有效地履行职责，有必要对各个政府部门的行为进行内部监督，防范可能的违法违规行为，划分和界定相应的经济责任。财政部门的监督工作主要是围绕财政资金的管理活动展开的，事前控制、事中监督和事后检查相结合，日常监督和专项监督相结合。

4. 预算监督涵盖预算资金运行全过程

历经几百年的实践，市场经济发达国家形成了涵盖预算资金运行全部过程和各个环节、较为科学严密的预算监控机制。各国普遍重视对预算编制的监督管理。预算编制是政府预算程序的起始点，也是预算监督管理的基础，提高预算编制的质量是强化预算监督管理的一个关键性环节。从市场经济发达国家预算监督的实践来看，预算编制的时间一般都比较长，准备工作相当充分，这大大提高了预算编制的准确性。在预算执行调整方面，也实行严格的约束和管理，有效地提高了对预算资金的监控力度。

（二）美国的预算监督制度

美国是当今世界最为发达的经济体，预算监督管理工作有着比较详细的法律依据和规范成型的程序，建立了一套体系比较完整、职责比较明确、依据比较充分的监督系统。美国的预算监督基本上是由财政部门负责，主要任务是对执行财政宏观政策情况和重大违法违纪问题进行监督管理。对财政支出的监督管理主要由财政部门、用款部门、审计部门以及国会等机构负责。

美国对预算支出的监督管理主要通过3种途径来进行：

第一，通过财政部门的调查研究来合理确定各个部门、各个项目的预算支出数额，并由财政部门委托有审计资格的会计公司对各专项预算支出项目年度执行及竣工情况进行专项审计，作为预算支出执行情况的附件报议会审批。预算数额一经国会批准通过，必须严格执行，财政部门无权追加或削减预算数额。

第二，为了加强对预算资金使用单位的支出过程管理，确保预算资金的合理使用，每一个使用预算资金的政府部门都设有一名经过总统任命的财政总监，并且赋予财政总监一定的权力和责任。每一笔资金的使用都必须要经过财政总监签字同意以后，财政部门才予以拨付。这些部门的财政总监对总统和财政部负责。

第三，联邦审计署负责对预算资金的使用和管理过程中发生的重大的违法违纪问题进行审计调查，并依法做出处理。

（三）法国的预算监督体系

法国的预算监督历史比较悠久，目前已形成了议会宏观监督、财政部门日常监督、审计部门事后监督的分工明确、协调互补的预算监督体系。

1. 议会的宏观监督

法国每一级政权都有自治的政府和议会，各级议会负责对本级政府预算进行监督。议会对预算的审查非常严格和细致，直接审查到部门、单位，对政府的每一项财政政策都要进行激烈辩论，提出质疑，由财政部门做出解释。议会除靠自己的专门委员会审查外，还委托法院对预算执行，特别是对政府部门和事业单位的经费开支进行审计监督。

2. 财政部门进行日常业务监督

法国财政部门在预算收支管理过程中负有重要的监督职责，并通过财政监察专员、公共会计、财政总监等体系付诸实施，贯穿于预算收支的全过程，在预算管理中发挥着重要作用。

（1）财政监察专员承诺阶段的监督。财政监察专员制度是由财政部向各部门派驻财政监察专员，负责对预算支出进行监督检查。财政监察专员的权力很大，各项支出只有经过其签字，公共会计才能拨款支付。

财政监察专员的检查主要在支付承诺阶段进行。在这个阶段，财政监察专员要检查支出的合法性，即检查支出是否与现行法律和法规一致，主要内容包括：①检查政府职员的雇用是否符合公务员条例；②检查政府合同是否符合政府采购法规；③检查各项支出是否用于原定的预算项目上；④预算拨款是否足够用于支付；⑤检查如果发生一些不可避免的开支，部门预算的上限是否会突破等等。如果发现问题，财政监察专员可以拒绝在支付承诺上签字。没有财政监察专员的签字，公共会计就不能进行支付。

（2）公共会计预算拨付阶段的监督。公共会计是管理国家预算支出拨款账目的会计，其重要职责之一是具体负责预算支出的支付工作。公共会计监督主要体现在授权阶段之后，即支出部门的支付指令经财政监察专员签字后交给公共会计以后，公共会计就要肩负监督检查的责任。公共会计在监督检查过程中不负支付决策的责任，而只负执行支付的责任。公共会计监督的支出主要包括：公务员的工资、行政机构运转费用和公共投资性开支，重点是拨款的计算公式是否正确，是否有资金适于该项拨款。

（3）按照"支出决策和执行相分离"的模式对预算支出进行监督。在预算支出方面，遵循支出预算的制定和支出计划的审批与资金使用权相分离，支出管理和决策者与支出的办理者相分离的原则。预算支出管理和决策者为政府部门及其公共机构，支出的办理者为公共会计出纳署。在政府机构及其他公共机构做出支出指令后，由公共会计出纳署负责审核，办理预算支出。

（4）财政监察总署进行专项监督检查。财政监察总署直属于财政部长，是财政经济部门内一个专门监督机构，其主要任务是随时根据部长指示对涉及国家预算收支的活动及其他有关事项进行专项监督检查，包括对内检查和对外检查两部分。对内，检查财政部长领导下的税务总局、海关总署及国库司、预算司等各业务司，不仅检查这些单位的有关账目，还要检查这些单位的执法质量和工作效率，以及工作人员是否廉洁行政，有无贪污腐败现象；对外，根据财政部长的决定，除检查各部门预算收支外，还要针对有可能对预算产生影响的有关经济活动进行调查研究。无论是事中检查还是事后检查，均不事先通知被检查单位，接受财政部长命令后立即行动。

（5）国家监察署对国有企业进行监督管理。法国财政部设有国家监察署，其主要任务是从财政角度对企业的决策活动进行日常监控，并直接对财政部长负责。

3.审计法院进行高层次的事后监督

法国的审计法院是国家最高的经济监督机关。法国宪法赋予审计法院的职责是协助议会和政府监督财政法的执行。审计法院既独立于议会，又独立于政府，与被监督部门相分离，属于司法范畴，议会和政府都不能干预其工作。因此，一般都能严格履行职责，具有较大的威慑力。

审计法院的基本任务是：（1）审计检查国家机关、国家公共机构和国有企业的账目和管理；（2）地方政府、地方公共机构的账目和管理由地方审计法庭负责审计。审计法院的主要工作有：（1）审查国家决算；（2）对公共会计进行监督，公共会计机构每年都向审计法院报送公共收支决算账目，接受审计监督；（3）监督国有企业遵守有关财政法规。

（四）澳大利亚的支出监督制度

对财政资金的运作制定了完备的法律法规，并且在资金运作的全过程中构建了严密的监督机制。在资金具体拨付的过程中，对审批、授权、记账、拨款等环节，设立层层责任负责制，具体内容包括：

1.对资金支出环节加强监督

部门的支出限额由财政部授权，具体的采购、支出由具体部门负责人负责，将预算支出管理的前端延伸到政府采购，对合同、承诺、供应商等进行管理，有效保证了支付的真实性、有效性。

2.以扁平状为主导，设计信息传递系统

享受财政拨款和财政补贴的机构，必须直接向预算部门或指定部门直接传递信息，信息传递不经过中间级次。这种扁平状的信息传递系统，把享受财政拨款和财政补贴机构纳入政府和公众的监督之中，特别是资金申请与使用过程中的监督，比事后监督更有利于财政风险控制。

3.实行领导承诺保证制

财政部与政府各部门领导签订了承诺书，每季度部长和部门领导都要汇报支出情况，并保证达到相应的目标。

4.实行内部审计制度和财务信息公开披露制度

部门下设授权联合采购单和合同资源管理单位，负责检查采购政策是不是得到遵守，财政部下设预算局，负责检查预算编制的真实性，并监管财政资金的使用情况等。对不按规定使用财政资金的行为，《财政管理与责任法》规定了明确的惩罚条款。

（五）德国预算支出监督体系

德国预算支出的监督分为内部监督和外部监督。

1. 内部监督

内部监督主要是财政部门的监督和各部门的内部监督。（1）财政部门监督。财政部门监督主要寓于财政管理的事前和事中。事前监督主要通过编制预算来实行，事中监督则体现在财政预算的执行之中。（2）各部门的内部监督。政府各部门均设有专门的监督机构——监督检查委员会，负责对国家安排的预算资金支出使用情况进行监督，发现问题及时纠正。

2. 外部监督

（1）联邦审计署、州审计署及其所属地方审计局对地方政府工作实施监督。审计署在整个预算周期中，始终参与并发挥重要作用，除以年度报告的形式就审计所发现的主要问题做出报告外，还可随时针对具有特殊意义的事件提出特别报告。这类主要负责工作完成情况的评估和咨询，一般不对具体项目和数据进行审计，也不具备处罚权。

（2）联邦、州及地方议会下属的审计委员会。主要负责对提交议会的年度预算、决算草案、审计报告进行审议，提出意见和建议。根据审计署的年度审计报告，议会审计委员会将审计预算的执行情况，并在此基础上提出他们的决议草案，提交给议会。联邦议会和参议院分别对审计委员会的决议草案进行审议表决，形成决议。

四、权责发生制预算管理制度

（一）权责发生制预算管理概述

自 20 世纪 80 年代以来，随着"新公共管理"的逐渐兴起，以新西兰、澳大利亚为代表的发达国家大刀阔斧地推行了以政府预算和政府会计为重心的政府预算管理改革，全力打造基于结果导向（result-orientation）的预算和政府预算管理系统，很多 OECD 成员国将传统的以预算投入为管理重心的预算管理模式，转变为以预算活动的产出和成果为管理重心的新型预算管理模式。

这种模式要求更加重视预算和政府活动的绩效，各部门的管理者应当对与产出和成果相联系的所有费用负责，而不仅仅是直接的现金费用；预算管理部门更多地关注基于产出与结果的财务信息，以便向其公民提供关于服务供应的完全成本的信息。由此，在政府预算编制和会计核算中广泛地应用权责发生制，使传统的应收应付制预算转向了权责发生制预算。目前超过一半的 OECD 成员国在政府报告中采用了权责发生制会计，而新西兰、澳大利亚等国家还将权责发生制会计基础引入政府预算编制。

1. 收付实现制预算的缺点

传统的政府预算编制和预算会计核算一般以收付实现制（现金制）为基础。收付实现制对政府资源投入的控制力较强，而对政府产出的管理功能较弱，不能适应以产出和结果为导向的财政管理改革的需要，这主要表现在：

（1）收付实现制所反映的现金收付，与收入、费用没有对应关系。这种现金支出信息虽然在支出控制方面有其优势，但不能提供对于预算和管理都极为重要的非现金交易信息，在许多情况下会导致对政府成本和绩效信息的歪曲和误导，因而难以正确计算政府部门产出的成本耗费。

（2）收付实现制预算可以通过提前或推迟支付现金，来操控各年度的开支。

（3）收付实现制预算不将资本性项目的购买成本在其使用年限内进行分摊，同时还忽略了将资本投资于实物资产的机会成本，所以不能正确反映使用资本的年度成本，无法充分体现预算绩效与预算成本之间的关系，而预算绩效与预算成本的关系是绩效导向管理模式的基础。因此，无法支持以绩效为导向的政府预算改革。

2. 权责发生制预算管理基本内容

（1）政府购买服务。以预算为媒介，在政府与各部门之间建立一种合同式的买卖关系，鼓励以竞争和更加商业化的方式提供政府产品与服务。换言之，就是政府用财政预算资金向各部门购买不同类型的社会公共服务。

（2）合理界定政府职能范围。合理界定政府职能的核心是引入市场竞争机制，主要遵循3项原则：一是凡市场上已有私人公司办理的事务，政府不要去做；二是凡交由私人公司承办成本更低、效果更好的事务，政府不要再做；三是承办政府公共事务的私人公司应具备信息自由和隐私保护能力。据此，政府各部门承办的一些非核心业务采取向私人公司"购货"的办法，以实现"小政府、高效率"的政策目标。

（3）制定科学的评估标准。引入投入产出观念，各部门根据其提供社会公共服务的数量和质量确定预算支出。各部门在编制预算时，不仅要详细列明各项支出数额，而且还需说明各项支出最终取得的成果。比如，某学校全年预算支出的数额、用途、最终培养学生的数量以及学生达到何种知识标准等。

（4）实现对政府资源的全面管理。较之收付实现制，权责发生制会计核算方法能更加真实准确地反映各部门的收支盈亏情况，全面、完整、准确地反映政府综合财政经济状况。

3. 权责发生制预算的优点

权责发生制是以权责是否发生为标准，确定各个会计期收益和费用的一种方法，与收付实现制相比，它能更全面、准确地反映核算单位某一时期的损益情况。一般地讲，权责发生制预算可以把部门资源的预期用途与评价资源支配效绩信息之间更加紧密地联系起来。可从两个方面支持全面绩效导向的管理改革：一是更强调绩效管理的受托责任制度；二是鼓励更有效的资源管理，特别是对长期资产的管理。

与传统的现金制预算相比，权责发生制的优点体现在以下4个方面：

（1）更好地将预算确认的成本与预期的绩效成果进行配比。权责发生制预算使得在政府预算和报告中确认、计量与特定产出、成果相关联的成本信息成为可能，能更准确、全面地反映政府在一个时期内提供产品和服务所耗资源的成本，能够为决策提供更加全面的、有用的信息，从而有利于加强管理者对产出和结果的责任。

（2）有助于增加预算信息的完整性、可信度和透明度。由于在预算系统中引入了完全成本概念，支出机构有较强的积极性去评估自己的营运成本。而且在预算中提供关于负债或利息补贴的信息也有助于增强财政公开性。从这个意义上说，权责发生制预算有利于强化预算成本计量和政府业绩考核，使政府可以做出更有效利月资源的决策。

（3）有利于提供长期项目和或有债务的信息。权责发生制预算在确认与控制财政风险，以及改进政府对长期资产管理等方面起着十分关键的作用。有利于识别尚未拨款的政府未来债务，确定政策性决策的更长期影响，更好地管理基础设施以及更有效地进行预算重新分配。

（4）推动对政府资源的有效管理。因为在权责发生制下要确认各部门所拥有的资产的成本，使得政府机构拥有的各种资源如建筑物、基础设施等各种固定资产、存货等一目了然，人们可以充分了解这些资源的状况和使用效率。为了鼓励提高资产使用效率，各国均采取征收资金占用费的措施，如澳大利亚政府对各部门按其净资产的 12%征收资金占用费，这意味着各政府机构将不再免费使用国家的资源，促使资源的使用者更加关注资产的投资成本和使用效率，及时发现和处置那些不良资产或利用率不高的资产。同时，也保证政府向部门提供的权益能够有所回报。

（二）新西兰的权责发生制预算

1. 权责发生制预算实施的背景

新西兰是世界上最早引入权责发生制的国家。20 世纪 80 年代末，新西兰对核心政府部门进行了全面、系统、自上而下的改革。改革的主要原因：一是财政状况恶化，预算管理不规范，超预算和难以控制支出过度；二是政府信息有限，影响了决策的科学性和合理性；三是政府部门管理僵化，服务效率低下，对投入过分控制，管理人员缺乏责任等。改革的主要目标是提高决策质量和对效绩的责任感，提高公共部门的效率。

2. 权责发生制预算实施的过程

新西兰 1989 年发布了《公共财政法案》，提出以"效绩管理"为框架，向"公共管理"迈进，由过去侧重遵守资源和权力的使用转向侧重结果和管理的自由，将责任和权力下放。重点是要求各部门以权责发生制基础编制年度和半年度财务报表，将产出量化。之后在两年的转轨时间内，45 个部门中绝大多数成功地实现了转型。政府整体的财务报告在 1991 年 12 月转为权责发生制。

1994 年，通过《财政责任法案》，编制了第一份以权责发生制为基础的整体政府预算。其重点内容是：（1）要求政府明确表达其财务目标并解释其变化；（2）为财务政策提供全面且整体的财务信息；（3）要求政府说明 1 年以上财务管理的计划。此后政府的整个财务管理系统实现了完全的权责发生制。从制定政策到最后实施，整个过程共花了 7 年时间。

3. 权责发生制政府财务报告体系

新西兰的权责发生制财务报告分为"部门报表"和"整个政府报表"两个层次。

（1）部门报表。根据《公共财政法案》，要求部门编制的报表包括：资产负债表、运营表、现金流量表、目标表、服务业务表和承诺事项表等。

（2）整个政府报表。整个政府报表是由部门报表合并而成的，主要包括：资产负债表（列示政府的资产、负债和净资产情况）、运营表（列示政府的收入、支出及其差额）、现金流量表（反映来自运营、投资和融资活动的现金流量）、承诺事项和或有负债表（报告资产负债表表外风险情况）和借款表（提供政府债务的详细情况）。

（三）澳大利亚的权责发生制预算

1. 权责发生制预算的实施情况

1996 年澳大利亚政府换届后，为改变财政困难（1995—1996 财政年度联邦政府赤字 200 亿澳元，国债占 GDP 比重高达 20%）的局面，进一步提高政府运行效率，开始探索预算改革的有效办法。1996—1997 财年，澳大利亚部分州政府引入新西兰的预算编制方法；1997—1998 财年，联邦政府颁布《预算可信法》，明确了进行权责发生制预算的基本原则和内容；从 1999—2000 财年起，年度预算引入权责发生制。在此之前，所有的预算和决策都是以收付实现制为基础的。实施权责发生制预算使预算管理切实达到了公开、透明、公正、合理等目标要求，政府部门服务质量不断提高，政府运行成本也明显下降，各级财政状况相应得到改善。

2. 权责发生制预算的重点领域

（1）财务管理

权责发生制预算侧重于财务管理的 3 个重要方面：即：经营总成本、资产管理和现金流量管理。经营总成本通过在经济业务发生当期加以记录来确认。资产管理通过将资产的成本与使用情况更好地配比来实现。现金流量管理是有效财务管理的一个重要组成部分。它可以保证现金的供给充足，需要支付商品、服务费用和员工工资时，不会出现现金短缺情况。权责发生制预算能够真实、全面反映政府的财务状况，使政府能够及时了解各种风险情况，提高了防范风险的能力。

（2）成果与产出框架及绩效报告

成果与产出框架旨在回答以下 3 个基本的问题：一是政府希望实现的目标是什么?二是政府如何实现这一目标?三是政府如何了解产出和委托经营项目的情况?在澳大利亚，所有政府部门都要求明确成果与产出，还需要确定相关的成果、产出和委托经营项目的效绩信息。效绩指标通常反映如下内容：①不同项目对实现成果贡献程度的有效性；②产出的价格、质量和数量；③相关委托经营项目的预期特性。所有政府部门都要求在预算表和年度报告等受托责任报告中列示有关效绩信息。

澳大利亚财政部确定了有关成果和产出的规范指南，还制定了成果与产出框架下的效绩报告编制指南。产出的质量指标通常涉及有形的、客观的指标（如及时性和准确性）和无形的、解释性的数据（如客户满意度）；产出的数量指标可以用处理投诉或申请的次数表示；委托经营项目通过拨款、转移支付或救济金支付指标加以反映。

（3）财政目标

澳大利亚联邦政府的主要财政目标按权责发生制预算来表示，涉及的主要方面包括养老金、公共债务利息、资本、税收收入和财政余额。财政余额是以权责发生制为基础计算的，在权责发生制框架下，财政政策的焦点是财政余额。财政余额不同于现金余额。在权责发生制下，如果联邦政府发生了一笔不需要立即支付现金的费用，如应计的养老金负债，则表现为财政结余的减少，但现金余额可以保持不变；如果联邦政府用现金支付了应归属于前期的费用，如发放养老金，这一业务会导致现金余额的减少，但对财政余额没有影响。

由于权责发生制预算能够全面反映政府债务情况，包括政府已发行的国债、各种应付款项，也包括应计提的养老金等隐性债务，这就使得政府不得不更为谨慎地进行相关决策。例如，养老金问题，在收付实现制度下只反映当年的责任，而权责发生制下反映的是将来养老金支出的增长，这就为政府制定社会保险政策提供了更加准确的信息。

3. 权责发生制政府会计报告体系

澳大利亚的权责发生制基础的政府会计报告体系包含以下 4 种：

（1）经营表，反映按权责发生制为基础确认、计量的收入和成本费用，揭示政府财政执行情况；

（2）资产负债表，反映政府的财务状况，包括各种资产和负债的具体项目；

（3）现金流量表，反映政府现金流入、流出情况；

（4）资本表，列示流向资本市场的投资额。

上述报表构成政府会计报告体系，充分披露了政府机构提供的所有商品和劳务的成本，以及这些机构代表联邦政府管理的资源。

五、预算支出控制制度

（一）预算支出控制类型

1. 外部控制、内部控制和产出、结果控制

支出控制从发展阶段的角度，可分为外部控制、内部控制和产出、结果控制。从各国的实践看，预算支出控制经历了 3 个阶段：通过中央机构对支出项目进行外部控制，通过支出部门对投入进行内部控制，以及对产出的管理决策自由和责任。OECD 国家经验表明，支出预算控制改革的顺序是政府在对支出具有强有力的外部控制之后，才转向内部控制，同样在内部控制成熟以后再强调产出和结果控制。如果不遵从这样的顺序，在内部控制高度发展之前就将广泛的决策自由下放给管理者可能会造成很大的风险。

（1）外部控制。外部控制是预算支出执行控制的一种重要方法。外部控制有 3 个基本特征：①支出和控制被委托给两个部门；②控制针对资金投入加以实施；③控制是在资金支付之前实施。

外部控制是对支出的事前控制，可以在整个政府系统应用，节约预算支出，并将那些决定支出的合法性和适当性的机构与那些实际花费支出的机构区分开来。但由于控制程序烦琐，并且监督过于复杂，随着经济和社会的发展，以外部控制为基础的管理成本增加。为了进一步提高支出效率和增加支出的有效性，转向内部控制和管理自主便成为自然选择。

（2）内部控制。内部控制具有 3 个明显特征：一是使用公共资源的人要为其行为的合法性和适当性负责。在内部控制之下，运作机构必须根据政府规定建立起标准的人事、采购和其他管理制度。二是内部控制仍然集中在投入上，但是管理者在采取行动之前不必获得外部同意。三是为了取代事先审计（在进行支出之前），政府转向了事后审计（在财政年度结束之后），并且不再审查所有的交易，采取抽样审查的方法以确定资源运用是否与规定相一致。

内部控制是一种过渡型控制类型，既强调外部法律和规则的重要性，又给予支出部门一定权限，在中央有关机构授权情况下，关注支出机构安排使用资金的合法和合理性。尽管内部控制使管理者在运作中享有更大的决策自由，但仍要按统一的规定执行。在管理资源的过程中，它们必须遵守政府的各类制度，必须根据事先规定的程序进行采购，必须遵守外部规则。

（3）产出、结果控制。产出、结果控制是将资源的控制权和结果的责任全部下放给部门内的具体运作单位。管理责任的重点从投入转向了产出和结果，从管理者购买什么转向了它们生产什么以及效果如何。通过赋予管理者享有广泛的决策自由来加强管理责任。作为交换，管理责任使管理者对工作业绩负责。这种交换的两个方面是相互联系在一起的，如果没有决策自由，就无法使管理者对结果负责；如果无法使管理者对结果负责，管理者就不会（或不应该）享有决策自由。

产出、结果控制关注的是政策目标的实现，而不是细节性的规定。它可以从两个方面提高运作效率：第一，通过制定产出和结果目标，使管理者对其服务数量、质量和及时性负责，管理效率通过优化产出来提高；第二，通过使管理者享有运作决策方面的全部权利，使它们可以应用其专业技巧、判断力及掌握的信息来选择最有效率的投入组合。

2.政策控制、过程控制和效率控制

支出控制按职能可分为政策控制、过程控制和效率控制。

（1）政策控制。政策控制指负责制定宏观经济战略和制定有关的综合指标，并且进行机构的改革重组。

（2）过程控制。过程控制指履行法定职责，对人事管理、政府采购、工程承包、项目招标及资金支付进行的控制。

（3）效率控制。效率控制指对最后获得的结果，参照一定标准进行评价。

3. 指令控制、激励控制和协同控制

支出控制按方式可分为指令控制、激励控制和协同控制。

（1）指令控制。指令控制指中央机构负责国民经济的管理，权力高度集中。指令控制的顺利进行，需要各级机构与中央机构保持一致。此外，指令控制的正确决策，需要大量信息并且必须具有可靠性。

（2）激励控制。激励控制是指令控制的一种补充形式，并不适用所有的政府任务。政府任务的成功，取决于社会满足程度以及各级工作人员的反应，因此，任务本身应包含激励机制，对于私人部门的任务，政府应辅之以合适的税收优惠和财政补贴，以激励私人部门完成任务。对于公共部门的任务，政府应规定相应的标准，对没有超支的机构给予奖励，对超支机构予以惩罚。

（3）协同控制。协同控制是指令控制的一种补充形式，只适用于一些情况。协同控制强调中央机构与各级机构相互协商谈判，以此作为制订政策计划的基础。

这些类型之间存在着相互的交叉关系。（1）外部控制强调外部中央机构对支出机构的政策和过程控制，基本属于指令控制，部分程度上引入了激励机制。（2）内部控制强调支出部门对政策和过程的控制，是某种程度上的激励和协同控制。（3）产出、结果控制是基于激励和协同的效率控制。（4）政策控制在中央机构规定资金上限的情况下，支出机构不得修改，这属于指令控制。如果中央机构与支出机构相互协商，共同决定计划，这属于协同控制。中央机构也可制定相应标准，对支出机构进行奖惩，这属于激励控制。（5）过程控制必须遵守法律和相关实施细则，因此不属于协同控制。（6）效率控制不是单方面进行的，而是中央机构和地方机构共同确定标准，共同参与控制，因此不属于指令控制。

（二）澳大利亚预算支出控制制度

澳大利亚预算支出控制制度的特征是内控外审，双重制衡。

1. 内部控制与外部控制

澳大利亚对各主管部门支出管理的控制既有系统内部控制，受《公共服务法》和《财政管理与责任法案》约束，又有外部控制（议会、审计署、财政部以及反对党、社会公众等）。尽管澳大利亚绩效预算强调管理上的自主性与弹性，但这种自主性与弹性建立在全方位、立体式的外部控制机制之上。

2. 事前、事中和事后控制

支出控制集事前、事中和事后于一体，制度规范科学，管理严格。财政部在编制、审核部门预算过程中都有一套完整的支出标准、定额体系及政府确定的各个部门行政目标的约束，可以形成有效的事前控制；预算执行中，财政部直接监控资金的流向并定期向议会报告；财政部、审计署每年对每个部门的预算执行情况进行审计，并向社会公布审计结果，履行事后控制职能。

（三）德国预算支出控制制度

德国预算支出控制制度的特征是制定详细具体的开支标准。对预算中的支出部分，财政部按照不同支出的性质进行测算和控制，大致分为两种形式：

1. 有详细的开支标准。如人员经费、差旅费等。对这些项目，德国政府部门在制定开支标准时尽可能详细而具体。

2. 没有具体开支标准。①办公用品、公务用车的购置等，通过人均定额或者单项预算进行控制，管理非常严格；②对于电话费等行政办公经费，一般根据单位的级别确定固定的标准；③对于设备更新、计算机购置等新增费用，由各个主管部门根据工作需要，提出资金需求计划，由财政部门予以核定；④对于专车，财政部对享受公务用车的人员级别、配备标准有严格的规定，在地区和市一级单位，只有最高首长有公务用车，配备公务用车的相关费用直接列在预算中。对于一般公务用车，财政部没有具体的编制和数量限制，也不安排专门的购置预算，各单位可以根据自身的工作情况自行决定公务用车的配备数量。一般在一个城市政府都设有公务用车公司，相关部门需要用车，经领导批准，可租用公司车辆，相关费用在日常消耗中列支，但控制严格。

六、政府预算管理改革

在 20 世纪 70 年代及 80 年代，那些长期奉行凯恩斯主义财政政策的国家普遍出现低增长、高失业和高通胀。伴随经济绩效恶化而来的是恶化的财政绩效：公共财政膨胀、赤字居高不下，有些国家则一直延续到 20 世纪 90 年代。赤字比率（财政赤字/GDP）和债务比率（政府债务/GDP）普遍超过警戒水平。基于对经济和财政绩效持续恶化进行的反思，一些国家实施了预算管理改革。

（一）采纳新型的自上而下（top-down）的预算程序

在过去的预算方法中，OECD 国家采用"自下而上"和"自上而下"相结合的预算程序，这种预算程序当前仍在发挥作用，所发生的变化是更加强调"自上而下"的预算程序，并划分预算决策的不同组成部分，这是预算制度改革所取得的一个重要进展。这个程序的基本特点是：

1. 在预算编制的起始阶段即由较高级别的（核心）部门建立和公布总量预算限额、部门预算支出限额，限额的设定一方面要反映政府政策的优先次序，另一方面要发挥控制部门支出"自动"增长的作用。

2. 各支出部门与机构则在给定的部门限额内，将预算资源在各项预算规划间进行配置。其优势是在信息对称情况下，各部门可以对自己的活动安排有更大的自主权，更容易调整资金分配，进而形成更好的决策。

加拿大、瑞典、挪威、冰岛、荷兰、芬兰和英国已采用各自的从上到下的预算编制制度。北欧国家采用的预算框架程序尤其典型：在预算过程的起始阶段即由内阁制定公共政策，以此为部门下一财政年度的预算设定支出框架，并对新的支出需求产生强有力的约束作用。由于预算限额明确且有相当可信度，预算申请者需要认真考虑减少自己负责实施的、效益低下的现有规划数目，因而有助于削减现有支出计划的存量，从而为新的支出留出空间。

（二）放松投入（input）控制，提高预算的灵活性

在预算管理系统中，预算资源是由支出机构具体营运的，支出机构在有效配置预算资源方面具有明显的信息优势。相比之下，财政部或决策部门在这方面却缺乏足够的信息，而且获得这些信息的成本通常很高。在此种情况下，如果由财政部门大量介入支出机构的营运性决策，虽有助于减少支出机构的财政机会主义行为，但往往导致强烈的主观随意性且增加了不必要的信息成本。因此，OECD 成员国普遍放松对预算资源投入的控制，授予支出机构和管理人员在营运决策和资源管理方面更大的自主权。具体做法有以下 3 点：

1. 改变预算拨款控制的细化程度

将原来非常详细的分项排列式拨款项目，合并成详细程度较低的拨款，即把详细的拨款项目合并到大范围的支出类别，如预算拨款不再直接控制到"工资"、"差旅费"的层次。并将资源配置权下放到各政府机构，赋予各部门重新配置资源的灵活性和激励机制。

这种做法已经越来越普遍，包括澳大利亚、新西兰、瑞典和英国在内的许多国家，在支出方面几乎赋予支出机构以完全的自由裁量权。即在预算投入的组合决策方面，支出机构在很大程度上可以自己说了算，在资源使用方面具有很高的灵活性。另外，在把原来由核心部门实施的投入控制移交给支出机构的同时，这些国家在其他方面设立了严格约束，比如对政府机构内部较高级别官员的数量，及其薪酬标准加以限制，或是对于各项预算规划之间的资源转移，通常也存在各种限制。

2. 取消对各财政年度之间资金转移的限制

政府各机构可以将本年度没有使用的资金结转至下一年度使用。典型的做法是设置一个递延的百分比，即本年未使用完而可以递延到未来年度的资金，占本年拨款额或营运成本的某个百分比。允许预算资源的年度间递延（结转）大大减弱了年末突击花钱的动因，也使得强制性的时间截止日期（只能在本年度使用）而导致的资源低效率使用问题得以缓解。

3. 放松对公共部门的约束

一是各支出单位可以按照活动的需要自主选择投入的方式。二是将人力资源管理的功能交给各部门。三是允许支出部门自主选择公共服务设施。比如，支出单位的办公楼不再由政府直接提供，而是由支出单位从市场上选择。四是引入净拨款制度，允许政府各部门和各机构保留全部或部分使用费收入，即使是在预算紧张的情况下也是如此。这一做法的目的是对那些在使用者收费方面取得成功的机构提供激励。

（三）强化支出机构的责任

从投入预算转向产出预算要求放松投入控制和赋予管理者更多的灵活性，但同时也要求支出机构和管理人员对预算执行的结果负有更多的直接责任。OECD 成员国设计了各种合约安排，作为明确政府部门预期结果和受托责任的工具，强化支出机构的责任和压力，以确保预算资源的分配和绩效之间建立直接的联系。

英国与新西兰已经在部门与支出机构之间普遍采用了关于绩效的合约制度。澳大利亚也已经设计出关于财政部与单个部门机构之间的资源协议。多数资源协议针对的是单项的营运成本，有些也与整个规划支出相关。许多资源协议中规定关于所提供的资金、追加的投资、保留的使用者收费，以及它们与产出或成果相联结的内容。虽然形式各不相同，但都是以绩效为基础来进行拨款和资源配置的。

（四）预算注重结果

在放松对投入控制的情况下，建立以结果为基础的预算体系（result-based budget system）。这一根本性改革使管理者从对"怎么做的"负责改变为对"做了什么"负责；从传统的关注预算过程的资源投入方面，转向预算过程中由预算投入所带来的"结果"方面；从传统模式中重点关注的合规性方面，转向新的预算与管理系统更加强调的其他目标方面，包括严格的财政纪律以确保总量控制、根据国家的政策重点确定预算优先性，以及增强支出机构的营运效率——以更少的投入创造更多更好的产出。

□ 本章小结

* 政府预算制度就是关于政府预算各国环节的原则规范和组织安排，是规范政府预算的编制、执行和决算等活动而制定的一系列法律法规。政府预算制度有6个基本特征：民主法制性、统一完整性、公开透明性、计划精细性、程序规范性、行政层面财政统一性。

* 政府预算的原则是伴随着现代政府预算制度的产生而产生的，并随着社会经济的发展和预算制度的发展完善而发生变化。美国政府预算原则主要包括：全面预算、多年预算、绩效预算、限制赤字、预算外注释。英国政府预算原则特别强调了以下5项：透明、稳定、负责任、公平、效率。德国政府预算原则主要有：总体平衡、借贷适度、计划指导、统一分类、国会调整。日本政府预算原则包括：全面预算，年度预算，事前审批，预算公开，预算形式和国债限制。

* 美国、日本、法国、加拿大、德国、俄罗斯在预算管理方面有一套比较系统、规范的机制和方法：一是政府预算管理与审核机构；二是政府预算的范围及构成；三是政府预算年度和预算的编制、审批、执行和决算程序。政府预算制度的共同特点是：（1）预算编制程序规范；（2）国会的作用贯穿于整个预算程序；（3）预算约束力强；（4）政府预算的透明度高。

* OECD国家国库支付制度体系包括：国库机构设置及其职责、国库支付制度基本原则、国库账户设置、国库报解支付程序。

* 国外政府采购制度的主要内容体现在：建立健全政府采购法律法规体系，不断扩大政府采购范围，加强政府采购的预算管理和资金支付审核，建立全方位的管理监督体系，实行分散采购为主，集中采购为辅的采购模式，运用电子信息手段。

* 国外预算监督制度的共同特点是：预算监督的法制化程度较高，建立了多层次预算监督体系，预算监督权力配置合理且层次分明，预算监督涵盖预算资金运行全过程。

* 权责发生制预算可以较好地克服收付实现制预算的缺陷，权责发生制预算管理基本内容包括：（1）政府购买服务；（2）合理界定政府职能范围；（3）制定科学的评估标准；（4）实现对政府资源的全面管理。

* 权责发生制的优点体现在：（1）将预算确认的成本与预期的绩效成果进行配比；（2）增加预算信息的完整性、可信度和透明度；（3）提供长期项目和或有债务的信息；（4）推动对政府资源的有效管理。

* 新西兰和澳大利亚的权责发生制预算在实施背景、实施过程、重点领域和权责发生制政府财务报告体系方面具有一定的代表性。

* 预算支出控制制度可从发展阶段、职能和方式进行分类。澳大利亚预算支出控制制度的特征是内控外审，双重制衡。德国预算支出控制制度的特征是制定详细具体的开支标准。

* 20 世界 80 年代以来，OECD 国家进行了一系列预算管理改革，主要包括实行新型的预算程序，放松投入控制，强化支出机构的责任，预算注重结果。

□ 关键概念

政府预算制度　国库单一账户　外部控制　产出、结果控制　政策控制　过程控制　指令控制

□ 复习思考题

1. 简述现代政府预算制度的基本特征。
2. 简述美国现代政府预算原则。
3. 简述英国政府预算原则。
4. 简述德国政府预算原则。
5. 简述日本政府预算原则。
6. 简述美国政府预算的范围及构成。
7. 论述美国政府预算执行的主要内容。
8. 论述日本政府预算体系的构成。
9. 简述法国预算拨款类型。
10. 论述外国政府预算制度的基本特点。
11. 经合组织国家国库支付制度基本原则。
12. 简述法国单一账户管理制度特点。
13. 简述美国国库支付方式的特点。
14. 论述国外政府采购制度的主要内容。
15. 论述国外预算监督制度的基本特点。

16. 简述德国预算支出监督体系。
17. 论述权责发生制预算管理基本内容与优点。
18. 论述澳大利亚的权责发生制预算的重点领域。
19. 预算支出控制是如何分类的?
20. 澳大利亚预算支出控制的形式有哪些?

第六章

政府预算分类模式与编制方法

第一节　政府预算分类模式

政府预算分类模式是指预算编制过程中对内容项目的分类方法及其表现形式。预算模式取决于立法要求、预算目标和管理需要。为了满足不同目的和要求，政府预算通常有多种分类方法与表现形式。目前，国外政府预算有 3 种基本分类模式：统一预算模式、复式预算模式、统一预算与复式预算相结合的模式。

一、美国的统一预算

统一预算是美国联邦政府预算的基本模式。1929—1933 年经济危机后，美国进行"新政"改革，从 1933 年开始实行复式预算，将财政收入和支出分为"一般项目"和"非一般项目"两部分，一般项目坚持节约和平衡方针，非一般项目（即投资部分）执行扩张和刺激经济增长的政策。第二次世界大战开始后，美国放弃了复式预算。一直到 1969 年，联邦政府采用的是 3 种不同且互相补充的预算模式：行政预算、综合现金预算和国民收入预算账户中的联邦政府收入预算。1969 年，鉴于预算过于复杂，联邦政府对 3 种预算进行改革，将其合并为统一预算。

（一）统一预算的特点

1.统一预算是一个多年度的综合性预算

统一预算将联邦政府的所有预算收入、支出、总盈余/赤字、债务都包括在内，全面反映联邦预算的基本状况。统一预算采取多年度（中期）预算模式，除了编制本年度的预算之外，还包括当前年度正在执行预算的估计数以及未来 4 个年度的财政基本情况的预计数。年度预算和未来 4 个年度的预计数一起构成了一个完整的 5 年财政计划，即中期财政计划。

2. 统一预算包括预算内和预算外收支

美国一些专项法律规定，一些特定的收入和支出不受政府预算收入和拨款的约束，所以联邦预算采取预算内与预算外两部分，将所有由专门法律控制的收支项目作为预算外部分纳入统一的联邦预算。但是，联邦政府创办的企业和机构，如农业合作银行、农业信贷银行、联邦农业抵押公司、学生贷款协会、房地产全国抵押协会、联邦房屋信贷银行等，由于它们是经政府特许并为公共政策服务的私人机构，故不在预算内，也不属于预算外，一般在预算文件的附录中反映；另外，联邦储备系统也是独立于政府的，但因它与财政部的联系，所以也在预算文件附录中列出。

3. 预算支出划分为自主支出和法定支出

联邦预算支出划分为自主支出和法定支出两类。自主支出是由每年的拨款法控制的支出，是联邦政府直接支配的支出部分，主要包括国防、应急基金等；法定支出是由永久性法律控制的支出，主要包括社会保险、医疗照顾和医疗保险、农业价格支持、对失业者和贫困者的救济资助等，这类支出不受年度拨款法控制。

这种划分源于 1990 年通过的《预算执行法案》（The Budget Enforcement Act，BEA），目的在于限制自主性支出。《预算执行法案》规定对每个年度自主性支出的授权设置额度（cap），并要求法定支出遵守增减相抵（pay-as-you-go）原则，即如果增加一项法定支出，就必须减少另一项法定支出或增加某项法定收入。

4. 统一预算不区分经常项目和资本项目

统一预算对联邦收支不按经常项目和资本项目分类。虽然美国许多州和地方编制资本预算，国会也常有编制资本预算的建议，但联邦政府从未编制资本预算，主要原因是：①从政府的财政职能划分看，联邦政府主要提供全国性的公共产品，而大型公共工程往往是地方性的，主要由地方提供；②从全国性公共品的实际提供情况看，联邦政府的"资本投资"主要是国防设施，这些资本投资与州的资本投资不同，它们需要经常性地更新调整；③联邦政府的非国防投资主要是对各州的公共投资拨款，目的是实施宏观经济政策，刺激地方经济，不具有直接投资的长期性和固定性。

（二）统一预算中的支出分类

1. 按功能分类

在统一预算模式下，为了反映联邦政府的政策重点和明确收入来源，预算支出通常按作用或功能分类。这种分类形式是国会审议和立法的主要依据。根据美国预算法案的规定，功能的定义是：①一种功能是包含一系列目的相似的活动与项目，它强调联邦政府应努力完成的任务和应达到的目标；②一种功能必须是对国家发展具有长期性和重要性意义的相似活动的集合，完成每一功能需要耗费大量的资源；③政府的各种具体服务活动和项目按主要功能或目的归类，而不考虑它们具体由哪些部门来完成。

2. 按部门分类

为了明确政府各部门、机构的责任和所占用的资源规模，对公共资源进行有效控制，美国联邦预算支出除按功能分类之外，还按部门分类。预算支出按部门分类的基础是政府各部门或机构的预算。在美国，政府各部门及代理机构的活动主要通过两类基金——联邦基金和信托基金来支持。

联邦基金主要包括 4 类：①一般基金，它包括全部所得税收入和借款，是预算收入的主要部分，它支持国防、国债利息和政府一般性支出；②特别基金，它是由法律指定的为特别目的而支出的基金，如土地和水资源保护基金等，它来源于各种"使用费"及其他收入；③公共企业基金，它是由法律授权的引导公共企业经营发展的滚动基金；④政府间基金，它是政府各部门和代理人之间用于调节的基金。

信托基金是依据法律建立的用于政府执行特殊目的和项目的各种基金，如社会保障基金、医疗保险基金、高速公路基金、政府职员退休基金等，它主要来源于各种专项税收。

二、德国的复式预算

（一）复式预算实施的背景

第二次世界大战后，德国开始经济转型，建立社会市场经济体制，强调政府进行社会调节与市场调节相结合的运行机制，重视国家投资、经济稳定和社会福利的提供。1967 年，随着德国经济高速增长阶段的结束，德国修订了《预算法》和《基本法》，规定政府预算应考虑经济总量的平衡，这是凯恩斯主义的国家干预思想在德国政府预算中的具体体现。另外，由于历史的原因，德国的国有企业和国有经济比重比美国高得多，在市场经济中国家对保证社会收入分配的公平性、稳定经济和提高社会福利水平的作用也较大。因此，资本投资和复式预算成为德国财政制度的重要组成部分。

（二）复式预算的内容

复式预算是将预算收入和预算支出按经常项目和资本项目分类，编制经常项目预算表和资本项目预算表的一种结构形式。经常项目支出是政府经常性支出，经常项目收入是各种税收收入和部分非税收入。一般情况下，经常项目的预算收支应保持平衡（通常保持一定水平的盈余）。资本项目支出主要是政府的各种资本性支出（如公共工程的建设投资、对国有企业的资本投入、对各类企业的贷款等），资本项目收入主要包括经常项目盈余、国债发行和国外借款收入等债务收入。复式预算可以使政府摆脱正常财政收入的约束，利用国家债务收入来实施大规模的财政干预和经济刺激政策，促进社会发展和保证经济的稳定运行。

从德国联邦政府复式预算表（表 6-1）可见，经常项目支出主要包括：联邦政府人员支出、设备购置支出、利息支出、社会保障支出、对企业和个人的补助支出、对外援助支出等；经常项目收入主要包括税收、政府贷款利息收入等。资本项目支出包括：各类建设投资、对参股和控股公司的投资、对公共部门和非公共部门的贷款、对州及市镇投资项目的参与和转移支付等；资本项目收入则由债务发行收入、财产转让、贷款回流等来平衡。经常项目收入和支出是预算收支的主要部分，一般占联邦预算收支总额的 80% 以上。

表 6-1　　　　　　　　　　　　　德国联邦政府复式预算

支出	收入
1. 经常项目	1. 经常项目
人员开支	税收
实物开支	租金和租赁费
利息支出	利息
补助(地方政府、企业、外援、养老及社会保险等)	行政规费
经常项目支出合计	其他
2. 资本项目	经常项目收入合计
实物投资	2. 资本项目
资本转移	资产出让
贷款和参股	资本投资转移
资本项目支出合计	贷款和股份收入
其他	资本项目收入合计
预算支出总计	国债与货币发行收入
	预算收入合计

三、英国的复式预算

英国是凯恩斯主义的发源地。在 1968 年之前英国财政部就已采取了根据预算内容的性质差异将预算分为线上预算和线下预算的方法。1968 年开始编制正式的复式预算，在政府预算编制中分别设立统一国库基金预算和国家借贷基金预算，统一国库基金预算就是经常预算，国家借贷基金预算即资本预算。

（一）复式预算的内容

英国复式预算中的经常项目支出主要包括：商品与劳务的购买支出、社会福利支出、国外援助支出、补贴支出、公共部门支出、利息支出等；资本项目支出包括：资本形式的投资支出、对公共部门的拨款、对私人部门的贷款支出、库存增加支出等。

1998 年为了加强对公共支出的管理和对部门预算的控制，英国通过了新的《财政法》、《财政稳定法典》和《经济与财政战略报告》，对部门预算进行了改革。它集中反映了英国政府试图提高公共服务效率和加强公共资源管理的主旨。预算改革创新主要表现为部门预算支出管理和控制方面。如果说复式预算注意到了公共收入和公共支出性质与平衡上的区别，那么，英国所进行的新的预算改革和创新则关注了部门支出的有效控制和管理问题。改革的主要内容如下：

1. 规定部门限额支出和年度管理支出

为了控制支出和改善管理，将财政支出划分为部门限额支出（Departmental Expenditure Limits，DEL）和年度管理支出（Annually Managed Expenditure，AME）两大类。

（1）部门限额支出

部门限额支出是对各政府部门稳定的、跨度为3年（中期）的支出限制，它包括各部门的全部运作成本和所有投资项目的支出。这类支出具有非短期性或者说稳定性，可以合理地确定它在3年内的限额，并在3年内受到严格控制。英国公共支出委员会每2年对其执行情况和效果进行一次全面检查，根据检查结果修订和确定新的3年支出限额。

为了更加有效地控制社会安全支出的规模，逐年降低各种项目支出，英国采取了一种自上而下的预算编制策略，即总体控制，其内容涵盖了社会安全支出、政府还本付息支出。总体控制主要针对每一个部门的支出制定上限，最终目标是将每年的支出上限控制在实质增长率为1.5%以内，总体上支出上限控制或固定在一定的水平之下。如果想增加支出，相关的部门必须先对其他项目的支出进行削减，然后才有可能达到支出增加的目的。①

（2）年度管理支出

年度管理支出主要包括那些具有年度变动特性、需要根据年度经济状况进行调整，不适宜进行硬性限制和管理的各种其他支出，如社会保障、税收减免、住房补贴、共同农业政策支出等。年度管理支出通常贯穿于初步预算和正式预算报告过程，一年进行两次评价检查和调整。

2. 建立资源预算和资本预算

为了纠正对资本支出的偏见和保证财政规则的实施，英国创设了资源预算（resource budgeting）和资本预算（capital budgeting）。作为中央财政主要部分的部门限额支出在2000年度正式运用资源预算和资本预算。

（1）资源预算的概念

资源预算（resource budgeting，RB）就是对经常性营运的全部成本，不是以所需资金来计算，而是计算所耗费的全部资源的预算。这也表明政府预算由以往的现金记录方式改变为权责方式来进行。

（2）设立资源预算的动因

英国政府于1995年正式推行资源预算改革，改革主要基于4个方面原因：①现行现金会计已无法满足英国政府关于资本支出的决策需求及对目标、产出绩效评估的日益重视。②试图消除公共支出调查和国会审查程序之间的差异。③通过科技创新减少公共支出的成本。④英国一些公共部门和地方政府已有利用权责会计进行财务管理的实践。

（3）资源预算与经常预算的关系

资源预算本质上是对经常预算的改进和发展，它们的主要区别是：经常预算是以政府部门的现金支出需求为基础的，而资源预算是以部门的全部资源需求为基础、以资源账户记录的公共服务成本（全部资源的使用成本）为依据的。

---

① 李青，蔡华．英国预算改革述评[J]．安徽工业大学学报：社会科学版，2014（4）．

长期以来，对政府部门提供公共产品和公共服务的营运成本以及政府各部门日常活动的费用开支是通过经常预算来反映的，而经常预算又是以年度现金需求为基础的，如人员经费和物资开支等。这些现金支出就是政府各部门提供公共产品的成本，对经常开支的控制自然是现金管理。事实上，政府部门提供公共产品和公共服务的全部成本不仅包括这些现金成本，还包括了非现金成本，如部门固定资产使用的价值耗损（折旧）、资产变化的成本（拥有资产的机会成本）、部门借款支付的利息成本和政府职员的未来退休金支付等非现金资源耗费。

资源预算取代经常预算必然引起内容上的调整和变动，主要调整项目包括：

①各部门使用资产的价值损耗——折旧、部门借款的应付利息成本，以及对员工未来退休费用的补偿支付等，这些非现金成本是提供公共服务时消耗的人力和物力资源。

②各部门对私人机构的资助和补贴，如对私立大学的赠款、对私人服务机构的捐助等。这部分以往被作为资本预算部分，现作为资源预算是因为它在公共收支平衡表上不产生新的资产。

③公共服务公司、企业的亏损和其他资源耗费。

④各部门在预算年度内耗费的库存商品。而商品存量的增加部分则不进入资源预算，只有购进并使用或耗费的商品才属于资本预算。

资源预算与经常预算的关系一般可表示为：

$$\frac{\text{资源}}{\text{预算}} = \frac{\text{经常}}{\text{预算}} + \frac{\text{资产}}{\text{使用损耗}} + \frac{\text{借贷}}{\text{资本的成本}} + \frac{\text{对私人部门的}}{\text{资助和捐赠}} + \frac{\text{库存}}{\text{商品耗费}} + \frac{\text{公共企业和}}{\text{机构的资源耗费等}}$$

由于资源预算包括了现金成本和以往尚未计入的其他资源成本，一般情况下，资源预算额比经常预算数额要大，而资本预算额和年度管理支出额比采用资源预算前的数额要小。国防部的武器装备支出等，原作为经常项目，实施资源预算后作为资本预算项目。

（4）资源预算的作用

①增强预算管理

由于资源预算要求改革公共支出的账户管理，以资源账户替代原有经常支出账户或现金账户，资源账户记录各部门在一个年度内耗费的全部现金、非现金资源，尤其是记录了部门拥有资产成本，使部门的服务成本更为全面和透明，促使各部门积极管理和利用营运性资产，减少人员和负债，降低成本，提高公共服务的效率。

②有利于预算监督

资源预算提供了充分信息，公众和国会可以对政府的日常运作和投资状况有更清晰的了解，政府的监督和预算审批过程也变得容易。

③更好地实现政府的财政目标

资源预算科学地区别公共投资与营运耗费，政府的财政政策目标更易通过预算管理来体现，因为资源预算下的资本预算消除了原本属于经常耗费的部分，更为客观地反映了实际投资的规模和效率，有助于提高人们对政府投资政策的信心。

④有效控制部门支出

部门资源预算置于中期预算控制下，并且各部门还要提交"公共服务协议"（包括部门提供公共服务应达到的目标、业绩标准等）和"部门投资战略"（包括中期投资的目标、规模、资本形成的质量，现有的资本存量和具体项目等），这些措施可以有效地制约部门支出的随意膨胀，对于保证公共财政的稳健发展具有十分重要的作用。

3. 建立"黄金规则"和"可持续投资规则"

在财政永续性理念的影响下，英国于 1997 年颁布了财政稳定法案，财政稳定法案提供了两个重要的财政指导原则来规范英国政府的财政行为：①对经常项目坚持"黄金规则"（the golden rules）。在中期财政计划中控制经常性支出，具体要求是在一个经济周期内，公共债务收入仅用于公共投资支出，不允许用于增加经常项目支出，争取在 1999—2005 年这一时期内实现经常项目的平衡或盈余；②可持续投资规则（the sustainable investment rules），规定英国政府各部门的未偿债务余额占 GDP 的比例在整个经济周期内维持在一个市场可以接受的水平上，使公共部门的净债务在 1999—2005 年这一时期控制在 GDP 的 40%内。

（二）预算支出的功能分类

英国政府预算支出按功能分类，主要包括教育、健康与社会服务、住房与环境、社会保障、交通、国防、债务、法律与安全和工农业。

四、日本的复合型复式预算

根据日本 1947 年的《公共财政法》，日本中央政府的预算采取 3 种形式：一般会计预算、特别会计预算和政府关联机构预算。由于这 3 种预算形式并存，日本的政府预算形式也属于复式预算。但是，日本的复式预算同按经常项目与资本项目分别列表的一般复式预算是不同的。除一般会计预算、特别会计预算和政府关联机构预算 3 种预算之外，日本每年还编制财政投融资计划预算，而政府预算的主要部分——一般会计预算又类似于美国的统一预算。因此，日本的复式预算可称为混合型的复式预算。

（一）中央预算构成

1. 一般会计预算

一般会计预算主要反映中央政府的基本财政收支状况，是政府预算的主体，体现日本政府的财政政策趋向。一般会计预算的支出通常按功能进行分类，如社会保障、教育与科学、国防、国际合作等；收入按来源分类，如一般税收收入（除了某些指定的税收）、国债收入和政府企业利润收入等。

2. 特别会计预算

特别会计预算，也称特别预算账户，是国家在基本事务之外，为实施某些特别项目、管理某些特殊基金所编制的预算。日本《财政法》规定，具备以下条件即可设立特别会计：①国家经营特定事业；②保持特定的资金并予以运用；③使用其他特定的收入安排的支出，并有必要与一般的收入支出加以区别。每年设立特别会计预算的个数，依该年度的实际需要而定。

　　根据《有关特别会计的法律》（2007 年法律第 23 号）的规定，日本废除原有的 31 项特别会计法，制定了有关特别会计的总体法律，将 31 项特别会计合并、缩减为 17 项，每个类别的个数和内容见表 6-2。

表 6-2　　　　　　　　　　　　　日本特别会计预算的种类和内容

特别会计预算的种类和内容		
事业特别会计（共 12 项）	企业特别会计（1 项）	国有林野事业特别账户
	保险事业特别会计（7 项）	地震再保险特别账户
		劳动保险特别账户（劳动保险与船员保险）
		森林保险特别账户
		贸易保险特别账户
		年金特别账户（厚生保险与国民年金）
		农业互助再保险特别账户
		渔船再保险以及渔业互助保险特别账户
	公共事业特别会计（1 项）	完善社会基础设施特别账户（城市开发资金、治水、道路、港湾与机场建设）
	行政事业特别会计（3 项）	食品稳定供给特别账户（完善农业基础与粮食管理）
		汽车安全特别账户（汽车损害赔偿保险与汽车安全检查）
		专利特别账户
资金运营特别账户（共 2 项）	财政投融资特别会计（财政融资与产业投资）	
	外汇资金特别会计	
其他（共 3 项）	整理划分特别会计（2 项）	转移支付税以及让与税分配金特别账户
		国债整理基金特别账户
	其他（1 项）	能源对策特别账户（电源开发与石油能源）

　　资料来源：佚名.日本财税立法及执法研修报告（二）——日本预算管理制度研修报告[EB/OL].[2015- 11- 10].http：//www.mof.gov.cn/pub/tfs/zhengwuxinxi/faguixinxifanying/201212/t20121221_719310.html.

　　3.政府关联机构预算

　　政府关联机构是指根据特殊法建立的非政府机构，如日本开发银行、日本进出口银行、各种专业性的金融公库等。这些机构由日本政府提供全部资本，但实行商业化管理和经营，并且要求它们同私人公司一样提高经营效率。由于这些机构的经营活动与政府政策的贯彻实施密切相关，故其预算也必须由国会审议批准。所以，政府关联机构预算实际上相当于日本公营企业的财务收支计划。

4. 财政投融资计划

（1）财政投融资制度及作用

利用国家信用筹集资金，按照政策需要进行投融资活动是日本的传统，但建立庞大的以国家信用为基础的财政投融资制度却是第二次世界大战后日本的新创造，是日本为实现宏观经济与微观经济的协调，对经济供给过程进行干预的制度保证。日本的财政投融资计划的前身是由邮政储蓄和大藏省存款部构成的资金筹措和资金运用的国家信用制度，1952 年则启动为资金筹集、资金分配和资金运用相结合的财政投融资制度。

（2）财政投融资计划的作用

①政府对社会间接资本，特别是对产业基础设施的大规模投资，极大地缓解了产业迅速发展而引起的交通运输设施和用水用地的瓶颈制约，从而促进了经济的迅速发展。日本政府对基础设施的财政投入和支持是日本财政制度运行中最成功的内容，也是日本经济持续高速增长并得以维持良好的经济环境的重要原因。

②通过财政投融资计划，对电力、海运和铁道提供了低利贷款，降低了这些产业的成本，对产业政策的实施发挥了重要的作用。

③财政投融资计划将通过国家信用筹集的资金按照政策目标统一进行分配和使用，实现资源的直接配置，引导民间资金按政策方向配置。

④财政投融资计划的资金筹措和运营均按有偿原则进行，减轻了财政负担。

⑤财政投融资计划根据经济周期的动向进行调整，而且更有弹性，可以压缩或追加，充分发挥了调节经济的作用。因此，从某种意义上讲，日本的财政投融资计划是日本兼顾凯恩斯有效需求理论，维持政府较大支出规模，又维护其均衡财政的宏观经济政策目标的重要实践。

（3）财政投融资计划的内容

财政投融资计划实际上是管理投资和融资资金（主要是有偿资金）的专项预算。日本从 1953 年开始编制年度财政投融资计划（fiscal investment and loan program，FILP），目的是将有偿的财政投资和融资与一般财政收支项目相区别，分别管理。即在国家预算的一般会计预算和特别会计预算之外，建立具体由政府进行投融资操作的国家第二预算。

2001 年 4 月，日本对财政投融资计划进行改革：一是将财政投融资计划置于国会监督之下。与财政预算一样，财政投融资计划规模及其额度必须经国会讨论通过。二是对投资、融资和担保进行分类，制订概括性和统一性兼备的财政投融资计划。三是采用政策成本分析法，实施财政投融资计划的信息披露制度。

日本的财政投融资计划资金来源属于有偿资金，主要包括：年金基金、邮政储蓄、邮政生命保险基金、政府发行 FILP 债券与借款、FILP 资金的回流等；资金运营也按有偿原则进行，但这些资金并不以营利为主要目的，一般通过日本开发银行、日本进出口银行和中小企业金融公库等政府金融机构，按政策性、诱导性、公共性和有偿性相结合的原则来运用。如对公共领域提供长期的、固定利率的信贷支持。

（二）中央预算模式特点

中央预算模式特点包括：①政府预算的范围广泛，既包括政府无偿性财政资金，也包括一部分有偿性社会信用资金；②预算形式多样，既吸收了美国和欧洲国家政府预算的经验，又与日本的经济管理思想和体制保持一致。一般会计预算类似于美国的统一预算（不作经常项目与资本项目分类），特别会计预算则是为保证一些特别任务或功能所做的预算，政府关联机构预算则是为管理政府相关机构所做的预算，财政投融资计划实质上是一种资本预算。

形成日本这种预算特色的根本原因是日本政府认为社会经济的发展需要有力的财政政策，需要有各种专职机构和严格的预算来保证政策的实施，一般会计预算之外其他的预算可以使政策执行机构在执行政策的过程中注重效率。这两大特点使日本能够比较好地解决扩大财源与提高效益这两个财政分配中的问题，使政府预算的总体功能得以有效发挥。

（三）地方政府预算体系

日本地方财政计划是从宏观上对全体地方公共团体的年收入和支出预算额进行的推算，同时具有保障地方公共团体财源的职能。对于日本的地方财政，该国《地方财政法》将其定义为"地方公共团体的财政"。地方公共团体由普通地方公共团体和特别地方公共团体构成，其中，普通地方公共团体由都、道、府、县等广域性自治体，以及市、町、村等基础性自治体组成；而特殊地方公共团体由特别行政区、地方公共团体协会、财产区、地方开发事业团等组成。

据日本《地方税返还法》第 7 条规定，内阁每年度制定下年度地方公共团体年收入和年支出总额的预算文件，在提交国会的同时，必须公开发表，称做地方财政计划。日本地方财政计划在保障地方公共团体财源的同时，也是各地方公共团体以及中央政府制定财政管理政策的指导方针。

日本地方财政计划的制订始于 1948 年，1950 年根据索普的建议，建立了地方财政平衡补助金制度，依据地方财政平衡补助金的总额计算手段制订地方财政计划，这种总额计算手段对地方公共团体具有财源保障的意义。地方财政平衡补助金制度在 1954 年改为现行的地方税返还制度，但其职能没有发生本质性变化。

第二节　政府预算的形式及其编制技术

一、中期预算

自 20 世纪 80 年代以来，大多数发达国家和部分发展中国家相继开展了以中期预算框架（MTBF）为主要模式的预算管理体制改革。目前，许多 OECD 国家都已经将中期预算法制化，作为预算工作的一项常设工作进行。

（一）中期预算概述

1. 中期预算的含义

中期预算的思想最早来源于 20 世纪 40 年代美国经济学家阿尔文·汉森提出的周期预算平衡政策。中期预算（medium-term budget），也称中期预算框架（medium-term budget framework，MTBF）或多年度预算，是对连续多个年度的财政收支进行预测、规划或规定的一种财政计划形式，是一个为期通常 3 至 5 年（有些国家更长）的滚动、具有约束力的支出框架，它为政府和政府各部门提供每个未来财政年度中支出预算务必遵守的财政约束（预算限额）。

2. 中期预算框架的目标和要素

建立中期预算框架的主要目标是：①建立起中期可操作的财政目标，预算项目的安排要具有稳定性和可靠性，项目虽然跨年度，但政策目标要稳定，资金安排要有预算。②便于支出管理者制订更好的计划。这也是中期预算优于年度预算的重要特征，在中期预算框架中，支出管理者可以更好地对跨年度项目作出计划安排。

建立中期预算框架的 3 个要素是：预算详细程度（level of detail）、时间跨度（time-span）和对年度间预算变化的调整（reconcile changes）。虽然各国在建立中期预算框架时的具体做法不同，但这 3 个方面是工作重点。

3. 中期预算的形式

中期预算的具体编制大体有以下 3 种形式：

第一种，以报告年度为基年的滚动方式编制 3～5 年期的预算计划，将年度预算纳入其中。这是典型的中期预算模式。这种方法将经过议会批准并付诸实施的预算年度定为中期预算的第一年，预算提交议会审议的预算年度为第二年，后续的 1～3 个预算年度为"纯计划年度"。

第二种，以报告年度为中心，将年度预算予以前后扩展，通常只是对原年度预算在编列形式上做某些改进。这种形式是年度预算在向中期预算演进过程中的一种过渡。

第三种，在预算中增加了某些中期预算的因素，对某些重点项目做重点反映。某些国家虽未采用上述典型的中期预算模式，但在沿用年度预算的同时，也注意将中期预算的某些因素引入年度预算的编制当中，主要是在涉及某些需要多年投资才能完成的重大支出项目时，所编制的年度预算不是仅仅反映该项目一个年度所需的拨款，而是对多年投资进行全面反映。这种形式也是年度预算在向中期预算演进过程中的一种过渡。

4. 中期预算的审批

在经合组织的多数国家中，法律并没有规定立法机关要正式审批中期财政战略。即便如此，近 75% 的经合组织国家的行政部门也要编制中期预算框架并将其提交给立法机关，以作为政府合理分配公共资源的有效参考。除了少数情况之外，立法机关只是了解这方面的信息，并不会对总额进行正式审批。

（二）实行中期预算的必要性

经过多年的实践，年度预算已经暴露出其不足之处：如年度预算约束性较弱、有可能增加财政风险及加剧经济波动、年度预算透明度不高以及与宏观经济政策的联系不紧密等。因此，为了弥补年度预算在反映收支变动、控制支出增长、调整支出结构、协调收支关系及贯彻财政经济政策等方面的功能缺陷，提高预算资金的确定性，一些国家由年度预算转向了多年期预算，目的在于了解、掌握财政收支变动长期趋势，建立中期财政约束基准和中期支出框架，促进财政收支的科学决策和加强政府的宏观经济调控。

1. 加强年度预算约束性

第一，在大多数国家，作为年度预算的一个重要组成部分，在编制年度预算之前，财政部或预算管理机构首先要制定中期预算。中期预算的一个突出优点是将政府决策的注意力转向政策的长期可持续性，确定政府在未来几年内的预期收入、支出、预期的预算盈余或赤字总量，在预算优先次序和预算编制之间建立更紧密的联系，有效提高预算流程的可预测性和稳定性。

第二，在中期预算的法律地位得到确认的情况下，编制年度预算时需要依据中期预算所确定的中期财政收支总量，并参考远期预测的估计结果。因此，中期预算的主要作用之一是为年度预算建立具有约束性的支出限额，其对年度预算的确定具有直接和相当的控制作用和约束力。

第三，在形成和决定预算政策过程中，中期预算框架可在年度预算过程一开始就起到约束公共支出需求的作用，便于政府编制年度预算并确定支出重点，更强有力地约束各支出部门的支出需求。

第四，中期预算是"自上而下"的资金分配方式，对预算规模和结果变化都有相应规则，从而可以保障预算资金总额控制。

2. 促进经济平稳增长

中期预算是针对 3～5 年制订的预算计划，在制定中期预算时，需要对未来时期内的经济变化情况、财政收支增长情况进行科学预测，事先考虑到各种因素变化对财政的影响，从而使政府的收支计划能因时制宜。根据不同经济形势安排政府收支，理论上可以避免经济发展过程中可能出现的盲目性，实现周期平衡预算，在经济周期内避免政府的过度赤字或盈余，减少政府财政风险；同时也可以在最大限度上通过政府预算实现以财政政策熨平经济波动的目标，保障宏观经济的稳定。

3. 增强政府政策的透明度和可信度

中期预算通常并不详细阐述政府的政策意图，但它明确显示了未来若干年度政府财政趋势或者政府财政政策方向，从而增进了预算透明度，有助于增加公众和其他利益关系者对政府财政承诺的可信度。对于私人经济来说，可以为其提供有关国家长期经济发展的信息，有助于促进私人投资和消费的有序进行。同时，中期预算与国家中长期发展战略相联系，可以减少政策波动或领导人更替对预算和政策连续性的影响，使政府的财政政策更具有可信度。

IMF（2007）认为，中期预算框架对发展中国家和转轨国家的一个重要好处是，它有助于将资本预算和经常预算联系起来。如果没有这种联系带来的协调，那么预算信息的有用性就有限，并且用于经营和维持成本的款项往往不足。

4. 确保宏观战略与财政政策的一致性

从中期预算年度之间的衔接方式看，多数国家编制的中期预算都演变为一种滚动式的财政中期计划，计划期一般为 3 ~ 5 年。每年编制一次，每次向前滚动一年。每年都要根据预算执行情况和经济发展及各方面情况变化的最新预测，对有关经济指标和财政收支指标进行调整、修改。这样不仅可以确保与政府宏观调控意向一致的跨年度项目有足够的资金来源，保证实现支出与收入及财政与经济的协调互动，而且可以避免计划与实际脱节的现象，克服年度预算编制过程中的短期行为和随意性，保证国家宏观决策和财政政策执行的一贯性、系统性、连续性。

OECD（1997）提出，中期预算设定了总体财政政策的目标，由政府公开宣布将如何在数年内达成这些目标，并将这些目标转换为可运作的方案，据以建立支出额度的上限；显示现行继续存在的政策成本，决策者为了达成未来的目标，将衡量现有政策所使用的资源配置是否具备优先性；说明现有政策在未来年度时预算意涵，而这些意涵不一定在现行预算中表现出来。例如长期性的公共建设计划，其成本无法表现在单一年度中，但会反映在未来的预算中。

（三）中期预算框架的含义

1. IMF 的定义

在 IMF 的《修订的财政透明度手册》（2001）中，把中期预算框架区分为三个渐进的层次：

第一，中期财政框架（medium-term fiscal framework，MTFF）。它是中期支出框架的出发点和必要步骤，属于宏观层次，一般包括一份财政政策声明和一系列中期宏观经济和财政目标及预测。与中期预算的目标相对应，MTFF 实际上体现了中期预算对于财政的总量控制，有望实现对财政纪律的强化。

第二，中期预算框架（medium-term budget framework，MTBF）。在中期财政框架的基础上，对各支出机构进行预算估计，就形成了微观层次的中期预算框架。MTBF 的目标是基于国家战略优先性的区分分配预算资源，以确保这种分配与总体财政目标相一致。这要求在保证总体财政纪律的同时，给予支出机构一定程度的可预见性。

第三，中期支出框架（medium-term expenditure framework，MTEF）。在中期预算框架的基础上加入"活动"和"产出"，就构成了中期支出框架。与中期预算框架类似，中期支出框架同样属于微观层次。除了加强财政纪律和改进资源分配之外，MTEF 还寻求提高支出绩效。

2. 世界银行的定义

根据世界银行的《公共支出管理手册》（1998），中期支出框架由一个自上而下的资源范围、一个自下而上的对现有政策的当前和中期成本的估算以及成本和可用资源的匹配三部分组成。自上而下的资源范围本质上是一个宏观经济模型，该模型表明了财政目标、收入预测和支出预测，也包括政府债务和耗费巨大的大规模的行政改革。事实上，可以将中期支出框架看做中期预算框架的核心和典型存在形式。[①]

一般而言，一个良好的中期预算框架主要包括：①财政（和经济）政策报告书，揭示影响预算总量的宏观经济指标；②中期宏观经济和财政预测，阐明政府的中长期政策目标及其优先顺序；③支出部门和支出机构在下一财政年度以后 2～4 年的支出估计数；③对各支出部门和支出机构的预算拨款限额。

3. 典型国家中期预算的构成

（1）美国

美国的中期预算要对预算年度之后 4 年的情况作出估测（例如，对于 2005 年预算年度，要对 2006—2009 年的情况作出估测）。对于进行预算估测所需的宏观经济数据，由经济咨询委员会（council of economic advisors，CEA）、财政部和管理与预算办公室共同来完成。预算提案要说明其所依据的经济前提，包括要对总统所采取政策的影响进行估测，同时要对前些年度所做的预测情况作出调整。

（2）英国

英国政府早在 20 世纪 50 年代就开始在国防和基本建设支出方面实行 5 年开支计划，从 1961 年起编制为期 5 年和包括多项支出内容的公共开支计划，到 1969 年成为一种经常性的制度。编制系统、完整的中期财政计划是英国政府预算的重点，按照《1998 年的财政法案》，英国财政部要提交《预算展望报告》（pre-budget report，PBR）和《债务管理报告》、《财政与预算报告》（financial statement and budget report，FSBR）和《年度财经战略报告》（annual economic and fiscal strategy report，EFSR）。

《预算展望报告》在内容上是建议性的，它会就政府正在酝酿的财政政策的一些重大变化提出建议，还要对财经形势作出预测，分析经济周期对主要经济指标的影响情况。《财政与预算报告》包括财经形势预测和对预算中的重大财政政策举措进行阐释，预测期限要涵盖发布之日起的至少两个完整财政年度（即预算年度结束之后的两年），同时还应发布与前两年财政数据的对比情况。

《年度财经战略报告》包括：①政府的长期财经战略，其中包括主要长期财政目标；②对长期战略的近期影响作出分析；③对欧盟规定的遵守情况作出短期和长期的分析；④对主要财政指标作出不少于 10 年的预测，以对财政政策的可持续性以及其可能对不同代际造成的影响作出分析；⑤就经济周期对主要财政指标的影响情况作出分析，包括在经济周期的不同阶段需要作出的调整情况等。

---

① 白彦锋，叶菲.中期预算：中国模式与国际借鉴[J].经济与管理评论，2013（1）.

（3）法国

法国《预算基本法》要求对财政收支做 4 年的规划。在向议会两院提交预算草案时，提交一个关于国家经济形势的报告，包括 3 方面内容：①根据国民账户（national accounts）作出宏观经济预测，其中还应包括预测假设和预测方法。②中期规划，对国家预算的收支情况进行中期预测，并按主要功能进行分类。至少应该提交涵盖预算草案之后 4 年的情况，其中应当包括一般政府收支和按部门分类的情况。③根据法国对欧盟的承诺，未来经济和预算政策的主要导向。

（4）德国

德国编制中期预算首先是出于应对经济危机的需要。20 世纪 60 年代中期，联邦德国经济在经历了持续十几年的高速增长之后出现了第二次世界大战后的第一次衰退。作为反周期的一种制度建设，联邦德国议会于 1967 年 6 月通过了《促进经济稳定与增长法》，规定联邦政府和各州应制订滚动式的为期 5 年的财政中期计划，借以对经济发展趋势和财政收支动态进行预测分析，并提出可供选择的政策措施。

德国法律规定，在提交预算草案的同时，还要向立法机关提交 5 年财政计划（即关于财政政策战略的量化说明），具体要求是：①根据前两年的发展情况以及后 3 年依据经济周期可能的发展情况，说明宏观经济指标的情况。②区分两类支出：一类支出必须有确定的法律条款加以规定；另一类支出则只有一般性的规定（如工资支出）。③财政收支的预测都要考虑未来政策变化的方向。

对于联邦政府来说，除了联邦预算草案之外，联邦财政部还要提交一个报告，说明公共财政的当前状况以及其对未来整个经济的可能影响。这份财政报告是一个核心的预算文件，其中说明了关于预算提案评估的情况，通常包括：①预算简表和说明；②联邦中期财政计划；③宏观经济状况和税收政策说明；④联邦、州、市的财政关系说明；⑤与欧盟的财政关系，联邦的债务、承诺和责任，联邦的特别目的基金；⑥关于政府资产和参与私人经济活动的情况等。

（5）日本

在日本，预算要根据《公共财政法案》（public finance act，PFA）规定的年度原则编制，日本法律没有规定要提交中期财政规划，但政府还是会编制中期财政规划，为政府的经济和财政政策的决策提供依据。日本在 1970 年开始编制并向国会提交 5 年的中期财政计划，目的是揭示年度预算的中期财政意义或影响。财务省通常会在 1 月底国会开会时发布"中期财政规划"，内阁办公室也会根据宏观经济模型编制中期规划。尽管这些规划并不会对以后年度的主要支出或总支出规定强制性的限额，但国会可以根据预测，分析当前预算政策对中期财政规划的影响。

（6）韩国

《预算和会计法案》中规定，计划与预算部可以编制一个中期财政计划，以提高财政管理的效率和可持续性。根据这一规定，韩国从 20 世纪 70 年代开始就公布中期财政计划。中期财政计划只是非正式的指导原则，并不是具有法律约束力的限额。中期财政计划的主要内容是统一（consolidated）中央政府的总赤字和 5 年期的财政战略。

（四）中期预算的编制体系

1. 中期预算编制原则

为了更好地实现一定时期的政策目标，在编制中期预算时，需要根据客观经济走势和有关方面的要求，确定相应的收支安排的具体原则。以法国为例，法国 1999—2002 年财政计划确立的原则有 5 条：

①保持税收中性原则。这一原则要求财政收入应与 GDP 增长相适应，即在经济增长时不增税，经济下滑时不减税。

②稳定支出增长原则。这一原则要求财政支出年均增长速度不超过 1%（扣除物价上涨因素）。

③控制财政赤字原则。即按照欧盟条约的要求，年度赤字占 GDP 的比重不能超过 3%。

④加强公共债务管理原则。按欧盟条约要求，政府公共债务余额占 GDP 比重不超过 60%。

⑤严格公共预算约束原则。这一原则要求因经济增长而增加的财政收入不得用于增加新的开支，只能用于减少赤字或减免税收。

2. 中期预算的编制方法

中期预算的显著特征是重视财政与经济的联系，谋求预算指标能与经济发展的形势和要求相一致。因此，制定中期预算涉及对宏观经济形势、经济发展前景、在经济趋势中财政支出和收入的分析预测，以及实现经济与财政协调发展的措施。

（1）美国宏观经济假设与收入预测

①宏观经济假设类型与机构。

宏观经济假设是政府预算的依据，在政府预算过程中必须确定宏观经济假设及其对政府预算的效应。美国联邦政府中期预算要基于一定的宏观经济假设，包括国内生产总值、个人和公司收入、消费品价格指数（CPI）、民间失业率和利率等。这些宏观经济假设（assumptions）是由美国联邦政府中的总统经济顾问委员会（council of economic advisers）、总统管理和预算办公室和财政部联合进行预测的。

总统经济顾问委员会负责提供 5 年经济预测，每年发起两次预测过程。第一次预测在当年夏季，根据截至 6 月底的信息进行预测并作为政府新财年预算中期调整的经济假设予以发表。第二次预测在当年年底，根据截至 11 月底的信息进行预测并作为政府新财年后一个财年预算的经济假设予以发表。总统管理和预算办公室与财政部参与经济预测，但总统经济顾问委员会负责最终预测结果，由总统管理和预算办公室予以公布。该预测以总统在预算报告中的政策建议被采纳为前提假设。

②预算收入预测的特点。

第一，良好的分工与协调。财政部税收分析办公室的收入估计处在负责进行预算收入预测时，既有总统经济顾问委员会提供的宏观经济预测，又有财政部税收分析办公室的企业税处、个人税处和国际税处负责进行主要税种的收入估计和政策模拟，而且，这些预测和分析都是建立在相同的假设基础上，可以相互比较和补充。

第二，模型预测基础上的经验调整。预算收入预测对宏观经济假设比较敏感，经济假设与预算收入效应之间存在比较简单的规则关系（rules of thumb），这些规则关系组成预算模型，可以帮助估计宏观经济假设及其变动如何影响预算。从美国的实践看，模型在预算收入预测中发挥着不可或缺的作用。无论是联邦政府，还是州等地方政府，在进行预算收入预测时都很重视应用模型预测宏观经济假设、预算立法、政府政策变化对预算收入的单项或综合影响。同时，无论宏观经济模型、预算模型还是微观税收模型都以简便、实用为原则，并且强调与经验调整相结合。

第三，广泛的数据基础和技术支持。应用模型进行预算收入预测需要良好的数据基础。宏观经济模型的数据基础是国民收入和产出账户；预算模型的数据基础是财政决算数据和基准数据；微观税收模型的数据基础是按概率样本统计的具有代表性的个人所得税和公司所得税的数据库。美国的数据基础设施建设比较完备，宏观数据比较系统、一致，微观数据比较全面、完整，总体而言数据比较稳定、可靠，协调性好，透明度高。

政府数据基本上都可以从相关的政府网页上下载使用，另外还有私营机构从事经济数据库的建设。需要特别强调的是，美国国内税务局（Internal Revenue Services）隶属财政部，通过对国内税务局的收入统计研究，税收分析办公室可以从其个人和公司所得税收入样本中抽取其所需要的数据。

无论是数据基础建设还是模型应用，都与硬件和软件两方面的技术支持分不开。美国财政部在自己开发软件的同时，普遍使用各种计量分析软件。这些软件为数据管理和模型应用提供了必要的现代经济计量工具，保证了模型在预算收入预测中的广泛使用。更重要的是，预算收入预测专家具有基本的现代经济计量知识和现代经济计量分析能力，确保了对预算收入预测结果的合理解释和理解。

（2）英国中期预算的编制方法

英国 2003 年度制定中期（5 年）预算的方法包括：

①确定财政政策的目标框架。

根据英国《财政稳定法典》中规定的 5 个基本原则：透明、稳定、责任、公平和效率原则，英国政府在 2003 年度确立的财政政策的总原则是：第一，在中期内保证公共财政的健全性，使支出和税收实现代际公平；第二，在短期内配合货币政策，促进经济平滑增长。具体目标为：实施"黄金规则"，保证在经济周期内使公共债务的发行仅用于投资；坚持"可持续的投资规则"，在经济周期内，使公共部门净债务比例稳定在 40% 以下的水平。

②主要经济预测和财政计划假设。

第一，私有化。私有化收益将全部用于偿还政府债务。

第二，GDP 增长。2003—2007 年 GDP 年均增长 2.5%，到 2007—2008 年度为 2.25%。

第三，失业。失业人数将从最近的 93 万人，增加到 2005—2006 年度的 103 万人。

第四，3 个月市场利率变化与市场预期相同。

第五，VAT。增值税与消费之比年均下降 0.05%。

第六，价格指数。用于估计公共支出的价格指数与消费物价指数一致。

第七，GDP 构成。劳动收入份额和国民收入中的利润将在中期内保持一致。

第八，国内税收。以后 3 年增加税收收入为 6 600 万英镑。

③财政收支估计。

以上假设条件可视为影响财政收支状况的主要因素，根据统计分析或模型分析，测算各年度的财政收支数据。例如，根据短期公共财政依赖经济增长状况的特性，大多数税收和一些公共支出（如社会保障支出）将直接随经济循环运动而变化。一般规律是：如果在预算年度 GDP 的实际增长率比假设高出 1 个百分点，净公共借款与 GDP 之比将减少 0.40%，而且下一年还将再减少 0.30%。因此，根据 GDP 增长的假设可算出各年度的净借款数。在英国，1% 的经济产出缺口将导致经常预算盈余与 GDP 之比减少约 0.70%。依此可算出经济循环对各年度财政平衡的影响数据。

④财政措施对财政收支的影响估计。

英国政府在 2003 年度的预算报告中提出了应对生产力挑战、为所有人增加就业机会、建设一个更公平的社会、保护环境等政策重点和具体的财政措施，例如，应对生产力挑战的具体财政措施有 10 项——如增值税的调整和改革、对新技术行业的资本折旧率规定、对北海石油生产基础设施的税收改革等。这些财政措施将对财政收支产生影响，计算每项措施对预算年度及以后各年度财政收入和财政支出的影响（增、减）情况，最后得到总的政策影响。

⑤汇总和检查调整。

将在假设条件下所得到的财政收支数据和财政措施对财政收支的影响情况汇总，得到中期预算的初步数据（包括按经济分类和按功能分类的计划数据）。检查调整是指分析初步得出的计划数据是否满足财政政策目标和基本规则，英国的检查和调整主要是考察经常预算盈余在一个周期内的情况，公共部门在各年度末的净债务，中央政府和公共部门在各年度的净现金要求等。

根据"黄金规则"，经常项目应当保持平衡和有一定的盈余，如果在中期预算内有些年度出现赤字，而在整个周期内平均盈余为正数，则说明满足"黄金规则"。而根据"可持续规则"，公共部门净债务与 GDP 之比应当低于 40%，如果中期预算中各年度的净债务率平均低于此规定，即符合要求；反之，若不符合这两个财政规则，则应重新调整财政措施，并计算其影响。

（3）法国中期预算的编审

①编审机构及其职责。

法国中期预算的编制是由财政部预测司和预算司共同完成的。预测司负责预测财政经济发展趋势，提出计划安排的基本原则和重大的财政改革措施；预算司负责测试财政收支具体情况，编制年度预算和财政收支计划，提出具体财政政策措施。中期预算编审分为4个阶段：

第一，起草预算草案和中期预算框架阶段。在这一阶段，首先由预测司提供一个关于多年度经济形势发展预测分析和财政计划安排基本原则的报告。然后，由预算司据此测算财政收支情况，编制年度预算草案和中期预算框架，并提出具体的财政政策措施，提交给总理。

第二，总理及财政部与各部委协调阶段。在这一阶段，总理要就下一年度的预算草案和中期预算框架召集各部委进行讨论协调。

第三，编制年度预算和中期预算草案阶段。由财政部根据上一阶段的结果，详细审核各部委预算年度内所需的支出数额，测算各种税收收入，提出具体的年度预算草案，并经总统核准。财政部再根据总统核准的预算草案修改中期预算，然后与预算草案一起提交国会。

第四，国会讨论和审批预算阶段。国会在讨论年度预算时要同时讨论财政部提供的中期预算报告，并以此作为审议年度预算的必要参考材料。年度预算草案经国会审议批准后，由总统下达，付诸执行。

②收入预测方法。

法国预算收入预测一般从8月份开始。第一，根据前8个月的经济情况对全年及以后年份的经济情况进行预测，分析主要经济变量的变动趋势；第二，根据上半年的实际收入对全年和以后年份收入进行预测；第三，在这些预测的基础上，根据以后年份可能发生变化的某些因素进行调整。在收入预测过程中，一些专家分别负责对每种税收进行逐个预测。预测中考虑各种因素，包括季节性因素和一些可能发生的意外因素。在作出预测之后，专家们要将实际收入情况与预测的收入水平进行比较，分析产生差异的原因。

③支出预测方法。

第一，对于数额较小的支出项目，采用统计方法进行预测。比如，采用回归法对以往的支出作出统计分析，确定今后的支出。

第二，对于数额较大的支出项目，则要进行因素分析。预算司要掌握与该项支出有关的所有信息和影响该支出的所有因素，在此基础上进行支出预测。比如，对社会福利支出的预测，根据享受福利待遇的人员数、福利标准，以及有关福利政策法案的修正因素进行严格预测。

第三，将各项支出的预测数加总起来。

二、绩 效 预 算

（一）绩效预算的一般界定

1.绩效预算的含义

绩效预算（performance budgeting，PB）是指将预算支出与绩效目标挂钩、绩效目标与政府职能及活动项目的成本挂钩，重新研究和确定部门服务的总目标、主要项目、行动方案和所需成本，通过这种方式给予部门支出灵活性，也使部门授权和支出具有充分的依据，更明确、客观。

2.绩效预算与投入预算、产出预算的比较

（1）投入预算

投入（inputs）是指组织或管理人员用以实现产出或绩效的载体，包括雇员、设备或设施、日常供应品、收到的产品或服务。投入预算倾向于确定一个规划或一个部门能够获得多少资源、人员、设备或设施等。在投入预算中，一个规划或项目所花费的资金数额往往成为主要的成绩考核指标，而且往往伴随着对投入过程的控制，即如何调整投入、如何制定支出标准和财务制度。

（2）产出预算

产出（outputs）是指政府部门向市民、企业或其他组织提供的产品或服务。产出预算一般是以提供的公共产品或服务来描述公共部门的职能作用，计算这些部门提供了多少公共产品和服务。产出预算管理制度一般倾向于采用诸如数量和及时性之类的指标，并在不同程度上采用质量指标。例如，以最低限度的出错率处理了多少个受益人的申请。在产出预算中，预算管理人员对产出的直接控制程度要低于对投入的控制。同时，这种以产出为本的方法强调量化的结果，可能会分散资金使用单位的注意力，忽视其规划对社会造成的影响。

（3）绩效预算

绩效（outcomes）是指产出或政府采取的行动对社区产生的影响或为社区带来的后果。20 世纪 90 年代后期以来，预算过程的重点开始从投入、产出转移到结果，形成了新绩效预算。其近年思路是：与政府绩效相关的是社会目标与结果，而非直接的产出或活动，应以结果为考核标准，在发展战略、成本分析中，更注重绩效的长期性。这种以结果为导向、将绩效和预算融合的管理理念在美国地方政府中应用较为广泛，在世界范围内也逐步产生了相应的影响。

在绩效预算中，政府往往以公共利益、福利或安全等指标来衡量一个具体规划或职能部门应当取得的成绩。例如，绩效可以是减少疾病发生率，或者取得一定的教育水平。绩效是政府介入的根本原因所在，与投入预算和产出预算管理相比，绩效预算管理的目标进一步扩大。

3.绩效预算的功能

（1）提高公共部门生产的有效性和效率

与传统的投入预算相比，绩效预算代表了政府治理的一种全新理念，就是将"绩效水平与具体的预算数额联系起来"。绩效预算的出现标志着政府预算模式的历史性转折，即开始从"对机构的预算资源配置"的关注，转移到"对业务活动的预算资源配置"的关注，促进预算项目的管理者更加关注项目的结果和公共责任，提高政府和公共部门服务效率。

（2）促进预算科学化、规范化

实施绩效预算的目的是使用可计量的指标来测量支出项目的产出、效率和公共服务的效果。绩效预算改革能使政府各部门明确自身职责，正确选择公共资金用途，合理确定公共项目的资金水平，采取可行的措施、方法和检验标准，实现效率目标，促进社会和经济的发展。同时，可以有效地细化预算，形成科学的预算和决策机制，使预算有充分依据，反映公共需要，避免简单、粗糙和形式化，增强科学化、规范化，真正成为政府提供公共产品、优化资源配置、调节收入分配和稳定经济发展的工具。

（3）完善相关的制度建设

绩效预算作为一种预算模式，关键是明确服务职能和目标，按目标来选择和确定活动项目与方法，根据实现目标这一中心来决定人力、物力，并测算总的资金需求。实施绩效预算的核心是使政府部门根据服务职能和绩效目标来决定项目及资金水平。它要求建立职能和绩效的审查评价制度，记录服务成本和效率的制度以及部门制订服务计划的制度，进而使绩效预算成为部门管理的平台和指导。

（4）增强政府透明度和责任感

实行绩效预算的一个重要动因，就是使政府的管理工作更加透明，使政府管理人员对其规划所产生的社会影响更加负责。透明度意味着政府的政策意图、工程程序和实施过程都必须是公开的，它是构成良好的政府治理的关键因素。及时、系统地把绩效信息进行充分披露是财政透明度的根本要求。绩效信息是经过系统化搜集的，是建立绩效预算的基础资料，它可以是数量性的，也可以是描述性的。绩效数据披露是法律所要求的，通过对这些信息、数据的比较和判断，可以将预算建立在科学计划、充分信息和可靠数据的基础之上，保证政府及其机构以符合公众利益的方式有效地利用资源。

（二）美国的绩效预算

1. 绩效预算的实施背景与过程

（1）实施的背景

绩效预算是第二次世界大战后美国最先尝试的一种预算方法。其实施的背景是美国预算支出急剧增长，赤字大量增加。因此，如何控制政府公共支出和加强立法机关对预算的控制权，引起了美国胡佛行政改进委员会的重视。该委员会提出了两个基本问题：①在政府预算主要项目上，理想支出的最大数字应是多少；②如何通过立法机关有效地、节约地执行被批准的项目。

（2）实施的过程

受当时美国一些大城市盛行的联邦政府中某些部门试行的绩效评价技术的影响，该委员会于1949年在第一份报告中提出了"绩效预算"一词，建议在联邦政府中采用绩效预算。1950年，国会通过了《预算与会计程序法》（Budgeting and Accounting Procedure's Act），要求联邦政府预算的编制和着重点开始由开支类别（如工资、物料等）转移到部门功能和项目。在部门拨款要求项目中，不仅要列明收支安排，更要具体说明工作内容、工作量和成本计算，从而使联邦政府的所有部门都建立了绩效预算。在绩效预算下，投入与产出、成本与结果同时被考虑，对政府部门活动成本与结果形成了较强的约束。

20 世纪 80 年代后，政府预算管理要求通过预算编制来提高公共资源的使用效率和加强政府的责任，绩效预算再次被提出。1993 年美国国会通过《政府绩效预算与结果法案》，再次作出实施绩效评估和编制绩效预算的决定。推行绩效预算已成为英、美等发达政府预算改革的主流模式和重要内容之一。由于绩效预算涉及面广，实施所需的技术和基础准备要求较高，因此，各国政府在此项改革的推行上都较为谨慎。以美国为例，自 1993 年起酝酿实施绩效预算改革以来，准备期用去 5 年时间，期间涉及大量的知识传播、技术培训和制度建设。

2003 年，美国的总统管理与预算办公室专门制定一项有关预算与绩效一体化的评级制度来评价联邦机构执行总统管理议程的工作成果。各个机构每个季度都要接受评估，对它们的成效标准（每项动议中列明的政府目标）完成情况进行评级；同时各机构还要就成效标准完成过程中的工作进展接受评估。2004 年，美国联邦政府正式引入项目评价体系（program assessment rating tool），以实现将项目的绩效与预算决策有机结合起来并根据绩效确定预算的目的。

2.绩效预算的内容

（1）确定战略计划和绩效目标

美国《政府绩效与结果法案》（GPRA，以下简称《绩效法案》）规定，战略计划的内容包括：①说明本部门的工作任务；②描述总体的工作目标及如何实现目标；③描述战略计划中总目标与年度绩效目标的关系；④确认影响绩效总目标实现的方法、技术、资源及影响因素；⑤描述拟评价的项目，并制定评价的时间表。战略目标是部门预算的出发点，各个项目目标为实现战略目标服务，战略目标和项目目标都是未来可以测评的长期绩效指标，应能表明部门长期服务的社会结果（societal outcome）。

战略计划最少在 6 年内有效，但每隔 3 年必须进行调整。战略计划是执行绩效法案各项规定的基础。战略计划要说明机构的目标，即机构及其项目存在的意义、项目所要完成的任务及其时间要求，说明机构长期的发展方向，及机构管理者的近期行动等。战略计划将政府的功能与预算结合起来，使各部门明确服务职责和目标，依此确立服务项目和各年度的实现方案，这也是对早期绩效预算无长期计划和结果目标仅强调短期产出绩效的改进。

（2）根据战略计划编制年度绩效计划

年度绩效计划是根据战略计划中的主要项目分类制订的年度工作计划，即在战略目标指导下，按各项目在各年度的产出目标和要求进行资源配置的过程。年度绩效计划的内容包括：

①阐明绩效目标。每一个项目都可能有一个或多个绩效目标，用于测定实际成果的目标要具有可比性，包括对目标采用定量的标准、价值和比率。

②确定绩效指标。绩效指标将被用于考核产出和结果。

③描述测量绩效的方法。测量绩效的方法要科学，并说明为达到绩效目标拟采取的工作程序、技巧、技术、人力资源、信息和其他资源等。

④确定赋予管理者的权限和责任。

由于一个项目通常由多个年度的具体活动构成，因此，年度产出目标的设计应与项目目标和部门总目标密切联系。例如，美国《住房与城市发展部》的基本任务是改善居民的住房条件，其战略目标是：到 2008 年，使 70%的美国人拥有自己满意的住房。该部设计了 6 个项目来实现这一总目标：①住房投资合作项目；②老年人住房项目；③伤残人住房项目；④租赁住房建设支持项目；⑤土著人居住区资助项目；⑥优惠购房项目。

其中，优惠购房项目的目标为：在 5 个财政年度内，使居住条件最差、需要优惠购房的家庭数（低于本地人均收入的 50%，居住在单元间的家庭）减少到 350 万户。因资金管理状况与低收入家庭的购房状况密切相关，故确定该项目在今后 5 个年度的具体任务是逐年减少低效率机构负责的优惠购房项目的比例，各年度的目标是：2004 年度减少到 30%，2005 年度减少到 25%。

（3）强调预算执行中的自主性与灵活性

绩效预算要求赋予项目管理者适当的管理权限，使项目管理者对项目的运行及实际绩效要担负更加明确、具体的责任。从逻辑上看，各部门以达到绩效目标为准则，预算执行不受制于各种资金使用规定的约束，而是根据情况自主、灵活地配置资源。自主、灵活执行原则有助于解决政府部门的经营僵化、依赖性和官僚化问题。

（4）建立绩效报告制度

绩效报告制度就是在财政年度结束后，联邦政府机构须向总统和议会提交"年度绩效报告"。《绩效法案》规定，所有联邦政府机构必须向总统预算和管理办公室提交战略计划；所有联邦政府机构必须在每一个财政年度编制年度绩效计划；总统预算办公室在各部门的年度绩效计划的基础上编制总体的年度绩效计划，它是总统预算的一部分；各部门的预算安排应与其绩效目标相对应，并且须提交给议会审议。

年度绩效报告应包括以下几方面内容：

①达到绩效目标的情况，对实际取得的绩效和年度绩效计划中的绩效指标进行比较。

②如果没有达到绩效目标，要说明没有达到目标的原因。

③今后的改进措施，如果某个绩效目标是不实际或不可行的，要说明改进或终止目标的计划，或将来完成绩效目标的时间表。

④对某个财政年度内已完成的项目评估的概述。年度绩效报告的实质是督促各部门进行绩效检查和评估，促使各部门加强成本统计和生产率分析，提供预算所需的数据与信息。

（5）进行项目评估

项目评估是绩效管理的重要环节，直接影响下一轮绩效计划。根据《绩效法案》，除了常规预算审计之外，美国预算与管理办公室还要根据《项目评估等级工具》（PART）对各部门的核心服务项目进行评估。判断项目设计是否符合绩效导向要求，已实施项目是否达到目标。

PART 系统实际就是一个问卷调查表，由近 30 个问题组成（问题数根据项目类型的不同而不同），主要从 4 个方面对项目进行审查评估：①主要项目的意义和目的是否明确（20 分）；②项目的绩效目标是否合理（10 分）；③项目的管理是否有效（20 分）；④项目是否达到目标（50 分）。若项目评估得分过低，部门将进行修改；如果项目长期不能达标，预算申请将不被批准，相关机构和人员将被自然淘汰。PART 在 2004 年的预算编制中发挥了一定的作用，使预算政策制定者的绩效责任增加。

三、规划项目预算

（一）规划项目预算概述

1. 规划项目预算的界定

规划项目预算（planningprogrammingbudgeting，PPB）是依据政府确定的目标，着重按项目安排，运用定量分析方法编制的预算。

20 世纪 60 年代，随着环境条件的变化，公共支出管理和分析由常规性转向以备选方案为重点，从而要求预算方法也需相应的发展，规划项目预算由此产生。规划项目预算于 1961 年被引入美国国防部的预算编制体系。它主要被用于分析国防费用中的武器支出费用。1965 年，美国总统要求联邦政府每个部门和机构全面推广这种预算方法。

2. 规划项目预算的基本内容

PPB 的目的是在政策目标与规划目标之间、在规划与活动之间，以及在各项财务资源之间建立起更好的联结机制。其基本内容是创造系统的分析与评估能力，用以对政府预算的目标以及实现这些目标的各种竞争性方案进行深入的检验，其核心是采用成本效益和成本有效性分析方法，对不同规划和活动进行比较，以此作为实现给定目标的手段。PPB 是真正意义上的现代预算（结果导向预算）诞生的主要标志[①]。

3. 规划项目预算的构成

从名称看，规划项目预算由相互关联、互相支持但又界线分明的 3 个层次构成：

①规划（planning）。规划指的是比较全面的、长远的发展计划，与传统的只考虑一两年的成本及效益的短期计划有所不同，一般着眼于政府长期的目标。其核心

---

① 王雍君. 美国公共部门绩效计量与应用：百年回眸与经验教训（公共财政评论）[M]. 杭州：浙江大学出版社，2012（6）.

内容是预测和设计机构业务活动的长期和短期目标，并制定实现这些目标的相应策略。具体来说，就是采用包括系统分析方法在内的各种技术进行分析，通过对备选方案的比较来选择目标，并提出达到这些目标所要采取的行动。

②项目（programming）。项目是以政府的公共事务为基础，能够独立执行的支出单元。项目建立在规划的基础上，结合各部门长远规划和管理的实际需要，对实际想要达到的目标拟订更具体的项目方案。PPB这一预算编制法打破了部门界限，是针对支出项目而设计的预算方式，实质上是一种以项目为基础的、顾及长远规划的预算模式。

③预算（budgeting）。它是指将具体的项目方案纳入正式合法的预算体系中，设计出实现这些目标的途径，作出一些很具体的决定，如完成确定方案所需的人工、材料、设施及必要资金，一般都是通过制订一个范围广泛的计划完成的，并依项目的产出确定机构应分配的资源，即各支出机构提出的支出预算申请必须与某个特定规划的产出相挂钩。而且，预算中反映了与中期计划有关的物资采购和新设施建设所需的全部资源，以及与长期计划有关的新项目。

规划项目预算的各部分内容早就存在，但作为完整的预算方法或系统，PPB也有创新之处：①对这些内容重新进行了定义；②在新的范畴下使其相互联系；③确定了分别或"一揽子"处理这些内容的分析方法。正是基于以上原因，而且能克服传统预算的缺陷，PPB引起了许多国家的规划者和财政管理人员的重视。这是因为发展计划的成功在很大程度上依赖一个健全的预算过程，而PPB这一先进的预算手段，能最大限度地满足发展战略的要求。

（二）规划项目预算实施的依据

1. 宏观经济理论

凯恩斯宏观经济理论在很大程度上改变了工业化国家的预算方法，尤其是在分析政府支出的效果方面影响极大。这一理论强调公共总支出的效果，提出政府预算不应简单地侧重于平衡预算或降低税收，而应在预算策划时考虑到政府全部支出的效果。此外，倡导"宏观预算"的理念，就是政府经济按大的项目分组和功能支出分类。

2. 微观财政预测方法

从微观经济的角度来看，规划项目预算来源于福利经济学家试图依据边际效用原则建立的一种科学的财政预测方法，希望这种科学方法可以通过衡量各备选项目的成本和收益来实现最佳的资源配置，并确定将何种支出合并能产生最大效用。规划项目预算正是这种理论在实践中的运用。换言之，就是注重具体规划的效果，通过建立支出结构框架将各种可替代项目在规划类别范围内排列，并分析不同替代项目的成本和收益。

3. 信息和决策技术

信息和决策技术的发展是最终影响规划项目预算的第3个因素。新的信息处理和决策技术可以满足规划项目预算信息处理和分析工作量大的要求，这为各种备选方案的分析提供了有效的方法，扩大了预算决策的范围。

（三）规划项目预算的操作步骤

1.确定各部门规划目标

规划项目预算从系统和长短期相结合的角度，把政府活动的长期计划和年度预算所包括的各项活动规划结合起来。根据国内外政治、社会、经济状况和国家现有的各种资源制定未来若干年的社会经济发展目标，以及确定各部门的规划目标，即弄清楚支出方案的目标是什么，或应该是什么，然后权衡这些目标。把预算中安排的项目和政府的中、长期计划结合起来，做到长计划短安排，有利于政府活动的开展。

2.提出项目计划

根据设计的规划目标，拟订具有可行性的详细的项目计划。即把规划目标分解成若干个项目计划，每个项目规定目标和指标，以及考核衡量的标准。例如，为消除贫穷，政府可采用现金补助、发食品券、免费教育、医疗补助、住房补贴、减轻税负等方式。再如，将治安部门的任务目标确定为保证盗窃发生率最小，实现这一目标可选择 3 个项目：①设立中心警察局，配备新的巡逻车；②建立更多警察分局，运用现有的巡警力量；③增加防盗项目支出，使居民改进门锁系统、报警系统和照明系统。

3.分析各备选方案

在项目计划下，进一步设计若干个备选方案，运用成本收益分析法等技术方法，以及利用各种数量分析方法对方案进行分析，参照各种成本和效益的数据，筛选出最佳的方案。在选择和安排项目过程中，依据各项数据资料进行经济分析、评价以及项目间的比较，有利于降低各个项目的费用和提高财政资金的使用效果，为政府提供决策的依据和参考。

从方法上看，与成本收益分析法比较，规划项目预算方法有两个特点：①从跨部门、跨地区系统的整体角度考虑某项支出的效应，而不是仅从某个部门考虑问题。②从跨年度的角度考虑支出的短期和长期的全面效应，而不是只从某个预算年度考虑问题。许多项目往往是跨年度的，按项目安排预算，可以根据发展变化情况，对计划和资源配置进行调整。

4.预算编制和实施

根据计算出的方案的具体工作量与所需的资金编制预算，汇编成政府的年度预算草案，按照制订的方案实施，并控制资金的使用。

5.任务与项目目标评估

任务与项目目标评估包括对现有项目规划实际绩效的系统评价，试图确定该项目是否达到预期目标，是否是以最低的成本实现预期目标等。这是整个项目规划控制过程中的最核心部分，它为下一步的战略规划、计划和预算提供了数据。

（四）有关国家规划项目预算实践

目前，不少国家的预算管理都受到了规划项目预算的分析概念和技术的影响，但由于政治、技术、经验和管理等因素在预算中起重要作用，因而各国并没有统一的 PPB。

1. 美国

（1）规划项目预算的编制

美国联邦政府各部门编制规划项目预算时，项目方向是由美国预算管理局根据总统的预算指导思想提出的，相关部门根据自己的情况选定一个或几个项目方向（可联合其他部门共同提出），确立具体项目和目标，组织项目计划与预算的编制。在美国一些州和城市，项目方向由州和城市政府提出，州、城市政府的各部门具体组织项目与预算编制。

（2）"日落法则"

从 20 世纪 70 年代起，美国预算改革的重点主要放在 7 个方面：①预算程序侧重于对目标和需求的全面分析；②对各种政府行为的成本收益进行详细评价；③进一步强调政府机构的调整；④更加重视项目规划；⑤对政府不同项目进行协调；⑥更加重视终止无效或低产出的项目；⑦说明保持项目的必要性，对那些会产生或扩大职能增加业务活动和权力的项目，议会要求各部门申请预算时要估算费用。

始于 20 世纪 70 年代的"日落法则"，实际就是贯彻这些改革，也是对规划项目预算的运用。按照原来的预算方法，一旦某个项目成为法定项目，就必须永远持续下去，即使原先的问题已不存在，或事实证明该项目没有效果。而按照"日落法则"，每个项目都有自动失效日，立法机关不得不重新考虑每一个项目，检查利弊，采取积极措施延长其寿命。按合理的时间安排自动失效日会迫使人们重新考虑项目，也就是终止低产出计划，这与 PPB 是一致的。

（3）实施情况

规划项目预算要求将目标与财政支出相联系，要分析数量关系，要求运用成本收益分析，这使政府部门在实际编制中面临许多困难。另外，前一任政府确立的计划需要后任政府履行，以及美国国会对于政府机构预算的不信任态度，导致联邦政府在 1971 年决定终止规划项目预算的运用。但美国国防部和一些州、城市仍在继续运用规划项目预算。

2. 英国

英国于 20 世纪 60 年代中期对预算进行了改革，主要内容是首次对功能进行成本核算。参照美国国防部的项目结构，形成了一种包含经常性业务活动和将来军队费用支出的项目分类以及为军队和财务计划者提供相同背景的功能成本核算系统，同时还开始使用项目的量化分析，当然这种分析和成本核算的使用只限于内部管理目的。

随着 PPB 在美国的使用，英国政府对功能成本核算系统是否适用于民用部门做了研究，并进行了一些试点，从而形成了"产出预算"。"产出预算"（output budgeting）的基本目的是将所有费用与功能目标挂钩。这种预算方法的结构主要包括：①每个项目都要明确建议支出和量化产出的方法；②专门研究确定达成目标所需的资金数额或备选方案。这些正是 PPB 的核心所在，前些年，英国又对预算制度进行了改革，改革突出在资源分配过程中的定量分析，这与 PPB 的要求也是一致的。

3. 加拿大

20 世纪 60 年代，加拿大参照美国政府的 PPB 做法，进行了 PPB 试点，并最终决定将新的预算制度推广到所有政府部门。加拿大的 PPB 与美国略有不同，它更强调对支出的计划和效率的评价。在各支出部门还成立了监督费用支出的责任中心。另外，加拿大采用规划项目预算后，还按照与规划结构相匹配的原则对政府部门的机构设置进行了重新调整。

4. 法国

法国也于 20 世纪 60 年代引进了 PPB，整个过程可分为两个阶段：第一阶段是 PPB 在国防部门的运用，被称做"规划、项目和预算准备"，实际是提供一个制定决策和控制的框架；第二阶段是 PPB 扩展到民用部门，被称做"公共支出的组织机构"，这阶段更强调投资评估技术的应用。后来两者合并，被称为"预算决策的合理性"。

5. 日本

日本曾积极考虑采用 PPB，它认识到其预算结构过于分散已导致决策分离，而且预算更注重一致性而非资源配置的有效性。正是为了避免这种情况，经济规划部门着手研究采用类似 PPB 的可行性。规划部门的重点放在为支出部门提供一个激励机制，合理计划其业务活动而不是总关注每年预算的增加。同时，希望通过这种努力来减少政府对预算的影响。尽管财政部和支出部门日益认识到 PPB 的作用，但在实践中其使用仍还有限。

四、零基预算

（一）零基预算的内涵

1. 零基预算的概念

零基预算是指在编制预算时，一切从零开始，该花多少钱，钱用在哪些方面，与上个预算年度无关。从操作的角度，它是在一般预算形式上附加检查评估、优先权和决策包等内容的预算模式。零基预算要求支出机构每年对每个规划均从零开始进行评估，而不仅仅是修改上年预算，或完全接受原来的预算不加检验，并且必须证明这些规划是正当的。同时要求所有决策都应进行评估，并在系统分析的基础上按重要性进行排序。在这种预算模式下，所有的支出决策都是在不接受和不认可任何预算基数的前提下作出的。

1962 年，美国农业部开发了被称为零基预算（zero-based budget，ZBB）的一种预算模式。1976 年在美国联邦政府实施零基预算，此后，零基预算开始影响美国的州和地方政府，并被其他发达国家和发展中国家引入其预算改革中。到 1982 年，美国已经大约有 18 个州采用了零基预算编制体系。目前世界上其他国家的零基预算体系也大致完成，从理论上制定了一系列科学的预算定编、定额、定标准等方法。

2. 零基预算的依据

已经在某些年度实施了的某些活动项目，将不能被证明它们有继续存在的必要，或者资源被批准用于某项规划这一事实，并不意味着这一规划必须继续下去。也不存在这样的事实，即由有关法令确立的项目必然具有一个适当的配置理由。建立在法规基础上的项目主要是为应对过去所发生的问题的，而这些项目今天已不具有优先权，必须根据现时的状况进行评估。

（二）零基预算的编制程序

零基预算要求每年对所有项目进行总成本分析，在资金配置的各个层次上检验项目、取舍项目。

1. 识别和确定"决策单元"

各部门（单位）决策单元（decision unit）作为预算的基础，可以是一个能独立核算的支出项目、一个部门或一个机构中的次级单位，或者某个单独预算机构的计划。零基预算要求将组织分解为若干个决策单元。这个环节就是确定预算单位的过程。零基预算并没有对如何确定决策单元规定固定的规则、定义或程序。决策单元的确定主要由预算资金使用部门从实际出发，在现行预算结构的基础上通过考虑机构规模的大小、机构活动范围和会计数据的可获得性等因素来决定。

2. 建立支出项目"决策包"

对于决策单位的分析主要包括重新审查决策单位的目的、活动和运行。在此基础上，决策单位的管理者将决策单位的活动分解成一系列的决策包，对其活动及目标进行描述，并分析达成这些目标的不同方式和实现目标的不同水平的活动。

一个决策包就是一项简单的预算，决策包要以大量的数据和分析作为基础，主要包括短期目标和重大目标、资源需求、资金水平、活动描述、成本估计、绩效测量（每个决策描述特定水平的资金和人员的产出和结果）。对每一个决策单位来说，管理者可以在4种不同资助水平（最低水平、维持水平、中间水平和扩充水平）的基础上准备决策包。

3. 对决策包进行排序

决策单位（预算单位）的管理者根据优先程度对决策包进行排序，第一个决策包包括那些最值得优先安排的活动，第二个决策包包括那些次级优先的活动，并提出各决策单元下一财政年度应达到的服务水平。

评估排序的目的在于使各部门和单位明确完成不同目标的要求和所需要的资金条件。在排序时，从最低层操作水平开始，逐级向上确定该决策单元提供的服务水平，以及相应需增加的支出成本：①由部门在"排序表"中按优先顺序列出各项决策包，并标明每一决策所需人力和资金；②单元的管理者对决策包排序之后，中层单元的负责人汇总各基层单位的决策包，按照中层单元的优先次序再进行组合排序，并提交到部门负责人；③部门评估、排序后产生部门预算方案。

4.按优先顺序配置资金

当所有的项目都按优先顺序排列之后，决策者就开始给排列在最优先位置的项目分配资金，直到当年可供分配的资金分配完为止。如果拨款额小于各部门决策方案汇总数额，那么各部门可以降低决策方案的档次，并逐个加总直到总和等于拨款数额。所有位于该可用资源线以上的决策方案，都可获得拨款资金，而那些位于该线以下的则得不到拨款资金。

（三）零基预算的优缺点

1.零基预算的优点

从效果上看，零基预算在美国的实施既有积极的意义，又有消极的影响。零基预算对公共预算管理的积极影响包括：

（1）提高了预算透明度

零基预算的实施要求在明确组织目标的基础上，层层审核所有的预算信息，下级组织需向上级提供所有的实现组织目标的替代方案。这一系列技术创新都要求各级组织之间充分分享预算信息，各部门和单位的管理者都可以得到关于"一揽子"决策包的基础信息和分析资料，进而增加了预算系统和决策过程的透明度，有利于提高预算决策的科学性和预算安排的合理性。

（2）改善了部门预算的绩效

由于零基预算是以项目为基础开展预算分析和安排预算资金的，各部门申请预算时，必须按照影响项目支出的所有因素和事项的轻重缓急程度重新测算支出需求，提交相应的项目绩效信息，因而有利于加强主管部门和执行单位的责任感和成本意识，以及财政部门对支出部门项目绩效的监督。

（3）增强了预算系统的责任性

零基预算要求以组织目标为基础来分配预算资源，也就是说，资源分配是组织目标导向的。部门申请了预算就必须实现既定的组织目标，因而有利于提高整个预算系统的责任性。

（4）调动了各级管理人员的能动性

零基预算"自下而上"形成预算方案，对编制预算的各级单位赋予一定的权力，允许他们按其认为适当的方法来安排支出项目。项目在更高层次上的评估要求各层次所有的管理人员广泛参与，制订更为负责的管理计划，从而充分发挥各级管理人员的积极性和创造性。

2.零基预算的缺陷

（1）适用范围的有限性

零基预算并不适用于所有类型预算支出的分析。因为在实践中很多政府项目是连续的，服务于长期发展规划，超过了一个预算周期，这样的项目不需要每年重新审查所有的信息。另外，零基预算不适用于法定支出，法定支出不会因为零基预算分析预测的结果而有所改变。

（2）预算决策模式与政府决策模式冲突

零基预算采用的是自下而上的决策模式，由最基层的预算单位编起，逐层汇总。然而，在政府管理中，很多决策是自上而下的，这和零基预算所推崇的过程刚好相反。也正是因为如此，基层组织的很多预算建议无法被最终的预算决策者采纳。

（3）工作量繁重导致效率降低

零基预算在技术上产生大量的决策包，复杂的预算信息分析和处理以及预算和评估检查的工作量巨大。另一方面，由于零基预算要求各层组织的预算决策都要包括替代方案和不同预算水平的分析，导致了大量重复的项目分析和决策效率的损失。事实上，考虑到时间限制以及运作所需要的技能，零基预算只适合对选择性的支出规划进行审查，要求每年在准备年度预算中对每个支出类别都采用是不可行的。

（4）面临政治权力的约束

影响零基预算在公共部门中实行的最重要因素来自政治层面。

首先，从政治和法律的角度来看，许多政治上和法律上的约束使得政府不可能中止对于某些支出项目的资助。

其次，预算的分配实际上是权力的分配。零基预算试图在每个预算年度重新考虑预算安排，意味着原有的权力分配格局必须发生变化，原有的政治平衡将被打破，这在公共部门几乎是不可能的。

再次，支出部门编制的预算请求最终要接受立法机关的审查，立法机关审查的结果更多受到权力政治的影响，而不是遵循技术分析的结果。

最后，零基预算无法阻止决策单位管理者作出完全有利于自身的决策方案。由于零基预算的预算形成过程是自下而上的，因此其成功依赖于各个层级管理者的配合。各个层级的管理者往往会采取各种策略性行为来保护他们偏好的支出项目。例如，将那些在政治上和法律上很难削减和取消的支出项目放到优先序列的最底部，而把自己偏好的项目放到优先序列的较高位置。这样的话，零基预算预期的效果就会被机构管理者的策略性行动所抵消。

五、税式支出预算

（一）税式支出预算的职能

税式支出是从支出的角度来认识税收优惠，即政府对纳税人的税收优惠实际上构成了政府的一项支出。将这项支出记入政府预算当中，就形成了税式支出预算，并构成政府预算的一部分。税式支出预算集中反映了政府利用税收优惠实现公平分配、激励企业发展、促进经济增长稳定目标的税式支出规模、结构和具体项目。税式支出预算主要有 3 个职能：

1. 有效配置社会资源

税式支出预算反映了有效利用社会资源的意向，通过税式支出在消费和投资支出之间，在各个产业部门之间进行合理的资源配置，可以减少税收优惠的扭曲作用，发挥税收优惠对不同产业、不同地区和吸引外资方面的激励作用，以提高公共产品的资源配置效率，保证基本公共产品的有效提供。

2. 增强政府支出的透明度

编制税式支出预算，能够强化政府预算对税收优惠的监督机制，保证税式支出政策执行的公正性、规范性、有效性，既体现了政府政务的公开，提高了政府公共管理的水平，也使纳税人充分了解税式支出的信息，了解自己享受到补助的项目和规模。

3. 促进经济发展

税式支出预算与经济发展计划有密切的关联性，税式支出预算的内容与就业、区域经济发展、产业结构调整以及国际收支平衡等宏观经济目标相协调，并以一种较严密的方式，促进国民经济的增长和税式支出目标合理化。

（二）税式支出预算的基本框架

1. 税式支出项目的界定

根据税式支出的内涵和外延，按照一定的标准，从纳税单位、税基、税率、纳税期限、管理措施、国际交易准则等诸要素，对各种税收减免条款与基准税制进行对比分析和鉴定，判断某项税收优惠措施是否具有税式支出性质，从而确定具体的税式支出项目。这是对税式支出进行定性分析的过程，是建立税式支出预算的首要前提。

2. 税式支出规模的测算

税式支出规模是指因实施税式支出而使国家放弃的税收损失，即利用一定的测算技术和统计方法对各个税式支出项目所导致的税收减少进行测算、估计和统计，从而确定税式支出的规模。这是对税式支出进行定量分析的过程，是建立税式支出预算的关键步骤，也是较难实现的一个必要条件。

3. 税式支出预算的编制

在税式支出分析的基础上，将税式支出项目按相应的政府预算支出分类方法归类，编制税式支出预算表（项目和数据表），并连同税式支出项目界定及估算的有关情况，如优惠条款与正规税制的比较说明、税式支出的衡量标准、税式支出的类别及项目的划分依据等一并纳入税式支出预算过程，作为整个政府预算体系的一个组成部分。

4. 税式支出预算政策的分析与评价

政策的经济分析与评价是政府预算的一个重要组成部分。税式支出预算的分析与评价，是通过税式支出预算编制中对税式支出项目确定及对税式支出规模的估计、税式支出预算执行的结果等进行汇总，分析税式支出的实际规模、发生变动的原因及对经济的重要影响。通过考察税式支出政策所涉及地区、行业、纳税人等相关经济指标，评价税式支出政策是否达到了预期的效果，税收优惠政策的效率如何，同时考虑如果将税式支出置换为直接支出，效率如何等等。对税式支出预算的分析和评价不仅包括经济效应分析，还应该包括社会效应分析，如要分析和评价该项税式支出政策对整个社会的影响，如对生态环境、资源利用、社会公平等方面的影响。

（三）税式支出预算的环节

税式支出预算的流程包括预算编制、预算的执行和决算及审批。同时，税式支出预算的信息系统贯穿于税式支出预算的各个环节。

税式支出预算的第一个环节是预算的编制，主要作用在于为实现政府税式支出管理的目标而对未来年度税收优惠作出安排。税式支出预算的编制不仅仅是一个技术和经验问题，还是一个政治性很明显的问题。各国对编制税式支出预算普遍持有审慎的态度，经过反复的权衡，以便该预算能充分反映不同利益集团的要求。税式支出预算的编制涉及两个问题：一是预算编制项目的确定；二是预算项目测算的技术和方法。

税式支出预算的执行要依靠相关的政府部门，即有权征税和其他有行政性收费权力的政府机关。它们应在税式支出预算控制范围内，最大限度地确保政府政策目标的实现和政府职能的履行。税式支出的特殊性决定了执行政府预算收入的机关应按照预算法律的规定，根据税式支出预算对征税对象进行税收减免，而且要定期检查、获取相应的信息，确保税式支出预算执行合法、合规。

税式支出预算决算是指经法定程序批准的年度税式支出预算执行结果的会计报告。税式支出预算决算是年度税式支出预算计划、组织、执行各阶段的总结，反映税式支出执行的真正规模。税式支出预算决算同样需要经过权力机关的审查和批准。

（四）OECD国家税式支出预算编制的比较

1. 税式支出预算与正规政府预算的联系程度不同

在税式支出预算报告与正规预算报告的关系方面，只有澳大利亚和意大利明确指明本国的税式支出预算报告只是一个独立的文件，没有进入该国正规预算报告中。其他国家，如比利时、荷兰、法国、奥地利的税式支出预算报告则成为该国预算报告的组成部分，或只是作为政府预算报告的一部分，如德国、英国和美国。其他国家的税式支出预算报告只是作为预算报告的附件或附录的形式出现。

在税式支出预算报告与正规预算报告编制管理程序的联系方面，澳大利亚、加拿大、荷兰、美国、意大利明确指出税式支出预算报告未纳入预算编制管理程序当中。法国和比利时没有明确表明，但根据其税式支出预算报告的内容估计，并没有纳入正规预算管理当中。德国和奥地利情况相似，由于税式支出预算报告已经作为财政补贴报告的一部分成为政府预算的重要组成部分，因而要接受议会的审议。英国的税式支出预算报告是政府预算草案不可缺少的一部分，要经过议会的审议才能通过，但是同时阐明该预算数额不具有和一般公共支出预算一样的预算控制功能。

2.税式支出预算包含的政府级次及预算周期不同

关于税式支出预算中涉及的政府级次，绝大多数国家，如美国、加拿大、英国和法国这些主要国家的税式支出都只是测算联邦或中央政府的税式支出。只有意大利、奥地利和荷兰估算各级政府的税式支出。其中意大利的税式支出项目的目录最长为 700 多项。

关于税式支出预算编制的周期，大多数国家是每年编制，只有德国每两年公布一次税式支出情况，而荷兰和意大利则是不定期公布。至于编制年度的长短，一些税式支出制度建立历史较长、测算技术较为发达的国家则编制年限越多，反之则越少。如美国财政部公布 7 年的税式支出预算，其税收联合委员会则公布 5 年的税式支出预算。其他国家，如加拿大 8 年、澳大利亚 7 年、荷兰 8 年（但荷兰为不定期编制，属于特殊情况）、德国 4 年、奥地利 3 年，比利时和英国最短，为两年。

3.税式支出预算编制的目标不同

各国的税式支出预算报告编制目标略有不同。荷兰、英国、法国、加拿大、德国主要是出于控制政府支出的考虑，如德国税式支出预算报告主要用于减少财政补贴的审议，加拿大将其用于预算前的审查和咨询。其他国家则表明税式支出预算报告主要目标是作为税制改革的依据。意大利希望其税制能够运行良好，比利时是用税式支出预算报告来衡量其税收收入损失，奥地利则将其用于税制改革，美国不仅将税式支出预算报告用于考虑税制改革问题，同时将其用于评估税收损失及税式支出的效率评估等。

4.税式支出预算编制的分类方法不同

在税式支出预算编制的分类方法方面，按政府职能分类以及按税种分类占据主导地位。按政府职能分类的典型国家是澳大利亚和美国，两国的税式支出预算报告分类方法与本国其他预算的分类方法相同，可以实现税式支出预算报告和预算报告的衔接。加拿大是在按税种划分的基础上，下一级次科目再按照政府职能进行分类。按照统计，实行按税种划分的国家最多，有比利时、法国、荷兰、英国、意大利。德国是先按行业的不同来划分，然后再按税种的不同进行划分。一些国家税式支出预算报告中包括了一些特殊的划分方法。如澳大利亚和比利时按照税式支出基准来进行划分；奥地利按照税式支出项目进行划分；澳大利亚还按纳税人类型不同来提供税式支出估算；奥地利、法国、意大利按受益人不同来划分税式支出。

📖 本章小结

* 政府预算分类模式是指预算编制中对内容项目的分类方法及其表现形式。统一预算是美国联邦政府的基本预算形式，其特点是：（1）是一个多年度的综合性预算；（2）包括预算内和预算外收支；（3）预算支出划分为自主支出和法定支出；（4）不区分经常项目和资本项目。

* 德国的复式预算将预算收入和预算支出按经常项目和资本项目分类。英国复式预算改革的主要内容包括：（1）规定部门限额支出和年度管理支出；（2）建立资源预算和资本预算；（3）建立"黄金规则"和"可持续投资规则"。

* 资源预算是对经常性营运的全部成本，不是以所需资金来计算，而是计算所耗费的全部资源的预算。从经常预算到资源预算需要对一些项目进行调整，主要包括资产使用损耗、借贷资本的成本、对私人部门的资助和捐赠、库存商品耗费、公共企业和机构的资源耗费等。资源预算的作用体现在增强预算管理、有利于预算监督、更好地实现政府的财政目标和有效控制部门支出。

* 日本的复合型复式预算由一般会计预算、特别会计预算、政府关联机构预算和财政投融资计划组成。日本地方财政计划是从宏观上对全体地方公共团体的年收入和支出预算额进行的推算，同时具有保障地方公共团体财源的职能。

* 中期预算是对连续多个年度的财政收支进行预测、规划或规定的一种财政计划，通常有 3 种形式。建立中期预算框架有 3 个主要目标和 3 个要素。中期预算的具体编制大体有 3 种形式。

* 实行中期预算的必要性体现在：加强年度预算约束性，促进经济平稳增长，增强政府政策的透明度和可信度，确保宏观战略与财政政策的一致性。关于中期预算框架的含义，IMF 和世界银行的定义略有不同。

* 美国、英国、法国、德国、日本、韩国都根据中期预算编制内容、原则、方法、编审程序编制中期预算。

* 绩效预算是指将预算支出与绩效目标挂钩、绩效目标与政府职能及活动项目的成本挂钩，重新研究和确定部门服务的总目标、主要项目、行动方案和所需成本的预算形式。绩效预算具有 4 个方面的功能：（1） 提高公共部门生产的有效性和效率；（2）促进预算科学化、规范化；（3） 完善相关的制度建设；（4）增强政府透明度和责任感。美国绩效预算有其特定的实施背景和过程。绩效预算的内容包括：确定战略计划和绩效目标；根据战略计划编制年度绩效计划；强调预算执行中的自主性与灵活性；建立绩效报告制度，进行项目评估。

* 规划项目预算是在绩效预算的基础上，依据政府确定的目标，着重按项目安排和运用定量分析方法编制的预算。由规划、项目、预算 3 部分构成。其实施的依据有：宏观经济理论、微观财政预测方法、信息和决策技术，操作分为 5 个步骤：（1）确定各部门规划目标；（2）提出项目计划；（3）分析各备选方案；（4）预算编制和实施；（5）任务与项目目标评估。美国、英国、加拿大、法国、日本曾实行规划项目预算。

* 零基预算是所有的预算收支都要在编制预算时从零开始，重新考虑。零基预算在美国首先引入并进行了实践探索。零基预算的编制程序分为 4 个方面：识别和确定"决策单元"；建立支出项目"决策包"；对决策包进行排序；按优先顺序配置资金。零基预算的优点体现在：（1）提高了预算透明度；（2）改善了部门预算的绩效；（3）增强了预算系统的责任性；（4）调动了各级管理人员的能动性。其消极影响体现在：（1）适用范围的有限性；（2）预算决策模式与政府决策模式冲突；（3）工作繁重导致效率降低；（4）面临政治权力的约束。

　　* 税式支出是从支出的角度来认识税收优惠。将这项支出记入政府预算当中，就形成了税式支出预算，税式支出预算的职能是：有效配置社会资源、增强政府支出的透明度和促进经济发展。税式支出预算的基本框架包括：项目的界定、规模的测算、预算的编制、预算政策的分析与评价。

关键概念

　　自主支出　法定支出　部门限额支出　年度管理支出　黄金规则　可持续投资规则　中期预算绩效预算　规划项目预算　零基预算　日落法则　资源预算　税式支出

复习思考题

　　1. 国外政府预算基本分类模式有几种？
　　2. 论述美国统一预算的特点。
　　3. 美国联邦基金和信托基金主要有哪些类型？
　　4. 简述英国复式预算改革的主要内容。
　　5. 简述资源预算与经常预算的关系。
　　6. 日本中央预算是由几部分构成的？
　　7. 简述日本投融资制度对经济发展的作用。
　　8. 论述实行中期预算的必要性。
　　9. 简述中期预算框架的构成内容。
　　10. 简述法国中期预算的编制原则。
　　11. 论述绩效预算的功能。
　　12. 简述美国年度绩效预算的内容。
　　13. 规划项目预算实施的依据是什么？
　　14. 论述规划项目预算的操作步骤。
　　15. 简述零基预算的依据。
　　16. 论述零基预算的编制程序。
　　17. 论述零基预算的优缺点。
　　18. 税式支出预算的职能是什么？
　　19. 论述税式支出预算的基本框架。

第七章

财政管理体制

财政管理体制的主要内容包括：各级政府的基本职能，与此相关的财政收入、支出划分，各级财政之间的转移支付等。一国财政管理体制与政治体制和该国的经济资源配置方式及历史文化传统等因素密切相关。财政管理体制的核心问题是中央与地方的财政关系。

第一节　财政管理体制概述

一、财政管理体制

财政管理体制是指关于财政层次和结构、机构设置、各级财政的权限和责任及相互关系的原则规范和制度安排。财政管理体制是财政管理的基础，现代财政管理体制主要包括以下 4 个方面内容：

（一）财政管理的层次

财政管理是对政府收入和政府支出活动的管理，财政管理体制首先与政府层次相关。但是，财政管理体制与政府体制并不等同。政府体制在很大程度上依赖历史习惯和传统建制，要考虑政治稳定和控制；而财政管理体制一方面要依赖政府体制和政府层次，另一方面就是要考虑财政活动的效率和财政委托代理的有效性。因此，确立财政管理的层次成为财政管理体制的基本内容。

（二）各级财政的职责划分

各级财政的职责划分是指各个层次的财政机构的职能分工，是各级财政应履行的任务。一般来说，各级财政的基本职责是提供相应地理范围内全体居民所需要的公共产品和服务。根据马斯格雷夫的理论，财政职能可分为资源配置、收入分配和经济稳定。显然，在不同的地理区域范围内，由于资源配置、收入分配和经济发展状况不同，各级财政的具体职能是不同的。各个层次财政职能和任务的划分、确定是财政管理体制的重要内容。

（三）各级财政的收支划分

各级财政的收入和支出划分是各级财政履行其职能的保证或基本条件。也就是说，各级财政的不同职责是各级财政之间进行收入和支出划分的必要条件。但是，收入和支出与职责范围不是完全一一对应的关系，它取决于运用收入和支出手段履行职能的方式、方法、技术以及人员的工作效率。因此，只能根据确定的职责和现在的职责与收支关系来大体划分各级财政之间的收支权限。由于客观经济和地理条件的限制，即使赋予各级财政充分的收支自主权，各级财政也很难独立地完成自己的职责，因此，各级财政之间相互协调是十分必要的。

1. 财政收入划分的原则

财政收入在各级政府间的划分应遵循下列原则：

（1）对影响宏观经济稳定的税收应由中央政府负责，地方税收不应与经济活动的周期相关。

（2）与收入再分配有关的税种应归中央政府，此类税如果由地方征收会导致收入的非正常流动，不仅会扭曲人口地理分布，也会干扰社会公正目标的实现。

（3）税基有高度流动性的税种应由中央政府征收，此类税若不由中央统一征收，会造成税基的跨区域流动，导致经济扭曲；税基流动性小的税种，应划归地方政府。

（4）地方各级政府都应向公共服务的受益人收取使用费，并以此作为财政收入的一个补充来源。

2. 财政支出划分的原则

中央与地方财政支出划分的原则包括：

（1）受益原则。根据受益范围的大小决定公共支出的职能，受益对象是全国居民，则支出由中央政府负责；受益对象是地方居民，则支出由地方政府负责。

（2）行动原则。公共服务提供规划和标准应由中央政府负责统一指定；在实施过程中必须因地制宜，应由地方政府负责。

（3）技术原则。凡是规模庞大的政府活动，如公共工程以及需要高技术才能完成的项目支出，应由中央政府负责；否则，应由地方政府负责。

（四）各级财政之间的转移支付制度

转移支付制度是有关各级财政之间的转移支付的原则、标准、判断、程序以及计算和决定的规范和安排，是各级财政之间相互协调的体现，它包括中央财政与地方财政之间的转移支付，也包括各级地方财政之间的转移支付。各级财政之间发生转移支付主要是由于一些层级的财政收支状况与应完成的职能之间出现了差距；这涉及职能标准的确定，以及对职能的发展和延伸、收支本身的效率、履行职能的路径和效率的判断等。

二、财政管理体制的特点

1.分级性

通过分级、分层的制度安排，明确划分与界定各级政府和财政的职责、权限，使有限的财政资源得到相对合理的配置和运用，各级政府和财政可以自主地、创造性地履行各自的职能，以保证社会经济的稳定和健康发展。

2.整体性

财务管理体制的整体性体现在：（1）财政管理体制对各级政府的事权和财权进行明确的划分，使各级政府具有相对的独立性，保证各级政府和财政活动的效率；（2）为了实现全国经济社会发展的目标，各级财政又必须相互协调，并把多级财政联成一个统一的整体。这种国家财政的整体性特征，是保证国家统一、地区经济协调发展不可或缺的一项重要条件。

3.规范性

财政管理体制是对各级政府和财政的责、权、利关系的正式安排，通常以法律的形式确定。由于涉及中央政府和地方各级政府的税收立法权、税收调整与减免权，以及中央和地方的财政关系，需要在国家宪法和专项法律、政策中进行明确规定。这样既能强调各地的特殊性，又能体现财政管理体制的规范性。

4.相对稳定性

理论和实践都证明，由于财政管理体制所涉及的责、权、利关系较为广泛，而且相关的经济、社会"联动性"效应很强，往往与各地的经济社会发展、企业与居民的切身利益密切相关。因此，财政管理体制一经确定，一般不易经常变动和调整，从而应尽量避免因体制频繁变动而引起的诸多消极影响。当然，在大的体制变动或体制过渡时期，财政管理体制也需要进行相应的调整。

三、财政管理体制的模式

从世界各国财政管理体制的差异来看，财政管理体制可分为两种模式：财政联邦制模式和财政单一制模式。

（一）财政联邦制模式

1.联邦制的特点

联邦制是一种国家政治体制，它通过在宪法中对中央（联邦）与地方（州、省）之间的分权进行界定，将统一性与特殊性结合起来。美国学者奥茨对联邦制的定义是："联邦制政府是一个既在集中也在分散层次上进行决策的公共部门。在这个部门中，各级政府作出的与公共服务供应有关的抉择，主要是由相应管辖区的居民对这些的需求决定的。"在联邦制国家，联邦政府与州政府之间的权力划分遵循"州余权主义"原则，即在宪法未指明或未列举的联邦权属之外，州有权立法和实施。

联邦制下的中央与地方之间的权力关系有如下3个特点：（1）中央与地方在宪

法规定的领域和范围内相对独立、平等，互不从属；（2）中央与地方均直接对人民行使权力，每个公民都隶属于两级政府；（3）中央与地方在宪法规定的事务上相互协调。

2.财政联邦制的特征

财政联邦制的特征：（1）与联邦制对应的财政管理体制，财权相对分散，联邦以下各级政府拥有较大的财政决策权。（2）公共产品或劳务的提供以地方配置为主。（3）中央与地方实行以分权独立为基础的协调合作。目前，美国、德国、加拿大、澳大利亚的财政管理体制都属于财政联邦制模式。

（二）财政单一制模式

单一制是与联邦制相对应的财政管理体制。实行单一制政治体制国家的主要特征有：

（1）在法律体系上，由统一的中央立法机构根据宪法制定法律。

（2）在政府间权力划分上，实行中央统一集权，强调国家权力和决策的相对集中，地方接受中央统一领导，地方政府的权力由中央政府授予，各级地方政府对中央有较强的依附关系，地方行政区域单位和自治单位没有脱离中央而独立的权力。

（3）在政权体制控制上，实行层级控制。上层控制下层政府，中央控制地方。

（4）地方政府享有的分权水平低、自主性小。财政方针和主要规章制度等由中央政府统一安排，地方在中央决策和授权范围内行使财政权力，并根据财政职能和权限划分进行财政活动。目前，日本、英国、法国、意大利、西班牙等国都属于财政单一制模式。

单一制国家的地方政府虽然受中央管制的程度较高，但并非没有自治或自主的权力。由于行政区划与行政管理采取多级政府的方式，因而每级政府都会被赋予一定的自主管理权力，只是这些权力相比联邦制国家中的地方政府的权力要小得多，受中央政府管制程度高，表现在财政收支中就是以中央财政收入为主体，地方财政收入较少，而地方支出中很大一部分要依靠中央补助，地方政府在财力上对中央依赖较多。

（三）财政联邦制与财政单一制的比较

财政联邦制模式和财政单一制模式各有其优点和不足。根据理论分析和西方国家的财政实践，将这两种财政模式的特征、优势和不足归纳，具体见表7-1。

表7-1　　　　　　　**财政联邦制模式和财政单一制模式的不同**

	财政联邦制模式	财政单一制模式
特征	中央和地方都有较大的财政独立性	地方财政缺乏独立性,更多地表现为中央的"代理人"
优势	有利于防止中央集权和专制； 有利于发挥两个积极性,提高效率	有利于统一管理； 有利于抑制差距扩大
不足	容易造成政策不一致和非均衡发展； 容易形成地方"割据"； 容易形成过度财政竞争	容易抑制地方积极性和创新； 容易形成中央专制和地方依赖； 财政效率较低

四、财政管理体制的作用

1. 保证政府和财政职能的履行

财政管理体制是政府财政活动的制度规范,其根本目的是建立一个合理的财政运行秩序和体系,满足各级政府履行社会、经济等各种国家职能的需要。尽管不同国家有不同的国情,财政管理体制也不同,但在构建财政管理体制、处理各级政府间的财政关系时,都要充分考虑各级政府机构的运转和应履行的职能和任务要求,努力做到事权、财权和财力的统一,为政府履行职能提供足够的财力保证。

2. 调节各级政府和财政的不平衡

无论是什么性质的国家,在多级政府条件下,区域间的经济发展和收入水平总是不可能完全均衡的。这种客观存在的财政能力差异,同各地需要履行的公共财政职能的现实总是存在矛盾。因此,需要通过规范的财政制度进行经常性调节,通过必要的转移支付和其他协调方式来加以解决,将超出其履行职能的一部分财力转移到财力不足以履行其职能的地方。这是一国政治经济统一的客观要求,也是纠正地区间财政不平衡和衡量一国财政管理体制健全与否的重要标志。

3. 提高财政效率和促进社会公平

现代市场经济中的财政管理体制,以坚持公平、效率原则为出发点,以促进社会稳定和提高资源配置效率为基本目标。遵循这一原则目标,对于克服市场失灵,保证社会必要的公共产品和服务的提供,协调各地经济发展都具有十分重要的作用。这是因为财政是公共经济活动,财政资源的运用必须有利于国家经济发展和社会发展目标的实现。

第二节 典型国家政府间收支划分

一、美国

(一)政府级次和政府间的法律关系

美国是一个联邦制国家,政府结构为三级政府:联邦政府、州政府和地方政府。联邦宪法明确规定了联邦政府、州政府的地位和权力,联邦政府和州政府没有上下级隶属关系,政府权力在联邦政府和州政府之间划分,既没有将所有权力全部授予联邦政府,也没有禁止州政府做什么。

地方政府在法律上是隶属于州政府的,是一体的,即所谓的"狄龙规则"(Dillon's rule)。然而,随着社会的发展,联邦政府、州政府与地方政府之间的关系并不总是遵循宪法等强制性的法律规定。州政府对地方政府的实际控制力是有限的,联邦政府经常代替州政府行使某些职能。

与联邦制国家体制相适应,财政管理体制也分为联邦、州和地方三级,三级政府各自有其独立的财政税收制度和法律，独立地编制、审批和执行本级预算。

（二）政府间事权与支出的划分

1. 职能划分

美国联邦政府的财政职能主要是对收入进行再分配和稳定国民经济，作为资金的提供者和管理者起到协调和规范的作用。各州、地方政府的自主权也相对较大，州财政的职能是稳定本州的经济并承担主要的分配职能。传统上一直认为，州和地方政府在稳定和分配职能方面容易受到州之间的流动性的限制，但是越来越多的研究表明，州和地方政府部门日益扩大的规模可能会产生宏观影响。地方财政主要是负责有效配置资源、解决市场失灵和外部性问题。

2. 事权划分

美国各级政府间事权划分得比较清晰、明确和规范。政府间财政事权划分遵循的是"受益原则"和"效率原则"，即根据各级财政职责的受益对象和受益覆盖范围来确定承担该职责的政府级次。一般来讲，按照上述原则，联邦、州和地方政府事权划分如下：

（1）联邦政府的事权

总体来看，美国联邦政府的主要职责是保障国家安全，保持经济与社会稳定，促进科学与地区发展这些全国性的公共事务，也就是负责那些以国家为整体、使全国公民共同受益的事务以及地方不能担负和不能保证效率的服务。

（2）州与地方政府的事权

州与地方政府的主要职责范围是受益对象具有可分割性、受益范围仅限于州或地方的地方性公共事务，包括提供州和地方的基础设施、生活服务和地方安全，促进本地经济社会发展。

3. 支出划分

（1）联邦政府支出

按照各级政府的事权划分，联邦政府很少直接为国内居民提供公共服务，一般只提供诸如国防费用、国际事务费用、科学和太空技术费用、联邦政府经费、邮政服务费用、退伍军人福利支出、社会保障与医疗保险支出、环境资源和能源支出、司法部门支出、农产品价格支持、地区发展支出、国家公园和野生动物保护支出等。

（2）州和地方政府支出

州和地方政府承担的支出包括：教育、失业救济、修建公路和港口、公共福利、住房、公园和娱乐设施、水电气供应、社区发展、治安消防等支出。从承担的比例看，在公共福利、失业救济、高等教育、高速公路方面，州承担的比例较高；在住房、公园和娱乐设施、社区发展、水电气供应、治安消防、警察服务方面，地方承担的比例较高。值得一提的是，在美国的教育体制下，联邦财政主要向中小学的特殊学生提供部分资金，如特困生和残疾学生。至于高等教育，联邦政府不是直接提供教育经费，而是着重资助科学研究项目。总体来说地方承担的教育支出比例较高。

联邦、州和地方交叉的支出主要集中在：教育和培训、卫生健康与社会福利、交通和基础设施方面。

（三）三级政府间的税权与税收协调

1. 税权划分

美国三级政府都有税收立法权、征收权和独立征收机构。美国联邦政府的税收权限由联邦《宪法》赋予。美国联邦《宪法》第 1 条第 8 款规定："国家有权课征税收，以偿付国债及支付国防与社会福利方面的开支，但所征收的各种税收应实行全国统一。"各州享有包括税收立法权在内的各种税收自主权。但各州的税收立法不得与联邦立法相冲突。州以下地方政府的税收权限由州法律赋予，在联邦及州宪法规定的范围内，地方可以制定本地的具体法规，行使税收管理权。

与财政支出的职责划分相适应，美国各级政府的税收权限划分也较为明晰。大体上说，形成了联邦以所得税为主、州以商品劳务税为主、地方以财产税为主的税收来源格局，并且通过以联邦为主体对所得税的三级共享，销售税以州为重点与地方政府同源共享，财产税由地方政府征收，形成主要税种在三级政府之间合理配置的分级税收管理体制。

2. 税收协调

由于美国联邦宪法对各州税收没有具体限制，所以，美国的税收制度坚持税源同享、税收协调原则。在对同一税源征税时，税收协调具体表现在：

（1）各州征收所得税时，或采用联邦所得税方法、或运用较低的税率、或按联邦所得税的一个百分比征收（作为附加税），并让国内税务局代征州所得税；反过来，联邦在征收所得税时，允许对州所得税进行扣除。

（2）联邦在征收一般销售税时，尽量运用较低的税率，并且只作为临时性的税收。

（3）联邦在征收遗产税和失业保险税时，对已缴纳的州和地方遗产税、失业保险税实行税收抵免。

（4）在州和地方广泛重叠的税收和收费中，为保证州和地方的相对独立和相互协调，广泛使用税收分享方法。

（四）财政支出管制

在美国，各州对本州和地方支出水平实行限制。其中的一种形式是规定每年支出的增长率，这种限制目前广泛应用于经常性支出方面。另一种形式的支出限制是将支出与某些因素挂钩。有些州规定支出的年增长率不得高于个人所得增长率，有些州规定了固定的增长百分比。当然，并非所有的管制都应用于总支出，有些限制只是应用于某些支出项目。

二、德国

（一）德国财政联邦制特点

德国是一个联邦制国家，政府分为联邦、州和地方（市或县）三级，各级政府在财政管理上具有独立性。目前的中央与地方财政关系是由 1949 年制定的《基本法》确立起来的，后来虽有调整，但其中央政府较为集权的基本框架一直未变。概括地说，德国各级政府间的财政关系是按照规范化的方式进行协调和运转的，其财政联邦制的特点突出表现在集权框架下均衡财政分权体制。

1. 联邦政府集权

德国的财政管理权限具有明显集权性。为了保证各级政府职责的有效实施和全国法律政策的必要统一，联邦《基本法》对立法权做了相应的规定：在联邦任务范围内和与整体经济活动秩序紧密相关的领域，联邦享有单独立法权，联邦立法机关不仅对归属于联邦政府的税种有立法权，并且对于州以下财政职能也同样拥有优先立法权。

2. 州与地方政府的有限分权

州和地方不得越权自行其是，州以下政府在不与联邦立法权相冲突的情况下，在联邦专有的立法权限范围之外，经过联邦法律明确授权后也享有一定的立法权。比如，地方政府所获得的税收总量由联邦议院认可，在州立法所确定的限度内，地方政府财政可以调整其在土地（财产）和工商业税方面的税率。地方政府有限的财政立法权限依托于联邦和州，在保证预算平衡的前提下维持财政的独立性和自主性。同时，联邦、州、地方（市镇）自行负责财政收支平衡。

3. 权力划分相对均衡

联邦、州在权限划分上明显优于地方，联邦在"框架性的总体立法权限"上制定总的原则，而涉及州以下的财政权限实施实则大多由州去完成；"排他性立法权限"则由联邦与州共同拥有；涉及具体的州"独有"权限，联邦则不能干涉。这样的财政权限划分，可以保证州在立法过程中既不违反联邦政府法律，又维护了州以下广大选民的基本需求，更加有效地推动了地方经济发展。这些特点表明德国有一个较为强有力的联邦政府，能够在很多领域施加影响；同时，强调各地区公共服务水平的一致性和责任性，注重相互协调和合作。

（二）事权与支出的划分

1. 事权划分

（1）联邦政府事权

德国各级政府的事权范围由《基本法》明确规定。根据《基本法》，联邦政府的支出范围主要包括：①联邦行政事务、财政管理和国家海关事务；②外交和国际事务；③国家安全和武装力量；④联邦铁路、公路、水运、空运和邮政电讯；⑤社会保障，包括失业救济、医疗、退休保险及家庭社会补助等；⑥重大科学研究与开发，主要是核能源、外层空间、航天技术、海洋及数据处理等领域的研究；⑦矿山开采等跨地区的经济开发等。

（2）州政府事权

州的主要职责和支出范围是：①州行政事务和财政管理；②社会文化和教育事

业；③卫生、体育事业；④环境保护；⑤法律事务和司法管理等。

（3）地方政府事权

地方政府的支出范围包括：①地方行政事务和财政管理；②地方公路建设和公共交通事务；③水电和能源供应；④科学文化和教育事业，包括成人教育、学校管理、博物馆和剧院等方面的管理和维护；⑤社会住宅建设和城市发展规划；⑥地方性公共秩序管理；⑦医院管理和医疗保障等。

2. 共同承担的支出划分

除了上述联邦和州之间明确划分的任务外，《基本法》还规定，交通运输、高等教育、地区经济结构调整、农业发展、能源和水资源供给等事项，由联邦与州共同负责，这些共同职责"对整个社会是重要的，而联邦的参与是改善生活条件所必需的"；对于社会保障等事项，联邦可委托专门的公共法人，地方政府还接受联邦和州的委托，承担如公民选举、人口普查等任务。联邦货币发行和管理任务由独立的德意志联邦银行负责。

对于各级政府共同承担的事权、联邦委托州完成的事权以及虽然法律规定由各州承担，但超出了州财政负担能力的情况，《基本法》也作了明确规定：各州承担完成联邦委托的任务，所需开支全部由联邦负担，但必须专款专用；属于联邦和州共同任务的支出，由双方协议确定各自负担的比例；对超过各州财政负担能力的任务，联邦有义务通过特殊补助协助完成。

3. 政府间事权划分的作用

（1）把管理权的适当分散和控制权的相对集中有机地结合在一起，是德国财政体制的成功经验之一。各级政府间事权的明确划分和立法权的相对集中，不仅有利于保证整体社会经济活动有序地正常运行，同时也为全联邦贯彻实施统一的财税政策提供了必要条件。

（2）各级政府事权的明确划分，为确定各级财政的支出负担范围提供了基本依据。联邦《基本法》明确规定，联邦和各州分别承担实现各自任务所需的支出，即联邦承担的任务由联邦负责安排支出，各州或地方承担的任务则由各州或地方负责安排支出，从而体现了任务分配与支出负担之间的一致性。这样，明确了各级政府的财政责任，避免或减少了各级之间为支出负担而发生的讨价还价。

（三）税收收入划分与税收共享

1. 税收收入划分的影响因素

在德国，税收收入在各级政府间的划分主要考虑 3 个因素：（1）赋予各级政府一定的税收权限；（2）在数量上与各级政府担负的支出责任大体匹配，并保证联邦保持必要的调控能力；（3）考虑各种收入的特性，方便宏观调控和征收管理。为此，将调控力度强、收入数额大的税种划为联邦专享税和共享税，将适宜基层征收管理的税种和管理收费划归州和地方。

2. 税收共享的税收体制

德国实行共享税与专享税共存、以共享税为主的模式来划分税收收入。共享税的比例较大是财政体制的一大特点。在 1969 年的"财政大改革"之后，原来实行的两级政府（中央与州以下）分开征税的原则基本被放弃，取而代之的是一种"税收共享制"，即税种收入在联邦和州以下多级政府之间同源共享。

在德国，各级政府独享的税种种类虽然较多，但是收入规模却没有同源共享的税种大。最重要的税种一般作为共享税种，如个人所得税、公司所得税、增值税、地方营业税，共享税的收入在各级政府财政收入中占有很大的比重。共享税收入占一般税收总额的 80% 以上。所得税的分享比例由《基本法》固定下来，没有调整余地；增值税和地方营业税作为调剂性共享税，具有分配调节的性质，分享比例由联邦和州根据双方财力变化定期协商调整，《基本法》规定每 4 年调整一次。

德国这种以主要税种作为主体进行分配的分税体制，客观上形成了各级政府间的利益共同体，保证了地方政府的财政收入基础因宪法规定而不可剥夺，从而在制度上保证了地方在财政分权中的主体地位且具有稳定的财政收入来源。有效调动了各级政府，特别是地方政府在提供公用产品、制定产业政策、保证地方就业、扶植企业发展等方面的积极性，在促进经济效率的提高上起到了比较好的引导和促进作用。

三、日本

日本属于单一制国家，实行中央集中领导下的地方自治体制，政府机构分为中央、都道府县、市町村三级，财政管理体制的特点是税权集中、事权分散，利用庞大的转移支付进行分配调节。日本财政管理体制的法制化程度很高，中央与地方权限的划分均有法可依，并且在许多细节上也有明确规定——主要法律有：《宪法》、《地方自治法》、《财政法》、《地方财政法》以及《地方交付税法》等。

（一）政府间财政管理权限的特点

19 世纪末期，随着市制町村制和府制郡制的正式形成，日本形成了早期的分权力的财政管理体制。现代财政分权体制的确立则是在第二次世界大战之后，日本构建了中央集权与地方自治相结合的财政分权体制，明确了中央、地方的财政管理权限，其特点是：

1. 中央集权与地方有限分权

就财政权限划分而言，日本注重中央政府的主导能力，在确定政府间财政管理权限上，实行集权基础上有限分权。财政立法权力都由中央立法机构行使，地方权限的大小由中央政府赋予，地方财政管理范围由中央确定，在财政政策、收支调整以及预算划拨等多方面体现了中央政府立法权力的宽泛和权威。

2.地方税权的有限选择范围

根据《宪法》的规定，日本地方税收基本上由中央政府立法，地方政府负责执行。实际上，日本《地方税法》规定了地方政府税收的种类、税基和征税标准。对于一些税收，虽然地方政府可以超出标准征收，但是不能超越上限。在征得内务省省长同意后可以征收特定税收，但是不能影响地区间贸易或重复征税。中央政府规定了标准税率和税率变动幅度，地方政府如果不按照《地方税法》规定的标准税率征收，则必须上报中央政府；在税率确定、税目选择等有限的范围内，地方政府才具有一定的机动权和自主选择权。可见，税收的权限主要集中在中央，地方自主性不强。

日本这种财政管理权限的确定，虽然在一定程度上降低了地方政府财政政策的灵活性，但可以有效抑制地方权力的过度膨胀和不计成本的滥用，降低由于政策制度原因造成的人为分配不公，保证国家财政政策调控的有效实施，也反映出日本主导型经济体制所具有的政府力量在经济增长中的积极作用。

（二）政府间事权及财政支出的划分

1.政府间事权的划分

对日本各级政府的事务，在《地方自治法》中采取"限制性列举"的方式进行了明确的划分。《地方自治法》经过修改后，采取了"概括授权"方式加以确定。日本政府间事权划分遵循的原则是：与国家全局或与地方利益有关的事务由中央管理，与当地民众密切相关的事务交由基层政府负责，地方无力承担的事务则由中央加以协调。日本法律明确规定了中央和各级地方政府提供公用产品的责任。

（1）中央政府事权范围

具有全国性、普遍意义的事权划归中央。中央政府应负担的事权包括：关系国家主权等方面的事务、需由中央统一规划办理的重大经济事务、地方自治的基本准则制定等事务、宏观政策、基本公共服务水平均等的实现与维持，以及与人民生活密切相关且需要全国统一协调的事务，如纯属国家全局利益的国防、外交等。

（2）都道府县政府事权范围

都道府县主要负责如港湾等公用产品的管理，主要包括：①统一性事务，指在都道府县内需要依照全国统一标准处理的必要事务，如本区域内的交通、教育、社会福利等；②广域性事务，指超过市町村受益范围的事务；③联络调整性事务，指对市町村组织、运作、管理需要提出合理性建议、指导的事务；④补充性事务，指超过市町村自有能力的事务，如医疗保健设施的建设、高等教育、产业振兴等事务。

（3）市町村政府事权范围

市町村事权范围是所有都道府县事权以外的其他地方事务，主要涉及居民日常生活，如消防、城市规划、卫生、住宅等广泛的地域性事务。

（4）政府间的共同事权

日本地方政府自治范围内的大部分事务，名义上属于地方事务，实际上是一种中央地方"共同事务"。《地方财政法》虽然明确了"地方事务地方出资"的原则，但同时该法又规定了诸多例外，中央必须为那些有共同利害关系的事务、符合国民经济发展综合计划的公共事业等地方事务提供经费，形成覆盖范围广泛的国家政府支出制度（national government disbursements）。中央政府对地方事权范围的事务，通过提供经费可以进行各种形式的干预，并引导、纠正、调控地方政府的支出活动，实现中央政府的政策目标。从实际效果看，这一做法虽然不符合严格意义上的"财权事权统一"原则，但对确保某些领域全国行政水平的统一发挥了重要作用。

①从国家的角度考虑，对维持国民生活相关的基本公共服务大体一致有着重要作用。义务教育、社会保障等与中央有着紧密利益关系，通过政府支出制度，能够保证财政能力不同的地区在这些公共服务水平上实现均等化。

②有助于有计划、有重点地推进对国民生活水平提高有重要影响的基础设施建设。公共设施完善主要是地方政府的事务，由地方政府根据自主判断加以改善，但是道路、河流、港湾、住宅等骨干设施，从中央的视角考虑，有必要进行长期规划；中小学校和社会福利设施等全国需要维持一定的水准，在全国范围内进行配置；推进地域开发等特别政策，需要重点投资。在上述情况下，中央以国家政府支出的方式加以投入，有助于引导地方政府的资金按照中央的政策导向投入。

③对地方政府的一些行为进行奖励，以期推动全国的普及。对于一些对国民利益有益的事业，地方政府无力全部承担所需费用，中央给予一定的支持，能够推动该项事业的实施与完成，如公害行政、福利对策等事业。

④援助地方财政运行。后进地区以及人口稀少地区，财政基础较为脆弱，通过政府支出制度对这些地区给予特别财政援助，有利于健全这些地区的财政运行，缩小地区间财政能力差距。对于受灾地区的援助，能够减少灾害对正常公共服务提供的负面影响。

⑤将一些中央事务委托地方处理，有利于降低行政成本，提高财政资金的使用效率。

虽然日本中央政府与地方政府在事权的划分上是清楚的，但是中央政府与地方政府的实际权力在不同历史时期是有所变化的，这与各级政府在社会经济发展中所发挥的实际作用以及当时的具体制度安排等因素有着密切的关系。例如，20 世纪70 年代以前，日本中央政府在产业发展中处于"主导"地位，地方政府承担了中央各部门委托的大量事务，并严重依赖中央财政。20 世纪 70 年代后，随着中央财政困难和财政改革浪潮的全球性发展，日本政府向地方下放权力，地方政府才拥有了较大的自主权。

2. 政府间财政支出的划分

日本的财政支出主要用在安全、社会资本、教育、福利卫生方面。政府间支出划分具体见表 7-2。

表 7-2   日本各级政府支出范围

	中央政府支出	都道府县支出	市町村支出
安全	外交、国防、司法和刑法	警察	消防
社会资本	高速公路、国道(指定的区间)、一级河流(指定的区间)	中央政府负责以外的国道、一级河流、省道、二级河流、港湾、公营住宅	城市计划事业、市町村道路、公营住宅、排水设施
教育	公立大学、资助私立大学	高中、特殊学校、中小学的教师工资和人事开支、资助私立学校	中小学校和幼儿园
福利卫生	社会保险、医师执照、医药品许可证	对町村的生活保护、儿童福利、老人福利保健以及保健院的建设	生活保护、老人福利健康、儿童福利、国民健康保险、卫生

在日本，地方政府提供了全国绝大部分的公共品和公共服务，承担着比中央政府多得多的公共事务。因此，日本向来有"大地方政府"之称。第二次世界大战以后日本中央政府的财政支出占 1/3 左右，地方财政支出占 2/3 左右，这一结构基本稳定。中央与地方的各项支出比例安排如下：

（1）政府机关费用，包括一般行政费和司法、警察、消防费，中央财政支出占 16%，地方财政支出占 84%。

（2）国防费，全部由中央财政承担。

（3）国土保全及开发费，包括国土开发费（如基础设施、公共设施建设等）、国土保全费（如环境保护）和自然灾害恢复重建费用。这类支出中央财政负担 27%，地方负担 73%。

（4）产业经济费。产业经济费包括两项：一个是工商费，专用于银行贴息贷款，支持中小企业发展；另一个是农林水产发展支出。这类支出由中央承担其中的 38%，地方承担 62%。

（5）社会保障费。社会保障费包括民生费（主要用于社会福利、抚恤、失业救济等）、卫生费支出以及住宅费。这类支出由中央负担其中的 20%，地方负担 80%。

（6）恩给费。由政府支付给公务员的退休金，其中的绝大部分由中央政府负担。

（7）教育费。其中，学校教育费主要用于实施义务教育，社会教育费主要用于诸如图书馆、博物馆等公共文化设施建设。这类支出由中央负担 20%，地方负担 80%。

（8）公债费。政府债券的还本付息支出，其中由中央负担 67%，地方负担 33%。

（9）其他经费。这部分支出在财政支出中所占的比例很小，其中绝大部分由中央财政负担。

（三）政府间税收收入划分

1.税收划分特点

日本是典型的中央集权制国家。日本中央政府与地方政府在税收关系上实行分税制。第二次世界大战后实行税制改革时，一方面日本借鉴德国的经验，将全部税收划分为中央税（国税）、地方税（都道府县税和市町村税）；另一方面日本又学习美国的做法，采取各级政府共享税源的方式，中央与地方三级政府都可以对所得、商品和财产征税。地方税收则在都道府县和市町村之间按照普通税和目的税进行划分。由于分税和税源共享，日本形成了以独享税为主、以同源税为辅的比较复杂而又有特色的税制模式。

2.税收划分的原则与做法

（1）税收划分的原则

日本中央税和地方税的划分主要依据以下 3 个原则：

①事权决定财权。各级政府事务所需经费原则上由本级财政负担。

②便于全国统一征收的大宗税源归中央，而相对零散的小宗税源划归地方。尽管日本地方也有独立管理地方税种的权力，但要受国家制定的《地方税法》的限制。凡是征收范围广、数额大，在经济发展中起主要作用的税种都划归国税，地方政府只征收一些数量少、分散、不易管理的税种。

③涉及收入公平、宏观政策的归中央，而体现受益原则的税源归地方。以个人、法人所得为对象的税收具有再分配效应，中央掌握这类税收，可以有效调节宏观经济，保证社会稳定。基于受益原则的税收主要是指那些对事业、房屋、土地等能够带来受益的客体为对象的税收，这类客体通常被认为从当地公共服务中受益，将这些税收划归地方，便于事权、受益权和税权的有机结合。

（2）税收划分的做法

日本在税收体制上实行混合型分税体制，中央和地方互不相干，分为中央税、地方税和中央地方共享税，同时各级政府都有两种税为主体税种。

中央税又叫国税，是指由国家征收的税款，通常由大藏省所属国税厅负责征收。属于中央的税种有：个人所得税、法人税、公司税、遗产税、赠与税、酒税、消费税、汽油税、烟草税、机动车吨位税、印花税、注册登记税、土地税、石油天然气税、有价证券交易税、航空燃料税、电力开发促进税、货币发行税、关税等。其中，个人所得税和法人税是中央财政的主体税种，个人所得税占国税的 40% 左右。

日本的地方税以事权划分为基础，以收益原则为依据，分为都道府县税和市町村税。属于都道府县的税种有：居民税、汽车税、不动产购置税、汽车购置税、轻油交易税等。其中，居民税、事业税是都道府县税的主体税种。属于市町村的税种有：市町村居民税、不动产税、轻型机动车税、市町村烟草税、矿产品税、特别土地占有税、国民健康保险税等。其中，市町村居民税和不动产税是市町村税的主体税种。

除划定中央税和地方税之外，日本还设置中央与地方共享税，即所得税、法人税、酒税、石油液化气税、地方道路税、飞机燃料税、汽车重量税、特别吨位税等，由中央、都道府县和市町村3级政府分享，但征收管理权由中央政府掌握[①]。

合理划分收入来源的作用体现在：①能够使地方性税收最有效地促进经济发展，同时又可以充分挖掘本地区的税源，确保财政收入和资源配置达到效率状态；②合理引导地方政府行为、发展地方自治事业和便于征收管理，为各级政府公共产品提供了比较明确的基础性物质保证，提高了公共产品供给的效率，为社会福利水平进一步提高确立了基础和前提。

从税收收入的分配结构来看，第二次世界大战以后税收收入分配的总趋势是：中央政府税收收入的比重下降，地方政府特别是市町村一级的税收收入比重明显提高。这一方面反映出税收收入分配向基层政府倾斜的倾向；另一方面，本着事权决定财权的原则，地方政府可以有更多的可供支配的财力用于地方经济发展。

四、英国

英国是典型的单一制国家，强调中央集权制管理。英国规定地方政府只能管理中央允许的事务，不能在规定的事权范围之外行使权力。因此，英国地方政府的职能和范围比其他国家的地方政府小得多；与之相应，中央财政掌握了绝对的财源和绝大部分财政收入，地方财政支出主要依靠中央转移支付。与日本相比，在地方事务管理上，英国地方政府的权限和范围更小；中央税收在税收总额中占主要地位，地方税收收入的比重更低。

（一）政府间职能和支出的划分

1. 中央政府的职能与支出

在英国，中央政府的主要职能是：资源配置、稳定经济、提供公共服务和福利。中央财政支出主要包括：国防、外交、对外援助、高等教育、空间开发、环境保护、海洋开发、尖端科技、卫生保健、社会保障、中央政府债务、全国性的交通运输、通信和能源开发等。

2. 地方政府的职能与支出

地方政府的主要职能是：公共事业、基础设施建设、公共安全、社区发展和社会福利等。地方财政支出主要包括5类事务支出：

（1）保护性事务支出，如消防、治安、保护消费者、疾病防治等支出。

（2）公共场所和环境支出，如公路、环境、卫生、规划工作、卫生设施、垃圾

① 何利辉.日本、法国财税体制比较及其经验[J].中国财经信息资料，2014（18）.

处理、道路、街灯、公园、图书馆以及公共活动中心等支出。

（3）居民服务性支出，如教育、住房、就业、公共福利、儿童和老人照顾等支出。

（4）社会娱乐性支出，如运动设备、博物馆、美术馆、剧院、宿营地等支出。

（5）商业性事务支出，如市场、交通运输等支出。其中，郡（县）具体负责教育、警察、消防、基础设施建设和社会服务；区负责住房、环境和本地交通。

20世纪80年代以后，由于进行政府和公共部门改革，英国地方政府的职能范围缩小、服务支出减少，一些服务项目和部门被削减，主要表现在：

（1）在住房服务方面，社会福利房（低租金公房）大规模向居住者出售，地方政府失去了建房和买房的权限，而且地方还成立了民办公助的住房协会来管理社会住房服务。

（2）在教育服务方面，原属地方管理的学院教育变成直接由中央财政转移支持来维持、由教育部来管理的状态。

（3）在交通服务方面，地方公共汽车服务部门被私有化，地方铁路也不再由地方管理。

（二）政府间税权收入划分

1. 中央税

英国实行较彻底的分税制。在税收划分上，英国中央政府总揽了几乎所有税收，地方税种寥寥无几。英国中央税收包括3大类：（1）所得税，包括个人所得税、公司所得税、石油收入税、国民保险税；（2）商品和劳务税，主要包括增值税、消费税、关税等；（3）资本和资产税，主要包括资本收益税和遗产税。中央税收中最重要的税种是个人所得税、国民保险税、增值税、公司税和石油收入税。

英国中央税收变动频繁，政府可以随时调整税收以适应新的经济情况。一般情况下，政府在每年春季预算中进行税收调整（包括税收结构、税基、税率等）；如果在预算已公布或纳税年度已开始时进行调整，而调整法案又未经议会审批和王室同意，政府还可以暂停征收某些税。

2. 地方税

英国设置地方税主要依据3个标准：（1）地方政府应该能对税收水平适时调整，以适合地方居民的偏好；（2）税基在全国的分布应比较均衡，税基地域差别较大的税收只适宜作中央税种；（3）税收收入应比较充分，以利于地方当局发挥一定的经济调节作用。

根据以上标准，英国只将财产税作为地方税。英国财产税包括营业房产税和家庭（居住）房产税两种，一般按房产租金价值征收。1989年，英国进行地方税制改革，将家庭房产税改为人头税——对所有年满18岁的成年人征税。1993年，英国地方税又回到以前的状态，只是将家庭房产税改为按财产价值课征，并更名为"市政税"。

五、法　国

法国是一个具有深厚的中央集权传统的国家，国家的政治、军事、经济大权都集中在中央政府，地方政府的自主权十分有限。在财权方面，中央对地方补助比重较大，地方对中央有相当大的依赖性。

（一）政府间事权和支出的划分

法国政府分为中央、大区、省和市镇四级。相应地，财政管理体制也由四级组成。大区、省和市镇列入地方政府，它们的财政共同构成地方财政。法国各级政府的事权划分比较明确，每一级财政，在其预算允许的范围内行使其权力。

1. 中央政府的事权

中央政府的事权包括：（1）中央政府主要负责宏观管理与战略发展计划，包括在执行总统对内对外政策的前提下，制定法律草案和条约；（2）根据已颁布的法律制定具体的政策法令；（3）负责内政、外交、军事、经济、文化等国家事务。

2. 大区政府的事权

大区政府的事权包括：（1）负责执行国家的中长期计划，促进本地区的经济开发；（2）制订本地区发展5年计划，支持本地区所管辖的省、市镇的经济发展，协助国家推行领土整治政策，分配和使用国家调拨的财政经费；（3）负责大区的地方公共投资。

3. 省级政府的事权

省级政府的事权包括：（1）主要是决定省级财政预算，负责地方税收；（2）制定城镇规划，管理省内的公路、港口和运输，建设和装备中小学教育设施；（3）负责社会保险管理；（4）资助农村的领土整治；（5）分配中央调拨的经费，解决就业；（6）对企业提供帮助。

4. 市镇政府的事权

市镇政府的事权包括：（1）负责组织市镇行政机构和其他公共机构的运转；（2）管理公共工程，建设公立公益设施；（3）管理市镇公共医院等。

在划分事权的基础上，明确各级政府的支出责任。中央政府主要支出项目分为费用支出（经常性事务开支）、资本支出（用于固定资产购置支出）和军事支出3大类，具体包括国防、外交、国家行政经费支出和重大建设投资、国家对社会经济的干预支出（即国家对某些经济部门的补贴）、国债还本付息以及对地方的补助金等。

大区财政主要负责经济发展和职业培训等方面的支出；省和市镇的支出项目主要包括行政经费、道路、文教卫生事业费、地方房屋建筑费、警察、司法、社会福利支出和地方债务还本付息等。

（二）政府间税权与税收划分

在税权方面，税收立法权由中央统一行使，征税权和税额分配权都由中央政府行使，地方政府在法律规定的权限内对本级政府的税种享有征收权及适当的税率调整权、税收减免权。在中央授权范围内，地方政府享有一定的税收权力，可以开征某些税种。

在税种划分上，中央与地方实行彻底的分税制，税源划分清楚。中央税及其收入由中央政府掌握，地方税及其收入由地方政府掌握，没有共享税。中央税收包括增值税、个人所得税、公司所得税、消费税、遗产税和关税等。地方税的主要税种是营业税、房产税、土地税等。中央税收在税收总额中占主要地位。法国中央级预算收支在 4 级政府总预算中所占比重在 66%左右，地方（省和市镇）预算所占比重在 34%左右。

在税收征管方面，所有税收收入都由财政部派驻地方的税务机构和公共会计机构征收。国库由中央财政统一管理，财政部在各地都有派出机构，大区和省设财政厅，省以下为财政所。各级政府的预算收支都必须经财政厅（或所）办理。

六、俄罗斯

1990 年俄罗斯开始实行经济体制改革，由计划经济向市场经济转型。1993 年，俄罗斯联邦新《宪法》规定，俄罗斯联邦是一个具有共和国政体的民主制、联邦制国家，其政府分为俄联邦、联邦主体、地方自治政府三级。与此相对应，财政管理体制实行分级分税，其特点是税权集中、事权分散，联邦政府通过调节收入和转移支付等形式进行分配调节。

（一）政府间事权和支出的划分

在俄罗斯联邦，各级财政之间职能的划分取决于各级政权机关之间管辖对象和管理权限的划分、国家财产的划分、自然资源的划分以及各级政权机关管辖的国家财产的结构等因素。

1. 联邦政府事权与支出范围

联邦政府主要承担下列事权与支出：（1）国防；（2）国民经济，主要是用于基础科研、工业、能源、建筑、农业、渔业、交通、邮电及其他基础部门的财政援助和投资；（3）国家行政管理及司法机关和安全机关支出；（4）外交活动，主要是联邦一级的国际交流与合作；（5）社会文化，主要是具有联邦意义的教育、文化艺术、卫生、体育、社会政策支出；（6）国债服务，即偿还到期国债本金及支付利息支出；（7）补充国家储备和后备；（8）联邦对地区的财政援助等。

2. 联邦主体事权与支出范围

联邦主体财政所承担的支出包括：（1）国民经济支出，主要是对住宅公用事业、农工综合体和交通运输业的支出；（2）社会文化领域的支出，主要是对教育、干部培训、文化艺术、卫生、社会保障等方面的支出；（3）联邦主体国家政权机关和管理机关的行政支出；（4）基本建设投资；（5）对地方预算的财政援助等。

3. 地方自治政府事权与支出范围

地方自治政府承担的支出包括：国民经济支出、社会文化领域支出、地方自治机构经费支出、基本建设支出和其他支出等。

三级政府财政支出的趋势是：在联邦以下支出中，地方支出的地位越来越重要，这意味着联邦和联邦主体对地方的转移支付越来越重要，完善地方税收体系也越来越重要。这种支出特点代表了转轨制国家财政制度演变的一般规律：事权下放、支出下移。

（二）政府间税权与税收划分

1. 税权划分特点

俄罗斯联邦各级政府的财政收入主要是税收。政府间税权划分的特点是：（1）联邦税和共享税的税种、税率、税基等都由联邦法律规定；（2）对于地区税，联邦法律通常规定原则税率和最高税率，有些地区税的税基也由联邦立法决定；（3）对于地方税，尽管俄罗斯在 1993 年 12 月 22 日发布总统令，确认地区和地方有权在《联邦税法纲要》之外开征地方税，但联邦法律仍对地方税规定原则税率和最高税率限制；（4）地区和地方政府对于各自的税种可在具体征收管理办法上作相应调整，如可以在一定范围内调整税率，确定税收优惠、纳税时间等。

2. 税收分享体系

1991 年，俄罗斯联邦在苏联的基础上，建立了税收收入结构和税收分享体系。该体系具有两个鲜明的特色：

（1）同大多数国家的政府间财政关系不同，即大多数国家的税款由中央政府负责征收后再同下级政府分享，而在俄罗斯联邦财税体系中，税收收入的分享是自下而上逐级进行的。

（2）政府间财政关系并不是一个真正的体系，而是一个不透明的、通过谈判进行讨价还价而达成的一种相互妥协的方案。由于具有很大的谈判余地，使得地方政府高度依赖于联邦政府，这给财政自主权和财政责任划分带来了极大的不确定性。

所有的税收按照征税来源地原则，即按照具体的税收管辖权在联邦政府和征税来源地政府之间进行收入分享。分享比例由国家杜马和下级政府共同决定。1994 年实施分税制，俄罗斯政府力求建立一个更加客观的体系对政府收入进行划分，最基本的改革是用公式化的计算方法取代"讨价还价"的体制。

3. 税种划分

根据俄国家杜马分别于 1998 年 7 月和 2000 年 8 月通过的税收法典第一部分和第二部分，税收划分为联邦税、地区税（即联邦主体税）和地方税。

（1）联邦税。联邦税收有 16 种，包括增值税、消费税、企业利润税、资本收入税、个人所得税、统一社会税、关税、地下资源使用税、矿物原料基地再生产税、林业税、水资源税、生态税、联邦许可证税等。

（2）地区税。地区税有 7 种，包括法人财产税、不动产税、道路交通税、运输税、销售税、赌博税、地区许可证税。

（3）地方税。地方税有 5 种，包括土地税、自然人财产税、广告税、遗产与赠与税和地方许可证税。近年来，随着税制改革和财政收入分配方案的变化，联邦政府收入占总收入的比重稳步上升，反映了俄罗斯加强联邦政府宏观调控能力的改革取向。

七、外国政府间收支划分的基本特点

世界各国都是立足于本国国情来处理中央政府与地方政府的财政分配关系，不管是联邦制国家，还是单一制国家，其政府间收支划分都具有以下特点：

1. 分税制是政府间财政关系的基本模式

在市场经济国家，无论是实行联邦制，还是实行单一制政体的国家，都是以分税制作为处理中央与地方政府财政分配关系的基本模式。按税种划分各级政府的财权和财力，分别建立中央和地方税务机构，分别进行征收和管理。

2. 以法律规范各级政府的财权与事权

各国分税制的实践证明，法制健全是分税制有效运行的重要保证。各国对各级政府职能、政府事务以及相应的财力、财权分配，都由有关的法律作出规定，使体制的运行、调整，有一套明确的法律体系予以保障，保证了体制的稳定性。

3. 权责划分以中央为主、地方为辅

一般来说，实行联邦制的国家，地方财权要比实行单一制的国家大。根据财政的基本职能需要，中央政府侧重于掌握有利于公平分配、稳定经济的财权，地方政府则赋予其资源合理配置的财权。

4. 地方税体系设计合理

一般而言，地方税要设置多少个税种以及什么样的税种，基本上由两大因素确定：（1）分税制量的规定性，即地方政府承担支出责任越大，要求地方课征的税种就越多。（2）分税制质的规定性，即决定税种的性质，凡是不影响全国性经济稳定、全社会收入分配以及生产要素全国性流动的税种适合作为地方税课征。

市场经济发达国家的地方税体系设计有 3 个明显的特点：（1）多税种、多层次、多环节分别征收。覆盖了经济领域的全过程，调控面比较广，力度也比较大，规模适度，保证了地方政府运行职能的需要。（2）地方税制体系中都有若干主体税种。能够保证地方政府收入基本实现，也成为地方政府调控经济的主要税收杠杆。（3）十分重视辅助税种的设置。地方税制体系的完整性、功能的健全性、收入的可靠性及调控的灵活性等都离不开各辅助税种的合理搭配。

5. 中央税权的主导性与适当赋予地方税权相结合

无论强调税权集中，还是强调税权分散，各国大致上都将中央税权置于地方税权之上，中央拥有税收优先权，并且在整个国家的财力分配和调节中处于主导地位。同时在不影响全国税收统一和中央收入的前提下，适当下放地方税权，并使地方税权受到中央税权的制衡。

6. 税权划分的法制化和弹性化有机结合

各国严密、健全的法律体系是维持税权划分顺利进行的有力保障。同时各国税权划分的形式和结构等也不是一成不变的，而是按照一定的条件进行调整。

第三节 财政转移支付制度

一、财政转移支付制度概述

(一)财政转移支付制度的含义与形式

1.财政转移支付制度的概念

财政转移支付是指财政资金在各级政府之间的转移和再分配。财政转移支付制度是指有关财政转移支付的法律、政策规定和由此形成的规范做法,财政转移支付制度是财政体制的一个重要组成部分。

2.财政转移支付制度形式

世界各国大都实行单一的纵向转移支付模式,即中央政府对地方政府、上级政府对下级政府的财政转移支付模式。只有德国、瑞典和比利时等少数国家实行纵向与横向混合的转移模式,即在实行纵向转移支付的同时,还实行横向转移支付。

根据转移支付的目的和条件,财政转移支付又可分为一般转移支付和特定转移支付。一般转移支付是一种不附带条件、不指定用途的财政资金转移,又称为无条件转移支付;特定转移支付是一种附带条件、有特定目的和使用要求的财政资金转移,又称为有条件转移支付或专项转移支付。

(二)财政转移支付制度实施的背景

纵向和横向分配不均衡是各国普遍存在的现象,财政转移支付制度是有效调节财政资源纵向不均衡和横向不均衡的主要手段。20世纪80年代,美国里根政府实行旨在恢复财政分权体制的新财政联邦主义改革,带动和掀起了世界性财政分权改革的浪潮。到21世纪初,除日本和英国等少数几个国家的分权改革仍较迟缓,其他大多数发达国家都进行了程度不同的财政分权改革。在世界银行、亚洲开发银行和其他国际机构的推动下,许多发展中国家也进行了财政分权改革。

世界性财政分权改革的一个共同特点是财政支出而非收入的分权。这种支出分权而收入集中的格局使许多国家相应建立了均衡性财政转移支付制度,并且进一步强化了联邦(中央)政府在财政分配中的作用。

1.联邦(中央)政府与州和地方政府在财政分配上的纵向不均衡格局更加明显

财政分权改革虽然将一些支出权力下放到州和地方政府,但目标更集中于州和地方政府提供服务与管理的便利和增强其财政支出的责任。由于政府职能未相应缩小,依靠联邦政府的国家权力获得的大宗收入必须继续保留甚至相应扩大以满足不断增加的政府支出需要,州和地方政府在履行职能时更加依赖中央和联邦政府的财政援助。

2.联邦(中央)政府在分权的格局下拥有更大的财政控制能力

联邦(中央)政府对州和地方政府提供的公共服务基本水平和质量提出要求

等，以达到财政统一控制的目的。

3.联邦（中央）政府在收入与财富的再分配功能上必须发挥更大的作用

联邦（中央）政府要保证本国人民一定水平的生活质量和居民能享受均等的公共服务等。因此，旨在实现地区间公共服务均等化目标的财政转移支付制度成为各国中央和联邦政府发挥更强的收入分配功能的主要制度之一。

（三）财政转移支付制度的基本功能

1.实现财政的纵向均衡

社会经济系统的稳定运行客观上要求中央财政掌握较多的财政资源；而资源配置又客观上要求地方政府承担主要的支出职能，因此，中央财政和地方财政在收入和支出上，常常会产生纵向不平衡。在集权程度较高的单一制国家中，这一问题显得尤为突出。为解决这一问题，客观上要求中央财政和地方财政之间进行纵向的转移支付。

2.实现财政的横向均衡

由于各地财政能力与财政需求各不相同，因而会产生不同的净财政收益。而这种净财政收益差异的存在，既会影响到公平，又会妨碍资源在区域间的有效配置。中央政府通过向公共产品需求较大而税基相对较小的地方政府进行补贴，可以保证各地均能在税收差别不大的情况下，提供合适的公共产品水平，缩小地方政府之间的财力差异。

3.纠正地区间的财政外部性

地方财政提供各种公共服务总会产生一定的外溢效应（如教育所形成的人才外流）。若没有一定补偿和激励机制，地方就会缺乏提供外溢效应较大的地方公共产品的积极性。中央财政提供一定的转移支付，是对地方提供公共产品的收益外溢的损失补偿，对于鼓励地方提供公共产品具有重要的补偿和促进作用。

二、主要国家的财政转移支付制度

财政转移支付制度是成熟市场经济国家处理政府间财政分配关系的基本制度，是促进社会公正与统一市场形成的有效手段。为了使各级政府都具有与其事权相适应的财权和财力，提供均等公共服务能力，使各地居民享有大致均衡的社会公共服务水平，美国、德国、日本、澳大利亚等国家政府都建立了不同形式的财政转移支付制度，对各级政府的财力进行分配和调节，其基本特点就是转移支付尽量做到公式化、规范化，调节方式科学化，体现公开、公正、公平的原则。

（一）美国的财政转移支付制度

在美国联邦制度的演进过程中，联邦政府承担了对政府项目越来越大的财政职责。但联邦政府并不是自己直接使用经费，而是按联邦立法分配给各州和地方政府，目的是为了实现财政资源在各级政府之间的纵向平衡和地区之间的横向平衡，加强联邦政府对州、地方政府的预算支出的控制和调节，促进州和地方政府的财力分配符合联邦政府的宏观政策。

联邦政府的转移支付具有公开、公正、透明的特点，按照国会确定的复杂公式计算，如考虑该地区的人口、人均收入、税收能力、征税努力程度等因素。联邦政府对州和地方的转移支付主要有总额补助、分类补助和专项补助 3 类。

1. 总额补助

（1）概念

总额补助（general fiscal assistance）是一种一般性转移支付，是上一级政府通过法定的公式计算出给下级政府的补助数额，无条件地将资金拨付给下级政府作为下级政府财政收入的一项来源，由下级政府自主安排，主要目的是对州和地方政府提供财政帮助。由于它主要考虑各地的税收能力，又称为收入分享（revenue sharing）。

（2）理论依据

总额补助制度始于 1972 年美国国会通过的《联邦政府对州和地方政府的财政资助法案》。其实施依据是：①联邦政府无条件转移支付是平衡各级政府税收能力和支出需求的一种重要手段，可以帮助州和地方政府提高社会服务标准而不需过多地增加其税收负担。②可以减少由于地区税收能力不同所引起的公共服务水平的差异。③可以增强州和地方政府自行确定本地区公共支出的自主性和开发项目的能力。

（3）实施情况

从总额补助实际拨款的情况看，联邦政府对州政府的补助占 1/3，对地方政府的补助和通过州对地方政府的间接补助占 2/3。美国联邦的总额补助在 1986 年结束。不过，美国各州对地方仍在运用总额补助方法。美国联邦财政对州和地方的转移支付目前主要集中在健康、收入保障、教育和交通等项目上。

2. 分类补助

（1）概念

分类补助（block grants）是一种有条件的转移支付。它是上级政府依据法定公式对某些特定领域进行的补助，下级政府对这类补助资金有相对独立的使用权。一般来看，分类补助的范围比专项补助的范围要宽，接受分类补助的州和地方政府可以在规定的范围内自行确定项目、制订计划、分配资源，但完成的项目任务必须达到联邦标准，否则不再进行分类补助。

（2）范围

美国分类补助计划的兴起是在 1981 年。1981 年，美国国会通过 Omnibus Reconciliation Act 将 57 个专项补助项目并入 9 个大类补助项目。属于分类补助的 9 个项目是：①健康（包括精神健康）；②犯罪控制；③社区发展；④社会服务；⑤就业培训；⑥城市交通；⑦贫困救助；⑧妇幼照顾；⑨基础教育。1996 年又增加了对贫困母亲和孩子的多年补助项目。

由于分类补助将转移支付按一定性质分成大类，州和地方政府在大类内有一定的自主支配权，同时又对大类服务标准进行了规定，并相应考核地方政府的支出责任，被认为兼具总额补助和专项补助的优点，是近年来美国专项转移支付改革的主要方向。

（3）作用

分类补助的作用是：①能够简化项目管理；②推动项目功能之间、政府之间的合作；③鼓励更广泛地参与和发挥地方政府的积极性与主动性；④分类补助的面广、限制少，对于地方优先选择和决策的扭曲程度和影响比较小。

3. 专项补助

（1）概念

专项补助（categorical grants）是美国联邦政府运用历史最长的一种转移支付形式。它是联邦政府为了达到某种特定目标，对某些特定项目进行的补助。联邦政府通过这种有条件的转移支付广泛介入州及地方的事务——从社区发展到健康、教育、住房和交通等各个领域。一些专项转移支付项目，如医疗、教育、对需要帮助家庭的临时补助等均具有财政均衡分配的功能。

（2）依据

美国联邦政府偏重专项补助这一形式的依据是：①美国需要解决的首要问题不是地区间的差异问题，而是都市化中的贫困问题。解决贫困问题，专项补助显然比无条件拨款更有效。②因为美国各地之间的差异主要在于服务水平，而不是税收水平。因而联邦转移支付的主要目标是保证各个地区能够实际达到一定质量和水准的服务，而不是仅仅保证各地区达到一定的财政收入，因为达到了一定财政收入的地方政府未必会将这些收入花在联邦政府所希望的项目上。

（3）特点

①没有固定的模式。美国有许多转移支付项目，各种项目拨款考虑的因素有所不同。有的考虑社会经济发展需要，如公路建设；有的考虑社会稳定因素，如救济穷人发放食品券。

②转移支付项目按法律程序确定，明确规定用途，专款专用，如医疗补贴是联邦政府转移给州和地方政府专门用于低收入者的医疗保健项目拨款。

③转移支付制度以有条件补助为主，需要州和地方政府的配套。

④具有透明和公正性。实行专项转移支付的主要目的是为了增强联邦政府的影响力，促使各州和地方财力分配符合联邦政府的宏观政策目标。

（4）实施情况

美国联邦政府向州和地方政府提供专项补助的一个典型例子是专项教育拨款。其中最大的一个联邦教育拨款计划是 Title One Program，专门用于对低收入学区和成绩不佳的学生提供补助，使低收入家庭的孩子不因其家庭贫困而影响学业。接受专项补助的学区主要按该学区中来自低收入（低于贫困线）家庭的学生人数来确定。尽管如此，这项拨款计划的覆盖范围仍然很大，全美大约 1/3 的小学得到了此项拨款。Title One Program 专项补助拨款的 90% 是直接拨给地方教育部门（LEA）的。

　　总拨款通常分为两个部分，按两个公式进行分配：一部分为基本拨款，另一部分为集中拨款。每个地方所得的基本拨款为：有资格接受补助的学生人数×所在州学生平均支出的 40%。Title One Program 专项补助的实际拨款数一般为基本拨款数的 85%，其余 15% 由所在地方配套支出。集中拨款的目的是为贫困儿童集中的地区提供额外的补助。可以获得该项补助的地方必须满足以下两个条件中的一个：第一，该县拥有 6 500 名有资格享受基本补助的儿童；第二，该县有 15% 以上的适龄儿童（5~17 岁）有资格享受基本补助。

　　美国联邦政府对州和地方政府的转移支付绝大部分是专项补助。20 世纪 90 年代初，专项补助占联邦政府补助总额的 90% 以上；其中 2/3 拨给州政府，1/3 拨给地方政府（县、市和学区）。

（二）德国的财政转移支付制度

　　德国政府秉承凡是德国公民，无论其生活在德国的哪个地区，都有权利享受基本相同的公共设施和服务的宗旨，努力使各联邦州都具有均衡的财力。其《基本法》要求在全国范围内必须保证大体相同的生活条件，各个州都应为公民提供水平相同的公共服务。为了保证各地公共服务水平基本一致，联邦政府建立了一整套转移支付制度，其制度改革以 2005 年为节点分为两个阶段。

　　1. 2005 年以前的转移支付制度

　　德国的转移支付制度分为 3 种形式：销售税的预先均衡性分配，州际间的横向转移支付和联邦补充拨款。

　　（1）销售税的预先均衡性分配

　　德国的销售税（相当于增值税）预先均衡性分配是将销售税收入的 75% 按各州居民人数分配，25% 分配给税收收入低于各州平均数 92% 的州。考虑人口因素主要是因为增值税是由消费者负担的，人口越多、消费越多，缴纳的增值税就越多，因此根据最终消费地原则按人口数分配体现了对贡献的对称性鼓励，是税收重新返还到各地区的一个合理方法。当然这里有一个假定，就是各州的人均消费能力和水平是基本相当的。考虑各州的人均收入水平是遵循《基本法》第 104 款的规定，以及各州生活条件一致的原则，体现了收入平衡或均等化政策。

　　（2）州际间的横向转移支付

　　德国横向（州际间）的财政均衡在世界各国的转移支付制度中颇有特色，并在整个转移支付体系中扮演着重要角色。横向转移支付制度是在各州之间进行财政转移支付，即财政资金由财力较强的州向财力较弱的州转移，以平衡每个州的财政能力和财政需要之间的差异。

　　该制度最初于 1951 年开始实行，其主要目的是向那些有"特殊负担"（如难民、港口维护等）的地区提供资助。1955 年，这项制度被写入《宪法》第 107 条。该条款规定，各州之间的均等化转移支付制度应对各州的财政收入进行调整，以实现各州税收能力的平衡，对面临"特殊负担"的州提供补助。

在州际间横向转移支付过程中，用财政收入能力指数和财政需求指数来衡量财力强弱。其计算方法包括：

①财政收入能力指数=该州政府税收总额+该州所属各地方政府税收总额×50%

州下属的地方政府税收总额只按 50% 计入州的财政收入能力指数，是因为这种平衡是州政府之间的，而各州还要对所属地方政府进行财政平衡。

②财政需求指数=全国人均州和地方的税收收入×该州人口数×人口修正系数

修正原则是人口数量越多，人口密度越大修正系数越高。

如果某州按上述计算的财政需求大于财政收入能力，该州就属于财力薄弱州，可以获得转移支付补助。如果某州按上述计算的财政收入能力超过财政需求，该州就属于财力富裕州，必须提供转移支付拨款。

通过这种州与州之间的转移支付，在保证富裕的州财政收入能力不降低到平均水平以下的基础上，使落后的州的财政能力达到平均水平的 95%。

在计算各富裕州应贡献的转移拨款额时，采用累进制算法：

①财政收入能力指数是平均数的 100%～101% 的州，应贡献财政收入能力超过其财政需求的 15% 的部分。

②财政收入能力指数是平均数的 101%～110% 的州，应贡献财政收入能力超过其财政需求的 66% 的部分。

③财政收入能力指数是平均数的 110% 以上的州，应贡献财政收入能力超过其财政需求的 80% 的部分。

（3）联邦补充拨款

联邦补充拨款属于纵向转移支付，分为补缺性联邦补充拨款和特别需要性联邦补充拨款。补缺性联邦补充拨款是一次性定额转移支付，拨款数额是固定的，与该州财政能力的变化无关。特别需要性联邦补充拨款是为一些有特别负担的州提供补助，主要包括：①为了消除因两德分裂造成的特殊负担和为平衡低于平均水平的市镇财力，从 1995 年到 2004 年，额外拨给东德各州（包括柏林）共 140 亿马克的拨款。②为了平衡将东德引入到一般性的转移支付制度中来而造成的超额负担，为一些西德财力较弱的州提供拨款，1995 年共转移支付 13.45 亿马克，以后逐年递减[①]。另外，向东、西部较小的州每年提供 150 亿马克的有条件资助，以稳定预算。

2.2005 年的转移支付制度

2005 年开始实行的新转移支付规则，原来的制度框架和三个步骤没变，只是具体计算方法等做了变动。

（1）销售税的预先均衡性分配

改革后销售税的分配仍然是 25% 分配给人均税收收入低于平均数的州，但不是低于 92% 的才获得补贴，而是所有人均税收收入低于全国平均水平的州，都获得来自销售税的补贴。新规则使补贴后各州相对财力更加接近。

---

① 　葛乃旭，宋静.德国转移支付制度改革及对我国的启示与借鉴[J].地方财政研究，2013（1）.

（2）州际间的横向转移支付

①财政收入能力指数＝该州的州税收收入＋地方税收收入×64％

从公式可以看出，改革后财政收入能力指数的计算增加了地方税收的收入部分。

②财政需求指数＝全国人均州税收收入×该州人口数＋全国人均地方税收收入×该州人口数

改革后的人口修正因素不再按乡镇的大小和居民的密度估算，而是将人口稀少州的人口数按照102％～105％计算。

转移支付获得州的计算方法：

①当该州的财政收入能力指数低于财政需求指数的80％时，补贴所缺数额的75％。

②当该州的财政收入能力指数至少等于财政需求指数的80％，但低于93％时，补贴所缺数额的75％～70％。

③当该州的财政收入能力指数低于财政需求指数至少达到转移支付指数的93％时，补贴所缺数额的70％～44％。

转移支付贡献州的计算方法：

①财政收入能力指数低于财政需求指数的107％，上缴财政收入能力超过其财政需求的44％～70％。

②财政收入能力指数至少等于财政需求指数的107％，但低于120％时，上缴财政收入能力超过其财政需求的70％～75％。

③财政收入能力指数至少达到财政需求指数的120％，上缴财政收入能力超过其财政需求的75％。

（3）联邦补充拨款

改革后的联邦补充拨款分为一般性联邦补充拨款和特殊需要联邦补充拨款。财政收入能力指数少于财政需求指数99.5％的州获得一般性联邦补充拨款。特殊需要联邦补充拨款主要包括：①为了补偿两德分裂造成的既有基础设施差距形成的特殊负担和为平衡低于平均水平的地方（乡镇）财力，从2005年到2019年拨给东德各州（包括柏林）特别需求拨款。②为平衡结构性失业造成的特殊负担和由此引起的支付具有劳动能力的失业者的失业救济金和社会救济金造成的超额负担，拨给东德各州（不包括柏林）特别需求拨款。

（4）激励机制的引入

为了提高富裕州的积极性，改革后的转移支付制度引入了激励机制，即在计算各州的财政收入能力时，与上年相比税收收入增加额超过平均数的部分，扣除12％，不计入财政收入能力指数，保留富裕州部分的税收增加额在本州使用[①]。

3. 德国政府间转移支付制度的特点

（1）政府间转移支付的体系完备

德国遵循公民生存条件一致的原则，建立并不断完善了横向平衡与纵向平衡相

①　葛乃旭，宋静. 德国转移支付制度改革及对我国的启示与借鉴[J]. 地方财政研究，2013（1）.

结合，一般均衡拨款与补充拨款、专项拨款、共同任务拨款等多种形式并举的政府间财政转移支付体系。

（2）法制化水平较高

不但德国政府间转移支付的目的、范围等被明确写进法律，而且据以计算均等化拨款的税收能力和标准税收需求等技术性参数也用法律的形式加以明确规定。这不仅使德国的转移支付制度更为规范、透明，也使转移支付的数量规模具有了必要的法律保障。

（3）注重运用横向转移支付

即使在纵向转移中也较多地蕴涵了横向因素，其直接以增值税的共享来实现州与州之间一定程度的财政均等化便是明证。

（4）均等化拨款的计算方法较为简便

州际之间计算均等化拨款的主要和关键因素是居民人口与实际税收。由于德国的州情差别不大，在确定对某地区转移支付数额时，不考虑支出及其成本差异方面的问题，而是采用将税收能力与全国平均的标准税收需求进行比较来确定转移支付数额。同时，由于德国税收法制程度较高，州政府没有改变自己税率的权力，所以在测算标准税收需求时也不考虑各地的税收努力程度。

（5）纵横交错的转移支付体系

为了平衡各层面、各地区经济发展的不平衡，使各地居民生活水平不至于过分悬殊，德国不断调整财政转移支付制度，目前已经形成了纵向平衡和横向平衡交错的较为完善的体系。

①纵向上建立了上下级政府间的转移支付体系。该体系分为联邦向州、州向地方政府两个部分：其中，州向地方的转移支付主要采取了一般性分配金、特别需要分配金两种方式，在总体上提高了地方的财政实力，使地方有能力行使各项职能，促进地方经济增长；同时，缩小州内各市镇之间的分配差距，保证州内各地方之间的公共服务水平大体一致。

②横向上各州、各州所属地方之间建立了财政平衡制度。通过将经济富裕的州和地方的部分财政收入转移给较为贫困的州和市（县），使其达到全国的平均水平，从而在一定程度上促进了全社会收入分配和福利水平的提高。德国统一后，为了平衡东、西德地方之间的差距，德国政府采取多种方式支持东部地区经济，东部地区获得的特别需要分配金和横向转移支付总额超过 60%。

（三）日本的财政转移支付制度

1.转移支付法律体系

由于日本实行地方自治基础上的集中型财政体制，大多数地方政府的自身收入能力不能满足事权范围的要求，需要中央政府通过财政转移支付进行调节。日本《地方预算法》、《地方自治法》、《地方税法》等对各级政府间的财政转移支付内容和形式有明确规定，中央政府可根据经济发展状况对包括"两税一金"在内的转移传导机制进行调整。日本自上而下的财政转移支付制度，有效地纠正了各个层级的财政收支失衡，不但平衡了不同发达程度的地方政府资金需求，促进了地方横向分配公平，而且提高了财政资金使用和公用产品供给效率，也促进了地方所属企业的发展和本地区特色产业政策的有效实施。

2.转移支付形式

其财政转移支付制度主要由地方交付税、国库支出金、地方让与税三部分组成。前一种属于无条件拨款，后两种属于有条件拨款。地方交付税和国库支出金占中央对地方财政转移支付的90%以上。

以"两税一金"为主的财政转移支付制度，将资金来源属于中央级的财政收入，通过同源分割、核定科目或者委托责任等方式，由中央政府直接向都道府县和市町村两级地方政府分配，以平衡和弥补地方政府履行事权的资金缺口。

（1）地方交付税

①含义。

日本的地方交付税制度目前堪称世界上最完美、最精确的"收支均衡型"转移支付制度。从20世纪20年代末开始到1954年正式建立地方交付税制度，日本的一般性转移支付制度历经了20多年，并从起初以解决地方财政困难为目标的应急性措施，逐渐过渡到地区间财力差异的调节手段，最终转向以均等化为理念的机制性财力均衡制度。

地方交付税是日本中央财政利用一部分固定的税收收入向地方财政提供的无条件转移支付，形成地方政府的一般财源，由地方政府自主支配。它的主要目的是谋求财源的均衡化，按照设定的交付基准，保障地方行政计划的正常执行，保障公民公平地享有政府公共服务，促进地方自治宗旨的实现，强化地方政府的独立性。

②基本功能。

地方交付税具有两项基本功能：一是财政调节功能，即通过地方交付税的适当分配，调整地方政府间的财力差别，以实现财力横向分布的均等化。二是财源保障功能，财源保障功能包括两个方面含义：从宏观层面上看，法律规定，地方交付税总额按照国税的一定比例加以确定，从而确保了地方财源的总规模；从微观层面上看，地方交付税是通过弥补地方政府的财政收入不足，平衡地方政府的财政能力，使地方政府达到中央规定的公共服务水平。

③特点。

地方交付税主要有4个特点：第一，交付税总额与法人税、消费税、酒税等国税建立关联机制，规范、透明、有弹性；第二，中央分别对道府县与市町村两级地方政府直接确定补助，没有中间环节，从而可以避免政策"折射"与变形；第三，按照各地方政府基准财政收支确定交付税；第四，道府县按标准收入的80%、市町村按标准收入75%作为基准收入，并作为补助基础，既考虑了地方政府非均等化范围的支出需求，又可以调动地方政府的增收积极性。

④运作过程。

地方交付税的确定方法是：以所得税、法人税、酒税的32%，消费税的

42％，烟税的25％这3者之和为转移支付总额，其中，转移支付总额的94％称为普通交付税，转移支付总额的6％称为特别交付税。

A.普通交付税。普通交付税是交付税的主体，分配标准是各地方的基本支出需求超过基本财政收入的差额。具体计算步骤如下：

第一，基本支出需求。基本支出需求是指地方政府达到中央政府所规定的公共服务水平所必需的财政支出。地方政府的总支出需求是6项公共服务支出需求的总和，这6项公共服务是：警察与消防、公共市政工程、教育、福利与劳动服务、工业与经济发展、政府行政管理。

每项支出需求由以下公式计算：

基本支出需求=服务量×标准单位成本×修正系数

其中，服务量是指服务对象的数量（需要警察保护的居民数量、需要消防服务的居民数、教师和学生的人数、公路的长度等）。

标准单位成本是指提供每单位服务的标准投资额（如每个警察的经费），每项服务的单位成本按一个假想的标准规模的地方政府的情况来估算（如一个标准规模县，有人口170万、面积6 900平方公里）。

修正系数是考虑地理、社会、经济情况后确定的各地的成本差异系数。如果该系数高于1，表明该地提供服务的单位成本高于全国标准；如果该系数低于1，表明该地提供服务的单位成本低于全国标准。修正系数由自治省每年调整一次，各类支出需求通常有不同的修正系数。

第二，基本财政收入。基本财政收入是指地方可用于公共服务的自有财源。计算公式为：

基本财政收入=标准地方税收=税基×标准税率×调整系数

在计算地方基本财政收入时，运用了调整系数（并不包含100％的地方税收，都道府县为80％，市町村为75％）和标准税率，一方面是为了给地方一定的税收自主权，缓和均等化程度；另一方面是为了鼓励地方增加税收，同时又要保护税基。

B.特别交付税。特别交付税是针对地方政府特殊财政需要而设置的一种补充，适用于以下3种情形：

一是当地方基本支出需求中没有包括某些特殊财政需求时，这些需求由特别交付税来满足，如减轻自然灾害影响的费用等。

二是当中央估算的地方政府税收大于实际地方税收时，由于对地方税收的过高估计所导致的普通交付税的减少则由特殊交付税来弥补。

三是普通交付税在每年的8月底以前确定，但此后可能会产生一些无法预计的财政需求，由特别交付税来满足。

（2）地方让与税

地方让与税是中央政府针对地方特定项目支出不足而进行的一种转移支付，即将国税征收的地方公路税、汽车重量税、飞机燃料税、石油气税和特别吨位税5种税收（中央税）收入的全部或一定比例转让给地方政府支配使用，以充实地方修建公路、港口、机场等基础设施的财源。

其中地方公路税、汽车重量税和石油气税用做道路建筑和维修经费的财源，其转让依据是各地方政府道路的总长度和面积，与征收地点无关。飞机燃料税是根据飞机所有者装入飞机的燃料缴纳的税金，转让给与机场有关的地方政府，用于维修机场和有关设施以及防止飞机噪音等。特别吨位税是对海运船舶在进入日本商港时按纯吨位计征的吨税的附加，全部转让给商港所在地（即征收地）的市町村政府，并不指定用途。

（3）国库支出金

①含义。

国库支出金是中央政府针对地方政府的特定支出给予的财政补助，是一种集规定用途和附加条件于一身的转移支付形式，主要用来体现拨款者的意图与偏好，接受政府不得挪作他用。它是日本中央政府影响地方支出、保证全国各地公共服务水平和质量标准化的一种最重要的手段。

与地方让与税不同的是，国库支出金所涉及的事权都是本应由中央负担或者中央与地方共同负担的，但是基于效率等原因，事权的实际履行都是由地方政府进行，而地方让与税所涉及的支出责任与中央无关，中央进行转移支付是为了匹配地方政府的事权与财权，平衡地区间财力差距。

②形式。

国库支出金包括3种形式：国库委托金、国库负担金和国库补助金。国库委托金是指本应完全由中央政府承担的事务，基于效率等原因由地方负责，但支出全部由中央负担。国库负担金是指本应由中央和地方共同承担的事务，基于效率等原因由地方负责，中央政府按自己应该承担的那部分支出数额进行转移支付。国库补助金是指对于地方政府一些值得鼓励的支出行为而进行的一种奖励或者补偿，具有引导作用。

原则上，中央政府对所有地方同等对待，在分配国库支出金时不对任何地方实行任何歧视。为维持中央政府与地方政府间的财政秩序，对国库支出金的规定如下：

第一，为了确保地方政府实施补助对象事务，对该事务所需的经费必须进行充足估算，国库支出金应以此为基础计算确定。

第二，对国库补助负担金（国库支出金的一种）的计算、支付时间、附加条件或连带指示以及其他行为不服的，可经由自治大臣向内阁提出意见，或经由内阁向议会提交意见书。

第三，地方政府接受这种转移支付拨款后，必须严格执行中央政府的要求和规定。如果地方没有按中央政府的规定执行，对该项拨款可全部或部分停止拨付，或要求退回所拨款项。如义务教育、生活保护、传染病预防、精神卫生、打击毒品、儿童保护、老人保护、原子弹受害者护理、主要农作物良种培育、产业教育振兴以及学校图书馆设施与图书充实等。

③分配方式。

国库支出金绝大部分采取地方配套的形式。对每个符合资助条件的地方支出项目，中央政府按规定资助标准成本的一定百分比，资助比例因项目不同而异。例如，对公立小学和初级中学教师的工资，中央支付标准工资的50%，地方必须支付另外50%；对动物保护项目，中央支付标准成本的75%，地方必须配套支付25%。

一般来说，对于可能过度增加地方财政负担或中央有意重点发展的项目，中央资助的比例就高；对于本身就属于地方政府职能的项目，中央补贴的比例就低。除法定的必须由中央补助的项目之外，如果由地方政府上报的要求补贴的项目超过了中央的财力，则由各主管部门选择其中的一部分予以补贴。

④存在的问题。

随着日本20世纪60年代开始的"收入倍增计划"、70年代的日本列岛改造的实施与福利行政的扩大，国库补助负担金的项目数量与规模大幅度增加。在此过程中逐渐暴露出一些问题。

第一，抑制了地方政府的创新意识，形成依赖思想。国库补助金在地方财政支出中的份额已经举足轻重，地方政府往往将获取补助金作为工作中心，而没有根据本地实情，兴办有创意的事业，形成"补助金期待"的定式。如果能够获得补助金，即使该项补助事业并非本地所急需，也会极力争取，地方财政运行缺乏自主性。

第二，中央政府纵向分割的行政体制影响了地方行政的综合性，也影响了财政资金的使用效率。国库补助负担金由中央各部门进行分配，接受补助的地方政府必须按照缺乏横向联系的中央各部门的意图行政，难以根据本地事业的轻重缓急进行合理安排，甚至会出现对一些地区来说无效的投资。另外，补助金有一定的附加条件，一般不允许地方政府变更用途或进行综合性的统筹安排，不利于提高财政资金的使用效率。

第三，形成既得利益，使中央地方的财政运行缺乏弹性。补助金制度一旦形成，在一定期间内就难以缩减。从接受补助方来看，一般都有将该补助作为经常性财源的意识；从交付方的中央部门来看，也不会对补助金的必要性进行重新考虑，而希望继续延续这一制度，形成一种惰性，导致补助金不断膨胀。

第四，中央部门的行政干预，不仅影响了地方行政的自主性，也使得政府间的行政责任不明确。地方政府只有满足了中央部门制定的国库补助负担金的各种条件，才能获得补助，而且，这些条件通常极其复杂、细致，事实上是中央部门支配着地方行政。尽管原本属于地方政府的行政事务，由于补助金的介入，使得责任不明确。

第五，繁杂的手续，耗费大量的人力物力。从事前协议，到内示（内部传达）、交付申请、交付决定，到事业完工时的实绩报告、竣工检查、补助金额的确定与精算报告以及会计审计等，事务手续极其繁琐，相关的人员与经费形成庞大的负担，有时会出现相关费用超过补助金的情形。另外，有关检查与监督重复，给地方政府带来很多不便。

（4）地方税返还制度

①职能。

日本地方税返还制度是具有地方公共团体财源保障作用的制度，通常认为其具有以下两个职能：一是财源保障职能，即补足地方公共团体的财源不足；二是财政调整机能，即减小因地区间税源差异带来的地区及其地方公共团体间的财力差距，力图达到财政力量均等、行政服务水平差距缩小的目的。

②内容。

地方返还税制度分为总额计算和向各地方公共团体分配计算两个部分。总额按国税中 5 个税种税收总额的一定比例计算。向各地方公共团体分配是根据基准财政需求额和基准财政收入额来计算的。

地方返还税额=基准财政需求额-基准财政收入额

其中，基准财政需求额是地方公共团体提供标准行政服务时必要的经费预算，而基准财政收入额是地方公共团体的标准收入。两者的差额是地方公共团体的财源不足额，以此差额为依据进行地方税返还分配，保障地方财源。

计算基准财政需求额，基本上按照"单位费用×测定单位×补正系数"的公式进行计算。在这个公式里，单位费用是指各种行政服务的单位费用，每年参照物价水平等因素进行调整；测定单位是测算各行政服务的单位数，基本上是按照面积和人口构成确定；补正系数是对人口较少的地方公共团体的调整，参考规模经济对小规模团体给予一定优待。

（四）英国的财政转移支付制度

英国是实行转移支付较早的国家之一。英国政府在 1929 年就开始实施无条件补助拨款，1967 年无条件补助拨款更名为税收支持拨款或分块（类）补助。英国中央政府向地方政府的转移支付包括无条件分块补助拨款和项目特别补助。

1. 无条件分块补助拨款

无条件分块补助拨款主要用来解决地区间提供公共服务的能力不平衡，保证地区间财政能力的均衡。原则上，一个地区的支出需求与其自身财政收入的差额越大，其所获得分块补助拨款就越多。英国的分块补助过程分 3 个步骤：

（1）中央政府决定每年度分块补助的总额。

中央政府通常根据宏观经济环境和财政支出预算情况决定分块补助拨款总额。分块补助拨款总额分为两个部分：一是城市的郡（县）、区分块补助额；二是农村的郡（县）、区的分块补助额。

（2）估计每个地方政府提供公共服务的标准支出需求。

地方公共服务标准支出需求额由 3 个步骤决定：①对地方政府的支出需求进行分类——将各地的支出需求分为 7 类，即社会服务、高速公路维护、警察、资本性支出、防火、教育和其他服务。②对每个地方政府的每一类支出需求进行估计——估计采用"服务对象的数量×提供服务的单位成本"公式计算。③将每个地方政府的 7 类支出需求加总，得到总的支出需求，然后将全国各地的总标准支出需求额与预定的补助总额进行比较后进行调整。

（3）根据标准支出需求与标准地方税收入的差额决定对各地的分类补助额。

2.项目特别补助

英国中央政府对地方政府的有条件转移支付主要是按特定项目拨款的特别补助（specific grants）。最近 20 多年来，项目特别补助发展很快，原因是英国政府希望地方提供一些非传统的，但中央政府认为需要优先考虑的特别服务。20 世纪 80 年代中期以来，英国项目特别补助额一直为分块补助额的 1/4 左右。

（五）法国的转移支付形式

1.均衡拨款

它是目前法国最主要的转移支付形式。此项拨款由人口、公路长度、学生数、公用设施负担情况、贫富状况等因素决定。该项拨款只拨给省和市镇两级，不拨给大区。

2.职能转移和分权综合拨款

这项拨款是由于法国在 20 世纪 80 年代以后实行了以分权为核心的政治和经济体制改革，因中央和地方政府的职能发生变化而设立的拨款，分为两个渠道：一是将部分中央税改为地方税；二是设立一个综合拨款指标，以弥补因职能转变而增加的地方政府支出。

3.减免税补助

中央政府出台一些减免税政策导致地方收入减少，中央财政给予一定补助。

4.贫富调节基金

贫富调节基金是将一些比较富裕地区的税收直接转移给贫困地区。

（六）澳大利亚的均等化转移支付

澳大利亚的均等化转移支付制度具有鲜明的特色，从地区财政收入与支出两方面建立均等化转移支付标准的做法，得到许多国家的认同，还有国家借鉴这一做法。在基本原理上，澳大利亚的均等化转移支付与日本和英国的转移支付相同，但澳大利亚对各州财政能力与支出需求的计算更全面、更科学，也更复杂。

在澳大利亚，联邦财政收入占全国财政收入的比重超过 2/3，但支出占全国财政支出的比重不超过 1/3，除了用于全国的社会保障外，大量资金通过转移支付支持了州和地方的支出。澳大利亚联邦财政向下级财政的转移支付包括一般补助和专项补助。

1.一般补助

澳大利亚的一般性转移支付即"均等化转移支付"，由联邦拨款委员会根据财政均等化方法计算。目前由联邦拨款委员会通过测算各州的财政能力与支出需求来决定，以尽可能确保每个州在标准税率条件下，提供的公共服务水平能达到全国平均水平。均等化转移支付的基本计算方法是：

对某州的一般补助=标准补助+收入补助+支出需求补助−专项补助

其中，对该州的标准补助额等于该州人口乘以全国人均一般补助额，即按全国人均标准计算的一般性补助额中该州应该得到的份额；对该州的收入补助主要考虑该州收入能力不足，也就是对较贫穷的州（人均税基较低）给予补助；对该州的支出需求补助是许多分类支出（分为 12 类，即福利、文化娱乐、社区发展、一般公共服务、工业服务、贸易服务、教育、卫生、法律治安、交通运输、经济事务和其他）需求补助的总和。

通过均等化转移支付制度，澳大利亚对地区间的财政资源进行了重新配置，由于政治、经济、人口、环境等因素导致的地区间财政不平衡问题得到一定程度的解决。对于均等化转移支付制度，澳大利亚联邦拨款委员会每 5 年进行一次总体评估，以便发现问题，更新数据，调整参数。为了保持相对稳定，数据通常采用过去 3 年的移动平均值，以便均等化转移支付标准和运作机制较少受政策变动的影响。

2. 专项补助

专项补助额由联邦各部门与各州对口部门和财政部门进行磋商解决。该项转移支付一般要达到联邦或全国的某些目标，并按项目逐项签订协议。

3. 转移支付结构

1998 年税制改革以后，澳大利亚将商品和劳务税全部集中，按均等化原则在各州间全部进行分配，以平衡各州收入差距。商品和劳务税转移约占转移支付总额的 53.6%，一般补助转移支付约占 6.2%，专项补助转移支付占 40.2%。

三、财政转移支付制度比较

（一）共性特征

1. 建立相对稳定的资金来源机制

各国都建立了均衡转移支付资金来源机制，固定某种或某几种税收的一定比例进行均衡性分配，使均衡资金来源稳定。如德国将州分享的增值税部分作为财政均衡分配的专项资金，一部分按人均分配给各州，另一部分对低于全国平均财政收入的州进行补助，日本将"一揽子"税收的一定比例作为均衡性财政资金，根据一定的均衡分配公式进行转移支付。

2. 明确转移支付的用途

虽然各国情况不同，其一般性补助与专项补助占的比重有很大的差别，但就专项补助的具体用途而言，各国都比较集中在教育、基础设施建设等项目，以达到使各地居民可以享用同样或相近水平的公共产品及劳务，而不是把补助投入到生产性领域。

3. 采用公式化方式进行分配

大部分国家都采用公式化计算进行财政均衡性分配。公式化计算中最重要的是确定进入公式的因素、数据来源及计算方法。均衡目标不同，公式中所包含的因素也不相同。从世界各国的实践来看，都注重转移支付的公式化、规范化。尽管转移支付的数额很大、对象众多、结构复杂，但是具体操作过程中都是有章可循、有法可依的。不仅转移支付的实施过程达到了程序化，而且转移支付额的确定实现了公式化。

各国都设计了比较科学、将多种因素考虑在内的计算公式，虽然因素选择有所不同，但都选择了一些能反映各地财政地位和收支状况的客观因素（如人口、面积、相对富裕程度、成本差异等）作为分配转移支付额的依据，这样就减少了转移支付中的随意性和盲目性，增加转移支付的透明度。在公式化、规范化的前提下，各国转移支付的形式、结构和数额也不是一成不变的，而是根据不断变化的经济形势作相应的调整，以剔除公式中不适宜的部分，从而使转移支付更符合实际情况，分配更为公平，为优化支出结构创造条件。

4.采用多样化形式体现公平与效率

各国在设计转移支付制度时都面临着公平与效率的权衡。在实践中，各国都采用一般性转移支付和专项转移支付相结合的方式，但是不同形式的转移支付交叉运用有主次性。一般来说，当中央政府出于平衡各地区财政收入水平差异的动机时，则采取以一般性转移支付为主的方式来实现公平；当中央政府出于增强地方提供公共品能力的动机时，则会采取以专项转移支付为主的方式来达到效率目标，特别是当中央政府出于激发地方政府积极参与意识的动机时，则更多地会采用配套性转移支付以发挥转移支付的黏合作用，而且较非配套性转移支付更有效率。

5.设置转移支付的上限与下限

一些国家，如德国和加拿大等为了保持转移支付资金的稳定和转移支付制度的可持续性，设置了转移支付分配的上限和下限。如德国转移支付分配的上限是全国平均人均财政收入水平的99.5%，达到此标准，则停止均衡性转移支付。加拿大"均衡转移支付"的上限是其增长保持与同期GDP的增长基本同步，下限是各省获得的"均衡转移支付"数额的下降幅度不超过其上年实际获得补助数的1.6%。均衡转移支付的上下限在一定程度上避免了中央政府年度预算的大幅度波动和巨额财政赤字的产生，也可使州和地方政府的年度预算安排具有更好的稳定性和可预见性，有利于提高财政均衡制度的整体稳定性。

（二）制度差异

虽然各国财政转移支付制度在均等化理念等方面有共同之处，但因历史、政治、文化和自然等条件不同，在均衡目标、均衡程度和均衡方式的选择以及一些具体制度设计等方面却各有特色。

1.财政均衡目标的选择不同

财政转移支付制度的终极目标是致力于本国居民无论身居国内何处，都能享受全国较均等的公共服务。但涉及具体的制度设计时，该目标则显得过于粗略和宽泛，难以指导具体制度的设计。除美国外，大多数国家将均衡政府间财政能力作为目标，具体目标主要包括均衡收入能力、均衡支出水平和均衡收支差异，以利于保持中央对州和地方政府的控制、简化制度和便于操作。

财政均衡转移支付制度的具体目标直接规定了财政转移支付制度的设计，如德国选择均衡政府间的财政收入能力，因此，其转移支付制度围绕如何使各州政府财政收入不低于全国某一水平而设计。英国选择均衡政府间人均财政支出，则整体制度致力于实现全国较均等的人均财政支出。澳大利亚选择均衡政府间财政收入能力与支出需求差异，因此，其财政均衡制度围绕各州收入能力和支出需求的测算。美国比较特殊，与其他国家选择均衡政府间财政能力相比，美国更注重均衡公共服务项目的差异，其制度主要以专项转移支付的方式致力于实现个人享受某些公共服务项目的均衡。

2. 财政均衡程度不尽一致

依国家大小和国情不同，各国对财政均衡程度取舍有所不同。有的选择全国水平一致均衡（如英国），有的选择中等收入作为均衡的标准（如加拿大），还有的选择保底收入作为均衡的标准（如德国）。以上3种选择，各有利弊。

英国选择以英格兰为基准的全国一致的人均财政支出，适用的条件是假设人口差异是公共服务差异的最近似指标，且国家面积较小，其制度相对简化，但绝对平均的弊端难以避免；加拿大以10个省和3个特别行政区中的5个中等收入省（区）的平均人均财政收入作为全国均衡标准（同时保留高收入水平省份不受影响），适当兼顾了地区间差异和财政均衡对中央政府财力的压力，也是一种相对简化的制度；德国则选择全国人均财政收入的99.5%作为均衡分配标准的最低目标。更注重保护最贫困州的政府财政能力基本不低于全国平均水平，是一种保底均衡的方式。对大国而言，中等收入省份水平或保底均衡可能更为可取。

3. 财政均衡方式各具特点

从各国的实践来看，自上而下的纵向转移支付是实现财政均衡的较普遍方式，仅有极少数国家采用州际间横向均衡方式。普遍采用自上而下的纵向均衡方式，一是支出分权与收入集权的必然结果；二是各国都非常重视中央或联邦政府的收入分配功能，即使集中度不高的国家如德国等，也重视通过纵向分配调节不均衡。采用州际间横向转移支付虽然使横向均衡关系清晰、直接，并有利于地区之间的紧密合作，但利益主体之间容易产生矛盾，且支付主体过多不利于提高效率，执行起来也需更好的制度保障。

本章小结

＊财政管理体制是指关于财政层次和结构、机构设置、各级财政的权限和责任及相互关系的原则规范和制度安排，其特点体现在：分级性、整体性、规范性和相对稳定性。各国财政管理体制可分为财政联邦制模式和财政单一制模式，并各有其优点和不足。财政管理体制具有保证政府和财政职能的履行、调节各级政府和财政的不平衡和提高财政效率、促进社会公平的作用。

＊美国联邦、州和地方政府间职能、事权与支出划分明确，都有税收立法权、

征收权和独立征收机构，坚持税源同享、税收协调原则，各州对本州和地方支出水平实行限制。德国财政联邦制特点是：联邦政府集权，州与地方政府的有限分权，权力划分相对均衡。各级政府事权、支出划分明确，实行在税收收入划分基础上的税收共享的税收体制。日本政府间财政管理权限的特点是：中央集权与地方有限分权，地方税权的有限选择范围。三级政府在各自事权范围划分明确的前提下享有共同事权，税收收入划分形成了以独享税为主、以同源税为辅的比较复杂而又有特色的税制模式。英国、法国、俄罗斯政府间也实行较规范的事权、支出和税收划分体制。

* 外国政府间收支划分的基本特点是：（1）分税制是政府间财政关系的基本模式；（2）以法律规范各级政府的财权与事权；（3）权责划分以中央为主，地方为辅；（4）地方税体系设计合理；（5）中央税权的主导性与适当赋予地方税权相结合；（6）税权划分的法制化和弹性化有机结合。

* 财政转移支付制度是指有关财政转移支付的法律、政策规定和由此形成的规范做法。从世界范围看，转移支付模式分为纵向转移支付和横向转移支付，有条件转移支付和无条件转移支付。

* 财政转移支付制度实施的背景是：联邦（中央）政府与州和地方政府在财政分配上的纵向不均衡格局更加明显，联邦（中央）政府在分权的格局下拥有更大的财政控制能力，联邦（中央）政府在收入与财富的再分配功能上必须发挥更大的作用。财政转移支付制度具有 3 个基本功能：实现财政的纵向均衡、实现财政的横向均衡和纠正地区间的财政外部性。

* 美国联邦政府对州和地方的转移支付主要有总额补助、分类补助和专项补助 3 类。

* 德国的转移支付制度 2005 年以前分为 3 种形式：销售税的预先均衡性分配、州际间的横向转移支付和联邦补充拨款；2005 年开始实行新的转移支付规则。转移支付制度的特点体现在：（1）政府间转移支付的体系完备，（2）法制化水平较高，注重运用横向转移支付，均等化拨款的计算方法较为简便，纵横交错的转移支付体系。

* 日本的财政转移支付制度法律体系健全，转移支付形式包括地方交付税、国库补助金、地方让与税、地方税返还制度。

* 英国中央政府向地方政府的转移支付包括无条件分块补助拨款和项目特别补助。法国转移支付主要有均衡拨款、职能转移和分权综合拨款、减免税补助、贫富调节基金。澳大利亚联邦财政向下级财政的转移支付包括一般补助和专项补助。

* 各国转移支付制度的共性特征是：建立相对稳定的资金来源机制、明确转移支付的用途、采用公式化方式进行分配、采用多样化形式体现公平与效率、设置转移支付的上限与下限。同时，也存在制度差异，体现在目标的选择、均衡程度和均衡方式方面。

☐ 关键概念

　　财政管理体制　转移支付制度　财政联邦制　财政单一制　一般转移支付　特定转移支付

☐ 复习思考题

　　1. 简述财政管理体制包括的内容。

　　2. 简述财政管理体制的特点。

　　3. 简述美国政府间税收协调的内容。

　　4. 论述日本中央政府对地方政府事权干预的作用。

　　5. 论述外国政府间收支划分的基本特点。

　　6. 简述美国转移支付制度的类型。

　　7. 简述美国总额补助的理论依据。

　　8. 简述美国分类补助的作用。

　　9. 简述美国专项补助的特点。

　　10. 论述德国转移支付制度的类型及特点。

　　11. 简述日本转移支付制度的类型。

　　12. 简述日本及地方交付税的特点。

　　13. 简述日本国库支出金的内容。

　　14. 简述法国转移支付制度的形式。

　　15. 论述发达国家转移支付制度的共性特征和制度差异。

第八章

社会保障制度

社会保障制度作为经济社会发展的主要标志和市场经济的稳定机制，备受各国政府的关注。随着经济发展水平的不断提升，世界上大多数国家都已建立了自己的社会保障制度，尤其是发达国家已形成了日益完善的社会保障制度和保障体系。目前，世界各国的社会保障制度支出大致可以分为社会保险和社会救助。这两类方式互相补充，构成一套完整的社会保障体系。

第一节　社会保障制度概述

一、社会保障制度及发展阶段

1. 社会保障制度的含义

社会保障制度是一国政府为了稳定人民基本生活、保障经济和社会发展，通过立法的形式确立的为本国国民提供经济保障的制度类型。该制度具有保障国民基本生活需求和提高全体国民生活质量这两个层面的含义和功能。

2. 社会保障制度的发展阶段

发达国家社会保障制度的发展过程经历了 3 个阶段：

第一阶段是从 19 世纪 80 年代到 20 世纪 20 年代。为缓和工业生产领域资本家和工人之间的阶级矛盾，德国、英国和瑞典等国家相继通过了一些社会保障法案。

第二阶段是从 20 世纪 20 年代末到第二次世界大战开始。为解决工业生产能力扩张引发的经济危机和社会动荡所引起的失业和老年人生活需要问题，社会保障在欧美各国得到较快的发展。美国 1935 年 8 月通过了世界第一个由联邦政府承担义务的全国性的社会保障法案《社会保障法》。社会保障还被用做国家干预、刺激和扩大社会需求，缓和生产过剩经济危机的手段。

第三阶段是第二次世界大战后时期。这是社会保障制度进一步扩大、发展和完善时期，此时的社会保障开始惠及包括农民在内的全体公民。

二、社会保障模式

社会保障模式的选择受到多种因素的制约和影响，由于各国历史文化传统、思想理论、社会环境、政治制度和经济发展水平的差异，各国的社会保障制度在政策取向、制度设计、保障项目和具体标准及实施办法等方面也有一定的差异，因而社会保障模式的选择也不是整齐划一的。概括来看，发达国家的社会保障模式主要有以下 4 种类型：

（一）保险型社会保障制度

1. 保险型社会保障制度的含义

保险型社会保障制度是指在工业化发展到了一定阶段、经济基础比较雄厚的情况下，国家为公民提供一系列的基本生活保障，以便公民在失业、老龄、伤残以及因婚姻关系、生育或死亡等需要特别支出的情况下得到相应的经济补偿和保障。主要代表国家有德国、日本。

2. 保险型社会保障制度的特征

这一社会保障制度模式的基本特征是：在劳动者工贡献的基础上，充分反映了职业和收入的特点，社会成员缴纳和接受的保险金额依据职业和收入情况而定。劳动贡献与保障程度相联系，权利与义务相对应，待遇给付标准与劳动者的个人收入和缴费相联系；社会保障费用由政府、企业和劳动者三方分担，个人和企业缴费是社会保险基金的主要来源；社会保障标准不高，以保障基本生活水平为原则；强调公平与效率兼顾，既要保证每一名公民都能享受到一定的社会保障待遇，又不能影响市场竞争活力。但这种模式的共济性较弱，不同职业群体之间的再分配难以实行，政府以财政补贴的方法进行适度调节。

3. 保险型社会保障制度的内容

保险型社会保障内容涉及生老病残、衣食住行、工作学习等各个方面，集保险、福利和救济于一体。保障的重点在于解决大多数人的基本需要。保障项目的参与实行强制性与自由选择相结合的原则，对于那些涉及人们生存与基本生活，如老龄、疾病与失业等项目的保险，出台相关法律强制参与，对于其他保障项目则实行自由选择。在保障基金的管理上，国家实行的是财政统一支出和管理。因此，可以比较全面、客观地把握资金的支配和使用，从而更好地体现"公平"原则。

（二）福利型社会保障制度

1. 福利型社会保障制度的含义

福利型社会保障制度又称贝弗里奇型社会保险制度，它是英国政府根据 1942 年的"贝弗里奇报告"所建立的一种社会保障制度。福利型社会保障制度是一种建立在公民普遍权利基础上的社会保障模式，通常是在经济比较发达、国民生活水平较高的情况下，对每个公民从出生到死亡的一切生活困难，如疾病、灾害、老年、生育、死亡和"鳏、寡、孤、独、残疾人"等给予生活补助的社会保障制度。这种社会保障制度最初由英国创立，以英国、瑞典为代表，多见于北欧和西欧国家。

2.福利型社会保障制度的特征

①社会保障资金的筹集主要来源于国家的税收和企业主的缴费，保障标准与个人的收入和缴纳的保障费没有必然联系。

②保障内容广，公平优先，兼顾效率。由生到死，几乎无所不包，在最大程度上体现了整个社会的公平状态。

③以福利水平为基础的保障，社会保障制度的保障内容多，保障覆盖面广，以更为统一的形式覆盖了所有的社会成员，不论其经济地位和职业状况。

④保障标准高，实行广泛和优厚的公共津贴制度。这种高度平等与高标准的社会保障制度成为政府对国民收入再分配的有力工具。

⑤政府和企业的负担过大，政府承担的社会保障支出压力增大，企业的后继发展能力受到制约。同时，由于人们享受的社会保障标准与个人的交费没有挂钩，不可避免地会出现"养懒汉"的社会现象，遏制了人们的生产积极性。

（三）强制储蓄型社会保障制度

1.强制储蓄型社会保障制度的含义

强制储蓄型社会保障制度也称做自助型社会保障制度。这种社会保障制度以促进国家经济发展为主要目标，除公共福利与文化设施由国家负责拨款外，国民的社会保障费用方式主要由雇主和雇员负担，政府不提供资助。这种社会保障制度模式以新加坡公积金制度为代表。

2.强制储蓄型社会保障制度的特征

①以储蓄的个人负责制为基础，建立保障个人账户，即雇主和雇员的缴费全部记入雇员的个人账户，保障基金的产权明晰，细化到人。

②个人账户资金投入资本市场运营，以实现保值增值。

③雇员退休后的养老保险待遇完全取决于其个人账户积累额。

④减少了政府负担和其他社会浪费，避免了社会生产率的下降。在实践上，较好地体现了公平与效率的关系。

（四）市场型社会保障制度

市场型社会保障制度是指政府仅对生活贫困者等特定对象提供社会保障，其余社会成员通过市场途径谋求个人保障方式，社会救济或公共补贴是政府所采用的主要手段。如美国，与西欧发达国家相比，美国的社会福利水平较低，政府承担的责任也相对较小，表现为政府主办的公共福利项目较少，社会保障制度重点突出对贫困者的救济而不是面向全体公民的福利，即社会保障制度更趋向于向低收入者倾斜，公共补助和社会救济也都是针对特定对象（贫困者）而设计的，个人保障的完成很大程度上依赖于私人年金制度，因此美国有众多发达的养老基金组织。可以说，美国是发达国家中唯一没有建立全国统一的、强制性的医疗社会保险制度的国家。

三、社会保障管理体制

（一）国外社会保障管理体制的类型

世界各国根据自身的政治经济体制、社会文化、历史背景和民族传统，建立了不同的社会保障管理体制。这种不同主要体现在各国社会保障管理的机构设置、权责划分和相互关系上，归纳起来主要有以下 3 种类型：

1. 政府直接管理体制

政府统管社会保障事务，宏观层面政府不仅负责社会保障法规的颁布、政策的制定，还要对社会保障制度运行过程实施监督；微观层面社会保障的具体业务由政府进行管理。为此，政府设立专门的机构统一管理全国社会保障事务，具体又分为两类：（1）政府在中央设立一个专门的部门或者委员会，在地方设立分支机构，纵向统一、集中管理全国的社会保障工作；（2）政府授权几个部门对社会保障进行多头管理，不同的部门管理不同的社会保障项目。本书论述取其第一类型，英国是这种体制典型的代表。

2. 半官方自治管理体制

政府和非营利组织共同管理社会保障事务。政府主要负责颁布法规、制定政策和进行监督。政府成立一个统一的协调机构，负责协调全国社会保障事务，并指定一个或若干个中央政府部门实施全面统一监督。非营利组织则负责具体的业务管理。非营利组织表现为半官方、半独立的社会保障基金会。基金会一般由雇主、雇员两方或者雇主、雇员和政府三方代表组成，在政府部门的监督下，在法律范围内实行自治，自主管理。法国是这种体制典型代表。

3. 商业保险管理体制

具有独立性的基金会管理社会保障事务的日常工作，政府进行一般监督。政府的一般监督主要体现在国家立法和政府制定的基本政策上。具有独立性的基金会获得政府的授权，在政府的一般监督下，负责操作和组织社会保障事务的日常运行，实质性的工作都由其承担，包括社会保障具体政策的制定。新加坡是这种体制的典型代表。

（二）典型国家的社会保障管理体系

1. 英国

英国社会保障管理体系是一种相对统一集中的模式。强调国家管理的特征，实行自上而下、整齐划一的行政管理方式，从中央到地方都建立社会保障的工作机构以对社会保障实行统一的行政管理。

（1）社会保障管理机构及职能

英国政府的社会保障主管部门主要是社会保障部、卫生部和教育就业部。

①社会保障部。社会保障部下设 5 个执行机构，管理国民保险福利、非缴纳性福利、与收入相关联的福利以及战争年金等待遇政策和标准的制定，各种福利资金的筹集和预算，全国社会保障情况的信息搜集、预测分析等。社会保障部在各区、

郡、县市下设社会福利办事处，管理行政区域内国民保险金的缴纳、各种福利金的发放及收入调查津贴的支付。就国民保险和国民救助而言，社会保障部不仅是管理机构，也是直接办理的组织。因而，它既是规则的制定者，又是规则的执行者和监督者。

②卫生部。卫生部通过国民健康服务机构管理医疗保健服务，其服务机构包括14个区域性卫生局及众多的地方卫生机构。

③教育就业部。教育就业部负责就业指导、职业训练和职业介绍政策的制定，在地方的办事机构是雇佣服务就业中心，英国的社区和民间团体在社会保障中发挥了积极的作用。

此外，社区和民间团体在社会保障中也发挥了积极的作用。社区组织提供的社会保障服务有针对老年人、残疾人、弱智和精神病患者、特殊困难家庭的各种服务。

（2）社会保障管理体系的优缺点

英国社会保障管理模式的优势在于：

①有利于社会保障的统一规划、统一实施，避免了政府部门之间互相扯皮而使社会保障功能难以有效发挥的问题。

②有利于社会保障项目之间的相互协调，有利于社会保障资金在一定范围内调剂使用，提高资金的使用效益。

③有利于社会保障管理机构精兵简政，降低管理成本，把管理费用控制在一个合理的范围内。

④由于强调国家责任，社会保障制度有利于缩小社会成员之间的收入差距，而且使社会保障金的支付风险大大降低。

这一管理模式的消极影响主要表现在：

①社会保障开支过大，给国家造成过重的财政负担。

②福利刚性和公共开支刚性导致的劳动力成本居高不下，从而削弱了经济的国际竞争力等。

③由于缺乏有效的监督，存在着社会保障的管理漏洞，一定程度上降低了社会保障资金的使用效率。

2.美国

（1）社会保障管理机构及职能

为对社会保障具体计划进行管理和监督，美国政府设立了两个专门机构——社会保障管理局（SSA）和健康关怀财政管理局（HCFA）。HCFA主要职责就是负责实施和管理Medicare与Medicaid项目。HCFA和SSA都是美国联邦政府健康、教育和福利部的代理机构，即代表联邦政府行使管理社会保障计划的职权。

（2）社会保障管理体系的特点

①在美国社会保障管理体系中，社会保障的市场化、社会化表现得比较明显。美国政府通过采取税收政策，如通过减免税或延缓交税等政策，鼓励私人机构发

展，并加强对社会保障资金政策上的宏观管理。

②非营利组织所起的作用极为突出。美国非营利组织在社会保障领域里的快速增长引起人们的广泛关注。美国非营利组织的就业人数占总就业人数的比重已达到10%。非营利组织中服务于健康和社会服务领域的雇员分别为46.3%和13.5%。超过一半的医院是私立非营利机构，规模都相当大，而2/3的社会服务机构是私立非营利组织[①]。

（3）社会保障管理体系的优缺点

这种社会保障管理体系有其独特的优势：①社会保障的主体部分实行基金化运作，减少了政府拨款，财政风险小。②针对强，效果较好。③以企业为核心的职工福利比较发达，增加了职工和企业的亲和力。④充分利用非营利组织，在一定程度上克服了政府和市场行为的局限性。

这种管理体系的缺陷主要体现在：①社会保障的私营化增加了管理成本；②被保障人受益的多少依赖于个人缴费和市场运转的情况相应地弱化了其社会功能。

3.法国

（1）社会保障管理机构及职能

法国现代社会保障制度是以行业为单位，以保险为原则，实行各行业保险计划相对独立的分散管理模式，其制度可以分为4大类：一般制度、农业保险制度、特殊保险制度和非工资收入者保险制度。这4种保险制度由上千个具有私人性质的基金会支撑着，它们按各自的性质，分别隶属于几十个全国性的基金会，这些基金会按其业务性质分别隶属于2～3个政府部门领导，而不像有些国家那样统一由社会保障部管理。同时，政府为了"拉平"各部门之间不同的待遇，体现社会保障的普享性，又不断制定名目繁多的补贴措施，并且有相应的机构管理，导致管理体系更加复杂。

（2）社会保障管理体系特征

从行业角度看，法国社会保障管理体系具有两个典型特征：①社会保障由各类营利组织、非营利组织参与举办；②行业掌握重要的决策权。法国社会保障体系由雇主和雇员代表共同管理，两者形成合作伙伴关系，就收费和支出标准等重大问题进行决策。基金会的最高决策机构董事会均由雇主和雇员代表组成，并配有政府代表，主席均由政府批准。

（3）政府参与社会保障管理形式

法国政府不直接参与社会保障管理，主要是通过签署合同的方式委托社会保险机构管理。社会保险和服务机构有各自的预算，共同构成法国的社会保障制度。所有的社会保险方案都是通过50%的雇主和50%的雇员代表共同协商决定的，决定都需要主管部委的批准。国家虽然不直接参与决策，但是会派代表参加会议，如果政府对社会保险机构不满意，可以取消与该机构的合同。另外，国家还通过制定相

---

① 郑振儒.西方发达国家社会保障管理比较分析[J].经济纵横，2007（6）.

应的法规和实施监督来管理社会保障的运行，通过全国、大区及省 3 级机构对社会保障进行社会化经营和分散管理。

（4）社会保障管理体系的优缺点

法国这种社会保障管理体系由于执法监督和具体业务分开管理，能有效防止"一条龙"行政管理带来的腐败问题。但是，行业保障的缺陷也是显而易见的：①造成不同行业之间的福利水平差异，以及福利攀比问题；②行业在社会保障中拥有很大的发言权，造成社会保障制度的路径依赖程度和惯性极强，不利于社会保障改革。

4. 日本

（1）社会保障管理机构及职能

日本的社会保障管理是一种集中和分散相结合的模式，即把共性较强的那部分项目集中起来实行统一管理，而把特殊性较突出的若干项目单列，由相关部门进行分散管理。在日本，社会保障事业主要通过厚生省和劳动省进行管理。此外，财务省和文部省也分管部分社会保障事业。厚生省负责管理包括基础年金和厚生年金在内的老年社会保险事业，以及包括市町村国民健康保险、共济组合健康保险和企业健康保险；劳动省负责全国工伤保险和雇佣保险事业。财务省和文部省分别管理公务员共济年金和私立学校员工共济年金。

（2）社会保障管理体系的优缺点

日本这种集中和分散相结合的管理体系的优势主要表现在 3 方面：

①它既可体现社会保障社会化、规模化、一体化的发展要求，又可兼顾个别保障项目的特殊性要求。

②多层次管理形成了一个比较高效的社会保障网络，有利于节约管理成本。

③社会保障基金的管理与运营严格分开，政府主要负责确定保障项目、制定标准、颁布政策和承担具体的管理和服务，保险基金的保值、增值等运营活动由专门的经营机构负责，从而使社会保障基金能够得到较充分的利用，提高了保障基金的使用效率。

日本社会保障制度分割现象仍较为明显，存在保险费和给付标准参差不一、保险资金分散、难以形成稳定的财源基础的问题，从而在一定程度上削弱了社会保障的统筹功能。

四、社会保障基金投资运营模式

社会保障基金的保值增值是社会保障基金投资运营的核心环节。因此，如何规避投资风险，通过合适的投资渠道实现社会保障基金的安全、保值和增值，成为社会保障基金运营的一个核心问题。国外对社会保障基金投资运营的共性是指将其资金一部分投入资本市场，实行市场化运作，在充分分散风险的基础上提高投资收益率，为资本市场提供长期、稳定的资金。同时，由于社会保障基金的特殊性，各国又把其投资安全放在首位，对投资品种、投资比例都有严格的限制，目的是在控制好投资风险的前提下提高投资收益。

（一）部分私营化型

1. 社会保障基金投资的特点

社会保障基金部分私营化的投资运营模式以美国为代表。美国社会保障基金投资的特点是：

①社会保障基金投资规模大。美国社会保障基金投资规模庞大，一方面得益于美国证券市场以及整个金融市场的规模巨大、经济发展水平高、人均 GDP 高。例如，美国有庞大的国债市场，可供联邦政府的社会保障基金进行投资和流通变现。另一方面也得益于社会保障基金投资运营体制和方式的成熟、规范和灵活。

②社会保障基金在证券市场中的投资比例较高。美国社会保障基金在证券市场中的投资比例在世界各国和地区中是最高的国家之一。

③社会保障基金在证券市场中的投资收益较高。美国联邦政府社会保障基金的国债投资收益较高、私有退休基金收益也较高。

2. 社会保障基金投资渠道

（1）购买政府国债

在美国，作为社会保障基金主体的社会保险信托基金投资渠道主要是购买美国政府特种国债。根据社会保障法案，信托基金只能投资于政府发行的债券或由美国政府对其本金和利息担保的债券。其投资范围具有强制性、投资决策强调科学性和投资品种的流动性。为安全起见，政府还规定，信托基金至少要保存收益支出总额的 20%～30%作为盈余储备。

（2）指数化投资

美国还比较推崇基金指数化投资。美国政府针对个人账户管理推出了一种"节俭储蓄计划"，由政府挑选几个市场指数，这些指数跟踪国内外的股票市场。然后，政府与一些合格的基金管理者签约，由他们负责建立和管理相应的指数基金，作为社保基金尤其是养老金投资工具。职工可以将自己个人账户中的资金在这些指数基金中进行分配。

指数基金的巨大成功使得指数化投资的概念在投资者心中树立了良好的形象，并以其低管理成本、低系统性风险、较高的资产流动性和较少的"寻租"机会成为社会保障基金的重要投资工具。另外，养老基金还通过多种方式参与公司治理。20世纪 80 年代以来，养老基金开始对公司治理产生重大影响[①]。

（二）政府直接负责型

1. 社会保障基金投资的形式

政府直接负责型社会保障基金投资模式以新加坡为代表。新加坡的社会保障基金又称为"中央公积金"，实行中央公积金的强制储蓄制度。公积金的存款利率由政府设定，公积金法令保证公积金成员获得的公积金利率不低于 2.5%。公积金由

---

①　杨文生，姜晓华.国外社会保障基金运用的经验与启示[J].统计与决策，2007（7）.

新加坡政府投资公司运营。公积金会员可动用 80% 的公积金存款或普通账户中的余额进行投资，主要形式是：

（1）公共住房和其他住宅

这项政策使得新加坡人拥有较高的住房自给率。目前新加坡有 86% 的人口能够居住在公房中，并且他们中的 90% 拥有所住房屋的所有权。

（2）购买公用事业的部分股票和新加坡电信公司的股票

实行了一项把与政府有关联的公司和法定的管理局私有化的计划，使公众有机会向盈利的企业投资，目前有超过 148 万名中央公积金成员认购了新加坡电信公司打过折扣的股票。

（3）经批准的其他投资品种

新加坡允许中央公积金的投资范围进一步扩大，允许成员投资于批准购买的股票、信用债券、单位信托基金、黄金、储蓄保单、存入共同基金账户和购买政府债务。但对这些投资品种的投资限额作出了具体限制，如对定期存款、定期人寿保险单和投资相联系的保险产品、法定机构债券、单位信托基金、基金管理账户等设定投资限额（占可投资额的百分比为 100%）；股票、公司债券和贷款证券的投资最高限额为 50%；黄金的投资最高限额为 10%。

2. 社会保障基金投资的成效

（1）它为成员的公积金存款提供了最低的存款利息保证。根据中央公积金法的规定，中央公积金局在市场年利息低于 2.5% 的情况下，必须向其成员支付 2.5% 的年利息。特殊账户和退休账户的年利息为普通账户和医疗账户的利息加上 1.5%。

（2）根据中央公积金投资计划，中央公积金计划成员可在低风险与高风险投资方式中任选进行投资，以期获得比中央公积金利息更高的回报。

（3）由于成员利用公积金购买住房，因此住房升值，使得中央公积金的投资回报率处于较好水平[①]

（三）完全民营化型

完全民营化型社保基金投资运营模式以智利为代表。智利首创了社会保险基金民营化和资本化的模式。所谓民营化，是指社会保险基金完全由民间组织来经营，风险由该组织以及投保者来承担，政府不负直接责任。所谓资本化，是指社会保险基金完全采取资本投资的方式来管理和经营，收益归投保的个人和经营组织者。政府主要是负责法律上的监督管理。在养老基金的投资运营上，智利进行了以下 4 个方面的变革：

1. 创新养老金运营模式

智利采用了由私营的养老基金管理公司来对养老基金进行经营的管理模式。20 世纪 80 年代初，智利对原有的养老保险模式进行了改革，由私营的基金管理公司取代国家管理，较为成功地解决了智利社会的养老问题。

2. 养老基金实行市场化运作

智利将养老基金交由私营的基金管理公司管理的同时，全面引入竞争机制。各个基金管理公司在养老保险市场上充分竞争，在争取客户、服务客户、满足客户等方面各显其能，投保人可以根据各公司的服务质量、投资收益率等自由地选择基金管理公司。基金管理公司市场化运作不仅激发公司改善管理水平，提高基金投资收益率，还杜绝了公立机构固有的官僚主义和低效运行。

3. 严格基金监管

政府基于安全考虑对基金管理实施严格的、体系化的监管：

（1）通过法律法规对基金管理公司的进入和退出等方面进行监控，确保其有足够的偿付能力。

（2）规定养老保险基金投资项目及限额，如政府债券最高限额为 50%；抵押债券最高限额为 80%；由金融机构担保的存款与证券最高限额为 30%~50%；私营及公共公司发行的债券最高限额为 50%；公司股票、房地产、生产性资产、外国债券最高限额为 10% 等。

4. 合理选择投资渠道

在资本市场精心运筹，进行投资组合多元化的尝试，将社会保障基金投资范围扩大到购买股票、住房抵押贷款、海外投资和基金投资等。这种多样化投资组合和灵活经营模式使社会保障基金投资收益率不断提高，有利于实现基金的保值与增值。

五、社会保障风险管理

社会保障风险管理是指通过有关制度和程序对社会保障风险进行界定、评估、控制和最小化，并把风险控制在与该机构吸收、控制风险或承受风险损失的能力相适应的水平。社会保障风险管理包括制度设计风险、偿付能力风险、财政风险、投资风险以及经济风险等。

（一）美国的社会保障风险管理

1. 公共养老金偿付能力风险管理

美国现行的公共养老金制度是以现收现付制为基础的。随着人口老龄化情况的加剧，养老基金将会收不抵支。针对这一问题，美国政府于 1983 年颁布了《社会保障法》修正案，对公共养老金制度作出了重大改革，主要涉及社会保障税，所有联邦雇员必须参加公共养老金，自 21 世纪起延长退休年龄，公共养老金财务计划由现收现付制逐步向部分积累制转变。

2. 医疗费用上涨的财政风险管理

为遏制医疗费用过快上涨，1992 年美国推出了"管理式医疗"的改革方案。所谓"管理式医疗"，就是把经营管理的思想与方法注入医疗保险的整个过程，不论健康医疗的价格、健康品质，以及得到的医疗途径，统统进行经营式的管理。于是，不必要的、昂贵的治疗或手术就会被严格控制，而消费者的医疗保险费也就会随之降低。

3. 企业年金基金的风险管理

（1）建立了年金待遇保证公司，当待遇确定型年金计划出现财务问题时，由该公司支付年金待遇。

（2）要求受托人对基金进行多元化投资，对企业年金基金受托人在基金的投资工具和每种投资工具的比例限额方面没有强制的规定。

（3）设定最低收益率要求，即要求受托人就基金的投资必须要达到和投资市场收益率相符合的投资收益。

（4）信息披露要求，即企业年金计划管理人必须将计划的有关情况和信息向计划参加者和政府进行披露和报告。

（二）瑞典的社会保障风险管理

1. 社会保障财政风险管理

瑞典在第二次世界大战后作为"全民福利国家"，是以高税收、高公共开支为代价的。20 世纪 70 年代中期以后，瑞典国库入不敷出，财政赤字迅速扩大。为弥补财政赤字，降低财政风险，瑞典社会保障制度进行了改革。

（1）紧缩社会保障开支。紧缩社会保障开支包括降低健康保险津贴；将退休年龄提高到 65～66 岁；降低失业保险津贴的标准，并延长领取失业保险的等待期；降低父母保险津贴的标准等。

（2）实施社会保障制度地方化改革。1983 年颁布实施的《瑞典保健法》规定，瑞典各郡政府应该承担起规划所有保健服务的主要责任；1990 年瑞典政府提出法案，规定地方政府必须承担起各种有关老年和残疾人长期性健康关怀和社会服务的责任。这一改革划清了中央政府与地方政府的责任。

（3）实施社会保障竞争机制与私营化改革。

2. 养老基金投资风险管理

瑞典强制性个人账户养老基金投资风险管理的特点是：

（1）成立了专门的个人账户养老金管理局（premium pension authority，PPA），在投资阶段发挥结算中心的功能，在保险阶段，它成为年金唯一的提供者。

（2）个人账户养老金分积累投资期和保险期，在积累期进行养老金缴费和投资，在保险期内进行养老金给付或领取。

（3）个人账户的养老金投资体现出投资者的投资意愿。

（4）为降低投资管理方面的交易费用，设立了清算所。

（5）无最低投资收益保证制度的规定。

（三）日本的社会保障风险管理

1. 养老保险偿付能力风险管理

20 世纪 70 年代末，日本老龄化速度进一步加快。而在公共养老金计划中，一个人缴费 40 年后领取的全额养老金大约相当于劳动人口工资的 70%，两相对照，给付超过缴费，日本养老保险制度面临着财务危机。为此，自 20 世纪 80 年代开始，日本养老保险制度便开始改革，其改革的主要措施为：①推迟享受养老金的年龄；②控制养老金的给付额；③奖金部分纳入养老保险费缴纳的基数之中；④设立青年学生保险费补缴制度等。

2. 社会保障财政风险管理

20 世纪 90 年代"泡沫经济"崩溃后，日本经济形势空前低迷，财政收入恶化，难以承受巨额的社会保障支出。同时，伴随人口老龄化速度加快、程度提高，达到法定年龄领取养老保险者数目日趋庞大，领取养老保险金、医疗保险金的数额急剧增加，从而造成了日本政府日趋严重的财政负担。

为解决财政薄弱的年金部门负担过重的问题，除采取国库重点帮助和调整各年金体系间的财政资金加以解决外，政府还谋求实现年金制度的一体化。此外，在考虑国民承受能力的前提下，逐步提高保险金缴费率，引进"受益者负担"的原则，实行费用征收多元化。

3. 养老基金投资风险管理

日本对公共养老金统一进行管理和投资运作，投资方式主要是购买日本政府和外国政府发行的国债，以及委托一些信托银行等投资机构在股市进行投资，所获利润用来支付养老金。为了解决投资出现巨额亏损而影响养老保险金正常支付的问题，从 2002 年开始制定了一项"物价联动型养老金支付办法"，即根据物价跌幅减少养老金的支付额。

（四）澳大利亚超级年金的风险管理

澳大利亚的超级年金（superannuation）由信托机构管理。在监管模式上，属于审慎监管，并由审慎监管局承担主要的监管职责。澳大利亚超级年金监管机制的最大特点是风险管理贯穿整个监管活动，并围绕受托人展开。

1. 投资选择的管理

在投资选择上，监管机构对超级年金并没有施加具体的限制。只是一般地要求受托人在制定投资战略时应考虑其风险与收益，以及投资组合的分散化和流动性。这种宽松的投资政策，有利于受托人充分实行分散化的资产组合策略，减少超级年金投资的资产组合风险。

当然，也有几项原则性的规定以防止基金被违规使用的风险。如禁止受托人或投资管理人将基金借给超级年金计划的成员或借给雇主的贷款超出规定的限额；所有投资都必须遵守隔离原则（arm's length terms）。如果受托人将投资委托给投资管理人，则需要知道投资及其绩效的具体信息。

2. 机构风险的控制

（1）执照与注册制度。所有的受托人都必须获得澳大利亚审慎监管局颁发的执照，而所有由获得执照的受托人管理的超级年金计划都必须注册。

（2）合规性标准。受托人在获得执照之前，必须满足合规性标准的要求。包括受托人必须具备基本的投资能力，熟悉主要的管制规定，制定合规性规章，懂得如何处理利益冲突。

（3）风险管理标准。获得执照的受托人必须基于规范的方法制定识别、度量、监督和管理风险的措施与程序，且以书面的形式清楚地陈述，并在获得审慎监管局通过后，才能获得执照。

（4）受托人的资源标准。该标准要求受托人必须具有充足的资源来谨慎地管理超级年金基金。当受托人的成本由管理费或投资收益来弥补时，就必须做好经营预算以符合足够的偿付能力和流动性。当成本由雇主承担时，就必须确保雇主偿付的持续性。如果服务外包，还要确保外包机构具有足够的资源。

（5）真实的净资本标准。被颁发公共执照的受托人必须具有至少 500 万澳大利亚元的真实净资本或者担保。这个资本要求可以实现 4 个目的：①作为操作风险的缓冲；②受托人管理年金业务的承诺表示；③受托人很好地管理业务的激励；④当赔偿保险不够偿付时，来补偿受托人的负债。

（6）审计。外部审计师必须每年都审计受托人向审慎监管局提交的统计报表、机构的风险管理战略与计划及其执行情况，报告机构的缺陷、违规行为。[①]

第二节　社会保险制度

社会保险制度是社会保障制度的核心。社会保险制度一般分为养老保险制度、医疗保险制度、失业保险制度和工伤保险制度。

一、养老保险制度

（一）智利的公共养老保险制度

1. 养老保险制度的基本内容

智利的公共养老金制度建立于 1925 年，是当时世界上较早建立社会保险制度的国家之一，其公共养老金制度的基本特征是采取现收现付财务机制、实行公立机构管理。1980 年智利对公共养老金进行改革，其核心内容有以下两点：

（1）以个人资本为基础建立个人养老金资本化账户

根据改革法律规定，智利各企事业单位和政府部门的全体雇员，必须每月从应纳税收入中扣除 10% 的收入，以个人名义存入他自己选择的私人机构管理养老基金（一般简称 AFP），AFP 为雇员本人设立个人账户。此外，再按应纳税收入的 3% 收取附加养老金，其中 1.5% 交给商业性保险公司，作为雇员购买退休伤残保险和生存年金保险，其余份额作为 AFP 的管理费用（佣金）。雇主不承担任何费用。

（2）受益条件与方式

当雇员具备了法律规定的受益条件时，可从自己所在的 AFP 按月领取养老金或者作为某种类型的养老金退给他尚且活着的受益人。同时，雇员在退休前也可以

---

①　邓大松，薛惠元. 社会保障风险管理国际比较分析[J]. 学习与实践，2011（2）.

用个人账户存款作担保申请住房贷款，当储存额能够满足按退休前 10 年平均工资 70% 支付养老金的需要时，还可以取出部分现款。智利雇员养老金个人账户的受益条件是：男，年满 65 岁，女，年满 60 岁，缴费满 20 年，特殊情况还有特殊规定。

养老金的领取方式有 3 种：

（1）向保险公司购买终身年金，即雇员在退休时，自愿要求 AFP 将其个人资本账户储存额转入一家由他选定的人寿保险公司购买终身年金。人寿保险公司则按实际的价值，给退休人员支付不变的月比率的退休金额，直至其死亡。

（2）计划支取，即在雇员符合退休条件后，将个人资本账户的储存额继续存在 AFP，由 AFP 为其制订一个提款计划，每月领取。

（3）计划支取与延期终身年金相结合，即雇员将个人账户储存额先提留一部分在 AFP，其余部分转入其选定的人寿保险公司，由保险公司从退休后某一具体日期支付指数化的终身年金。

2. 养老保险制度的优缺点

智利公共养老金制度改革的实质是推行养老金私有化，由参与者依法缴费，全部记入其个人账户，个人账户上的资产属于参保人所有，从而使养老金制度从公共性质向私人性质、从现收现付财务机制向完全积累财务机制转化。其优点体现在：

（1）养老金制度由分割走向统一，在某种程度上促进了制度的公平。

（2）建立个人账户制，实行完全积累，对参保人有激励作用，有利于化解人口老年化带来的未来基金支付压力。

（3）可以直接分享国家经济发展成果。因为个人账户积累的基金由十分注重资金营运效益的私人公司经营，投资回报率较高，每个参保人的养老金既包括了自己依法缴纳的养老保险费的逐年积累，也包括了历年的投资收益。

（4）和资本市场与商业保险有机结合，既活跃了资本市场，也促进了人寿保险业的发展。

（5）坚持了"老人老办法、新人新办法、中人可选办法"原则，对新旧制度转轨所需的巨额补偿资金采取了发行特种国债的方式加以筹资，保证了改革的顺利进行。

这种改革变传统的公平第一为效率第一，有一定的价值，但完全自我负责的个人账户制也存在着内在缺陷：①缺乏公共养老金制度的互助共济功能；②劳动者还要承担投资失败及长寿风险，这意味着本来用来化解老年风险的稳定性制度安排亦含有不确定的风险；③对低收入群体与长寿者而言，其个人账户里的养老金可能不足以解决养老问题。

3. 养老保险制度改革

2008 年 3 月，智利又颁布了一项名为"团结养老金"的改革新法案。新法案对 1980 年建立的制度进行了重大改革，即对于私营养老金"无力惠顾"的边缘群体，比如自谋职业者、老无所依的农民、妇女和街头商贩等贫困人口的养老金支付问题，完全由国家财政支持的公共养老金来承担。根据这一计划，对由于缴费能力有限而无力参与私人养老金计划的低收入人群，从 2008 年 7 月开始，政府财政每年投入 20 亿美元，以保证每人每月领到 125 美元的养老金，从 2009 年 1 月起养老金领取额增至每月 158 美元[①]。

（二）新加坡的养老公积金制度

1. 养老公积金制度的基本内容

（1）制度体系构成

依据 1953 年通过的《公积金法令》，1955 年 7 月 1 日新加坡创立了以个人负责为主体并采取完全积累式财务机制的新型养老金制度，其实质是一个强制缴费制、以个人账户为基础的、完全积累并且由公共部门管理的既定供款计划。根据该制度，养老公积金储蓄计划包括 3 个部分：

①最低存款计划。它是一种基本保障，作为公积金制度初期建立的养老储蓄计划的补充，旨在加强保障会员的养老金存款，以应对退休后的持久生活。

②公积金补充计划。它限于新加坡公民和新加坡永久居民，其目的是协助养老金不足的会员填补退休账户上的存款。

③家庭保障计划。它是为会员及其家属在会员终生残疾或死亡时能继续保有住所或提供赔偿而设立的一项养老保障措施。该计划的目标是使公积金会员能用公积金存款购买建屋发展局的房屋或私人产业作为住宅，保障会员"老有所居"或以不动产抵押贷款及出售产业补充养老金。

此外，新加坡政府还施行一个公共辅助养老金计划，其对象是贫困的老年人，提供的养老金数额约为社会平均收入的 12%。

（2）缴费规定

新加坡的养老公积金由雇主和雇员共同缴纳。新加坡政府承诺对公积金制度让利、让税，却并不承担缴费的义务。公积金实施之初缴费率为雇员月薪的 10%，其中，雇主和雇员各负担 5%。随着经济的发展，公积金缴费率逐渐提高。1984 年一度增加至 50%，雇主和雇员各负担 25%。

目前，公积金缴费率为 35%，雇员为 20%，雇主为 15%。公积金缴费率与参加公积金计划成员的年龄相关，年轻时多缴纳，逐步递减，退休前后大幅降低。从雇员年满 50 周岁起，缴费率会随雇员的年龄增长而逐渐下降，即 50 至 55 岁的雇员每个月的公积金缴费率将减少 1 个百分点至 19%，雇主的缴费率则下调两个百分点至 13%。但最低存款额从 2009 年 7 月 1 日起调高至 117 000 新元。至 2013 年，最低存款额将逐步调高至 120 000 新元。

（3）退休金领取规定

在退休年龄方面，按照新加坡中央公积金局设立时的规定，政府官员的最低退休年龄为 45 岁，其他部门雇员的最低退休年龄为 50 岁，实际退休年龄则可以根据具体情况适当延长，但达到 55 或 60 岁时必须退休。然而，随着人口寿命延长，政

---

① 许飞琼. 智利养老金从公有到私有化[J]. 社会保障制度，2011（4）.

府担心出现国民过早提取完账户中存款的现象，于是，将可提取公积金最低存款额的年龄提高至 62 岁，还拟将提取年龄逐步延长至 67 岁。

在退休金领取方面，个人账户的基金在雇员退休后可以一次性连本带息领取，也可以分期分批领取。如果退休者死亡，公积金账户中的余额将转给其受益人，即作为遗产继承。此外，年资愈长，所得养老金愈高，对于因执行职务伤残而致退休者，待遇更为优厚，不仅按规定给予养老金或恩俸金，并可按规定标准给予津贴[①]。

（4）公积金账户的使用

按规定，55 岁以下会员的个人账户分普通账户（ordinary account）、专用账户（special account）和医疗储蓄账户（medisave account）3 种。

①普通账户设立于 20 世纪 70 年代，积累的公积金可用于住房、保险、获准的投资和教育支出。如在住房保障方面，可以用普通账户的存款一次性购买建房发展局提供的住房，或者先向建房发展局贷款，再由缴纳的公积金按期偿还贷款，也可以用普通账户存款购买私人住宅产业及支付相关费用。

②专用账户设立于 1977 年 7 月，积累的公积金用于为公积金参与者积累退休金，还可以投资于退休关联的金融产品，旨在提供养老保障。

③医疗储蓄账户设立于 1984 年 4 月，用于住院支出和获准情况下的医疗项目支出。如果住院费用超过了医疗储蓄存款，不足部分用现金支付。医疗储蓄计划能够保障基本医疗费用支出，但无法满足大病的治疗支出。因此，新加坡 1990 年和 1994 年分别推出健保双全计划和增值健保双全计划。与医疗储蓄计划不同，这两个双全计划是自愿参加的医疗保险计划，规定了住院费和门诊费的可索偿限额，受保人在一年中所发生的医疗费用扣除需自付的款额后，80% 由这两个双全计划支付。

当公积金参与者年满 55 周岁时，中央公积金就会为参加者建立退休账户，资金来源于普通账户和专门账户，年满 62 岁时开始支付养老金。

2. 养老公积金制度的特点

综观新加坡的养老公积金制度，其主要特点是：

（1）建立在劳资分责的基础之上，强调个人自我保障责任，具有明显的效率与激励，避免代际负担转嫁。

（2）兼顾到国民的其他保障性需求，成为一项以养老保障为核心的综合保障制度。

（3）在降低政府社会福利开支的同时，为公共设施建设和资本市场发展提供了大量资金，并使新加坡在经济高速发展的同时避免了高通胀率。

（4）具有明显的纵向积累效应。由于该计划的强制储蓄性，远期消费养老金解决了未来老年生活的收入均等问题，而专人专账的储蓄形式也使年轻人不必担心负

---

① 许飞琼. 新加坡首创完全积累型养老公积金[J]. 社会保障制度，2011（1）.

担过重，因而也无须顾虑老龄化社会的到来，对解决人口老龄化问题有积极作用，国家负担轻。

（5）社会互济性和再分配功能较弱，基金受物价影响和保值增值的压力大。

（三）德国的养老保险制度

1. 职工养老保险制度

（1）养老保险体系

①法定养老保险。养老保险是德国社会保障体系的一大支柱，旨在员工丧失工作能力和进入老龄或死亡的情况下，为员工及其家属提供保障。德国的职工养老保险由法定养老保险、企业补充养老保险和个人养老保险组成。法定养老保险分为工人养老保险、职员养老保险和矿工养老保险，是政府负责的强制性保险，保险费由雇员和雇主各担负一半。

德国法律规定，脑力劳动者和独立劳动者的年收入水平低于全国平均水平 1.8 倍的必须参加法定养老保险；体力劳动者，无论其收入的高低，都必须参加法定养老保险；政府官员、法官、教师和军官等由国家支付工资，不参加义务养老保险，他们的养老金由国家统一发放。

②企业补充养老保险。除法定养老保险外，许多企业向其雇员提供额外的企业养老金，这已经成为法定养老金的重要补充。

③商业保险。个人参加的其他商业性养老保险是养老保险的重要补充。

（2）养老保险筹资与发放

德国的养老保险不实行个人账户积累制度，而在全国范围内实行现收现付模式。在现收现付模式下，除了每年只储备次年第一个月的养老金（弹性储备金）外，当年收入与当年支出基本相符。在资金运行中，没有大量的储备资金，在精确测算当年保险费收入和养老金支出以后，将盈余部分进行短期投资。

法定养老金发放标准与参保人缴纳的保险费有关。领取的养老金数额按照一个特定的、公开的公式计算，每个人都可能不同，主要由投保时的工作收入决定。德国以特定的公式计算每个人不同的分值和折扣系数；国家则主要根据居民的消费水平和物价上涨率，每年确定一次各个分值对应的养老金金额。

2. 农民养老保险制度

（1）制度建立目的

农民养老保险的主要目的是改善农民家庭收入状况，包括提高收入水平、降低农民家庭低收入发生率、消除农民收入波动等一系列目标。在实践中，一方面，农民养老保险对于农民收入改善的作用较为明显。另一方面，农民养老保险是促进农村和农业发展的重要工具。通过将养老金与农业管理的变化结合起来，可以促进农业的现代化、提高农业生产率、减少农村剩余劳动力。

（2）基本规定

1957 年，德国颁布《农民养老金法》，农民养老保险开始规范化。按照此法规定，农民凡投保在 15 年以上，男，满 65 岁，女，满 60 岁即可享受退休养老金。

政府对参加养老保险的农民提供保险费津贴。提供的保险费津贴依据农民收入状况而定（收入状况依据缴纳所得税时的收入证明）。

（四）加拿大的养老保险制度

加拿大的《养老金法》确立了以中央拨款的方式来承担国民的养老责任的模式。现行的养老保险制度包括 3 个层次：

1. 老年收入保障计划（OAS）

这是一种基本保障计划，属于非缴费型老年福利养老保障。其经费来源于税收，由联邦政府统一管理，受益者是符合条件的加拿大公民，受益资格条件是年龄达到 65 岁，并且年满 18 岁以后在加拿大居住 10 年以上，需在满 65 岁前 6 个月提出申请。

2. 按月支付的养老金计划（CPP）

该计划产生于 1965 年，主要由联邦政府负责，各省具体组织强制实施。加拿大每个省都有此项计划，该制度的覆盖范围遍及加拿大每一个年龄在 18~70 岁之间就业的公民，它建立在劳资双方缴费的基础之上，是传统意义上与收入关联的社会养老保险方式。

在这种制度下，雇主和雇员缴费的比例最初为各缴 3.6%。但随着老年人比例的逐渐增大，缴费比例一直在逐渐提高。参保人最早 60 岁可以开始享受养老金待遇，自我雇佣者也可以参保，其按照年度报税缴往联邦税务局，最后供款年龄为 70 岁。这一制度还同时提供残疾保障、遗属养老金、丧葬补贴等待遇，其补贴程度在很大程度上取决于个人一生的收入水平。参保人残疾之后，对本人及其 18 岁以下的儿童提供每月的养老金，去世后对其配偶或伙伴提供每月的养老金和一次性的丧葬费补贴。目前，加拿大近 50%的人依赖按月支付的养老金计划。

3. 私人养老金计划（RSP）和养老储蓄项目（RRSP）

这是完全自愿参与的养老金方式，采取完全积累的财务机制，政府提供相应的税收激励。即政府对其缴纳的保险费给予税收优惠。该制度的基本特征如下：①自愿性；②税收抵免性；③政府不直接参与，但以法律、法规来进行规范；④政府对该项基金的投资方向有指导性规定；⑤政府对退休费用的落实不负责保证，而是由各项计划进行保证。目前，加拿大雇主为雇员提供的这类计划共有 15 300 个，包括政府为其工作人员提供的该类计划，总资金量达 5 360 亿加元。

上述几个层次的比例一般为：老年收入保障计划一般可占到退休前平均工资的 14%，按月支付的养老金约占 25%，私人养老金计划和养老储蓄项目占 35%左右，这样，一个人退休后，上述几个层次合计所得将达到退休前收入的 75%左右[1]。

（五）英国的养老保险制度

英国的养老保险包括 3 个层次：

第一个层次是国家养老保险。其特点是公共管理、税收筹资、社会统筹、现收

---

① 郑子青 . 加拿大:老龄化福利国家的养老之困[J]. 社会保障制度，2011（4）.

现付、给付确定。它提供最低养老保险，通过再分配功能提供与通货膨胀挂钩的基本生活保障。在英国，一部分养老金按照定额发放；另一部分与工资挂钩、发放标准与缴费多少有关。

第二个层次是企业补充养老保险。企业补充养老保险由企业主办。它是完全积累、个人账户、缴费确定的补充养老保险制度，负责提供必要的补充养老金，将养老金与缴费相联系，并由养老基金会营运管理。

第三个层次是私人养老保险。私人养老保险通过自愿储蓄来建立，由商业保险公司举办。它提供额外养老保障，为需要更多养老金且有储蓄能力的人提供更充足的养老金。

（六）美国的养老保险制度

美国的养老保险分为 3 个层次，即国家法定保险、企业补充保险和个人储蓄保险。

1. 国家法定保险

这是由国会立法、强制实行的退休待遇的主要部分。法定的养老保险规定的退休条件是：职工年满 65 周岁，缴纳社会保险税满 10 年可以办理正常退休。而年满 62 周岁的职工可以提前退休，但只能领取正常退休金的 80%，63 岁退休者领取 86.33%，64 岁退休者领取 93.66%，65 岁退休可以领取全额退休金。而在 65~72 岁之间每推迟一年，退休金增发 1%。

2. 企业补充保险

（1）制度内容

企业补充养老保险制度（也称 401K 计划）始于 20 世纪 80 年代初，是美国的一种由雇员、雇主共同缴费建立起来的完全积累式的养老保险制度。根据该项计划，在私人营利性公司中，只要有 5 个以上的雇员参与，就可以建立一个 401K 计划。参加该计划的雇员每月从工资中划拨一定比例的资金进入 401K 养老金账户，同时大部分雇主也会向账户中缴纳部分费用，账户资金全部归雇员个人所有，国家对其在划拨和投资环节免税，资金实行完全积累制。在员工退休时，可采取多种方式领取。

401K 计划在缴费方面的规定非常灵活，可由雇员自己确定，且每年都可以调整，但不能超过工资总额的 25%，每年最高也不得超过 15 000 美元（2006 年标准，以后每年递增 500 美元）。雇主也是计划的缴费人，但其缴费并不是强制性的，可以选择多缴或少缴，只要总额不超过上限就可以。绝大部分企业或雇主出于税收和留住人才的考虑，会根据雇员的工作年限等因素为雇员的 401K 账户存入一部分资金，但比例一般较低。

401K 计划实行完全积累的个人账户模式。其资金可以投资于股票、基金、年金保险、债券、专项定期存款等金融产品，也可以向计划参与人员发放贷款。雇员可以自主选择养老金的投资方式。当雇员参加 401K 计划累积满 7 年后，个人账户的资金就完全归其所有。目前，401K 计划为其参保者提供了约 30% 的退休金替代率，发挥了一定的老年收入保障作用。

为了应对 401K 计划的危机，2001 年美国通过《经济增长与减税协调法案》，对 401K 计划的存款限额、贷款方案和养老基金的可转移性进行了补充规定。自 2006 年 1 月 1 日起，又推出了《罗斯缴费方案》，进一步明确了在缴费和投资环节的免税政策，使 401K 计划的发展趋于平稳。

（2）制度特征

①401K 计划作为一种完全积累制的补充养老保险制度，并不具有社会互济性，因此也非真正意义上的社会养老保险制度。它完全是个人生命周期内收入的纵向再分配。

②政府通过 401K 计划实现强制储蓄，客观上为参保者起到了养老保障的作用，既应对了老年收入风险，也积累了一大笔资金，为当期的经济发展提供了资金支持。

③401K 计划的兴衰与金融市场的起伏密切相关。养老金的保值增值完全取决于金融市场，参保者需要承担 401K 计划的全部通胀风险和投资风险[①]。

3. 个人储蓄保险

这种保险项目是从 1987 年 4 月 1 日起实行，职工自愿参加，国家、企业给予优惠。一般个人出资 3/4，企业出资 1/4，国家免征所得税予以扶持和鼓励。这个保险参加者大部分是接近退休年龄的职工。

（七）日本的养老保险制度

1. 养老保险体系

日本的养老保险制度分为 3 个层次：

（1）国民年金（又称基础年金）

国民年金覆盖全体国民，凡 20 岁以上 60 岁以下的、在日本拥有居住权的所有居民都必须参加国民年金保险。国民年金又分为养老年金、残障年金、寡妇年金、母子年金和遗孤年金 5 种。

根据《国民年金法》规定，所有参加国民年金保险的公民都必须缴纳保险费，并在缴纳一定年限的保险费后才能够受领保险金，但对于一些特殊对象，如无收入的老人、单亲家庭、残疾者、5 人以下小工业者的被雇佣者等则采用非缴费型福利年金制度，其目的是把没有加入或者没有能力加入国民年金的公民全部吸收到养老保障体系之中，这种福利年金的费用全部由国家负担。

（2）与就业收入相关联的雇员年金制度

按照加入者职业的不同又可分为厚生年金和共济年金，其中覆盖 5 人以上私营企业职工的年金称为厚生年金，而国家公务员、地方公务员、公营企业职工、农林渔团体雇员、私立学校教职员工参加的年金则统称为共济年金。

（3）可以任意加入的养老保险

主要是私人机构经营管理者的职业养老金或公司养老金，包括厚生年金基金、

---

① 鲁全. 美国 401K 计划:自由市场经济的产物[J]. 社会保障制度，2011（4）.

国民年金基金等。这一层次由企业自主运营、公民自主参加，因而被称为非公共养老保险金。

此外，根据1971年实施、2001年修订的《农业劳动者年金基金法》，农民在获得基础国民年金保险外还可以像工薪阶层一样获得一份追加的养老金，财务方式也由现收现付走向个人账户积累方式。

2. 养老保险缴费

在养老保险费缴纳与待遇给付方面，根据日本《国民年金法》规定，国民养老保险的保费由国家和国民共同承担。凡是加入保险者必须缴纳保费的2/3，剩下的1/3由日本政府承担。从2010年7月中旬开始，日本政府负担部分由1/3提高到1/2，以减轻国民的保费负担。

3. 养老保险制度改革

为了适应人口结构的变化，进入21世纪以来，日本政府开始对旧的养老保险制度作出相应的调整，以有效缓解人口老龄化给社会带来的压力。改革的主要内容包括：

（1）采取弹性退休制，鼓励延长工作时间。根据有关法律规定，日本人可以提前到60岁开始领取养老金，也可以推迟到65岁之后70岁之前开始领取。如果提早领取，养老金将打折给付；如果推迟领取，则增加领取金额以资奖励。

（2）提高养老保险费。将缴纳保险费的比例在原来占工资总额13.58%的基础上，每年以0.354%的幅度提高，到2017财年，保险费缴费标准将提高到占职工工资总额的18.3%。如凡是加入第一层次养老保险者，不论其个人收入多少，一律以每月14 660日元（2010年）缴纳，以后每年的月缴费标准调整金额为280日元，一直调整到2017年的16 900日元为止。

（3）逐年降低向被保险者支付保险金的数额。计划到2023财年，平均养老金支付额将由现在在职职工平均收入的59.3%逐年降低到50.2%。

（4）调整养老金发放方法。日本政府早在2002年就开始制定了一项"物价联动型养老金支付办法"，即根据物价跌幅，减少养老金的支付额①。

（八）农村养老保险制度模式

世界各国的农村养老保险制度是随着政治条件和思想理论基础成熟、社会环境与经济环境变化以及全球化、区域一体化发展的需要逐步建立起来的。各国在基本养老保险制度安排、养老保险水平、立法保证、财政支持等方面存在差异，从而大致形成了专门制度型、统一制度型、统分结合制度型的模式。

1. 专门制度型

这种类型的养老保险制度模式是根据农业生产的特点，主要针对农业经营者或农场主建立的，进而把农业雇佣人员纳入养老保险体系。主要代表国家是德国和法国，制度安排见表8-1。

---

① 许飞琼. 日本:老龄化下的养老保险[J]. 社会保障制度，2011（1）.

表 8-1　　　　　　　　　　专门制度型农民养老保障制度安排

	德　国	法　国
目　的	1.解决家庭养老困境 2.防止土地细碎化、社会转型滞后 3.实现农民和其他社会成员同等待遇	1.实现全民统一社会保险目标 2.防止土地因继承而细碎化 3.鼓励老年农场主土地出让
参保对象	农场主及其配偶以及共同劳作的家属	农业人口:领薪人员和非领薪人员
资金来源	现收现付制: 1.投保人缴纳一部分 2.联邦政府补贴一部分	1.农业人口缴纳的各种保险费 2.调剂补偿金,享受其他保险体制的财政支持 3.全国家庭补贴金库提供的资金 4.国家财政预算补贴和国家对家庭的补贴 5.部分税收政策上的补贴
缴费方式	所有农场主缴纳一份数额相同的保险费	农业社会互助金来自体制外的资金支持占基金的 3/4 左右,其中国家支持部分约占 1/2
养老金给付	按类别现金给付;符合最低投保年限(15 年)	根据参保对象缴纳保险金内容的不同而享受不同的标准
基金管理	—	全国性的"农业社会互助金管理处"

资料来源　安增龙.中国农村社会养老保险制度研究[D].西北农林科技大学,2004(11).

2.统一制度型

这种类型的养老保险制度模式是不分行业、不分产业甚至不分就业形式的,将本国居民(也包括部分外国居民)给予平等的社会保障地位和相同的待遇,代表国家是美国和新加坡。制度安排见表 8-2。

3.统分结合制度型

这种类型的养老保险制度是全体国民一样享受国民养老金待遇,同时又专门针对农业经营者设立专门的养老保险制度,代表国家是加拿大和日本。制度安排见表 8-3。

二、医疗保险制度

(一)英国的医疗保险制度

1.制度内容

(1)医疗保险法律

英国是国家医疗保险类型最具代表性的国家,也是最早实行全民医疗保险的国家。1944 年,英国政府就提出"国家卫生服务"的建议,并提出要对每个人(包括农民)提供广泛的医疗服务;卫生服务经费应该是全部或大部分从国家税收中支出。1948 年通过的《国民医疗服务法案》,标志着英国所有国民都被卫生保健计划覆盖。1964 年,英国又颁布了《国家卫生服务法》,对所有公民提供免费医疗。该法规定,凡是英国公民,无论其财产多少,均可免费享受公立医院的医疗,实现了人口全覆盖意义上的全民医保。

表 8-2　　　　　　　　　统一制度型农民养老保障制度安排

	美　国	新加坡
参保对象	全体国民	全体国民
账户模式	第一支柱：政府强制性 第二支柱：政府出资 第三支柱：个人储蓄	自我储蓄
资金来源	现收现付制：雇主和雇员缴纳、政府缴纳	完全积累制：雇主和雇员双方缴费，政府只承担让利、让税义务
缴费方式	第一支柱：雇员和雇主缴纳的社会保障税，雇员的税率为收入的 7.65%，雇主要按同等数额"匹配"交税 第二支柱：政府出资，文职雇员和军职雇员分别参加 第三支柱：个人储蓄，自愿参加	1. 年龄<55 岁的雇员，公积金缴纳率为雇员工资的 40%：其中雇员承担 18%，雇主承担 22% 2.55<年龄<59 岁的雇员，其缴纳率为 25% 3.60<年龄<64 岁的为 15% 4. 年龄>65 岁以上的为 10%
养老金给付	将月平均工资指数化，分为 3 个档次： 1. 基数 370 美元以下的按 90% 比例发放 2. 基数 371 美元~2 230 美元之间的按 32% 的比例发放 3.2 230 美元以上按 15% 的比例发放	—
基金管理	集中管理：税务征收后，全额进入社会保障和医疗保险信托基金，按信托基金委员会的决策运作管理，社会保障署不直接与退休金打交道	中央公积金局统一管理，由协工部监督，主要投资政府债券，以及工业、住宅、基础设施建设

资料来源　中国经济改革研究基金会、中国经济体制改革研究会联合专家组.中国社会养老保险体制改革[M].上海：上海远东出版社，2006.

（2）体系运转费用来源

国民医疗服务制度（NHS）由中央政府计划管理，具体负责组织实施的是全国 14 个大区下的区域管理机构。国民医疗服务的资金来源主要是国家税收和国家社会保险基金。在 NHS 的费用中，大约 60% 用于医院和社区医疗机构，25% 用于家庭卫生服务，其他 15% 为管理费用。医疗卫生费用、雇用医师和几乎全部医院的经费主要由政府预算拨款和 NHS 保障系统提供。

（3）医疗服务体制

英国社会医疗服务由 3 部分组成：一是医院与社区医疗服务；二是家庭医疗服务；三是健康与杂务服务。其中，占主要地位的是第一类服务。卫生行政管理部门作为居民医疗保障利益的代表，制定医疗服务的范围、内容、质量标准和费用水平等，然后与提供方商议年度购买计划，与医院签订合同，分期付费；患病的被保险人与医院之间不发生直接财务关系，由社会保障主管机构将医疗费直接付给提供服

表 8-3　　　　　　　　　　　　统分结合制度型农民养老保障制度安排

	加拿大	日　本
目的		缩小分立型养老保险差距,保障所有老年人生活
参保对象	全民或部分国民	农民年金的对象分为两种: 1.当然加入者:按法律规定,拥有 0.5 公顷及以上土地的农业经营者 2.任意加入者:农田经营规模在 0.3~0.5 公顷的农业经营者、0.5 公顷以上的农业经营者的后继人（制定接班人）等农民,可据本人意愿任意加入
账户模式	基金: 1.投保人个人存款及保险费 2.联邦政府和省政府匹配的款项	国民年金: 农民年金制度 个人型的养老保险 共济年金
资金筹集	1.老年保障金:全部由政府财政支出 2.国家养老金计划:雇主和个人按一定比例共同缴纳 3.私营养老金计划:雇员自愿参加	国民年金:国家 农民年金:被保险人保险费及国库支持 个人型的养老保险:个人储蓄 共济年金:个人缴费
缴费方式	—	采取现收现付制:每年按当年所收保险费的 3 倍以上支付年金,如果出现差额,则主要由国库补助金和国库负担金来弥补
基金管理	—	资金运营机构

资料来源　刘苓玲.老年社会保障制度变迁路径选择[M].北京:首都经济贸易大学出版社,2009.

务的医院和药品供应者。这种契约关系由于引入了市场机制，对医院和卫生保健组织有很强的约束、激励和监督作用。

2.医疗保险制度改革

（1）改革背景

医改以前，英国的医疗卫生体制是一个高度集中化和行政化的体制，这表现在两个方面的二位一体：一是医疗服务供求双方的二位一体，即经费都是从政府一个口袋里来；二是政府行政管理与医疗服务实际工作部门的二位一体，即管办不分。由于英国国民健康服务体系的医疗经费主要来自政府税收，同时医疗服务的供给方主要是公立医院，这样医疗费用的支付方是政府，而医疗费用的接受方也是政府领导的医院。因此资金只是在一个政府主体的两个不同口袋之间移动。由于公立医院不直接面对来自市场和病人支付医疗费用的压力，因此公立医院运营效率不高。

由于制度设计之初在医疗卫生服务项目和费用支付方面的过于慷慨，导致国民医疗服务体系从运行之初就出现了资金供给不足的问题，也引发了之后持续的改革。1997 年，布莱尔政府对 NHS 进行改革，逐步将医疗保健由普遍权利意识向个人责任意识转变，从强调医疗保健是否需要转向强调医疗保健中的个人表现，鼓励医疗保健服务的市场化，以便有效地降低政府用于医疗保健方面的财政支出。

（2）医改内容

2011 年 1 月 19 日，保守党领导的英国联合政府公布了新的医改草案，被称为英国国民健康服务体系的一场革命。医改的方向是弱化政府直接控制医疗服务供给以及控制医疗经费的功能，改革供方的组织管理体制，从而达到控制医疗费用的过度增长、改进服务质量、提高医疗体系效率的目的。医疗保险制度改革的主要内容是在医疗服务体系中实行进一步的管办分离：

①医疗费用风险从原来由政府直接承担移交给全科医生，全科医生结合成新的医疗费用风险承担组织"全科医生联盟"，由全科医生代表病人购买所有的医疗服务。

②建立一个全国性的理事会来负责监管全科医生联盟的工作，同时还要负责监管医疗服务供给方的市场准入和退出，促进竞争，核定医疗服务的价格。

③医疗服务的需求方和供给方分离。一方面，将医疗服务的供方公立医院，从政府卫生部门的直接领导下分离出来，让公立医院变成独立经营的实体和独立法人机构；另一方面，需方病人的医疗费用支付交给政府管理的初级卫生保健信托机构来管理。这样，医院的收入不再由政府直接拨付，而必须直接面向市场和病人[①]。

（二）德国的医疗保险制度

1. 医疗保险制度的发展与改革

德国的卫生保健体系起源于 19 世纪早期创立的"互助会"。俾斯麦首相执政期间，成千上万的疾病保险已经在运作之中。为了应对社会主义倾向的危险，1883 年，德国通过了疾病保险法案，它代表着国家级别的第一个社会保险项目。在其后的 100 多年时间里，德国对医疗保险制度的覆盖范围、待遇水平及费用控制等方面进行了多次改革。

1977 年的改革目标是将卫生保健支出增长限制在工资与收入增长的范围之内，同时保持医疗体制的免费进入。之后，通过 2002 年的《药品开支限制法》、2003 年的《保险费率保障法》、2004 年的《法定医疗保险现代化法》、2007 年的《加强法定医保竞争法》等一系列法规，继续对法定医疗保险制度进行改革，增强了各法定医疗保险公司之间的竞争意识，有效地遏制了医疗保险支出不断增长的势头。

2. 医疗保险制度的基本内容

（1）参保对象

德国是世界上最早实施社会医疗保险制度的国家。该制度由以法定医疗保险为

---

①　蔡江南 . 美英两国医改新动向及对中国医改的启示[J]. 中国市场，2011（3）.

主、私人医疗保险为辅的两大系统组成。法定医疗保险是医疗保险制度体系的主体，覆盖了 90%以上的国民。凡收入在一定标准之下的人都有强制性参加法定医疗保险的义务，收入超过该标准的人可以自由选择加入法定医疗保险或私人医疗保险。参加法定医疗保险者保险费由雇员和雇主各付一半，按照一定百分比从工资中扣除。保险费取决于投保人的经济收入，收入多者多缴，收入少者少缴，无收入者不缴，但投保人享受的医疗服务并无差异。

（2）缴费率确定

德国法定医疗保险的缴费率由各个州自行决定。由于德国的医疗卫生制度不是由联邦政府制定的，而是由各州根据《宪法》的有关规定制定，因此各州的医疗保险费率不等。

（3）农民医疗保险制度

德国在 1972 年建立了农民医疗保险制度。农民医疗保险的参保人是农民、共同劳动超过 15 年的家庭成员。农民只能在农民医疗保险机构参加医疗保险，而不能像法定医疗保险者那样可以自由选择保险机构。农民医疗保险缴费原则上按照自己的经济能力缴纳。但由于难以确定农民的收入，因此医疗保险机构通常依据所谓的收入替代标准来加以确定。医疗保险机构依据收入替代标准设立 20 个保险金等级，并且为每一个保险金等级确定应缴纳的保险费数额，农民可以根据自己的情况选择投保。

（4）法定护理保险

德国在法定医疗保险的范围内，还实行社会护理保险。护理保险是 1994 年在法定医疗保险基础上分离出来的，主要针对需要长期护理的人员，旨在通过建立家庭护理制度，从法律上和经济上改善护理保障。护理保险的参保人原则上是法定医疗保险的参保人，包括共同保险的家庭成员。护理保险的资金来源也是按照收入的一定比例筹集，其保险金主要用于非因伤病或者残障事故导致在日常生活中需要他人持续照顾的人员的医疗护理和生活服务费用。

（三）日本的医疗保险制度

1. 医疗保险制度体系

在医疗保险方面，1959 年，日本颁布了《国民健康保险法》，要求 1961 年 4 月以前所有市町村中的农户、个体经营者等无稳定职业和收入的人必须强制参加保险，日本至此实现了全民医疗保险。日本的医疗保险制度体系主要由社会医疗保险性质的雇员健康保险制度、国民健康保险制度、特殊行业雇员健康保险制度、老年保健服务计划和私人医疗保险制度组成。

（1）雇员健康保险制度

雇员健康保险制度又分为两类：政府管理的雇员健康保险和企业管理的雇员健康保险。政府管理的雇员健康保险覆盖中小企业雇员；企业管理的雇员健康保险覆盖大企业雇员（雇员超过 300 人）。

（2）国民健康保险制度

国民健康保险制度覆盖个体户、农民、失业者和退休人员以及家属。国民健康保险由地方政府负责管理，保险费根据不同收入水平确定缴费标准。由于国民健康保险承担了很多老年人的健康服务项目，中央政府和地方政府给予国民健康保险一定的补贴。

（3）特定行业雇员健康保险制度

该制度针对 4 类人群，即海员、中央公务员、地方公务员和私立学校教师。

（4）老年保健服务计划

老年卫生保健服务制度建立于 1973 年，日本政府规定：70 岁以上老人免费看病。1987 年，又颁发了《老年卫生服务法》，进一步明确 70 岁以上或 65 岁以上卧床的老年人都可以参加老年卫生保健服务制度，并享受免费服务。

（5）私人医疗保险制度

日本的私人医疗保险目前在社会医疗保险占主导的市场中虽然所占份额不大，但发展速度比较快，政府鼓励私人医疗保险的发展，尤其是对老年人的医疗照顾。

2. 医疗保险制度改革

为了应对老龄化对医疗保险的冲击和控制高涨的医疗费用，日本从 20 世纪 70 代开始进行了一系列革新。

（1）1973 年，70 岁以上老人医疗免费，开启了医疗保险福利化时代，医疗费用快速攀升。

（2）1982 年，通过了《老年人医疗卫生服务法案》，逐步引入共付制，缓解资金压力。

（3）1997 年，对《健康保险法》和《医疗法》进行改革。

（4）2003 年 3 月，日本内阁会议通过了厚生劳动省起草的《关于医疗保险制度体系及诊疗费用体系的基本方针》，提出了构建稳定的可持续性的制度，实现支付平等和公平负担，确保优良、有效医疗的目标。为此，决定有计划地推进都道府县以及市町村国民健康保险的整合，通过广域联合，实现保险运营的稳定。新设"老年人医疗制度"，待 2007 年老年人医疗保险的对象提高到 75 岁以后，从 2008 年开始再正式转入"老年人医疗制度"，将 75 岁以上老年人的医疗费单独结算，同时废除现有的"退休者医疗制度"。

（5）2005 年，提出了《医疗保险制度改革的试行方案》，并制定了短期与中长期的实施策略。

（6）2006 年，制定了医疗保险制度和医疗费用体系的基本对策，奠定了未来医改的基本方向。

（7）2008 年以来，日本医疗保险制度改革主要集中在控制医疗费用支出上。一是对"老年保健制度"进行改革。将"老年保健制度"覆盖对象年龄提高到 75 岁，随后又针对 75 岁以上老年人建立"高龄者医疗制度"，将其医疗保险结算从一般医疗保险结算中独立出来，以便更好地控制费用。另外，适当提高自付比例，65 岁至 74 岁的老年人口的医疗费用的自付比例从 10% 提高到 20%，其余部分费用则由政府补贴，以及其他医疗保险制度根据参保人数进行财务调剂。二是建立医疗机构分工制度，改革医疗价格机制。明确医院和诊所功能，积极推进大病上医院、小病到诊所的分工制度，提高医疗资源使用效率。改革"就诊付费"机制，实行"包干付费"，就是按照疾病类型规定付费总额，实行一揽子付费，控制患者医疗次数，延长医生对单个患者诊断时间，确保医疗质量。三是推广使用普通药物。除非医生在诊断时明确反对，普通药物可以作为处方药，尽量控制药品费用。

（四）韩国的医疗保险制度

1. 医疗保险制度体系

韩国的医疗保险体系是新兴市场化国家的重要代表。1963 年韩国颁布了第一部《医疗保险法》，之后经过近 50 年的发展和完善，现在已经形成一个政策统一、管理一体化的覆盖全体国民的医疗保障体系。韩国的医疗保障体系主要由雇员健康保险、家庭健康保险、国家医疗救助计划和私人医疗保险计划 4 项制度组成。

雇员健康保险主要覆盖企业雇员、政府公务员和私立学校教师及其家属；家庭健康保险主要以家庭为单位覆盖个体经营者，家庭健康保险的缴费标准根据家庭人口数、收入水平、家庭成员性别、年龄等因素确定；国家医疗救助计划主要覆盖那些家庭收入较低、不能按规定缴纳医疗保险费的群体，这些人员的医疗保障资金中央财政负担 80%，地方财政负担 20%；由于韩国的医疗保险制度要求个人直接支付和承担的医疗费用比例较高，给韩国的私人医疗保险发展留有较大的市场空间，许多人参加了私人医疗保险。

2. 医疗保险制度的发展过程

（1）韩国从 20 世纪 60 年代初开始致力于实现医疗保险全民覆盖的目标。1963 年通过了第一部《医疗保险法》。

（2）1977 年建立职场医疗保险，覆盖范围逐渐扩大。1981 年公务员和教师被纳入医疗保险计划当中，1989 年医疗保险范围拓展到低收入者、自由职业者和农民。

（3）1998 年 10 月，个体劳动者医疗保险基金与公务员及教师医疗保险基金合并成全国医疗保险基金，2000 年企业职工医疗保险基金和全国医疗保险基金合并成全国健康保险基金，到 2003 年，韩国所有的基金最终合并在一起，实行一个医疗保险基金，统一管理。

韩国的医疗保险一开始就以全民医保为主要政策目标，通过医疗费用的统筹在一定程度上实现了医疗需求的社会化和自由就诊，避免了发展中国家医疗卫生体系中城乡二元经济社会结构的困扰。

三、失业保险制度

（一）失业保险制度及其发展

失业保险制度是指国家通过立法，由社会集中建立基金，对因失业而暂时失去生活来源的劳动者提供物质帮助的一种社会保险制度。

1. 自愿性失业保险制度

世界上最早建立失业保险制度的国家是法国（1905年）。随即挪威、丹麦两国也分别于1906年和1907年建立起自愿性失业保险制度，即在国家立法中不对失业保险的实施范围进行限定，人们可自由选择参加与否，但对失业保险基金的筹集方式、失业保险待遇、失业保险享受的条件及失业保险的管理等方面的内容，立法中都有明文规定，凡自愿参加失业保险的人必须依法执行。

2. 强制性失业保险制度

1911年，英国在世界上第一个建立了强制性失业保险制度，继之，欧洲各国在20世纪20年代基本建立了强制性失业保险制度，美国、加拿大等美洲国家在20世纪30年代世界经济危机后也建立了强制性失业保险制度。第二次世界大战以后，一些发展中国家也通过立法为失业者提供失业救助或失业保险。迄今为止，世界上已有70多个国家实行了强制性和自愿性的失业保险制度。各国失业保险制度的建立和推行，对于减轻因失业而给社会和失业者个人所带来的困苦，减少失业对经济发展与经济生活的不良影响起到了积极作用。

（二）日本的失业保险制度

日本1947年12月国会公布并实施了《失业保险法》。主要内容是强制制造、采矿、运输以及部分服务行业加入失业保险，劳资双方等比例投保，根据失业者原来的工资水平给付失业保险金。1974年12月，国会通过了《雇佣保险法》，替代原有的《失业保险法》，制度的结构与功能发生了重大转变，突出了预防、保障、能力开发3大特点，发挥了强化就业、稳定生活和实现再就业3大功能。

1. 日本雇佣保险制度的基本内容

日本雇佣保险制度由失业保障和失业预防两大系统构成。失业保障是从善后的角度对失业劳动者进行补助，包括登记失业、统计失业、调查失业、给付失业4大环节，目的在于对劳动者遭遇失业风险后损失的工资收入给予一定程度的补偿，确保其基本的生活水平不受影响。失业预防含有安定雇佣和能力开发两项事业，是从雇主和雇员两方面来开发就业机会，扩大雇主吸纳能力的同时，提高雇员职业技能，防止失业和重新就业后的再失业。

（1）失业保障系统

失业者给付是日本失业保障系统中的最主要内容，是制度运行中的第一大支柱，主要包括：

①一般劳动者基本津贴。它是指一般被保险人失业，离职前一年投保6个月以上、每4周到公共职业安定所进行一次失业状态认定，可发给基本津贴。失业津贴的领取期限根据被保险人的年龄、投保期长短及就业难度等因素综合确定。此外，遇到特殊情况（经济衰退、全国就业形势严峻、跨地区求职、职业培训延期等）可酌情延长领取期限。

②高龄求职者津贴。高龄求职者津贴指65岁前后受雇于同一雇主的劳动者失业后，经职业介绍所认定，可一次性领取失业津贴。

③短期工特例求职者津贴。短期工失业津贴以一般被保险人的失业津贴日额乘50天，一次性领取。

失业保障系统中的失业给付虽说以失业期间的生活保障为主要目的，但也包含为重新就业做准备的部分内容。具体包括：

①就业促进津贴。就业促进充分体现了抑制解雇与防止失业、开发就业机会的政策取向。就业促进给付包括就业津贴、再就业津贴、就业准备津贴。

②教育训练津贴。它是指接受公共职业培训的失业者除领取基本津贴以外，还可领取听课津贴、交通津贴等，以此鼓励失业者更新、提升职业技能，增强求职实力。

③继续雇佣津贴。如高龄继续雇佣津贴、产休津贴和家族护理休业津贴。

（2）失业预防系统

失业预防系统包括安定雇佣事业和能力开发事业。由于政府实施的各项预防措施的主要受益人为雇主，因而资金来自于雇主单方面缴纳，按照规定建筑业雇主缴纳4‰，其余雇主为3‰。

①安定雇佣事业。安定雇佣事业是指为预防被保险人失业问题的出现，政府积极采取应对措施，扩大就业机会，稳定劳动力市场运行的各项政策的总称。安定雇佣事业作为日本失业保险制度的第二大支柱，主要包括：一是对不景气或因产业结构变化而不得不缩小生产规模的企业给予补助，使其有能力对暂时闲置的劳动力进行职业培训、转业培训或发放工资；二是对雇用应退休职工、残疾人、大龄青年的雇主给予补助，这样既能够发挥老年人的余热，减轻养老金压力，能够防止社会边缘群体的形成，推动经济发展；三是对身处就业条件差的地区的雇主给予补助，鼓励其开创新事业，为当地居民提供更多的就业机会，缩减地区差异。

②能力开发事业。能力开发事业是日本失业保险制度的第三大支柱，它是指为了保证工人在职期间能够不断通过参加各种教育训练，提高专业技能，挖掘自身潜力，政府制定的所有完善职业训练设施的政策总称。它主要包括：一是设置、管理各种能力训练设施供劳动者使用，开发他们的能力，建立公共职业培训机构加强失业人员的劳动技能培训，资助经常举办现场讲座与技术训练的雇主，积极参加听讲和实训并取得相关资格的雇员。二是对因伤病暂时无法寻找工作的失业者给予一定的伤病补助，这样既能从善后的角度充分发挥失业保险的生活保障功能又能激励失业者尽快恢复就业。

（3）失业保障系统待遇给付规定

①待遇给付来源。日本失业保险基金在使用上被分成两大系统，因而资金筹集也按两部分分开进行，失业保障系统的资金主要来自于政府、雇主和雇员3方，其中政府负担25%，雇主和雇员对半负担其余部分。

②待遇给付条件。最近1年内（疾病、伤害、生育等延长2年）投保半年，短期工需在失业前两年至少投保1年，日工需在失业前2个月内至少投保28天，在公共职业安定所进行失业登记有能力并愿意工作，每月汇报一次寻找就业情况。自

动离职或犯有严重错误的失业者以及拒绝接收工作或培训者取消 1～3 个月保险金申领资格。

③待遇给付程序，求职者取得由原就职企业、企业管制安定所和居住地职业安定所开具并认定的离职证明书和失业保险给付资格证后便可获得由地方公共职业安定所负责办理的保险待遇。

④待遇给付天数与标准。一般求职者有生理障碍和非因破产和解雇而离职的自愿失业者，投保期限最长为 180 天，而因破产或解雇离职的人员则依据投保期限和年龄最长为 330 天，其中对 45～60 岁的离职者给付最长，失业给付标准约为被保险者离职前 6 个月平均工资的 60%～80%[①]。

2. 日本雇佣保险制度的特点

（1）覆盖范围广泛。原则上凡是雇用劳动者的企业（除个人经营农林水产雇用 5 人以下的企业），强制参加雇佣保险。保险金的收付不仅限于现实的失业者，失业给付对象还延伸到"准失业状态"者。

（2）保险特色鲜明。体现权利和义务对等的保险原则，即缴纳保费越多，领取的保险金越多。根据被保险人履行的交费义务，将被保险人分为 5 大类，待遇水平依次递减。

（3）向雇主提供援助金，间接促进就业。雇佣保险（即雇佣稳定事业、能力开发事业、雇佣福利事业）通过提供援助金方式，鼓励企业扩大雇用范围、雇用就业困难者、进行职工的职业培训，具有一定的防治失业、扩大就业的功效。

（4）失业保险金支出由国家（政府）、雇主、雇员 3 方负担，国家财政负担的费用比例为：一般求职者津贴和短期特例求职者津贴的 1/4；继续雇佣津贴的 1/8。用于雇佣保险事业支出的部分则完全由雇主缴纳。不实行全社会统一的单一失业保险费率，根据各行业的失业风险程度实行差别费率。雇主与雇员根据本行业的费率，按照等比制分担失业保险费[②]。

（三）德国的失业保险制度

1. 失业保险法律

德国在 1927 年颁布《失业介绍法和失业保险法》，开始建立失业保险制度；1969 年颁布《劳动法》和《职业促进法》，工作的重心由单纯的保险救济转变为促进就业和预防失业为主；1974 年的《失业救济条件》则使失业保障更加完善；1994 年 8 月实施的《就业支持法》允许建立私营的职业介绍所。德国目前使用的失业保险制度是 2002 年修改的，它是德国社会相对稳定、经济发展较快的基础条件，在降低失业率和促进再就业方面起了积极的作用。

2. 失业保险制度的基本特点

（1）失业保险覆盖范围广。在德国，失业保险是强制性的义务险，每个雇员都必须参加，包括家政人员、学徒工和接受培训的人员。但各种自由职业者、不能被

① 李文琦. 日本失业保险制度的运行及对中国的借鉴[J]. 陕西行政学院学报，2010（2）.
① 许春淑. 日本失业保险制度及对中国的启示[J]. 生产力研究，2007（11）.

解聘的公务员、年满 65 岁的雇员、养老金领取者除外。

（2）失业保险基金的来源有保障。德国的失业保险基金来源主要有以下 4 个方面：①雇员缴纳的保险金；②雇主缴纳的保险金；③联邦政府财政贷款和补贴；④其他方面筹集到的资金。失业保险金由雇员和雇主各缴纳一半。雇员应当缴纳的部分由雇主从雇员的工资中扣除，连同雇主自己应当缴纳的部分一起上交给失业保险机构。若缴纳的保险金和分摊的款项不足以支付所需开支，由联邦政府给予补贴。

（3）失业保险金用途广。失业保险金的使用体现在 4 个方面：①保障就业岗位，主要包括短时工补偿、恶劣天气补贴、生活费用补贴和其他一些促进就业措施的费用；②支付失业救济金，主要用于支付无权享有失业保险金的失业者；③给失业者支付失业保险金，从失业者正式向劳动局申报之日起开始支付，领取时间的长短根据失业者失业前的工作时间长短和失业者的年龄确定；④职业促进费用，主要用在劳动市场和就业政策研究、职业介绍和职业咨询等其他促进就业的措施方面。另外，在失业保险金的使用上，更加注重对职业培训的财政支出。

（4）失业保险由联邦劳工局统一管理。失业保险由政府联邦劳工局承办。所有的失业保险金都由劳工局统一管理。劳工局负责失业保险金的收取、发放以及对失业者的职业介绍和职业培训。除此之外，劳工局还负责调查劳动市场情况，制定劳动与社会保障方面的政策。

3. 失业保险制度改革

由于失业保险制度面临失业人口居高不下、政府财政社会福利支出负担加剧的难题，2003 年，施罗德总理陆续推出了以削减福利和增加就业为主的多项改革措施，实施了"促进长期失业者就业"的计划，促进 10 万名 25 岁以上的失业者重新就业。2005 年 1 月将失业保险金和社会救济金合为一体，规定领取者必须无条件接受劳动中介机构介绍的任何合法工作。从 2006 年起，缩短失业保险金的领取期限，以刺激重新找工作的欲望，失业保险金最长只能领取 12 个月。从改革的效果看，这些改革措施加上 2006 年德国国内经济的快速发展，促进了就业增长，缓和了政府的财政危机[①]。

（四）美国的失业保险制度

失业保险制度是美国保障体系中建立最早、覆盖面最广的一项社会保障措施，是美国劳动就业制度、劳动力市场体系的重要组成部分。从美国失业保险制度的发展历程看，从主要依靠政府、群众组织及慈善机构发放救济金到逐步建立失业保险体系，从单纯进行失业保险到以适应经济结构和劳动力市场不断变化为目标，形成就业导向型失业保险制度——对劳动力实行培训与继续教育、提供对就业者的特殊服务。具体来说，美国失业保险制度的基本内容包括：

---

① 王丽华，许春淑. 德国失业保险制度的改革及对我国的启示[J]. 天津商学院学报，2007（5）.

1. 覆盖范围

美国失业保险的法律依据为 1935 年美国国会通过的《社会保障法案》及 1937 年在美国各州相继通过的《失业救济法》。按照上述法令的规定，美国所有符合条件的企业和个人必须无条件地参加政府举办的失业保险。在美国失业保险制度实施初期，享受失业保险的人员仅限于私营工商企业的雇员。1970 年扩大到非营利部门的雇员，1976 年扩大到农业工人、州和州以下地方政府的雇员，1978 年几乎扩大到所有工薪工作者。根据《联邦失业法》的规定，如果当前或上一年中，雇用 1 个以上的雇员工作至少 20 周，或任一季度支付 1 500 美元以上工资的雇主，都应参加失业保险计划。

2. 基金来源

美国的失业保险体系由美国联邦和各州的失业保险体系共同构成，以各州的失业保险体系为承办主体。失业保险金的主要来源为雇主代雇员缴纳的失业保险税。联邦失业保险税以雇员年工资的头 7 000 美元为征税基数，税率为 6.20%，但如果州法律符合联邦的基本要求，联邦允许该州雇主享受 5.4% 的税率抵扣，所以雇主缴纳的联邦实际税率为 0.8%。

美国实行联邦和州二元立法体制，各州依据联邦立法规定州税基和税率。各州采用经历税率制，即美国各州的失业保险费率根据各雇主的裁员人数确定，根据各雇主裁员前享受失业保险待遇的雇员人数的多少而上下浮动。如密歇根州新办企业头两年的费率为 2.7%（州基准费率的 50%），而建筑业雇主必须外加建筑行业的平均费率，但雇主第三、四年的费率部分地取决于其前雇员的保险待遇领取和缴费的历史记录，称为雇主失业保险经历；从第五年起，完全根据雇主的失业保险经历确定各雇主的各年度缴费率。雇主无故解雇的职工越多，缴纳的失业保险税就越高。因此，这种税制可以抑制雇主解雇的行为，使失业保险费用更合理地在雇主间分配。

3. 受益资格

申领失业保险金必须要同时满足下面的 5 项要求：

（1）失业前的就业经历符合州规定（主要指工作时间及缴费长短）。

（2）在就业服务机构注册，主观愿意重新就业，心理和身体上具有劳动能力，且在领取失业保险金期间处于积极寻找工作的状态。

（3）凡因自愿离职、不当行为、劳动纠纷和拒绝接受合适工作等个人原因失业者没有资格享受失业待遇。

（4）除 13 个州外，其余州设置等待期，一般为一周，在此期间相关部门对申领者进行资格认定。如果经办机构认为申领者的就业经历，主要是基期的就业时间、就业收入和离职缘由不符合州立法的规定，可以否定失业者的申请。

（5）在享受失业待遇期间，失业保险机构要求失业者履行定期汇报求职情况的义务，如经审查失业者在领取失业保险金期间，懈怠寻找工作或者无正当理由拒绝合适工作，就会被取消资格。

4. 给付待遇

美国失业保险的给付项目比较多，分为联邦雇员失业补偿金和特殊的支付项目。其中：①失业补偿金的计发基数是基期中一个最高季度工资或两个较高季度的平均工资。②贸易调整津贴主要是根据 2002 年《贸易法案》规定，援助那些因工厂受进口增加冲击和产品外销变化影响而失业的工人，为他们提供 52 周的贸易调整津贴，帮助他们重新获得工作。③工作日减少补贴主要援助那些因正常工作时间减少而介于全职和兼职工作之间的工人，即周工作时数低于充分工作时数的部分失业工人。

5. 一站式职业服务

1998 年克林顿颁布了《劳动力投资法案》，要求各地建立 "一站式"（one-stop）就业服务中心，为失业者提供就业核心服务，主要包括：工作搜寻和工作安置补贴，职业咨询，个人技能评估，发布诸如空岗信息、工作技能、地方就业趋势，地区和全国经济发展趋势等信息。更重要的是，为了避免失业者在重新就业后再次面临失业的困境，还为他们提供强化服务，主要包括：团体和个人咨询，档案管理和短期职业教育前的服务等。

"一站式" 就业服务中心还提供工作安置补贴、个人职业发展规划。为了提高求职的效率，还为失业者提供求职培训的指导，如简历、求职信的写法，面试方法，工资谈判方式等指导。这些注重细节的做法为失业者提供了更周到的服务，再加上美国就业信息服务的广泛和便捷，形成了失业补偿、就业服务和就业培训的整合系统。

6. 再就业激励补贴

2001—2003 年间美国失业率不断攀升，2004 年大约有 40% 的失业保险领取者在 26 周的待遇给付期内没有找到工作。为了促进经济发展，维护社会稳定，争取连任，布什总统提议加强和保护美国的劳动力，重整美国的就业和工作培训项目。在总统的经济增长计划中，布什提议向失业者提供再就业补贴，这些补贴存在个人再就业账户中，旨在激励待遇期满的失业者积极重新就业。

补贴标准由州确定，最高可达 3 000 美元，如果失业者在享受失业保险的 13 周内找到工作，可以保留补贴作为再就业的奖励[①]。在 2007 财政年度的总统预算中，布什为美国就业培训署争取 94 亿美元的资金，实现了加强和保护美国劳动力的目标。就业培训署采取了建立需求驱动型劳动力投资体系的措施，为工人在持续的经济增长中获取工作能力做准备[②]。

（五）发达国家失业保险制度的共性

1. 失业保险立法层次高

凡是选择强制性失业保险模式的国家，其失业保险立法都是国家最高层次的立法，如日本的《雇佣保险法》、美国的《社会保障法》和《联邦保险税法》、德国的

① 刘宇栋. 美国失业保险制度与政策借鉴[J]. 西部财会，2007（9）.
② 赵军，龚明. 国外失业保险制度的最新发展及启示[J]. 消费导刊，2009（3）.

《就业促进法》、韩国的《就业保险法》等。立法层次高，体现了失业保险的权威性和法律效力，保证了失业保险制度的顺利实施。

2.失业保险给付条件极为严格

各国失业保险给付条件都普遍强调法定劳动年龄、非自愿失业、有必要的劳动经历、缴纳保险费的年限以及在就业机构登记失业等。在实施过程中由于各国国情不同，给付条件的侧重点也有所不同。有的国家强调就业期，以表明保险对象有劳动能力且有劳动愿望，如德国规定，失业前每周必须有18小时以上的劳动经历；有的国家在强调就业期的同时，根据失业率的变化规定就业期的多少，如加拿大规定失业率在6%以下时，就业期要求20周/年，失业率在11%时，就业期要求15周/年；有些国家对缴纳失业保险费的时间做了具体规定，如日本要求在失业前一年中至少有5个月的缴费经历。

3.失业保险逐步向多重保障发展，建立了复式保障结构

（1）失业保险与失业救济相结合。如德国式"失业保险+失业救济"的"衔接型"失业保险制度。失业者在规定的失业保险给付期内仍未找到工作而发生生活困难，符合失业救济条件的改发失业救济金。失业救济金由国家财政负担，待遇水平比失业保险金约低10%，期限为1年。

（2）失业保险与企业失业补助相结合。如美国"失业保险+企业补充失业津贴"的"补充型"失业保险制度。享受企业补充津贴的条件是：获得领取法定失业保险金的资格，企业工龄1年以上，企业补充失业津贴的费用由雇主和工会共同承担，津贴标准约为本人失业前工资收入的30%，领取的最长期限为1年。

（3）失业保险与援助计划相结合。如加拿大"失业保险+特殊失业补助"的"援助型"失业保险制度。对失业者中一些有特殊困难的弱者（伤病者、年老者、怀孕者）除领取失业保险金外，还给予1~15周的特殊失业补助。

4.失业保险制度的重点转向促进就业和预防失业

各国都把促进就业和预防失业作为失业保险制度的重要内容。在失业保险支出的分配上，注重发挥促进就业的功能。如德国保费支出中，除60%用于保险金给付外，余下40%主要被用做职业介绍、职业培训及补贴、补助企业雇用等促进就业的工作[①]。英国的失业保险制度管理机构通过多种形式为求职者提供免费服务，对雇主提供发布用工信息的服务和对长期失业者提供的特殊帮助和服务，最终达到促进失业者再就业的目标。

四、工伤保险制度

工伤保险是指劳动者在工作中或在规定的某些特殊情况下，因遭受意外伤害和职业伤害，暂时或永久丧失劳动能力时，劳动者或其遗属从社会保险经办部门获得物质帮助的一种强制性社会保障制度。作为社会保障体系重要组成部分之一的工伤

---

① 宋德玲.国外失业保险制度的特点及启示[J].经济纵横，2006（11）.

保险，在缓解因工伤引起的社会矛盾，保障劳动者的合法权益，分担用人单位的风险，促进工伤事故和职业危害防范机制的建立，保障社会的稳定等方面都有着积极的作用。

（一）德国的工伤保险制度

1884 年 7 月 6 日，德国颁布了《工伤事故保险法》，成为世界上第一个建立工伤保险制度的国家。德国的工伤保险制度作为世界上最早的职业伤害赔偿制度和德国社会保险 5 大支柱之一，其意义一方面在于缓解了因工伤引起的社会矛盾，避免了劳资双方的对立，保障社会稳定；另一方面通过有针对性、高效率的工伤预防，促进工业技术的改进，降低社会财富的损失。

1. 工伤保险制度的基本内容

（1）覆盖范围

德国工伤保险制度在覆盖人群上充分体现了普遍性，所有工业及商业部门内的雇员（包括工人、管理人员、学徒培训人员、实习人员等）都享有工伤保险，只要存在雇佣关系，不论其年龄、种族、性别、收入以及是否具有一个临时或者长期的工作，都被强制成为工伤保险制度的法定被保险人；雇主及其配偶、大多数类别的自我雇佣者、家庭雇佣工以及公共雇员都按相关规定享有工伤保险。

工伤保险的工伤范围包括 3 大类：①工伤事故，它是指职工正在从事本职业所要求的工作或与职业有内在联系的活动时突然造成对身体的伤害和影响；②通勤事故，它是指上下班途中发生的伤害事故；③职业病，它是指符合国家职业病目录规定的职业伤害。

（2）基金征缴模式

德国工伤保险基金实行"现收现付"模式，征缴原则是以支定收。其资金来源主要包括：雇主缴纳的工伤保险费、向第三方追索的赔偿费（主要针对上下班途中的交通事故）、同业公会资产收益、滞纳金和罚金。为了更好地保护劳动者的权益，工伤保险费完全由雇主承担，雇主缴纳的保险费构成了基金的主要部分。

为了更好地发挥激励机制，有效地促进企业进行工伤预防，实现风险共担，德国工伤保险制度对保险费实行差别费率和浮动费率。缴费金额的多少和工作风险有关，缴费以工资额为基数，通过分行业、行业内分风险等级和风险等级内再分企业，这 3 步来实行差别费率。对不同的企业，要根据企业上年的事故发生情况确定附加的费率，即实行费率浮动，并采用"奖罚并用"的方式。

（3）待遇项目

德国实行的是社会市场经济制度，这种经济模式吸纳了市场经济和计划经济的优点，既反对经济上的自由放任，也反对把经济管得过死，将个人的自由创造和社会进步的原则结合起来以保证市场自由和社会公平之间的平衡。德国支付工伤保险待遇的目的是支持被保人再就业，保证其基本生活需要和分享经济发展成果，所以工伤保险待遇只根据伤残等级情况发放，不与被保人就业状况联系，不根据再就业后的工资进行调整。

工伤保险是属于福利性的保险，其待遇项目较多，主要包括：①暂时伤残待遇：因工伤事故或职业病停止工作后，前6周由雇主支付工资；6周之后，工资停发，由工伤保险同业工会支付工伤保险待遇，支付至痊愈或证明其为永久性伤残。②医疗期间待遇：在医疗康复和职业康复期间发放，依据本人过去净收入发给总收入的80%。③在参加职业培训和接受就业指导期间发放临时性补贴，标准为医疗期间待遇的68%。④永久伤残待遇（年金待遇）：根据事故专家的评定和医学鉴定，按不同比例发放①。

2.工伤保险的基本原则

（1）预防优先原则

在德国，"预防胜于治疗"（prevention is better than cure）是其座右铭，在德国《社会法典》中规定了工伤预防是工伤保险同业公会的首要使命和任务。《社会法典》第7章第1条规定：同业公会应该"使用一切适当的方法"防止工伤事故、职业病以及由于工作原因对健康造成的损害，查明工伤事故发生的原因，保障在事故发生时采取有效的急救措施，减轻工伤事故和职业病带来的后果。

预防为主的原则反映了一种积极的工伤保险思想，它改变了传统工伤保险中以伤残待遇给付为主的模式。工伤预防的任务和目的是加强工作中的安全和健康；减少对生命和健康造成的危害；控制危害发生；向雇主提供劳动保护方面的咨询。

德国有效的工伤预防显著地减少了工伤事故和职业病的发生率，进而减少了工伤补偿，从根本上减少了工伤保险基金用于工伤补偿和康复的经费支出，这是降低德国工伤保险制度运行成本的治本之策。同时，积极预防也减轻了劳动者的恐慌和压力，使其持续有效地进行生产工作，减少了因工伤事故和职业病而导致生产停止带来的损失。

（2）康复优于补偿

德国工伤保险同业公会遵循"康复优于补偿"的行事原则，即在工伤事故或者职业病发生之后，重要的不是进行经济补偿，而是尽最大努力采取一切可能的手段提供最好的康复服务，使受害者能够重返工作岗位并享受生活，从而"降低社会总成本"。

德国工伤康复包括医疗康复、职业康复和社会康复3个部分。①医疗康复是为了帮助职工恢复健康；②职业康复是帮助工伤职工重新回到工作岗位；③社会康复是帮助工伤职工重新回到社会，享受正常的社会生活。这种康复优于补偿的理念和做法产生了良好的经济社会效益，经过康复服务后，大部分受害者伤残等级得到降低，减少了补偿支出，使工伤事故或职业病发生后给社会带来的损失降到了最低程度②。

（二）美国的工伤保险制度

1.制度立法

工伤保险是美国最早确立的社会保险，工伤保险制度由各个州工伤保险和联邦

---

① 冉维.德国工伤保险制度述评[J].天津社会保险，2008（6）.
① 付德团.德国工伤保险制度[J].中国劳动保障，2008（5）.

工伤保险组成。目前，美国 50 个州和哥伦比亚特区都有《工伤保险法》。与其他社会保险制度相比，工伤保险在各州被广泛采纳。由于各州工伤保险制度差异较大，为了规范各州工伤保险制度，1970 年，美国国会成立了州工伤保险法国家委员会，研究和评估各州《工伤保险法》是否提供恰当、及时和平等的补偿。1972 年，该委员会制定了一系列基本建议，具体包括：①工伤保险应当是强制的，而不是选择的；②雇主不能因为雇员的人数，雇员是农业雇员、政府雇员、非正式雇员以及家务劳动者而被排除在外；③保险应该覆盖与工作有关的所有疾病；④最高州工资补偿的最低标准应当是州平均周工资，对暂时完全伤残的现金补偿应当最少是工人净周工资的 2/3；⑤工伤补偿不能强加持续期或补偿总数量限制；⑥工伤补偿应当提供充足的医疗护理和康复服务。

2. 州工伤保险制度

（1）保险模式。各州的工伤保险分为 3 种方式：购买私人保险公司工伤保险、购买州基金工伤保险和企业自我保险。

（2）覆盖范围。美国各州工伤保险覆盖范围不同，但包含大多数企业雇员。

（3）费率制度。各州工伤保险费率分为 3 个层次：手册费率、经验费率和运用借贷手段做进一步调整。手册费率依据雇员所从事的工作而定。在美国，基于工作性质所形成的风险分类构成美国工伤保险费率分类制度的基础。经验费率是依据企业过去的工伤事故，通常是 3 年内的工伤事故确定，经验费率可以激励雇主积极改善工作条件。借贷手段是在测算的保险费基础上打折。打折的判断标准比较主观。例如，宾夕法尼亚州法律规定，如果雇主实施合格的工作场所安全计划，就给这些雇主提供 5%保险费折扣。

（4）补偿类型。工伤保险补偿一般包含即时医疗护理和超过 3～7 天等待期后因工资损失提供的现金补偿。除此之外，各州还规定了州补偿的最高和最低限额。在工伤保险现金补偿中规定等待期和最高州补偿主要是为了防止工伤保险中的道德风险，避免伤残雇员形成依赖工伤保险的惰性。现金补偿除了依据伤残持续时间外，还要依据伤残严重程度来确定。

3. 联邦工伤保险制度

除各州针对各自情况制定工伤保险制度外，联邦还针对特殊群体制定了相应的工伤保险制度。这些特殊群体包括：联邦雇员、海岸和港口雇员、患黑肺病的煤矿工人、暴露于辐射下的雇员、能源雇员、退伍军人、铁路雇员和商船队雇员[①]。

（三）日本的工伤保险制度

1. 基本概况

工伤保险在日本称"劳灾保险"。日本对劳灾保险的定义是"为受到业务灾害或上下班途中遭受灾害的劳工或其遗族，发放必要的保险给付的制度"。日本的工伤保险是一个强制性的保险制度并由政府机构进行管理，并不包括所有的雇员。雇

---

①　于欣华 . 美国工伤保险制度[J]. 现代职业安全，2010（7）.

员人数不到 5 人的农业、林业和渔业的雇员，可以进行自愿保险；海关和公共雇员实行特别的制度。在日本还有私营保险机构提供的工伤保险项目，可分为两类：一是雇主责任保险，这一种强制性自动责任保险，可以使雇主免除受害人依据《侵权法》提出的要求承担民事责任的诉讼；二是补充赔偿保险，覆盖了投保的雇员以劳动合同或以形式明确的补充性赔偿（指依据工人事故赔偿规定之外的部分）。

2. 基金征集

日本的工伤保险费全部由企业雇主缴纳，国库在财政预算范围内可以进行补贴。雇员一般不缴纳工伤保险费。雇主缴纳的工伤保险费根据社会保险机构规定的保险费率和企业工资总额进行核算。企业可以通过协会缴纳工伤保险费，也可以直接到所在地的劳动基准局缴费。

3. 行业费率和费率浮动制度

工伤保险实行差别费率，以支定收，全国统筹。企业参加工伤保险是必需的、强制性的。日本的工伤保险行业费率划分细密，共分 8 大产业 51 个行业，最高行业费率为 12.9%（如水电建设），最低行业费率为 0.5%（如供水）。另外各行业都附加 0.1% 通勤事故保险费率。

日本规定，在雇主缴纳的职业伤害保险费率中有 0.1% 日后要用于通勤事故的费用。为促使企业减少工伤事故，日本实行的是费率浮动制度。大体的方法是：根据企业前 3 年实际支取工伤保险金占所缴纳工伤保险费总额比例划档，75% 以下的降低费率，在 75%~85% 之间的不变，在 85% 以上的提高费率。降低和提高费率的最大幅度为 40%。

4. 基金支付

参加工伤保险的企业，一旦员工发生工伤，费用一般全部由基金支付，雇主不再承担费用；但因雇主故意行为或重大过失而导致的工伤、雇主未缴保险费期间发生的工伤，工伤保险管理机构一方面支付给员工保险金，一方面向雇主征收同额或部分的"特别费用"，也就是说，在特定情况下，并不完全免除雇主责任。

第三节　社会救助制度

一、生活救助制度及其特点

（一）社会救助制度的含义

社会救助制度是社会成员在陷入生存危机或无法维持最低限度的生活水平时，由国家和社会按照法定的程序和标准向其提供满足最低生活需求的物质援助的社会保障制度。它是社会保障体系的重要组成部分，是社会稳定的最后一道"安全网"，是消除贫困和防范贫困的一项必要制度。

一般来说，社会救助包括 4 个要素：①救助资格的确定以家计调查（means-tested）为基础；②面向贫困个人或家庭；③以现金或实物/服务为支付形式；④实行非供款制，经费来源以国家财政拨款为主。

（二）社会救助制度的特点

在整个社会保障体系中，社会救助制度是层次最低的保障制度，享受社会救助的公民都是生活在当地贫困线以下的。所以，社会救助强调最低基本生活的保障以及国家和社会对需要救助成员的单面责任和义务。各个国家都很重视社会救助制度的建设和完善。社会救济与社会救助没有本质的区别，但社会救助的覆盖面比社会救济更广泛，不仅包括政府救济，也包括社会的支持和帮助。不仅包括对贫困人口衣食的接济，还包括医疗、教育、住房等多种扶危助困措施。总体来看，世界各国社会救助制度有以下共性：

（1）低层次性，即社会救助制度仅满足被救助对象最低层次的生活需求。

（2）社会救助制度的地域性，即社会救助制度的具体实施局限在一定的区域范围内，即使在同一国家，不同的地区之间社会救助制度存在很大的差异。

（3）家庭性，即社会救助制度所实施的直接对象是整个家庭，而不是只针对家庭中的某一个或某几个成员。

（4）利益流动的单向性，社会救助的受益者无须承担任何经济方面的义务即可享受到救助的利益。

从总体上看，世界各国社会救助制度都具有上述特点。然而，受政治制度和经济发展水平等诸多因素的影响，社会救助制度在各国被引进社会生活的时间，社会救助的方式、救助标准、救助内容、管理体制以及实施手段等方面也多有不同，并在反贫困的过程中形成了各具特色的社会救助模式和实践经验。

二、美国的社会救助制度

（一）美国社会救助制度的历史沿革

综观美国社会救助制度的建立和发展，其历史演变过程可划分为 3 个阶段：

1. 第一阶段

20 世纪 30 年代至 60 年代是美国社会救助制度的建立阶段。1935 年，美国国会通过了《社会保障法》。该法案主要内容之一就是公共救助，将妇女、儿童、老年退休、残疾人与失业人群纳入了公共援助体系，形成不同类别的援助计划。

2. 第二阶段

20 世纪 60 年代至 80 年代是美国社会救助制度的发展阶段。1960 年代，先后颁布实施了《公共福利修正案》，治理贫困的重点开始转向提高贫民的能力，从资助穷人实物、金钱开始演变为提供服务和技能培训。

3. 第三阶段

20 世纪 80 年代至今是美国社会救助制度的改革阶段。1996 年颁布的《个人责任与就业机会调整法案》，一方面对救济金领取者严格规定每周工作至少 30 个小时或 35 小时，使他们树立"以工作求自立"的理念。另一方面大幅减少用于直接资助贫困家庭的资金补助比例，增加鼓励和帮助人们参加工作、自谋生路的资金补助比例。2002 年，布什政府又出台了《为自立而工作法案》，倡导通过就业自食其力的"工作福利"，减少福利依赖。

（二）美国社会救助制度的主要内容

1. 设定贫困标准

1965 年，美国依据家庭规模和家庭总收入两个因素制定了一条贫困线标准，各州和地方政府依据经济发展水平和通货膨胀的情况，可以适当调整贫困标准，但不得低于全国统一的贫困标准。如果一个家庭的年总收入低于当年联邦政府划定的标准线，就被认定为贫困家庭，有权获得社会救助。贫困标准的调整周期通常为一年，主要根据物价指数调整或根据收入增长指数进行调整。

2. 实施项目救助

美国社会救助制度主要采取项目救助方式。项目救助可以分为现金救助和非现金救助两大类。

（1）现金救助。主要包括贫困家庭临时援助（the temporary assistance for needy families，TANF）和补充性保障收入（supplement society income，SSI）。

①贫困家庭临时援助。贫困家庭临时援助是美国的社会救助体系中由联邦政府出资的在全国普遍实施的一个重要的救助项目，旨在帮助那些单亲家庭或是父母双方当中有一人无劳动能力或是长期失业的家庭，此项救助计划的经费由联邦政府和州政府共同承担，联邦政府支出的多少由各州的实际支出和各州的人均收入决定。

②补充性保障收入。补充性保障收入是一项针对特殊人群的救助项目。它是由政府出资，给那些年龄在 65 岁以上的老年人、残疾人、盲人等人群提供基本的生活服务的救助项目，经费来源于联邦政府的拨款，各州可以根据实际的操作需要进行一定的增补。

（2）非现金救助。非现金救助主要由食品券、医疗救助、住房救助、教育救助、就业与劳动技能救助等项目组成。

①食品券。食品券是美国联邦政府为低收入人群提供的一种用于购买食物的票券，是一种具有部分货币职能的赠券，只能在政府指定的商铺里购买食物，不能调换成非食品类的物品，也不能出卖。食品券计划是美国政府为保证收入在官方认定贫困线以下的家庭能够正常生活、健康发展而制订的家庭援助计划。

②医疗救助。一般性医疗救助的目的是为那些 65 岁以上的老人和低收入个人或家庭提供基本的医疗服务支持，以补充私营医疗保险制度的空白。一般医疗救助的经费由联邦政府和州政府共同负担，美国的法律规定，联邦政府承担的经费一般占到医疗救助总支出的 50%~80%。医疗救助包括发放现金补助以及提供医疗服务两种形式。

③住房救助。美国的住房救助计划可以大体上划分为两个阶段：20 世纪 70 年代之前，主要采用建造公共住房的方式。1937 年，美国首次制定了住房补助法案。法案规定由联邦政府提供资金，为那些低收入群体建造和提供公共住房。这些公共住房只能提供给那些收入不超过当地平均收入 80% 的家庭。1974 年颁布的

《住房与社区发展法案》授权联邦政府对租用私人住房的低收入家庭给予房租补贴，租金补贴项目的申请者是低于当地平均收入水平80%的贫困家庭，1981年以后，进一步调整为当地平均收入的50%，参与此项计划的家庭必须支付收入的15%～25%作为房租。由此，美国的住房救助主要方式由修建公共住房转变为提供租金补贴和税收减免①。

④教育救助。政府对生于低收入家庭的学龄儿童或青年提供了从免费午餐到助学贷款的多种形式的补助。

⑤就业与劳动技能救助。这项救助旨在帮助贫困家庭获得教育、培训和就业的机会，避免长期依靠政府救助来生活。

3. 个案申请

社会救助项目的实施，一般需要低收入家庭向政府社会福利与救助主管部门或其办事机构提出书面申请，经审查批准，符合条件的才能给予救助；且美国政府采取限制需求与增加供给"双管齐下"的政策，对社会救助项目采取条件限制比较严格的资格审查制度，明晰申请条件，尽可能采用非现金开支形式，避免社会资源的浪费。

4. 细化救助标准与分类救助

针对不同家庭结构、不同类别受助人群的不同救助需求，设计不同类型的救助项目和制定不同的救助标准。制定救助标准时一般以家庭为单位，主要参考的指标有3项：家庭月纯收入（包括可利用的财产资源）、人均消费水平和家庭月实际支出。

（三）美国社会救助制度的特点

1. 救助内容和项目的法制化

美国社会救助制度建立、发展与改革的过程，就是一个不断立法与完善的过程，都有与其相适应的新法案作为支撑。健全的法制不仅能保证社会救助管理和运作的公开、公平、公正，更使社会救助项目逐步增加并日益完善，发挥出社会救助的最大效能。

2. 救助资金和载体的多元化

从资金来源上看，美国多数救助项目资金都由联邦政府和州政府共同承担，辅之以社会捐助，但以联邦政府为主导。从救助制度的运作机制上看，美国实行国家与私人并举、公办与民营并重的运作方式，政府与相关的非政府组织、慈善机构、志愿组织及营利性社会福利机构已经形成了比较牢固、和谐、有效的伙伴关系，共同承担社会救助责任。社会救助已经不再是政府单方面的责任，而是实现了高度的社会化。

3. 救助补贴和时效的有限化

美国的社会救助属于典型的"补救型"福利，设计的项目多为低水平的救助，满足受助对象最基本的生活需求。另外救助项目具有有限救助性和临时性的特点。

4. 权利与义务的平衡化

救助政策的实施，不仅考虑如何满足受助对象的实际需求，更考虑救助政策对

---

① 宋震，邰冬梅. 中美社会救助制度的比较与启示[J]. 经营管理者，2011（8）.

其个人行为的影响。赋予受助对象接受救助权利的同时，要求他们承担一定的义务。权利与义务之间的平衡降低了社会救助的负激励效应和福利依赖性[①]。例如，在美国，最新的、影响面最广的措施就是贫困家庭临时援助计划，提出每个家庭只能接受最长期限为 5 年的公共援助，并规定所有有工作能力的成年人在领取福利金后两年内必须重新就业，或者参与某种形式的与工作有关的活动。

三、英国的社会救助制度

英国在 1948 年颁布了《国民救济法》，正式建立了国民救济制度。在国民救济制度下，对贫穷个人所提供的救济支出、地方政府为贫穷人所提供的住所和其他服务、与国民救济制度相关的各种支出，均由议会批准的拨款承担。1976 年英国修订了《国民救济法》，更名为《补充救济法》，主要是补充英国《国民保险法》在社会保障制度中的不足。目前，英国形成了一个完善的社会救助体系。

1. 救助对象

英国社会救助的对象主要包括以下 4 类：①无固定职业或就业并不充分，无力定期缴纳社会保险费，因而无权享受社会保险者；②有权领取社会保险津贴，但不足以维持最低生活者；③领取社会保险津贴已满期限，却无其他收入者；④未参加社会保险，生活又无着落者。

2. 救助申请

在英国，要享受社会救助必须事先进行申请，对申请社会救助的人要进行严格的生活状况、就业状况及家庭财产调查，申请者能否得到社会救助的关键是其个人收入或家庭成员的人均收入是否低于政府事先确定的最低生活标准线，即贫困线。英国的贫困线每年由国会规定，在理论上它是按照需要水平加以确定的，包括 3 个因素：①体现"正常需要"的基本待遇；②体现"特殊需要"的因素；③体现"正常需要"的住房补助。

3. 保障项目

英国社会救助的项目比较齐全，包括低收入家庭救助、老年救助、失业救助、疾病救助、住房救助等。

（1）低收入家庭救助。低收入家庭救助是收入低于官方规定的贫困线的家庭享受的救助，救助的金额随政府所规定的贫困标准而变化。低收入家庭还可以获得一部分取暖费，有子女的可获得学校的免费牛奶和免费膳食，以及免缴国民保险费、治病处方费等，还可以享受房租补贴等。

（2）老年救助。老年救助是指对那些只有少量养老金的老年人给予补助，尤其对鳏寡孤独老年人给予专门津贴。

（3）失业救助。失业救助是对那些领取失业保险金期满后的继续失业者进行的一种救助，救助金额按个人收入多少和所要供养的人口数量来领取。

---

① 祖玉琴.美国社会救助制度探析[J].特区实践与理论，2009（4）.

（4）疾病救助。英国实行了全民免费医疗，对特困病人还提供疾病补贴。

（5）住房援助。政府对低收入家庭发放住房津贴，对第一次购买住房的低收入家庭给予额外津贴和其他优惠条件，为老人和病人提供特殊住房等。

4.救助方式

1998年之后，救助方式已经不仅仅局限于对贫困人口本身的救济，而是通过与其他形式的结合，帮助贫困者就业，预防和摆脱贫困。从单纯性救济改为工作性福利，由普遍福利转为有限救助①。如政府严格限制年轻的失业人员、单亲父（母）和长期失业人员，并通过一系列措施，使那些依靠福利生存的特殊人群重新走上工作岗位。

四、新加坡的社会救助制度

1.享受社会救助的资格条件

对于社会救助对象的识别，采取申请和调查相结合的办法。在社会救助标准之外规定一个免审额度，即允许申领人持有少量的资产或收入，不抵扣社会救助金。新加坡的家计调查通常要求申请者家庭月收入在1 500新元以下且没有或仅有少量的储蓄和社群支援等。

2.社会救助项目

在新加坡，由中央政府制订和实行的社会救助项目作为社区关怀计划，社区关怀计划主要有3大支柱：自立（着重帮助贫困人士）、成长（着重照顾贫困家庭孩子）和激发（着重帮助需要长期援助的贫困人士）。主要包括：①生活救助。生活救助是指政府通过公共援助计划按月支付生活津贴给老、弱、病、残或其他不能工作且无依无靠的公民。②医疗补助。政府为贫困公民支付医疗保健费用，以及对医院提供住院医疗服务补贴。③住房补贴。对低收入家庭提供廉租房、租房津贴等。④教育补助。政府向所有来自低收入家庭的孩子提供教育补助金。

3.社会救助的管理体制和经费分担

新加坡的社区关怀计划由该国社会发展、青年和体育部负责制定政策并监督实施，救助资金由中央政府承担，并积极鼓励社会捐赠。

第四节　社会保障制度改革

一、欧盟养老保险制度改革

（一）养老保险制度改革的必要性

欧盟国家所建立的面向劳动者和所有国民的养老保险体系，在调节收入分配、

---

① 王如冰.我国与英国社会救助制度的差异性分析及其启示[J].经营管理者，2009（3）.

防范老年贫困、促进社会团结等方面发挥着重要作用；同时，20 世纪 70 年代中期以后，欧盟国家普遍出现的经济增长缓慢、人口日益老龄化和国际经济竞争压力日趋激烈的局面，使得欧盟国家福利制度在繁荣中出现了危机。20 世纪 80 年代以来，养老金制度出现了财务危机和制度缺陷，在这种养老金制度无法可持续发展的情况下，各国政府纷纷认识到改革现行制度的必要性和急迫性。出现这种现象主要有以下 4 个原因：

1. 欧盟各国面临经济低速增长与公共养老金开支高速扩张的矛盾

自 1973 年以来，经合组织国家的经济增长率明显下降，许多国家的公共养老金在资金问题上面临困境，政府在养老金方面承受的压力越来越大。

2. 欧盟国家普遍面临人口结构变化问题

这一问题的具体表现是低出生率、高寿命预期和人口老龄化。

3. 养老金制度导致提前退休，劳动力供给减少

一般来说，欧盟国家的实际退休年龄较小，这些人退休以后不再缴费而成为养老金领取者，从而大大加重了各国的养老金负担。造成这种结果的一个重要原因是欧盟国家的养老保险体系给退休人员过分慷慨的待遇。

4. 国际经济竞争压力

在经济全球化条件下，经济开放度的增强使得各国所面临的市场竞争更加激烈，国内生产商要求减少在社会保障和其他方面的税收负担，以降低劳动力成本、提高出口商品的价格竞争力。

（二）养老保险制度改革的主要内容

1. 严格规定和审核社会保障待遇的资格

在养老保险等缴费性项目上，几乎所有的欧盟国家都提高了正常领取养老金的年龄。另外，为解决提前退休的普遍性问题，很多国家将待遇标准与开始领取年龄更紧密地结合起来。

2. 养老金制度改革的形式

20 世纪 80 年代以来，主要的欧盟国家都根据本国的具体情况，对公共养老金体制进行了不同程度的改革，其形式概括起来有两大类：小调整和大改革。

（1）小调整。小调整是指在不对现行制度进行根本性变革的情况下，为缓解该制度财务危机而采取的一系列改进措施，主要包括通过提高退休年龄、延长享受退休待遇应满足的服务年限来调整领取退休待遇的资格条件；通过提高缴费率和放宽缴费基础的限制来改变缴费情况；通过调整养老金的支出方式来降低养老待遇的给付水平等。

（2）大改革。大改革是对现行的公共养老金进行根本性的改革，包括基金筹集方式和待遇给付方式的变革，具体包括：基金筹集方式由现收现付制转为完全或部分积累制；给付方式由待遇确定型转为缴费确定型。在实际生活中改革有两种形式：一是现收现付制、待遇确定型转为现收现付制、缴费确定型制度；二是现收现付制、待遇确定型转为完全或部分积累制、缴费确定型制度。

（3）多元化制度模式。欧盟不同国家养老金制度改革需要解决的共同问题是：建立个人账户的普及化，现收现付制转向积累制，公共部门的中央垄断性管理转向私人基金公司的分散经营管理，待遇确定型转为缴费确定型等。在实践中，各国的公共养老金改革进程不尽相同，出现了多元化的制度模式。

就国家之间的改革进程比较而言，瑞典由于政党间的政策冲突和选举利益冲突都比较小，因此改革比较彻底，不仅通过参数修订降低了养老金的给付水平，而且实现了养老金的结构调整，实行了缴费确定型的名义账户制。法国由于主要政党间在社会福利制度的改革上始终存在着政策冲突和选举利益冲突，总体来讲改革进程缓慢。

3.英国养老保险制度改革

随着人口年龄老化情况的加剧，工作与劳动人口减少，退休人员增多，英国的养老保险负担加重，财政支出压力加大。为此，英国进行了三次养老金制度改革：

第一次是20世纪80年代初，政府规定：国家养老金制度不变，但只保证最低生活费，并要求所有企业推行职业养老金制度。

第二次是20世纪90年代初，政府规定：公民在工作过程中积累附加养老金，并进行附加养老金私有化，该基金可投资于金融市场、购买债券、股票或不动产等。

第三次是1997年，工党政府要求：劳资携手共建职业养老金和个人养老金，并重新制订了最低收入保证和"国家第二养老金计划"。

二、中东欧社会保障制度的改革

社会保障制度改革是中东欧国家经济转轨的重要组成部分。1989年以前，中东欧国家普遍实行国家保障型的社会保障制度，以《宪法》的形式保障公民的权益，所需资金由公共资金无偿提供。保障项目包括覆盖全国城乡的退休金保障、公费医疗、家庭津贴、教育补贴、消费补贴、住房补贴以及其他公共福利事业等。

1990年以后，中东欧国家开始了经济转轨，原来的社会保障制度与新的经济制度已不相适应。更重要的是，经济转轨时期连续几年的经济滑坡使社会保障支出难以为继。在巨大的财政压力之下，中东欧国家开始重建社会保障制度，以独立于国家预算外的社会保障基金取代由国家统包的"大锅饭式"的社会保障。

（一）新社会保障体系的框架

新社会保障体系以社会保险制度为基础，由养老保险、医疗保险、失业保险、工伤保险、疾病与生育保险、家庭津贴等组成。其中，养老保险、医疗保险、失业保险参照欧盟国家的模式，以社会保险基金的形式运作，基金来源于企业和职工缴纳的保险费；生育保险、家庭津贴等由国家福利基金负担。为了扩大社会保障的资金来源，体现市场经济条件下权利与义务的统一，中东欧各国先后建立起社会保障税制度。

（二）养老保险体系改革

1.多支柱养老保险体系

世界银行在 1994 年的研究报告《防止老龄危机》中，推荐了多支柱制养老金制度。这种制度包括以下要素：

支柱一：公共管理的养老金，以税收的形式筹集，为所有较年长者设计，提供最低收入的强制性公共养老金制度，实行现收现付制。

支柱二：强制性的、完全积累的、由私人管理的养老基金，可采取个人储蓄账户或职业年金计划两种形式。

支柱三：自愿的职业年金或个人储蓄计划，为那些想在老年得到更多收入及保险的人提供额外保护。这种多支柱的养老保险模式成为多数中东欧国家养老保障制度改革的首选方案。拉脱维亚、波兰、匈牙利等国相继建立了"三大支柱"的养老保险体系。

2.延长法定退休年龄

在建立新的养老保险制度的同时，中东欧国家普遍提高了法定退休年龄，如波兰政府将法定退休年龄提高到男性满 65 岁、女性满 60 岁，同时要求工龄分别达到男 25 年、女 20 年以上的职工才可提出退休申请。

3.退休金依据物价进行调整

为了确保退休者利益不受通货膨胀的损害，中东欧国家先后根据通货膨胀率对享受退休金待遇者实行补贴。如波兰以混合方式对退休金进行保值，一部分按通货膨胀率保值，一部分按工资涨幅保值，即国家养老金根据涨价幅度进行调整，而投保得到的退休金则根据平均工资的增长而提高。

4.实行土地换年金计划

匈牙利在解决农民养老问题上创造了以土地换年金的方式，解决年迈放弃耕作的农业人口的生活费用问题，年金相当于城市的退休金。

（三）建立失业保险制度

1.建立失业救济基金

为了解决失业问题，各国相继颁布《劳动法》、《促进就业法》、《就业与失业法》等法律法规，并根据转型期间出现的问题对法律法规进行多次修订，对失业标准、失业保险基金的建立和管理、失业人员的救济、失业人员再就业培训等问题作出规定。1989 年以后，各国政府都建立了失业救济基金，对失业人员进行救济。

2.实施再就业培训

在对失业者的再就业培训方面，各国都建立了比较完善的职业培训机构。这些转型国家的职业培训活动具有自己的特点：

（1）把职业培训与劳动力市场需求紧密结合起来，培训的形式灵活多样，便于受训者接受。

（2）收费比较合理，充分考虑到了受训者的承受能力，并且原企业和工会也都根据有关规定向培训单位提供一定数额的培训费。

（3）政府还鼓励私人开办各种类型的再就业培训学校，在贷款和税收政策等方面都给予优惠。

此外，匈牙利、捷克政府将利用外资与解决就业结合起来，对解决就业机会多的外商，或者在解决就业比较困难的偏远地区投资的外商给予税收和其他政策方面的优惠。

3.加强失业保险基金征管

各国都构建了与市场经济体制相适应的失业保险制度。失业保险为强制性保险，除个体劳动者外，所有机关、企事业单位的职工都要加入。失业保险基金又称劳动力市场基金，由职工和所在单位缴纳的失业保险金形成，以税收形式由税务部门统一征收后上缴给劳动力市场基金管理机构，并由该机构自行管理、自负盈亏。

4.设立雇主赔偿制度

为了减轻失业者的负担，中东欧一些国家还规定，雇主在解雇工人时，必须支付一定的赔偿金。

（四）建立新的医疗保险体系

中东欧国家医疗保险制度改革的共同点是建立健全全民医疗保险体系。将原来由国家全额拨付医疗经费改为个人、单位和国家共同承担。普遍医疗保险分为义务保险和自愿保险两种。有权享受公费医疗的人员必须加入医疗保险。建立由专业医院、社区医院和私人诊所组成的医疗网络。建立家庭医生制度，居民可自由选择家庭医生。减少公立医院的医务人员数量，以降低医疗服务的成本。

如匈牙利建立了与市场经济相适应的医疗保险体制，其基本内容包括：

（1）从1993年开始，实行医疗保险自治，医疗保险费由个人和用人单位共同负担，生活贫困者，经有关部门核实，可继续享受免费医疗。

（2）推行了自愿的医疗保险制度，设立非营利性的健康保险基金管理处。强制性的医疗保险只提供最基本的医疗保健服务，居民要享受更高等级的医疗保健服务，可自己选择个人医疗保险基金投保。

（3）全民享受医疗保险待遇。缴纳保险金人的所有家庭成员，包括子女、老人也可享受同等待遇。

（4）失业人员的医疗保险费用由地方自治政府缴纳。

（5）在匈牙利工作的外国人，主要是指那些从事商贸活动的外国人，也必须按照法律规定缴纳医疗保险费用，并与医疗保险公司签订医疗卫生保险协定，享受与匈牙利公民一样的医疗待遇。

三、拉美国家的社会救助制度改革

（一）社会救助制度改革的理念

20世纪90年代中后期以来，巴西率先实施了社会救助改革并建立了新型的社会救助项目，社会救助改革的总体取向是：把救助资格与个人就业、教育培训和医疗服务等人力资本发展政策结合在一起，以期达到长期内消除贫困和促进社会发展的目的。

改革后新型社会救助项目的代表包括墨西哥的机会计划、巴西的家庭补助计划、厄瓜多尔的人力资源发展计划、洪都拉斯的家庭拨款计划等，这些项目为贫困家庭提供现金救助，但要求受助家庭进行人力资本投资，包括保证儿童的营养，送孩子上学接受教育，定期到医疗机构接受服务等。以上说明，社会救助改革具有共同的理念：即通过有条件的现金转移支付赋予社会救助促进人力资本发展的功能，使社会救助具备"发展"的功能。

（二）社会救助制度改革的内容

1. 救助方式的改变

救助方式由传统的、提供直接的现金和食品援助向有条件的现金转移支付转变。新型的社会救助金的发放带有一定的条件，而这些条件的设定有利于家庭在人力资本方面进行投资。比如，墨西哥的机会计划规定，家庭主妇领取救助金必须以保证其子女接受教育为条件，此外，还必须参加各类健康教育的学习班并保证其子女能定期接受体检。机会计划的救助金中最重要的一部分是针对家庭里小学生和中学生的助学金，其数额会随年级的升高而提高，给女生的助学金要多于男生，目的是鼓励女性完成学业。

2. 目标定位的改变

目标定位由传统的单一家计调查向多维目标转变，综合运用地域定位、代理家计调查、类别定位等多种方法。以墨西哥的机会计划为例，需要通过 3 个步骤来最终选定贫困家庭：

（1）地域定位，即根据全国调查的情况选出贫困率最高的地区，尤其是落后的农村地区。

（2）在选定的地区中根据相应的指标运用代理家计调查方法对家庭的贫困程度进行排序。

（3）依据排序选出的最贫困家庭要通过社区的认可。

经以上步骤最终选出的家庭每 3 年需重新评估一次。

3. 受助单位的改变

受助单位由针对个体转向针对家庭。社会救助制度关注的是家庭，并同时注重家庭内部的资源与收入分配问题，许多国家新型社会救助的设计注重加强家庭中弱者的地位，比如墨西哥、智利等国，都是通过母亲来领取救助金。

（三）社会救助改革的效果

拉美各国对社会救助的改革开始打破以往关注社会保险而忽视社会救助的固有思路，政府通过社会救助对公民提供最基本社会保障的责任开始加强，建立较为完善、有效的社会救助制度已成为拉美社会保障体系建设中不可或缺的一部分。从改革的效果看，现有的对拉美新型社会救助项目的各项评估研究表明，虽然对受助家庭的贫困状况起到了一定改善作用，但因资金来源、救助水平等因素的限制，新项目在减少贫困方面的效果有限，还有待进一步加强。从促进人力资本发展的效果来看，新型救助项目在入学率和健康预防等方面的效果比较显著。例如，墨西哥的机会计划使母亲参加健康教育学习班的人数大幅增加，并使孩子的健康与身体发育情况得到了明显改善，这就为他们提供了一个相对公平的起点，有助于其潜力的开发①。

☐ 本章小结

* 社会保障制度是一国政府为了稳定人民基本生活、保障经济和社会发展，通过立法的形式确立的为本国国民提供经济保障的制度。发达国家社会保障制度的发展过程经历了 3 个阶段。发达国家的社会保障模式主要有保险型、福利型和强制储蓄型 3 种类型。

* 国外社会保障管理体制有 3 种类型：一是政府直接管理；二是半官方自治管理；三是商业保险管理。英国、美国、法国和日本实行不同的社会保障管理模式，并各有优势和缺陷。社会保障基金投资运营模式包括：部分私营化型、政府直接负责型和完全民营化型。美国、瑞典、日本、澳大利亚都制定和实施了社会保障风险管理制度。

* 社会保险制度是社会保障制度的核心，一般分为养老保险制度、医疗保险制度、失业保险制度和工伤保险制度。

* 在养老保险制度方面，智利的公共养老保险制度、新加坡的养老公积金制度、德国的养老保险制度、加拿大的养老保险制度、英国的养老保险制度、美国的养老保险制度、日本的养老保险制度都有不同的制度内容、优缺点与改革措施。农村养老保险制度大致形成了专门制度型、统一制度型、统分结合制度型的模式。

* 在医疗保险制度方面，英国、德国、日本和韩国都建立了具有不同特点的医疗保险制度体系，并适时进行了相应的改革。在失业保险制度方面，日本、德国、美国都建立了内容完整的制度体系。发达国家失业保险制度的共性体现在：立法层次高、给付条件极为严格、逐步向多重保障发展、建立了复式保障结构、重点转向促进就业和预防失业。在工伤保险制度方面，德国、美国、日本都通过立法建立了包括制度内容与执行规范的制度体系。

* 社会救助制度是社会成员在陷入生存危机或无法维持最低限度的生活水平时，由国家和社会按照法定的程序和标准向其提供满足最低生活需求的物质援助的社会保障。其共性体现在：①低层次性；②地域性；③家庭性；④利益流动的单向性。美国、英国和新加坡的社会救助制度法律健全、项目全面、程序规范。

* 20 世纪 80 年代以来，主要的欧盟国家都根据本国的具体情况，对公共养老金体制进行了不同程度的改革，其形式概括起来有两大类：小调整和大改革。1990年以后，中东欧国家开始重建社会保障制度，建立了新社会保障体系框架，对养老保险体系进行了改革，建立了失业保险制度和新的医疗保险体系。20 世纪 90 年代

① 张浩淼.拉美国家的社会救助改革及其启示[J].新视野，2010（4）.

中后期以来，拉美一些国家先后实施了社会救助改革并建立了新型社会救助项目。

☐ 关键概念

保险型社会保障制度　福利型社会保障制度　强制储蓄型社会保障制度
失业保险制度　工伤保险制度　社会救助制度　贫困家庭临时援助　补充性保障收入　失业救助

☐ 复习思考题

1. 简述保险型社会保障制度的特征。

2. 简述福利型社会保障制度的特征。

3. 简述强制储蓄型社会保障制度的特征。

4. 国外社会保障管理体制有哪几种类型？

5. 论述英国社会保障管理模式的优缺点。

6. 简述完全民营化型社保基金投资运营模式的特点。

7. 简述美国企业年金基金风险管理的内容。

8. 论述智利养老保险制度的优缺点。

9. 简述新加坡养老公积金制度的特点。

10. 英国的养老保险体系分为几个层次，具体内容有哪些？

11. 世界范围内农村养老保险制度模式有哪几种？

12. 简述英国医疗保险制度改革的主要内容。

13. 简述日本医疗保险制度体系的构成。

14. 日本失业保障系统和失业预防系统包括哪些内容？

15. 论述日本雇佣保险制度的特点。

16. 简述德国失业保险金的用途。

17. 论述发达国家医疗保险制度的共性。

18. 德国工伤保险基金有哪些来源？

19. 简述世界各国生活救助制度的共性。

20. 论述美国社会救助制度的实施项目。

21. 简述美国社会救助制度的特点。

22. 论述拉美国家社会救助制度改革的内容与成效。

第九章

公债制度

第一节　公债制度概述

一、公债的概念与特征

（一）公债的基本概念

公债是政府依据国家信用的形式，从公众和其他国家等渠道取得的一种债务。从静态来看，公债是指一国中央政府或地方政府作为债务人和特定的债权人所形成的债务关系；从动态来看，公债是指一国中央政府或地方政府作为行为主体举借债务、用债和偿债等一系列经济活动。

从公债发行主体看，公债由中央政府发行，称为国债；由地方政府发行，则称为地方债。

（二）公债的特征

在西方财政学中，一般都将公债作为税收以外的另一种筹资手段。与税收相比，公债具有以下 6 个特征：

1. 自愿性

公债的发行一般是以自愿购买为原则。因此，它是一种国民投资的自由行为，而税收则是建立在强制性基础上的。

2. 资金来源的特殊性

公债的筹资来源一般是社会暂闲的货币资金和货币收入，而税收则直接来自国民收入。

3. 有偿性

政府发行公债是一种借贷行为，并负有偿还本息的义务，而政府征税则不负有偿还义务。

4. 私人财富的转换

公债发行并不减少私人的真实财富，它只不过是私人的一种资产（货币）变换另一种资产（公债）。公债的发行虽然可能会减少私人当期的消费，却会为他带来未来的本息收入。因此，购买公债与储蓄是一样的，而征税却会减少私人拥有的真实财富，税收是私人对所享受的公共服务的效用所直接支付的代价。

5. 财政收入的辅助形式

从财政角度看，征税是政府维持其公共活动所需收入的一般方式。而发行公债只能是一种辅助方式。

6. 灵活性

增加税收的立法和行政手续繁琐，费时较长。而发行公债则比较灵活简便，往往可满足急需的支出。因此，征税一般适用于政府的经常性开支项目，而公债则适宜于公共资本项目和一些数额较大的临时性开支。

二、公债制度

公债制度是国家为了管理国债的发行、偿还和与之相关的国债市场，调节经济活动，以法律和政策形式所确立的一系列的准则和规范。公债制度主要由发行制度、市场交易制度和偿还制度 3 个部分构成，公债制度是各国经济制度和财政制度的重要组成部分。

1. 公债发行制度

公债发行制度是关于公债发行、个人和企业认购事项的原则与规范安排。一般说来，公债发行制度主要由公债发行条件和公债发行方式构成。其中，公债发行条件又包括公债种类、公债发行权限、公债发行对象、公债发行数额、公债券票面金额、公债发行价格、利息率以及对公债流动性和安全性的规定等。

根据发行公债的不同时机和不同性质，公债发行的方式可以分为承购包销方式、市场推销方式、招标方式、连续发行方式和直接私募方式，各国还通常根据具体情况，采用一些更为灵活的发行方式。

2. 公债交易制度

公债交易制度是指以公债为交易对象而形成的供求关系的总和，是整个证券市场不可分割的重要组成部分，也是一国财政政策和货币政策的结合点。

根据公债交易的层次，公债市场可分为公债发行市场和公债流通市场。公债发行市场，又称公债一级市场，公债一级市场的参与者主要包括：中央政府、发行中介机构和投资购买者。公债流通市场，即公债二级市场，是指已发行公债的交易场所。二级市场的基本职能是为公债投资者提供转让变现的机会。

公债流通市场又分两种：①以集中交易形式运作的证券交易所。②以分散交易形式运作的场外交易市场，包括柜台市场和店头市场。

3. 公债偿还制度

公债偿还制度又称还本付息制度，是国家对公债偿还以及与偿还相关的各个方面所作的明确规定。

（1）以政府是否有选择还本付息方式的权力为标准，公债偿还制度可以分为强制性偿还制度和自由性偿还制度。

（2）按实际偿还期与约定偿还期的关系，偿还方式可分为期满偿还、期中偿还和延期偿还；付息方式则可分为定期支付法、贴现法和息票法。

（3）公债偿还的资金来源。除了选择适当的偿还方式、建立完善的偿还基本制度之外，还必须寻找可靠的偿债资金来源。一般来说，公债还本付息资金来源主要有4种：经常性预算收入、债务收入、财政结余收入和偿债资金。

三、公债的功能

（一）弥补财政赤字

1. 财政赤字形成的一般性原因

通过发行公债弥补财政赤字，是公债产生的主要动因，也是现代国家的普遍做法。就一般的情况而论，造成政府财政发生赤字的原因大体有两个：

（1）经济衰退。生产和贸易的衰落以及国民收入的锐减，都会引起政府税收和其他财政收入的下降。由于财政支出不能相应减少，反而可能上升（如随着经济不景气和失业的大量增加，各项社会福利支出会有"自动"增加之势），其结果必然是财政出现赤字。

（2）自然灾害。自然灾害的发生，一方面会造成国民经济的损失，从而引起税收等财政收入减少，另一方面又会使政府用于灾害地区的各项救济支出迅速增加。两者双管齐下，结果也会发生财政赤字。

2. 弥补财政赤字的方法

弥补财政赤字一般说来有3种方法：

（1）增加税收。增加税收不仅不能迅速地筹得大量资金，而且会在政治和经济上遭到强烈反对。

（2）增发通货。这种方法会导致通货膨胀，只能有限地运用。

（3）举借债务。与前两种办法相比，举借公债的实质是将不属于国家支配的资金在一定时期内让渡给国家使用，是社会资金使用权的单方面暂时转移。在正常情况下举借公债不会招致通货膨胀，对经济可能产生的副作用较小，还可迅速、灵活和有效地弥补财政赤字，故被各国政府作为弥补财政赤字的一种基本方法。

从历史上看，公债本身就是同财政赤字相联系的经济范畴，是作为弥补财政收支差额的来源而产生的。可以说，弥补财政赤字是公债最原始和最基本的功能。其他方面的功能则大都是随着公债的发展而派生出来的。

（二）调控宏观经济

在现代市场经济条件下，公债不仅仅是政府筹集资金的手段，而且也是政府调控国民经济运行，实现宏观经济目标的重要工具。

（1）公债是对GDP的再分配，反映了社会资源的重新分配。

（2）公债是财政调节的一种重要手段，公债制度的运用可以促进国民经济中产业结构的调整和优化。

（3）政府可以利用公债灵活地执行不同时期的经济调节政策，保证宏观经济的稳定运行。在现代市场经济条件下，公债的发行常常被作为政府执行反衰退政策的手段。政府反衰退政策通常包括 3 个措施：①增加政府开支；②削减政府税收；③或两者兼而行之。

政府反衰退的政策既可直接扩大消费和投资，补偿私人消费和投资的不足，还可间接地刺激私人消费和投资的扩大，再通过"财政乘数"的作用，达到增加整个经济的有效需求的目的。但增支减税的结果，必然伴随着政府财政的赤字。从弥补赤字的形势看，增加税收会直接压低私人需求，显然与反衰退政策的初衷相违背；增发通货在现今西方国家金融制度下难以办到；发行公债则既同反衰退政策的目标一致，又能有效地弥补财政赤字。

（三）调剂季节性资金余缺

政府可以利用公债灵活调剂财政收支过程中发生的季节性资金余缺。这是因为，政府的财政收入（主要是指税收）在一年中往往不是以均衡的速率流入国库的，而财政支出则基本上是以较为均衡的速率进行的。这意味着即使从全年来说政府财政预算是平衡的，在个别月份也有可能发生赤字。

例如，以所得税为主体收入的国家，如美国，每年的 4～6 月份通常为公共收入的"旺季"，其余月份则是"淡季"。尽管如此，其财政支出则一般是各月均匀分布的。由此势必造成整个预算年度中的某些月份收不抵支，某些月份却收大于支。为弥补这种纯属季节性的赤字，保证政府职能的正常履行，许多国家都把发行期限在一年之内（短至几个月，最长不超过 52 周）的短期公债，作为一种季节性的资金调剂手段，以求解决暂时的收支不均衡。

（四）充当金融商品和基础金融资产

在金融市场中，公债是作为最基础的金融资产出现的，它是一种收入稳定、低风险甚至是无风险的投资工具，而且一般都具有数量大、流动性强的特点，往往成为各种基金、银行、证券机构乃至个人、企业的投资对象。因此，公债已经越来越成为一种标准的流动性资产，并且被广泛应用于资产平衡项目，与银行定期存款和类似的金融工具相比更具有准货币的性质。

第二节 典型国家的公债制度

一、美国的公债制度

美国公债市场是目前世界上规模最大、交易最为活跃的债券市场，债券品种众多。按照发债主体的不同，美国公债市场投资品种主要可以分为 4 大类：公债

（treasury securities）、政府机构债券（agency securities）、市政债券（municipal bonds）和企业债券（corporate bonds）。其中，公债和政府机构债券统称为联邦债券（federal securities）。由于美国公债得到美国政府完全的信用担保，所以被视为全世界最安全的投资品种，在债券市场中占有最重要的地位。

（一）美国联邦公债

1. 公债种类

美国联邦公债按照其流动性不同分为可流通（marketable）和不可流通（nonmarketable）两类。可流通公债可以在二级市场上自由流通，具有安全性、流动性和盈利性兼备的特点，是美国公债市场最活跃和最重要的组成部分。

（1）可流通公债

可流通公债主要包括短期国库券、中期公债、长期公债和通货膨胀指数化债券。在可流通公债中，中期公债市场份额超过50%。

①短期国库券。这种债券一般票面金额是10 000美元，分为91天到期、182天到期以及1年到期3种，以一定贴现率发行。91天和182天到期的债券，每周发行一次。1年期的债券，每4周发行一次。这些债券由联邦储备银行以及其分行以拍卖的形式出售。如果投资者出的价格被接受的话，这个价格可换算成债券的到期收益率。

有时债券是以非竞争性投标的方式出售的，在财政部接受的情况下，投资者可以按全部债券的平均价买下当天的所有债券。个人可以直接到联邦储备银行及其分行购买新发行的短期国库券，也可以通过银行或经纪人间接购买新国库券。个人还可以通过政府债券交易商，到二级市场买卖旧债券。

②中期公债。中期公债是指1年以上10年以下到期的债券，票面金额大多为1 000美元。中期公债附有息票，规定利息额，通常每半年付一次利息。1983年以前发行的中期公债都是不记名的，债券持有人可以在指定的日期内，用息票去兑换利息。

从1983年起，美国财政部停止发售不记名中期债券，采用登记形式，即中期债券的购买者要在美国财政部登记，美国财政部按时给他们寄送利息；本金到期时，再寄还本金。如果已经登记过的债券在二级市场的交易中易主后，新的债券持有人要重新到美国财政部进行登记，取代原来的债券持有人。

③长期公债。长期公债是指10年以上到期的债券，面值为1 000美元以上。1983年以前发行的长期公债既有不记名的，也有记名的。近年来，发行的长期公债都采用登记形式。与中、短期公债最大的差别是，长期公债在发售时附带特别的赎回条件。根据赎回条件，美国财政部有权在债券到期前的5～10年内的任何时候，硬性要求债券持有者把债券卖给政府，美国财政部按债券面值支付。

④通货膨胀指数化债券。通货膨胀指数化债券是近几年美国公债市场推出的新型债券工具。这种债券可以根据通货膨胀水平进行调整，即其本金随非季节性调整的美国城镇消费者的平均综合消费价格指数进行调节（本金值等于发行时的本金数

量乘以日指数率，日指数率等于该天的参考消费者价格指数除以发行日的参考消费者价格指数，该指数由劳工统计局公布，它没有经过季节性调整，滞后大约两个月），而其息票利率则是由拍卖过程决定的固定利率。半年的美元利息额是半年固定利率与通货膨胀调整的本金乘积。美国财政部将这种通胀保防债券按照通胀调整后的本金和票面价值之中较高者赎回。然而，通胀指数化公债并不能完全消除通胀风险。首先，物价指数有两个月的时间差；其次，通胀补偿部分的收益不能免除税收。

（2）不可流通公债

不可流通公债是为特殊目的针对特定群体发行的公债，因而不能在二级市场上自由流通。不可流通公债主要包括：政府账户系列（government account series），即政府机构和信托基金持有的政府债务；美国储蓄公债（U.S.saving securities）、州和地方政府系列（stare and local government series）、本国系列（domestic series）、外国系列（foreign series）、代理补偿公债（depository compensation securities）和农村电气化经营系列（R.E.A.series）等等。不可流通公债的余额稍小于可流通公债，由于其具有定向发行和不可流通的特点，在美国和世界经济中的影响力较小。在不可流通公债中，政府账户系列占比超过 85%，美国储蓄公债以及州和地方政府系列各占 5% 左右，其他种类占比较小。

美国储蓄公债是一种非有价证券，它由美国政府的信用完全担保，只卖给个人以及有选择地卖给某些机构。现阶段发行的储蓄债券有两种：一种是 EE 系列储蓄债券，面值为 50~10 000 美元不等，每人每年的 EE 债券最高投资额为 30 000 美元，个人可以直接向公共债务局购买，或者向银行、储蓄机构甚至雇主购买。EE 债券以折价发行，如 50 美元的 EE 债券的售价是 25 美元。而且，EE 债券可以缓交联邦所得税，并免交州所得税和地方税。

EE 债券的利率每 6 个月调整一次，但美国政府保证，持有储蓄债券 5 年及 5 年以上的，年利率不低于 4%。另一种是 HH 系列储蓄债券，面值为 500~10 000 美元，10 年到期，每隔半年付一次利息，采用固定利率。这种债券不能进入二级市场买卖，只能用于交换发行 6 个月以后的 EE 系列储蓄债券。这两个系列的债券发行时都采用登记的形式。

2.公债构成

（1）美国公债投资者结构

美国公债是向境内外个人和机构广为发售的美国的公债。持有结构有如下特点：①各国中央银行持有的美国公债占相当大的比重；②近年来商业银行的份额略有下降趋势；③外国投资者持有比例增加；④共同基金（mutual funds）、保险公司和个人（储蓄债券）是重要的持有人。

（2）美国公债期限结构

近年来，美国政府出于刺激经济和降低公债发行成本的目的，逐步调降了长期公债占公债总量的比重，这导致社会公众持有公债的平均期限逐渐缩短。

3. 发行方式

（1）发行方式的类型

美国公债通常采用拍卖招标的方式。拍卖招标是一种在金融市场上利用公开招标和投标推销公债的方式，金融市场自由化程度的加快和网络、信息技术的飞速发展为公债拍卖招标的大规模运用提供了条件。

在拍卖中有两种类型的投标：竞争性投标和非竞争性投标。竞争性投标是申报愿意购买国债的数量和年收益率，如果申报收益率在拍卖接受范围内，投标人就能获得他申报的数量。非竞争性投标是不申报收益率，投标人愿意接受经拍卖决定的收益率，作为回报他们被保证可以获得要购买的数量。通常非竞争性投标的数量受到限制，它只占拍卖数量的小部分。

（2）拍卖招标方式的优点

从市场化的角度来看，拍卖招标方式与其他方式相比具有以下 3 方面突出的优点：

①可在短期内完成巨额公债的发行。借助于先进的科技手段，现代公债的招标发行一般可在很短的时间内完成，如美国公债的整个招投标过程仅需 1 天。另外，拍卖招标方式也在很大程度上放松了承购包销等方式对一级自营商资格的限制，能够吸收更广泛的投资者（当然仅限于机构投资者）加入到竞标队伍中来，这显然有利于扩大公债的发行规模。正是因为具有如此高的运作效率，公共债务管理部门才能通过招标方式完成每年上百次、数以万亿美元的公债发行任务。

②有利于降低发行成本。在拍卖招标方式下，政府事先确定债券的发行规模，然后由投资者进行竞标，公债价格在买卖双方的共同作用下达到均衡值。这一过程使政府避免支付"超额"的利息成本。另外，政府在招标发行中无须向投标人支付任何佣金和手续费，同时公平、公开、公正的竞价制度也缩小了代理人内部操作的空间，这样其管理费用也通常要低于其他发行方式。根据市场竞价确定发行条件，既有利于政府降低筹资成本，又可保证债券足额销售。

③有利于实施中央银行货币政策。公债作为一种特殊的金融产品，其利率在市场利率体系中具有举足轻重的地位。在承购包销、柜台销售等方式下，公债利率由于是通过买卖双方协商确定或由政府独立确定的，这样就难免会与市场利率不一致，此时公债利率对市场的导向作用就可能与货币政策的调控意图相背离。而在拍卖招标方式下，众多市场参与者的竞价可将公债利率调整至市场出清的水平，这样可消除或减弱公债利率对货币政策实施效应的冲击（杨大楷等，2000）。

中央银行通过公债招标还可较为准确地了解货币市场信息，尤其是利率走势的市场预期，为货币政策的制定奠定基础。可以说，拍卖招标方式既为公债利率作为市场基准利率的地位奠定了基础，也为货币政策创造了良好的实施环境。因而拍卖招标的方式成为一种理想的公债管理政策工具。

4. 公债市场

（1）一级市场

在公债发行市场上，美国财政部与"一级自营商"直接进行交易。一家公司要想成为一级自营商，必须符合美联储提出的条件。先被赋予"报告自营商"的地位，一段时间后美联储会准许其成为一级自营商。一级市场由财政部、一级自营商、个人投资者和机构投资者构成。

（2）二级市场

公债二级市场即公债交易市场。美国公债交易大多在芝加哥交易所（the chicago of trade）完成，它是美国最重要的公债交易所。其他重要的公债交易所还有纽约棉花交易所（new york cotton exchange），主要从事美国政府债券的交易，芝加哥商品交易所（chicago mercantile exchange，CME），主要从事短期国库券的交易等。

以芝加哥期货交易所（CBOT）为例，美国证券交易所的公债交易主要包括以下程序：

①报价。短期债券在发行时，一般按低于面额的价格发行，到期按面额偿还本金。其利息为面额与发行价的差额。中长期公债的报价方式有所不同，它们是按美元价格以1%面值的1/32的价格单位进行报价的。中长期公债不是折扣发行的，每6个月支付一次利息，在到期日支付本金。

②交易主体。美国公债二级市场的交易主体，主要包括一级自营商、政府经纪人、个人投资者和公司投资者。公债一级自营商与投资客户和其他自营商公司进行交易。他们相互间的交易通过政府经纪人进行。其收益来源有：买卖差价，持有证券的升值以及持有证券的利息收入与其融资成本间的差额。

③公债簿记系统。公债簿记系统是指对公债发行进行集中登记，对公债交易实行集中托管与结算的中央电子账户系统。

（二）地方债制度

美国是发行地方债较早，也是地方债务规模较大的国家。1870年纽约州首次采用发行债券筹集资金的办法开凿伊利运河，开创了地方政府依靠发债进行基础设施建设的先河。二战后，随着人口的增加和城市的扩大，地方政府公用事业迅速发展，基础设施建设大量增加，地方债的规模也随之扩大。

1. 地方债的期限与种类

（1）地方债期限

州和地方政府债的绝大部分是一年以上期限的长期债券。一年以内期限的短期债券所占比例很小，这和联邦政府债务的构成形成鲜明对比。这是因为州和地方政府债往往与特定基础设施建设项目挂钩，其期限通常是根据用款项目的期限而定的。而基础设施建设的周期一般较长，用款需较长的时间，只有长期债券才能适应基础设施建设资金筹措的需要。

（2）地方债种类

州和地方政府主要通过发行市政债券、银行借款和融资租赁等形式进行债务融资，其中市政债券成为地方政府用于支持基础设施项目建设的重要融资工具。

①市政债券按信用基础不同可分为一般责任债券和收益债券两种基本类型。前者是以发行机构的全部声誉和信用为担保并以政府财政税收为支持的债券。而后者则是与特定项目或是特定税收相联系，其还本付息来自于特定项目的收益。大部分收益债券是用来为政府所有的公用事业和准公用事业以及学校和医院的建设筹集资金。

从发展趋势来看，收益债券在市政债券中所占的比例在不断提高。随着市政债券的发展，还出现了混合债券、特种债券等其他新品种。市政债券的绝大部分是 1 年以上期限的长期债券，典型的有 10 年、20 年甚至 30 年，总体来看，长期债务占美国地方政府债务的 90% 以上。约 70% 的市政债券由个人投资者直接或通过投资信托间接持有[①]。

②州和地方政府发行的短期债券按其用途可分为预付税款券、预付收入券、城市改造工程债券等多种。预付税款券和预付收入券都是为弥补州和地方政府财政收支不同步所产生的差额而发行的。这类债券的到期日即为各种重要税收的缴纳期，债券持有人到期就可用这种债券来抵付税收；城市改造工程债券是城市改造机构为城市改造工程筹集短期资金所发行的短期债券，一般由州和地政府作担保。

2. 地方债的发行

（1）发行机构。市政债券的发行人包括政府、政府机构（含代理或授权机构）和债券使用机构。地方政府会通过立法对债券的发行权、发行规模进行限制，无须上一级政府的批准。

（2）发行方式。市政债券的发行方式分为公募和私募。公募又分为竞争性承销和协议承销。前者指承销商在特定日期和时间进行匿名竞标产生承销结果的一种发行方式。后者也称协议发售，这种方式没有投标过程，发行人在实际出售日之前确定承销商的组成，由承销商负责协调交易商、销售人员以及辛迪加集团的成员。

3. 地方债的投向

在美国，州和地方政府利用债务融资弥补财政赤字被严格禁止，州和地方政府债券融资主要用于与人民生活有关的公共服务性设施和必需的基础设施的建设，具体包括：

（1）基础产业投资，主要是农业、能源、交通、邮电、通讯、原材料等基础产业建设。

（2）兼有公共投资和商业投资特点的公共设施项目投资，包括文教、卫生、城镇基础设施建设等。

（3）支持并补贴私人活动，如私人住房抵押贷款、学生贷款等。

---

① 纪慧松，荣艺华. 主要发达国家地方债制度比较[J]. 中国货币市场，2010（5）.

（4）用于履行政府的养老金福利责任。

4. 州和地方政府债券利息免纳联邦所得税

州和地方政府公债也称"免税公债"。1913 年美国国会通过的《个人所得税法》规定，联邦政府不对州和地方政府公债的利息征收联邦所得税（州和地方政府也不对联邦政府公债利息征税），以此对州和地方政府举债给予支持。这样一来，州和地方政府公债就能以比相同质量和期限的其他应税债券较低的利息率发行。这实际上是联邦政府对州和地方政府的一种特殊的补助形式。

5. 州和地方政府债的作用

（1）支持州和地方政府基本建设

州和地方政府发行公债筹集资金主要是用来进行私人资本无力或不愿兴办的基本建设，如修建公路、港口、码头等各项工业基础设施，建设学校、社会福利和其他公用设施等。工业基础设施的建设，一方面使私人资本能集中资金发展生产力，另一方面也为私人资本提供廉价的服务。这实际上是以政府投资为私人投资开辟道路，从而为刺激私人投资，发展生产力提供了有利的条件。学校、社会福利和其他公用设施的建设，可提供良好的教育条件，改善与人民生活密切相关的建设和生活环境，这同样是经济发展的必要条件。

（2）作为州和地方政府财政的有效补充

州和地方政府的基础设施建设靠发行公债筹集资金，既不会造成州和地方政府税收在特定年份的突然增加，也为基础设施建设提供了可靠的资金来源。更为重要的是，州和地方政府的举债收入由于大多是用于能带来收益的基础设施建设工程，收益本身就可偿还一部分债务，特别是目前州和地方政府公债的大部分（指收入债券）是以基础设施建设工程的收益担保，工程收益和债务还本付息直接挂钩，在相当程度上可实现公债基金本身的良性循环，不会给州和地方财政造成多大负担，从而使州和地方政府公债成为州和地方政府财政的有效补充。

（三）债务管制

1. 联邦债务管制

从 1941 年开始，美国国会通过法律，对联邦债务规模进行数量限制。不论是公众持有，还是政府账户，大体上都有债务限额。只有联邦融资银行发行的公债一般没有限制。在美国，对政府债务规模的限额可以通过正规的立法程序进行，也可以通过国会的年度预算决议进行规定。

美国国会于 1985 年通过，并于 1987 年进行修改的《平衡预算与紧急情况赤字控制法》，主要目的就是设定降低预算赤字限额，从而逐渐减少联邦政府债务。之后又通过了《1990 年预算实施法》和《1990 年混合预算调节法案》。根据这两部法案，新的预算赤字控制过程分为两部分，即将联邦政府机动开支和直接开支区分开。前者通过年度的拨款决策进行控制，后者实际上由相应立法控制。自从 1991年该规则实施以来，国会和总统都比较严格地依法行事，这些措施对美国公债持续增长的势头起到了抑制和缓解的作用，从而有效地控制了联邦赤字。

2. 州和地方政府债务管制

在美国，州和地方政府都有举债权。为防范债务危机，各州也在《宪法》层面对州和地方政府公债发行实施多方面的控制。

（1）规模限制。很多州规定举债规模不超过地方预算规模的 15%，有些州则以财产税为基数、按一定的百分比确定举债上限。

（2）用途限制。在公债用途上，州《宪法》规定政府举债只能用于公共目的，即只有为了公共目的才能以政府的信用举债。通行的做法是规定公债资金只能用于资本项目，特别是公用事业或市政基础设施建设等项目，禁止政府直接投资商业公司，限制州和地方政府为私人企业提供资金支持。

（3）担保公债控制。担保公债是指以一般财政收入为担保的"一般责任公债"。这种债务以州和地方政府行使征税权特别是税收立法权为担保，为防止过度征税超过当地民众的承受能力，各州都非常关注一般责任公债的《宪法》控制。美国有 12 个州《宪法》规定只有立法机关绝对多数同意，才能发行担保公债，另有15 个州《宪法》禁止发行超过一定数额的担保公债（一般都把其与一般财政收入或评估总财产价值的固定比例挂钩），有 9 个州绝对禁止发行任何担保公债。从实效来看，一般责任公债控制的效果也比较明显。

（4）收入公债控制。收入公债是指以公债项目自身收入为偿债来源的债务，一般情况下政府不承担直接财政责任，仅在项目失败时政府才承担补偿责任。尽管收入公债不是以政府公共财政信用为支撑，而是通过公债项目所收取的使用费、通行费、租金等来偿还公债本息，但美国州《宪法》对收入公债也给予一定的控制。有10 多个州《宪法》对一定种类的收入公债实施控制，其中有几个州《宪法》规定政府发行所有收入公债都必须经过全民公决，其余的州《宪法》或者绝对禁止发行收入公债，或者把收入公债限制在特定目的或一定的数额范围之内（经常把该数额维系在特定财产或税收的一定比例之上）①。

二、日本的公债制度

（一）日本公债制度的发展概况

自 1965 年开始发行公债以来，日本公债制度的发展大致可分为两个阶段：

1. 第一阶段，1974 年以前

这一时期公债制度的主要目标是压低公债成本，同时以公债为中心形成低利率机制，保证高速增长期的产业资金供给。具体制度措施有：

（1）建立以银团认购为主、大藏省内的资金运用部认购为辅的发行机制，保证在较低利率水平下的全额发行。

（2）通过日本银行的公债操作，避免市场上公债余额的累积。

（3）中央银行以公债利率水平为依据向商业银行提供基础货币，在金融市场上

---

① 冉富强 . 美国州宪法公债控制的方式、实效及启示[J]. 政治与法律，2011（9）.

形成了以公债招标者利率为基础的低利率机制。这一机制不仅有利于控制公债成本，而且对日本当时的经济高速发展起到了积极的作用。

2. 第二阶段，1974 年以后

在公债发行规模迅速扩大的背景下，日本政府全面地调整了以往的公债制度，实行了以公债利率市场化和扩大发行流通市场为中心的制度转变：①在发行条件方面，改变原来由政府独立决定价格、利息的做法，参考市场上其他债券的利息来决定公债利息；②在扩展市场方面，不断充实公债的种类，实行发行方式的多样化，逐步确立以公募招标为主的公债发行方式；③在扩大公债流通市场方面，建立了公债金融制度，并逐步扩大公债流通担保金融的规模，先后开设公债期货市场，允许金融机构窗口销售公债。

（二）公债发行

1. 公债类型

（1）按发行的基本目的可以分为两类：建设公债和赤字公债

①建设公债。建设公债是为建设道路、港湾、住宅等公用事业而发行的公债。鉴于公债在日本经济、金融中的重要性，日本政府对公债制度十分重视。日本的《财政法》对中央政府发行公债作了十分严格的限制。该法第四条规定："国家的财政支出，必须用公债和借款以外的资金作为财源。但是，作为公共投资经费、出资资金及融资资金的财源，可在国会批准的额度内发行公债或借款。"[①]可见，《财政法》原则上要求实行财政收支平衡，不打赤字，禁止发行公债。然而，筹措建设性资金时，可以在事先取得国会批准的前提下发行公债，即政府在发行公债时，以当年预算总支出中建设性支出的规模为限，发行公债规模不超出建设性支出的规模，建设公债以当年预算支出中建设性支出的规模为限。

②赤字公债。赤字公债是为了弥补财政赤字而发行的公债，根据预算支出判断——公债发行超过当年建设性支出的部分都为赤字公债。日本对赤字公债发行实行更严格的控制，原则上禁止发行。只有在特殊情况下才能发行，故又称特殊公债。

（2）按债务用途不同，日本公债又可分为交付公债、投资公债、调期公债和普通公债

①交付公债。交付公债是指中央政府作为代替现金支付手段而发行的偿还国家债务的债券。第二次世界大战以后，日本主要发行了战争遗属公债，以支付战争遗属的生活经费。

②投资公债。投资公债是指一种代替现金支付、国家承担投资义务的特殊公债，它用做日本加入国际经济组织（主要有国际货币基金组织、世界银行、亚洲开发银行等 11 个机构）出资资金。

③调期公债。调期公债是指以旧债换新债为目的而发行的公债。

④普通公债。除以上 3 种特定用途公债以外的公债称为普通公债。

---

① 刘长琨. 日本财政制度[M]. 北京：中国财政经济出版社，1998.

（3）按期限和发行价格可以分为长期公债、中期公债、中期折价公债、短期公债和政府短期证券 5 种

①长期公债。长期公债发行期限较长，以 10 年期的最多，利息固定，每半年支付一次利息，以息票方式或者按登记的公债额由金融机构根据账面支付。此外，还有 6 年期、15 年期、20 年期的长期公债。长期公债的发行条件由大藏省、日本银行和公债认购团的代表组成"发行协商会"商议决定。

②中期公债。中期公债是日本 1978 年开始发行的为期 2～4 年的公债，利息固定，期限有 2 年、3 年、4 年。均在发行到期后的当月 20 日偿还，每半年支付一次利息。

③中期折价公债。中期折价公债于 1977 年开始发行，为期 5 年，属于中期公债。其特点是发行时按面值扣除期间利息后出售，到期偿还本金，不再支付利息。原则上在单数月份发行，每年发行 6 次，由公债认购团承购。在发行 5 年后的到期日偿还。发行时的税前利率不超过 5 年期金融债券的名义利率，其税后利润不低于折扣金融债的税后利率。折价公债的偿还差益（即折扣部分）作为杂项收入看待，对其征收 16% 的财源税。

④短期公债。短期公债 1986 年 2 月开始发行，期限较短，在 6 个月内，以团体投资者为对象。对偿还差益征收财源税，但以不妨碍短期公债的正常流通为原则。短期公债与政府短期证券不同，所以不允许日本银行承购。

⑤政府短期证券。日本的政府短期证券是为了解决国库资金不足而临时发行的一种折价公债，它由国会决定发行限额，每周一、三、五发行。期限一般为 1 年，或在财政年度内偿还。政府短期证券按规定有 8 种，实际发行的有大藏省证券、外汇资金证券、粮食证券 3 种。其发行额的大部分由日本银行承购，发行条件由大藏省大臣决定。政府短期证券在资金充裕时，对于日本银行认购的部分可提前偿还。

2. 公债发行方式与认购

日本公债发行主要有承购团承购、市场招标发售和大藏省资金运用部承购 3 种方式。

（1）承购团承购（银团承购）

它是指政府与由金融机构、证券公司组成的银团之间，通过缔结招标和剩余部分认购合同来发行公债的方式（在法律上，承购团被称为"公债招标认购团"），它发挥着保证公债全额发行的作用。

承购团主要由证券公司、金融机构等组成。承购团在合同签订后的 4 天内，向央行缴款，并收取发行手续费，负责承购包销公债，并承购未售出的部分。在日本，几乎所有的金融机构（银行、证券公司、保险公司）都加入了承购团。但能作为发行干事，并作为银团代表负责与政府签订合同的只有 37 家比较大的银行和证券公司。通过这种方式发行的主要是 10 年期公债。

（2）市场招标发售

市场招标发售是指在金融市场上公开公债发行的条件，认购者对公债的利率和

发行价格进行投标，发行机构根据预定发行量决定中标者名单后，向中标者售出公债。具体步骤是：

①日本银行受政府委托向投标者公布发行数量及拟定的发行条件。

②投标者向日本银行递交标书。

③日本银行根据投标情况决定中标者。

④大藏大臣听取日本银行意见后，最后决定中标者。一般从最高价开始，由高到低决定中标者，中标者向日本银行缴款，再分销给其他投资者。

这种发行方式不向中标者收取任何手续费，因为投标时已经将手续费打入标价。这种方式发行的主要是 20 年期、中期和短期公债。

（3）大藏省资金运用部承购

这种方式就是运用大藏省资金运用部所管理的邮政储蓄、公共年金、保险金等资金结余参与公债的承购工作，主要是为了保证公债的顺利发售。资金运用部认购公债既是公债消化的重要渠道之一，又是资金运用部资金运营的重要方式。

为了防止通货膨胀，日本银行承购公债受《财政法》第 5 条的限制，只是在特殊情况下经国会审批后才能认购少量公债。而且，日本银行认购公债以其所持到期公债的规模为限。对日本银行因为公开市场业务而持有的公债数额也加以限制。

（三）公债流通市场

日本的公债流通市场主要有证券交易所中的交易所市场和证券公司店铺市场两种。20 世纪 70 年代中期以前，日本的债券市场规模很小。1975 年以后，在公债发行量大增的情况下，政府取消了禁止银行卖出持有公债的规定，1980 年开设公债期货市场，促进了公债流通。

日本经济走出高速增长期后，产业资金需求停滞，持有剩余资金的投资者也开始对公债交易产生浓厚兴趣。而且在金融、资本市场国际化进程中，许多外国投资者也开始进入日本公债市场。在这样的背景下，公债流通市场迅速扩大，日本的公债交易已成为其证券交易市场中的主角。

（四）偿债基金

1. 偿债基金的来源

日本在发行公债的同时，通过建立偿债制度偿还已发行的公债。通过一定规模的现金偿还，延缓了公债余额积累的作用，这一制度又被称做减债制度。但是，由于每年度发行公债的规模远超过偿还的规模，所以这一制度并不能从根本上解决公债偿还的问题。因此，日本在 1907 年制定了《公债偿债基金特别会计法》，建立了公债偿债基金，即中央财政建立的一个专门负责公债偿还的账户，称为公债偿债基金特别会计预算。

第二次世界大战后，特别是 20 世纪 70 年代以来，随着公债发行日益增长和频繁，偿债基金的作用越来越重要。现行的制度是以 1976 年修订后的法律为依据的。公债偿债基金的资金主要来源于以下 5 个方面：（1）每年从一般会计预算中拨出一定比例的专项基金；（2）将每年一般会计预算的资金结余的一部分划归偿债基金；（3）每年发行调期公债（为偿债而发行的公债）的收入；（4）国有资产的转让、出售收入；（5）偿债基金的投资和运用收入。

2. 偿债基金的运用

在运用偿债基金偿还公债时，日本采取 60 年平均还本的原则。这是因为日本发行的建设公债的平均效用大体估计为 60 年，因此 60 年必须全额偿还。这样在每一年的一般会计预算中，应根据前一年公债余额的 1/60（1.6%）留出专项资金、划入偿债基金，作为偿还公债的基本来源。例如，在某一年度发行 10 年期的公债 600 亿日元，10 年期满后偿还 1/6——100 亿日元，其余的 500 亿日元可用发行调期公债的方式来偿还；如果调期公债也是 10 年期，则下个 10 年也偿还 100 亿日元，那时公债余额就剩下 400 亿日元。如此进行下去，到 60 年以后，所有公债都可以全部偿还。

3. 偿债基金的作用

公债偿债基金是日本公债制度的特色之一，其作用体现在：

（1）平衡代际间的负担。偿债基金能够减轻当代人的还本负担，是一种比较可靠和可取的战略。

（2）减缓公债累积。从公债偿债基金的效果看，虽然它不能从根本上解决公债偿还问题、压缩债务规模，但是用一般会计预算提供的资金和国有财产收入等现金偿还公债，在一定程度上起着减缓公债累积的作用。

（3）制约公债发行。这种作用内置于制度本身，反映在两个方面：①规定经常预算必须按公债余额的一定比例提供偿债资金，它对公债发行规模是一种制约，也就是说在发行公债的同时还要考虑偿债。②这一机制把公债余额纳入了每年的预算编制、审批过程中，起着不断向决策者敲醒警钟的作用。

（五）地方债制度

第二次世界大战以后，日本政府通过加大发行地方债发展经济，形成了一整套系统严格的地方债发行、审批和监督制度，这充实了日本地方财源，加快了地方公共事业的发展。

1. 地方债发行背景

日本地方债是指地方公共团体因财政资金来源不足而借入的债务，包括地方各级政府都道府县和市町村的举债。20 世纪 60 年代后期，日本经济增长速度减慢，70 年代又受到"石油危机"的冲击，日本此时一方面经济萧条导致财政收入严重不足，另一方面财政支出刚性不断强化，要求增加支出刺激经济复苏，日本财政收支缺口进一步扩大，在此背景下，日本地方政府采取增加发行地方债的办法筹集资金。发行地方债券已成为维系地方财政、扩大地方财源的重要手段，并逐渐形成了一套比较完备的地方债制度。

2. 地方债发行主体与利率

地方债的发行主体有都、道、府、县以及市、町、村，特别地区、地方公共团体联合组织以及地方开发事业等特殊地方公共团体也可以根据地方自治法的规定发行地方债。日本地方债大多为付息债券。债券利率通常参照同期限的国债利率制定，同时私募债券利率要略高于公募债券，原则上不可上市流通。

3. 地方债发行方式

（1）证书借款。证书借款指地方政府以借款收据的形式筹借资金，是地方政府借债的主要方式，尤其是在借入中央政府资金和公营企业金融公库资金时，均采用这种形式。

（2）发行债券。发行债券是指地方政府通过发行债券，由金融机构等认购而筹措资金的方式。发行债券方式一般分为公募和私募两种。

公募指通过发债市场发行债券的方式，公募发行时，有证券公司和金融机构组成承购团负责承购，证券公司承购的部分向社会再销售，认购者主要是银行、其他金融机构和个人投资者等。

私募发行指地方政府对有关机构等直接发行债券，认购者是地方政府指定的银行、公务组织和保险公司等。如果发行额度小，就由各地方政府指定的金融机构认购，若发行额度大，则由金融机构和证券公司组成认购团认购。

4. 地方债种类

日本地方债分为普通会计债、公营企业债、准公营企业债和特别事业债，大体上可以分为地方公用事业建设债券和地方经济建设债券两大类。地方公用事业建设债券是由日本地方政府直接发行的债券，这类债券收入的投资效果主要是形成一定的社会效益，而不会带来直接的经济效益。这类债券的资金来源主要是地方税收、预算外资金和财政补贴等其他财政收入。它主要用于地方道路建设和地区开发、义务教育设施建设、公营住宅建设、购置公共用地及其他公用事业。

地方经济建设债券是指特定用于一些能够产生经济效益的基本建设工程的债券，也称为收入债券，即用特定的基本建设工程收益作担保，靠其收益偿还本金和支付利息。这类债券一般实行专款专用，不能作其他工程的资金。日本地方经济建设公债的使用相对集中，主要用于自来水和交通设施建设等方面。

5. 地方债资金来源

从地方债资金来源的角度看，日本地方债主要是政府资金、银行资金、公营企业金融公库资金和其他资金，其中政府资金和公营企业金融公库资金占有重要地位。政府资金主要是指资金运用部资金和简易生命保险资金；公营企业金融公库是根据《公营企业金融公库法》成立的，是专门对地方公营企业提供融资的机构。公库的主要资金来源是发行公营企业债券。中央掌握地方债的大部分资金以保证地方公债资金市场的平衡。

6. 地方债资金投向

日本《地方公债法》明确规定了地方债的用途。该法在规定"地方政府的财政支出必须以地方公债以外的收入作为财源"的基础上，规定"某些支出可以以地方公债作为财源"。"某些支出"原则上是建设性支出。从实际情况看，地方债资金一般用于以下各项事业：

（1）地方交通和地区开发、煤气和供水等公营企业的投资；

（2）生产性投资，对地方公营企业提供的资本金拨款和贷款；

（3）应对自然灾害所需的紧急支出，包括灾害应急事业费、灾后重建事业费、赈灾事业费和灾害救济事业费；

（4）地方政府从事的文教、卫生、消防、土木工程等公共设施建设事业费或这些设施的用地费用；

（5）偿还以前的债务；

（6）其他法律规定可以安排的支出，如公营住宅建设及购置公共用地。此外，在特殊情况下，以特别立法的形式可发行上述目的以外的地方公债。

三、英国的公债制度

（一）公债发行

1. 公债类型

英国公债分为短期公债、中期公债和长期公债，此外还有由政府选择付息的时期，不支付本金的永久公债和不可转让的公债储蓄债券。短期公债和中、长期公债的具体类型主要有以下 3 种：

（1）国库券。英国短期公债的典型代表是国库券。同美国的国库券相似，英国国库券是以折价方式发行的，其发行价格与满期价值之间的差额作为利息。国库券期限最初规定为 12 个月以内，后来统一规定为一年。

（2）金边债券。在英国，金边债券是指除国库券以外可以在证券交易所买卖的所有政府公债，也是在伦敦证券交易所上市的债券中价格最稳定的优良债券。由于这种政府债券都带有黄色的金边，同时代表着最高的信誉和最低的风险，因此又被称为"金边债券"。

金边债券按期限划分又分为有期公债和永久公债。有期公债又可分为 3 类：①期限在 1～7 年的，称之为短期公债；②期限在 7～15 年的称为中期公债；③期限在 15 年以上则为长期公债。金边债券虽然有一定的偿还期（称为单一期限），但在到期前，政府有权随时偿还。

金边债券多是普通债券，有固定的利率、固定的期限、附有息票，一年两次付息。除了规范的金边债券品种外，还有 3 类特别的金边债券：

一是可转期债券。一般到期期限很短，但持有人有在未来数年后将其转换成特定数量的期限较长的公债的权利。可转换债券有一系列转换期和相应的转换价格。

二是指数化公债。指数化公债的利息支付和最后的本金支付都和一般消费价格指数联系在一起，票面利率非常低，通常为 2%～2.5%，代表实际收益率。

三是分期付款债券。它是英格兰银行协助财政部从 1977 年开始发行的。由英格兰银行派出的政府经纪人为这种债券规定一个认购期限，投资人可在认购期开始时支付部分价款来购买债券，待认购期结束时再进行结账，补足未交的那部分价款。

（3）国民储蓄债券。它是国民储蓄银行吸收存款的债券，是政府筹款渠道中仅次于英格兰银行的第二大渠道。其存款方式有固定利息储蓄存单，有与物价指数挂钩的储蓄存单和有奖储蓄存单等。这些为政府债务筹款的银行与一般银行的业务不同：一是在其经办的储蓄中，利息可享受税收上的优惠待遇；二是与英格兰银行不发生直接关系，它属于国家储蓄部门，不属于金融系统；三是以邮局系统为其分支机构，由邮局分支机构经办国民储蓄银行业务，国民储蓄银行支付邮局一定的经费。国民储蓄债券具体有 3 种：5 年期的国家储蓄债券、期限不固定的有奖储蓄债券、5 年期的指数化债券。

2. 发行方式

英国的金边债券是以名义价值的固定利息发行的，利率随公债期限和发行日市场利率水平而变化，多数金边债券是通过招标方式发售的。通常英格兰银行确定一个最低招标价格，发行公债的数量分配按招标价格从高到低分配给投标人，投标人支付的实际价格统一为中标的最低价格。未发出去的部分，先由英格兰银行的债券发行局全部认购，然后由该局派出政府经纪人向金边债券的批发交易商发售。这一发售方式称为开关制，即批发交易商随时可向政府经纪人申请购买金边债券。

对于国库券，主要有两种发行方式：

第一种方式是每周标售法。这种方法是由财政部每周提供定量的国库券，由金融机构等参加投标而一次售出。此种以标售办法发行的债券即标售券为金融机构及社会大众所持有，构成政府的有效短期负债的一部分。招标发售后，大部分都在市场上持续发生交易，因此被称为"市场国库券"。

第二种方式是随时零售法，又称"随借"，是按固定利率或价格，随时售予拥有临时资金的各级政府机构。零售券为政府各机构所持有，差不多是名义上的债券，仅代表政府内部会计上的交易，原则上不进入市场；只有英格兰银行为吸收剩余资金而向市场售出国库券时，才出售若干零售券。

（二）公债市场

1. 一级市场

英国有 18 家公债一级自营商，分别来自英国、美国、法国、德国、日本、瑞典和波兰。英国发行政府债券一般是由英格兰银行组织拍卖，只有这 18 家一级自营商才有资格通过电话进行投标，标书内容在投标结束前仍可更改，其他投资者则要用书信的方式将标书提前两天送达英格兰银行或其分支机构，所以一级自营商在投标中处于有利的地位。公债一级自营商从央行批发公债后再通过各自的网络向社会投资者零售。

除战争国债外，购买其他英国国债都需缴纳 25%的税，但下列情况可以免税：免税的机构，如退休金管理部门和慈善机构享受免税；外国投资者购买记名债券，付息前可以申请免税；购买"非本国居民免税债券"可向免税机关申请，批准后可以免税；与英国签署了双税制协议的国家的公民购买英国国债可以享受免税。

2.二级市场

英国公债在二级市场是通过电话进行交易的，但它不同于一般的柜台交易。实际上，英国的公债交易是伦敦国际金融期货期权交易所（london international financial futures exchange，LIFFE）交易行为的一部分。在这里交易的都是国外的债券，合约证券的种类也很特别。

四、主要发达国家地方债管理制度比较

（一）地方债管理模式比较

允许地方政府举债是财政分权改革的一项重要内容，但有效的财政分权必须有相应的制衡措施。对地方公债进行监管正是"分权与制衡相结合"基本思想的具体体现。由于各国宪法、法律和财政制度不同，财政状况和金融市场发展程度不一，中央政府对地方政府举债的约束方式也各不相同。一般认为，对地方公债的管理模式有4种：

1.市场约束型

这一模式是中央对地方政府债务管理不作限制规定，由地方政府基于市场秩序自我约束。这种模式要求：①金融市场必须是自由和开放的；②投资者能充分掌握借方未偿债务和偿债能力等情况；③即使遇到紧急情况，贷方也没有机会抽资；④作为借方的地方政府应通过相应的制度对市场信号作出充分的政策响应，以免导致新发债项目的失败。由于大多数国家很难满足这些限制条件，特别是发展中国家，市场在了解地方政府财政情况的覆盖面、质量和时效性等方面都很有限。目前，采用这种模式的有加拿大、瑞典、芬兰、法国等经济发达且金融市场比较完善的工业化国家。

2.制度约束型

这一模式主要是通过法律法规对地方政府借款实行管理和控制。这种模式最突出的优点是透明和公平，避免中央和地方之间的讨价还价。但这种模式缺乏灵活性，且会产生规避法律的行为。要保证该管理模式切实有效，必须建立现代化的政府管理信息系统，以便及时、准确地提供各级政府的财政活动情况。目前，美国、新西兰、德国、比利时、南非等国采用该管理模式。

3.行政控制型

这一模式是中央政府运用行政手段管理地方政府债务，控制范围涉及债务规模、单笔借款、中央转贷地方等。既包括事前审批，也包括事后监控。它对地方政府举债的约束力强，但会使中央政府过多地陷入地方政府的筹资和投资项目之中。此外，中央政府对地方政府借款业务的审批，也使其很难在地方政府遇到紧急违约情况时拒绝为地方政府提供财政援助。运用行政手段对地方债进行监管的国家主要是一些单一制国家，也有部分非典型的联邦制国家，具体包括日本、法国、哥伦比亚、英国、西班牙、印度等国。

4. 合作管理型

这一模式是地方政府通过参与宏观经济政策目标及其相关指标的制定，与中央政府就各级政府的总赤字目标以及收支项目的增减情况达成协议。该种管理模式对加强各级政府之间对话和情况交流很有好处，它对财政纪律较好和传统的国家比较有效，而对那些市场秩序差、中央政府对经济和财政管理比较薄弱的国家效果欠佳。目前，澳大利亚、比利时、丹麦等国家采用这种管理模式。

（二）地方债风险控制机制比较

从国际经验看，只有在一套科学完整的风险管理体系建立起来以后，地方公债这个金融产品才能有效地发挥其融资功能。国外控制地方政府债务风险的手段归纳起来主要有：

1. 实施规模控制

这包括需求控制和供给控制。需求控制（即借款方控制）有余额控制和增量控制两种方法。相关指标主要包括政府预算收入、扣除人员经费后的净预算收入、预算支出等。供给控制，则主要是控制银行及其他提供贷款的非银行金融机构等。

2. 建立偿债准备金制度

建立偿债准备金制度是加强政府债务管理、防范债务风险行之有效的手段。设立偿债准备金目的是当地方政府不能偿还到期债务时，可先行从偿债准备金中支付，以减少债务风险对地方正常财政运行的冲击。

3. 建立风险评估和预警制度

风险评估和预警制度旨在通过可量化的风险指标来评估和预警风险，是债务风险控制的核心制度。比较典型的风险评估预警制度主要有美国俄亥俄州模式和哥伦比亚"红绿灯"模式。哥伦比亚"红绿灯"模式将地方政府债务与其偿付能力联系起来，用利息支出率和债务率两个指标来确定地方政府处于"红灯区"还是"绿灯区"，进入"红灯区"的地方政府被严格禁止举借新债[1]。

第三节　公债管理

一、公债管理效应

公债管理与经济的稳定发展有着密切的联系，是一种有效的宏观经济调控手段。公债管理效应主要表现为流动性效应、利息率效应以及公债管理政策效应。流动性效应和利息率效应是考核、监测公债管理情况对于宏观经济目标作用情况的中介目标；公债管理政策效应通过与财政政策和货币政策的协调配合加以体现。

---

[1]　纪慧松，荣艺华.主要发达国家地方债制度比较[J].中国货币市场，2010（5）.

（一）公债管理的流动性效应

公债管理的流动性效应是指在公债管理上通过调整公债的流动性程度，来影响整个社会的流动性状况，从而对经济施加扩张性或紧缩性影响。其传导过程可表述为：公债的流动性程度变动——社会的流动性状况变动——经济活动水平变动。

1.变动政府债券期限构成

（1）相机决定公债发行的期限种类

政府债券按偿还期限一般可分为短、中、长期3大类。债券的期限不同，流动性程度有很大区别：①短期债券变现能力强，有"近似货币"之称，在3类债券中流动性最强。②长期债券变现能力相对较弱，在3类债券中流动性最差。③中期债券的流动性居中。显而易见，延长公债期限会产生紧缩效应，而缩短公债期限则产生膨胀效应。政府债券发行中的期限种类的设计会对经济施加扩张性或紧缩性影响。

当政府需要启动经济，对经济施加刺激时，扩大短期债券的发行，提高短期债券在全部政府债券中的比重，尽量地缩短公债的平均期限，以此引起社会中的流动性增加便是一种有效的政策手段。反之，当政府需要紧缩经济，对经济实施抑制时，就可采取相反的方法，扩大长期债券的发行，提高长期债券在全部政府债券中的比重，以此降低社会中的流动性。

（2）相机进行政府债券的长短期调换

债券期限上的流动性差异，不仅表现在债券发行的期限种类设计上，政府债券的调换也会有类似反映。用长期债券调换短期债券，无异于减少公债的流动性，用短期债券调换长期债券，则无异于增加公债的流动性。因此，政府债券的相机调换，同样可作为政府实施经济扩张或经济紧缩政策的一种途径。

2.调整公债应债来源

调整公债应债来源指政府为变更原发行公债的发债条件，而发行新的债券以调换尚未偿还的原有债券的公债管理活动。进行这种活动通常与政府的经济政策有关。

（1）相机决定政府债券的应债来源

一般来说，公债的应债来源，按照经济影响的不同可分为银行系统和非银行系统两大类。银行系统认购或持有公债，通常会通过信贷规模的相应扩大而增加货币供给量。也就是说，社会中的流动性会因此而增加。非银行系统认购或持有公债，只引起资金使用权的转移，一般不会增加货币供给量，从而社会的流动性状况不会因此而受到多大影响。

公债应债来源的抉择也是一种对经济施加扩张性或紧缩性影响的政策手段。即在经济繁荣、面临通货膨胀的威胁时，尽量从非银行来源借入资金，缩小银行系统持有公债在全部公债中的比重，以此降低社会中的流动性。在经济衰退、面临通货紧缩的威胁时，力求扩大银行系统持有公债的比重，限制非银行系统认购公债，以此增加社会中的流动性。

（2）相机进行有针对性的政府债券买卖

流动性程度不同的政府债券通常都有其特定的投资者。商业银行因其主要经营短期存放款业务，大部分负债需要随时支付，且每周、每天变化很大，往往是流动性最高的短期债券的主要投资者。而业务性质对流动性要求相对不高的其他投资者，对债券长短期构成的选择就不那么敏感。因此，在公债二级市场上买卖短期债券，肯定会对商业银行持有公债的状况乃至社会中的流动性产生影响。相反，在公债二级市场上买卖长期债券，商业银行持有公债的状况则一般不会受到冲击，从而对社会中的流动性影响不大。

当政府执行扩张性的经济政策时，可选择在公债二级市场上卖出短期债券（同时买入长期债券）的办法，以扩大商业银行持有公债的比重，从而增加扩张信用的基础和社会中的流动性，当政府执行紧缩性的经济政策时，可选择在公债二级市场上买进短期债券（同时卖出长期债券）的办法，以缩小商业银行持有公债的比重，从而减少扩张信用的基础和社会中的流动性。

（二）公债管理的利息率效应

公债管理的利息率效应指的是，在公债管理上通过调整公债的发行或实际利率水平来影响金融市场利率升降，从而对经济施加扩张性或紧缩性影响。其传导过程可表述为：公债的利息率水平变动——金融市场利率变动——经济活动水平变动。

1. 调整公债发行利率

调整公债发行利率主要是通过相机决定公债的发行利率水平来操作的。现代市场经济条件下，公债利率是金融市场上的一种最能体现政府宏观经济政策意图因而对市场预期有重大影响的代表性利率。它的高低通常可对金融市场的利率升降产生直接影响。这样公债发行利率的相机决定便成为政府对市场利率水平施加影响，从而贯彻其宏观经济政策意图的一个途径。例如，当经济形势需要实行扩张时，可相应调低公债发行利率，以诱导整个金融市场利率下降。市场利率的下降则有利于刺激投资，提高经济活动水平。当经济形势需要实行紧缩时，可相应调高公债发行利率，从而影响整个金融市场利率上升。市场利率的上升也会起到抑制经济的作用。

2. 调整公债实际利率水平

调整公债实际利率水平的操作方法就是相机买卖政府债券。这是基于债券价格同利息率呈反方向变动的关系原理，而在政府债券的二级市场上进行的着眼于公债实际利率（非名义利率）的公债管理活动。它通常是由中央银行或财政部门的公债管理机构负责操作的。通过中央银行或财政部门的公债管理机构在公债二级市场上相机买卖政府债券，可促使政府债券价格涨跌，进而影响整个金融市场利率水平的升降。

具体而言，在经济形势需要实行刺激时，可在公债管理上采取买入政府债券措施。这就意味着，政府债券价格会因需求增加而上升（其实际利率水平下跌），市场利率水平会随之下降，从而对经济产生扩张性影响。而在经济形势需要实行紧缩时，可在公债管理上采取抛售政府债券措施。不言而喻，政府债券价格会因供给增加而下跌（其实际利率水平上升），市场利率水平亦会随之上升，从而对经济产生抑制性影响。

3. 市场利率结构的调控

在公债二级市场上买入短期债券，同时卖出长期债券，其结果必然是长、短期公债的供求状况发生方向相反的变动。由于短期债券的需求大于供给，短期债券的价格会趋于上升（实际利率下降），长期债券的价格会趋于下降（实际利率上升）。再进一步，短期公债利率水平的下降又会拖动市场短期利率水平随之下跌，长期公债利率水平的上升也会拉起市场长期利率水平一起上扬。

同理，在公债二级市场上买入长期债券，同时卖出短期债券，会引起长期债券的价格上升（实际利率下降），短期债券的价格下跌（实际利率上升），进而促使市场长期利率水平下降，市场短期利率水平上升。长短期公债利率和长短期市场利率的这一变动过程，实质是将政府对金融市场利率水平的作用范围由宏观推进到了微观。于是，不仅金融市场的整体利率水平要受公债管理活动的影响，即使金融市场的长短期利率结构，也有可能为公债管理活动所左右。

（三）公债管理政策同财政、货币政策的协调配合

公债管理政策同财政政策、货币政策都是现代经济条件下政府调控经济的重要杠杆，因而在对宏观经济进行调控过程中，它们之间的协调配合就至关重要。

1. 公债管理政策与财政、货币政策的同一性

（1）公债管理政策与财政政策的关系

一般来说，财政政策主要是由税收政策、支出政策以及赤字弥补政策等内容所组成的。就财政政策实施的基础条件而论，无论是税收政策的调节（减税或是增税），还是支出政策的运用（增支或是减支），都与财政的平衡状况密切相关。而只要财政发生赤字，就有一个赤字如何弥补的问题。尽管弥补财政赤字的方式不少，诸如向银行借款、增发通货、直接扩大征税范围或提高税率等，但就由此而带来的经济社会效应来说，公债是弥补财政赤字的最佳方式。从实际情况看，目前各国政府的财政赤字也基本上是靠发行公债来弥补的。也就是说，作为弥补财政赤字的基本方式的公债，是财政政策得以实施的基础条件。

（2）公债管理政策同货币政策的关系

货币政策主要是指中央银行运用公开市场业务、调整贴现率和变动法定准备金"三大武器"来影响市场利率的形成和调节货币供给量。而公开市场业务的操作对象就是政府债券，它实质上是通过在公开市场（即金融市场）上买卖政府债券来控制金融市场的一种活动。当中央银行要增加货币供给量，放松信用，即执行扩张性的货币政策时，它就要在公开市场上买进政府债券，以此向流通领域注入货币；而当中央银行要压缩货币供给量，收缩信用，即执行紧缩性的货币政策时，它就要采取与前相反的行动，卖出政府债券，以此从流通领域回笼货币。由此可见，中央银行利用吞吐政府债券调节货币供给量的公开市场业务，是以大规模的政府债券的存在为前提的。公债管理政策就是中央银行运用货币政策调节经济的传导器。

无论是财政政策，还是货币政策，其实施过程都同公债管理有着不可分割的联系。正是从公债管理政策把本来分别由财政部门和中央银行执行的相互独立的财政政策和货币政策连接了起来这一点出发，西方经济学家将公债管理视做财政政策和货币政策之间的连接点。

2. 公债管理政策与财政、货币政策的差异性

虽然公债管理政策同财政政策和货币政策有不可分割的关系，但严格来说，它们都是一种相对独立的经济活动，有其独特的运行规则。

（1）作用范围不同

就作用范围而言，公债管理政策既不能直接使公共支出和税收的规模及相关流量发生变化，也不能直接使货币供给量发生变化。它所面对的仅仅是既定规模的公债，包括已经决定发行但尚未售出的新公债以及已经发行但尚未偿还的旧公债。对既定规模公债的管理，有助于发挥公债的宏观经济调控作用。

（2）政策目标不同

就政策目标而论，公债管理政策固然在总体目标上需服从于财政和货币政策的基本要求，但直接目标同财政和货币政策却不乏矛盾之处。例如，公债管理的直接目标之一就是尽可能降低举债成本。为此，在财政政策上应控制公债的发行规模，因为举债规模和举债成本正相关。举债规模大了，债息率及支付给推销机构的佣金和手续费肯定要随之增长，但举债规模的控制是以减少或消除财政赤字为前提的。这很可能会与财政政策的直接目标相悖。

低利率时期多发行长期公债，高利率时期多发行短期公债，是公债管理中降低举债成本的重要途径，而这通常要同货币政策的直接目标发生冲突。因为低利率往往发生在经济发展低落的时期，在经济已经衰退的条件下，大量发行长期公债会驱使长期利率上升，阻碍投资增长和长期资本形成。高利率往往发生在经济高速增长时期，在经济面临通货膨胀威胁或已经处于通货膨胀之中的条件下，大量发行短期公债犹如在一定程度上增发货币。

（3）操作手段不同

就操作手段而言，公债管理政策的操作主要是通过公债种类的设计、发行利率的决定、应债来源的选择等行动来完成的。这既同财政政策主要通过调整税收和政府支出以及弥补赤字的方式等去实施有不同之处，也同货币政策主要以公开市场业务，调整贴现率和变动法定准备金比率"三大武器"加以贯彻有所区别。

公债管理政策同财政政策、货币政策的同一性决定了它们之间可以协调配合，采取目标一致，手段作用力同向的行动，是其协调配合的基础条件。差异性决定了它们之间只有相互协调配合，才能避免相互掣肘，共同实现总体目标，是其协调配合的必要条件。就公债管理政策与财政政策和货币政策的协调配合中发挥的作用而言，公债管理政策的实施应遵循 3 个原则：

①在总体目标上，公债管理政策应当同财政政策、货币政策的基本要求保持一致。公债管理政策是在财政政策和货币政策所确定的政策框架内及经济环境中进行

操作的。其作用的力度不能超过两大政策所允许的范围，其作用力的方向不能与两大政策所追求的目标相违背。换言之，公债管理中存在宏观经济调控方面的作用，主要是配合各个时期的财政、货币政策，补充和加强它们的政策效应。

②在直接目标上，公债管理政策应当区别不同情况而分清主次。当公债管理政策的直接目标和经济稳定增长的总体目标相一致的时候，公债管理政策的操作可以尽情去追求自己的目标。当公债管理政策的直接目标同经济稳定增长的总体目标相矛盾的时候，直接目标就要让位、服从于总体目标。公债管理政策的操作应当把追求总体目标放在首位，然后再考虑直接目标的实施问题。

③在符合经济稳定增长的总体目标的前提下，公债管理政策可以在自己的作用领域内，以其独特的方式和途径，充分展示其在宏观经济调控中的职能。

二、美国的公债管理制度

(一) 公债管理制度特点

1. 公债管理的概念

公债管理是指对公债活动的全过程进行的组织、决策、规划、指导、监督和调节等一系列活动的总称。美国发行公债有很长的历史，债务积累也形成了较大的规模。与美国公债历史和规模相适应的是美国拥有世界上最完善的管理体系和制度。

面对巨额公债，美国政府加紧管理以控制公债规模；为使公债的功能更为充分地得以发挥，对公债结构的调整、对公债市场的监管和公债交易的控制构成美国公债管理的重要组成部分。

2. 公债管理的方式多样化

一方面，通过立法对公债发行和交易活动进行规范和控制；另一方面，又通过各种政策文件和经济手段指导公债交易主体的行为。与此同时，美国政府还直接参与公债交易活动以促使公债政策目标的实现。

3. 公债管理范围大、手段多、管理成效显著

从公债规模来看，通过这些年的调整和管理，公债规模已得到有效控制；从公债结构来看，美国政府通过对公债结构的调整实现了其公债政策，从而实现了对经济的宏观调控。

(二) 发行结构的管理

1. 发行期限结构的管理

公债期限是公债管理的重要内容，期限结构是否合理对扩大公债发行、均衡债务收支、避开偿债高峰、加强宏观调控都有着重要意义。美国联邦政府把对期限结构的选择作为其公债管理的一个重点，财政部选择期限结构的标准是实现公债的利息成本最小化，即选择一种既使投资者感到有利可图，又使公债提供者支付较低的借贷利息，以使成本最小化的期限结构。

2. 持有者结构的管理

对公债持有结构进行管理的一个重要内容就是根据政府需要，对各类持有公债

者的数量和比例进行权衡和调整。由于中央银行直接持有公债容易引发严重的通货膨胀，因此美国公债管理及有关法律中一般禁止中央银行直接认购公债或直接承办发行公债，原则上禁止联邦储备银行直接购买公债。但美国一般都允许中央银行持有一定量的公债，以借此进行公开市场业务。

商业银行持有公债是成熟公债市场的主要标志之一，因为商业银行持有公债为货币政策由直接控制向间接控制的过渡奠定基础，也有利于通过债务收支的划账来调节货币供应，更是中央银行实行公开市场业务的前提。因此，美国在公债管理中鼓励商业银行持有公债。

个人持有公债是注重公债的直接利息收益，而机构持有公债则是为了公债资本收益，因而个人过多持有公债客观上加大了国家筹资成本，而且不利于中央银行的公开市场业务。为扩大机构持有公债的比例，美国在法律上明确规定大部分政府设立的信托基金余额必须投资于联邦债券，政府机构和某些由政府管理的非银行金融机构必须把账户中收大于支的盈余部分投资于公债。

（三）实施宏观调控

美国是利用公债进行宏观调控最早、最成熟的国家之一。早在 1913 年，建立联邦储备银行体系后，美国就开始从事公开市场业务。第二次世界大战以后，美国公债市场的发展为公开市场业务和美国政府实施宏观调控提供了更大的发展空间，使财政和货币系统相结合的宏观调控有了进一步的发展。

美国利用公债进行宏观调控主要有两种方法：

（1）直接在市场上买卖政府债券。通过买卖政府债券，引起市场利率和货币供给量的变化，产生投资、消费和储蓄效应。

（2）运用公债回购操作。通过买卖政府债券进行的回购业务，稳定银行准备金和基础货币的不必要波动，使得市场利率和货币供给量的变化保持在一定的范围之内。

（四）州和地方公债管理

1. 管理机构

为了应对地方政府债务风险，美国逐步形成了以法律法规、行政监控、信用评级、债务担保、透明度要求、债务危机化解为主要内容并接受监管机构监督的风险控制框架。美国主要有两个机构负责对地方公债进行监管：一个是美国证券交易委员会（SEC）市场监管部的地方债办公室，主要根据反欺诈的概念原则进行事后监管；另一个是美国地方债规则委员会。该委员会作为地方债的行业自律组织，接受SEC的监督，承担了制定地方债规则的主要责任。

2. 提高地方债透明度

美国通过制定和完善相关法律法规，加强法律约束，提高地方政府发行地方公债的透明度。美国州与州以下地方政府必须遵循政府会计准则委员会在《政府会计、审计和财务报告》（1983）中确立的政府债务报告基本准则，记录和报告政府债务。在地方公债存续期内对于城市财政和法律状况发生的任何重大变化，市政当局都必须及时披露相关信息。

1989年，SEC通过修订《证券法》的有关规则，进一步提高地方公债信息披露的质量和及时性。为了进一步预防地方公债市场的舞弊行为，SEC分别于1990年和1995年采用了新的市场交易披露原则，要求地方公债发行人和使用人及时、定期更新、披露信息。这些信息的公开披露大大改善了判断地方公债信用风险所依据的信息状况。

3.地方政府责任明确

在美国，当收入来源不足以偿付时，地方政府可提高税率或收费比率；对暂时性或技术性财务危机，与债权人直接协商即可。如自我补救无效，有些州会通过设立的专门管理机构帮助这些地方政府。若还无效，就依照联邦《破产法》，由发债政府设计和解协议并提出自愿破产请求①。

三、日本的公债管理制度

（一）《财政法》的有关规定

第二次世界大战结束后，日本就对发行公债进行了严格的法律规定。《财政法》对公债管理的相关规定主要包括：

（1）国家的财政支出必须用公债和借入款以外的财源来解决。作为公共投资费和投资贷款的财源，在国会议决的金额范围之内，也可以发行公债和借入金，但必须由国会议决，在预算总则中列明。在特殊情况下，可设立特别法律来决定发行一定数量的公债。

（2）国家在发行公债和借款时，必须向国会提交还款计划。

（3）公债不得由日本银行（中央银行）直接认购，这就是所谓的公债的消化原则。因为日本银行认购公债而引起的货币发行以及从日本银行借款而增发的"日银券"都将引起通货膨胀。在有特殊理由或在已经国会议决的金额范围内，承认日本银行认购的公债和提供的借款。而且，日本银行认购公债以其所持到期公债的规模为限。

（4）大藏省证券和临时借款，为临时资金周转之需要，可由日本银行认购。

（5）对日本银行因为公开市场业务而持有的公债数额加以限制。

（二）地方债务管制

日本对地方公债的发行、投向、使用等建立了严密的地方公债管理制度，地方公债计划与协议审批制度相互配合使得公债管理成为日本宏观经济政策的重要组成部分。通过地方公债计划，对每一年度地方公债的总规模及各种债券的发行额度进行管理，既防止了地方公债的膨胀又可以指导地方公债资金的用途，强化了中央与地方财政的联系和中央对地方财政的指导，对于协调地方政府与中央政府的步伐，实施经济社会政策有着重要意义。

①　刘晓凤.美日法地方债制度的变迁及启示[J].行政事业资产与财务，2010（3）.

日本地方公债除建设公债的原则要求外，中央政府还对地方公债的发行进行严格的管理，主要体现在 3 个方面：

1. 预算管理

第二次世界大战以后，日本每年在编制中央预算的同时由自治大臣协商大藏大臣编制地方债务计划，其主要内容包括地方公债发行总额、资金投向及各种发行方式的发债额度等。

2. 审批制度

日本政府对地方债券实行严格的协议审批制度（自治大臣审批时，要与大藏大臣协议，听取大藏大臣的意见）。各地方政府要发行公债必须向自治省上报计划，经自治大臣批准后方可发债。自治省审查后将各地的发债计划进行汇总，同大藏省协商后统一下达各地区的发债额度。通过协议审批制度，具体落实各个地方政府的发行额，不仅可以防止地方公债发行突破中央计划，而且通过协议审批过程，强化了中央与地方财政的联系和中央对地方财政的指导。

3. 发债限制

日本政府严格限制财政赤字的地方政府和长期亏损的公营企业发债，对当年地方税的征收率不足 90% 的地方政府发债也进行限制[①]。

四、俄罗斯的公债管理制度

20 世纪 90 年代初，苏联解体后，俄罗斯开始全面的市场化改革，由计划经济向市场经济转换。在转轨进程中，俄罗斯面临着更加特殊的经济社会环境，而且这种经济社会环境还处于一种动态且不断变革的过程中。因此，俄罗斯的公债管理制度带有转型经济的基本特征，并在这种复杂的环境中不断演变和完善。

（一）国家内债管理制度

1. 国家内债规模管理制度

根据《俄罗斯联邦国家内债法》，国家内债是指俄联邦政府对法人和自然人的债务。债务形式有联邦政府获得的贷款，以联邦政府名义发行的有价证券形成的国家债务和俄联邦政府担保的其他债务。国家内债按债务主体的级别可以分为联邦政府借款（联邦借款）、联邦主体政权执行机关借款（地区借款）和地方自治机关借款（市政借款）。

国家内债制度由俄联邦议会确定，在批准每个财政年度联邦预算时规定内债的上限。联邦政府实施对国家国内债务的管理，包括确定债务的发行及分配规则和条件。对国家内债的业务管理由财政部和中央银行承担。财政部是国家内债的发行机关，中央银行及其机关通过偿还债务和以利息或其他形式支付债务，提供对国内债务的服务。

① 付传明.论日本地方公债制度及其借鉴[J].武汉工程大学学报，2009（10）.

国家举借内债的目的是弥补预算赤字，因此，所有与分配、再筹资、支付利息和偿还债务相关的费用均由联邦预算资金拨款。中央银行是财政部的总代理，供应国家有价证券。联邦政府在内债方面的战略是：在债务结构中提高中期债务的比重，在保持国家有价证券的吸引力的条件下，降低其收益率。

2. 国家有价证券市场管理制度

（1）制度形成和发展过程

20世纪90年代初期，俄罗斯的有价证券市场已初步形成。从1993年开始，俄罗斯发行了国家有价证券，包括流通期为3个月的短期国库券和流通期为一年的俄联邦财政部的黄金债券，证券市场得到较快发展。1995年6月联邦债券投入流通，1995年9月开始发行国家储蓄债券。各种供市场销售的有价证券的发行量增加，使政府对中央银行的债务比重逐年减少。相应地，有价证券形式的债务迅速增长，有价证券债务占内债总额的比重，也迅速扩大。为了进一步促进证券市场的发展，把证券市场作为吸引外资的重要渠道，从1996年2月开始，俄罗斯政府允许外国投资者进入公债市场。

（2）制度影响

俄罗斯有价证券市场的迅速发展，对俄罗斯经济和金融市场的稳定起到了一定的作用。但是，证券市场中政府债券的过度发展导致政府与生产企业争夺有限的资金，给经济金融稳定带来隐患。为了加强对有价证券市场的管理，保证公债发行的经济效益，使国家有价证券市场健康、有序地发展，1996年7月1日，俄罗斯第1008号总统令批准了《俄罗斯联邦发展有价证券市场的基本思想》的文件，该文件明确了国家发展有价证券市场的政策及原则。

（3）国家的主要职责

国家在确定有价证券市场中借债规模、方式和期限方面的主要任务包括：①为弥补联邦预算赤字，增加在有价证券市场上的借债；②不断降低有价证券市场上的借债费用；③为满足各类投资者的需求，发行范围广泛的金融工具，发行贴现有价证券和带息票有价证券，发行固定利率及浮动利率的有息债券；④逐渐放开非侨民进入公债市场的权利。

（二）国家外债管理制度

1. 对外借款规划

国家外债管理的主要任务是：调控外债数额，借用条件及实现财政政策和货币政策的目的。国家外债管理的要素之一是制定对外借款规则。1994年12月26日的联邦法令规定了外债管理的相关规章。主要内容有：

（1）国家对外借款及提供国外贷款的契约——法律基础。

（2）规定国外借款最高限额的程序。

（3）政府根据国际协定、民法协定办理国家对外借款和借贷以及以国家和政府的名义担保的对外借款和借贷的核算及登记制度，所有借款都以政府制定的国家对外借款和贷款的规划为根据。

2. 债务重组

债务重组是指调整同苏联的债券持有人的关系，并根据支付债务利息的现实可能性，重新安排偿债进度表。如 1994 年中期，俄罗斯又同债权国达成协议，将当年到期的近 70 亿美元的公债延期。1996 年 4 月俄罗斯又与巴黎俱乐部达成协议，380 亿美元的债务得以全面重组。其中 45% 在 25 年内偿清，其余 55%，包括对巴黎俱乐部的短期债务在 21 年内付清。重组后的债务本金将从 2002 年开始每年偿还一部分。1995—2002 年为优惠期，这期间只需支付 1/4 的利息。

3. 外债资本化

以债务资本化和债务转换方式缓解外债压力，将解决外债问题的战略由重组过渡到减少，这些方式包括：①以债换物（用俄罗斯产品抵消债务）；②以债换股（用俄罗斯私有化企业的股权换债务）；③以债换债（用其他国家欠俄的债务换俄罗斯欠有关国家的债务）；④以债换投资（债权人购买俄债务，用以对俄罗斯投资）；⑤以债换税（债权人向俄投资，用债抵补债权人所办企业的税金）。

（三）地方债务管制

俄罗斯联邦 1993 年的两个法律——《关于预算组织和预算过程的基础法律》、《关于预算的权力和形成与使用预算外基金的权力基础法律》，赋予州和地方政府借款及发行债务解决财政赤字的权力。同时也制定了相关法律对地方债务进行管制。

（1）《关于加强俄罗斯联邦地方政府的财政基础》的法律规定，州和地方政府的债务发行只能用于投资，并且不能超过预算支出总额的 15%。

（2）俄罗斯联邦《关于州和地方债券的发行、流通的法律草案》规定，对于州或地方赤字债券的发行不能超过州或地方自有收入的 30%；对于州或地方每年的债务支付，不得超过州或地方自有收入的 15%。

（3）关于外债，俄罗斯联邦 1997 年的总统令规定，地区发行欧元债务必须满足一定的年度赤字要求和债务支付成本要求，包括数量限制。联邦预算法典和州与地方债券的法律要求，地区发行外债必须经过联邦政府的批准；限制地区政府担保的企业债务发行与借款的条件及规模。

□ **本章小结**

* 公债制度是国家为了管理国债的发行、偿还和与之相关的国债市场，调节经济活动，以法律和政策形式所确立的一系列的准则和规范。公债制度主要由发行制度、市场交易制度和偿还制度 3 个部分构成。公债具有弥补财政赤字、调控宏观经济、调剂季节性资金余缺和充当金融商品和基础金融资产的功能。

* 美国公债制度分为联邦公债和州与地方公债制度。联邦公债分为可流通公债和不可流通公债。由投资者结构和期限结构构成，通常采用拍卖招标的发行方式。公债市场由一级市场和二级市场组成。

* 州和地方政府主要发行长期债券，其按担保条件可分为普通债券和收入债券。短期债券按其用途可分为预付税款券、预付收入券、城市改造工程债券等多种。市政债券的发行方式分为公募和私募。州和地方政府债券融资主要用于公共服务性设施和必需的基础设施建设。州和地方政府债券利息免纳联邦所得税。

  * 美国公债实行严格的债务管制。从1941年开始,美国国会通过法律,对联邦债务规模进行数量限制。为防范债务危机,各州也在宪法层面对州和地方政府公债发行实施多方面的控制,包括规模限制、用途限制、担保公债控制和收入公债控制。

  * 日本公债按发行的基本目的分为建设公债和赤字公债,按债务用途分为交付公债、投资公债、调期公债和普通公债;按期限和发行价格分为长期公债、中期公债、中期折价公债、短期公债和政府短期证券。公债发行主要有承购团承购、市场招标发售和大藏省资金运用部承购3种方式。公债流通市场主要有证券交易所中的交易所市场和证券公司店铺市场两种,通过建立偿债制度偿还已发行的公债。

  * 日本地方公债是指地方公共团体因财政资金来源不足而借入的债务,包括地方各级政府都道府县和市町村的举债。发行方式主要有证书借款和发行债券两种。地方公债分为普通会计债、公营企业债、准公营企业债和特别事业债,大体上可以分为地方公用事业建设债券和地方经济建设债券两大类。资金主要来源于政府资金、银行资金、公营企业金融公库资金和其他资金,用于《地方公债法》明确限定的用途。

  * 英国公债分为短期公债、中期公债和长期公债。国库券主要有两种发行方式:一种是每周标售法;另一种是随时零售法。公债市场由一级市场和二级市场组成。发达国家地方公债尽管管理模式与债务风险控制手段存在差异,但也有一些共同的特征。

  * 主要发达国家地方债管理模式分为市场约束型、制度约束型、行政控制型和合作管理型。地方债风险控制手段包括规模控制、建立偿债准备金制度、建立风险评估和预警制度。

  * 公债管理包括公债流动性效应与利息率效应管理。公债管理政策与财政、货币政策的同一性与差异性决定了公债管理政策同财政、货币政策的协调配合。

  * 美国的公债管理制度的特点体现在:管理内容全面,管理方式多样化,范围大、手段多、管理成效显著。管理的重点是发行结构、宏观调控、州和地方公债;日本的公债管理制度根据《财政法》的有关规定,重点是在预算管理、审批制度、发债限制方面进行地方债务管理;俄罗斯的公债管理制度包括国家内债管理、国家外债管理和地方债务管理。

☐ **关键概念**

  公债制度 公债发行制度 通货膨胀指数化债券 普通债券 收入债券 公债管理 债务重组

☐ 复习思考题

1. 公债偿还制度如何分类?

2. 简述美国公债拍卖招标发行方式的优点。

3. 简述美国地方公债的用途。

4. 论述美国州和地方政府债务管制的内容。

5. 日本公债发行主要有哪些方式?

6. 论述日本公债偿债基金的资金主要来源和作用。

7. 日本地方公债有哪些种类?

8. 简述日本地方公债的投向。

9. 论述发达国家地方公债管理模式及其特点。

10. 简述国外控制地方政府债务风险的机制。

11. 论述发达国家地方公债的共同特点。

12. 简述美国公债管理制度的特点。

13. 简述美国州和地方政府公债管理的内容。

14. 简述日本地方政府债务管制的内容。

第 十 章

财 政 调 控 制 度

第一节　财政调控制度概述

一、财政调控制度的含义与特征

(一)财政调控制度的界定

从一般意义上讲,财政调控制度是财政政策的集合。财政政策(fiscal policy)是指国家根据一定时期政治、经济、社会发展的任务而规定的财政工作的指导原则,是国家调控宏观经济运行、实现特定政策目标的手段和工具,通过财政支出与税收政策的变动来影响和调节总需求,是国家整个经济政策的组成部分。

1936年凯恩斯发表的《就业、利息和货币通论》一书,系统地阐述了政府干预经济的必要性、目标、手段以及宏观政策的相互协调等问题,为政府进行宏观经济调控提供了系统的理论基础。关于财政政策的内涵,不同的学派有不同的观点。凯恩斯的财政政策主张依靠国家干预经济来提高消费倾向和加强投资引诱,以扩大有效需求,消除经济危机和失业。新古典综合派对凯恩斯的需求管理政策进行了修改和补充,20世纪50年代,主张实行补偿性财政货币政策,以"熨平"经济周期;60年代则主张实行增长性财政货币政策,以刺激资本主义经济的快速增长;70年代以后又主张实行多样化的财政货币政策,以应付各种复杂的经济形势。新剑桥学派的财政政策主张通过累进的税收制度来改变收入分配的状况,给予低收入家庭以适当的补助,减少财政赤字,逐步平衡财政预算。

上述定义虽然有不同的侧重点,但都包含了3个要素:第一,财政政策的主体;第二,财政政策所要达到的预期目标;第三,财政政策运用的手段,具体包括预算调控手段、财政收支调控手段以及财政赤字调控手段。

由此可以把财政调控制度界定为:政府根据经济运行的客观规律以及国内外经

济、政治和社会的实际情况，通过运用预算、税收、公债和支出等具体的经济调控手段和行政行为，为了实现特定时期的经济、政治和社会目标而制定的一系列行为准则。

（二）财政调控制度的特征

1.财政调控目标的明确性

任何国家制定任何财政政策都具有明确的目标性，都是人的主观对客观现实的具体反映。财政调控制度作为国家宏观调控的重要手段之一，其目标包括经济的、政治的、社会的、国内的和国外的、长期的和短期的。比如，促进经济的稳定增长和保障充分就业属于财政调控制度的长期、一贯的目标；紧缩的财政政策是为了抑制社会总需求、防止通货膨胀；扩张性的财政政策是为了刺激社会总需求、增加就业等等。

2.财政调控手段的多样性

财政调控手段的多样性是指政府财政调控制度的运作工具是十分丰富的。一国政府调节经济的手段不仅包括行政手段，也包括法律手段和经济手段等。而且，随着一国市场经济体制和法律制度的建立和完善，其调控手段则主要集中于法律和经济手段。就其经济手段而言，主要指财政手段和货币手段。财政手段主要包括政府预算、税收、财政支出以及公债手段等。

3.财政调控对象的广泛性

财政调控对象的广泛性主要源于财政职能的广泛性。财政职能不仅包括经济职能，也包括行政职能和社会职能。财政调控的对象涉及社会的各个方面、各个阶层以及经济运行的各个部门和环节。如税收政策就涉及每个人的经济行为，财政的转移支付制度涉及了国家各个地区之间的经济发展等等。可以说，在现实生活中财政活动无处不在，从而使其调控对象具有广泛性。

4.财政调控效能的时滞性

财政调控效能的时滞性是指财政调控制度的出台、实施到其绩效的发挥存在着一定的时间差。（1）某项财政调控制度的制定都必须结合国内外经济形势，经过认真研究讨论才能出台。在此过程中，必然存在经济形势的变化，所以在财政调控制度的制定过程中，本身就存在时间滞后问题。（2）在制度的实施过程中，由于存在各方面的利益调整，可能造成制度执行不畅的问题，从而影响财政调控制度的实际效果，造成制度执行过程中的时间滞后问题。

二、财政调控制度的类型

（一）扩张、紧缩和均衡的财政调控制度

根据财政调控制度在调节国民经济总量时对经济产生的效果不同，可以把财政调控制度分为扩张性财政调控制度、紧缩性财政调控制度和均衡财政调控制度。

1.扩张性财政调控制度

扩张性财政调控制度也称松的财政调控制度，是指通过财政分配活动来刺激和扩大社会总需求，以此来推动经济的增长。具体而言，就是在一国经济出现衰退时，政府可以通过减少政府税收和扩大政府支出等财政赤字政策来刺激经济，达到恢复经济与促进经济增长的目的。

2. 紧缩性财政调控制度

紧缩性财政调控制度也称紧的财政调控制度，是指通过财政分配活动来减少和抑制社会的总需求，以此来稳定经济。一般情况下，在一国经济出现过热或高通货膨胀时，采用该种财政调控制度。具体的调控手段是增加政府税收、减少政府支出等。

3. 均衡财政调控制度

均衡财政调控制度也称中性的财政调控制度，是指在保持财政收支平衡的情况下，实现社会总需求平衡的财政调控制度。在经济稳定健康增长的情况下，一般采用均衡的财政调控制度，这样有利于充分发挥的市场机制作用。

（二）自动稳定和相机抉择的财政调控制度

根据财政调控制度对经济的作用方式不同，把财政调控制度分为自动稳定的财政调控制度和相机抉择的财政调控制度。

1. 自动稳定财政调控制度

自动稳定财政调控制度也称"自动稳定器"（built-in stabilizer）。它是指通过对财政制度的合理安排，使其能够在经济产生波动时自动调节总需求的变化，以此达到稳定经济的作用。其中，个人所得税、企业所得税以及各种救济和福利支出等，都是典型的自动稳定财政调控制度的合理安排。

2. 相机抉择财政调控制度

相机抉择财政调控制度就是政府根据不同的经济情况，选择采用不同的财政政策手段，有针对性地对经济进行调节，以此达到经济的稳定增长、总需求的平衡和充分就业等。如调整税率和改变政府收支规模等都属于相机抉择的财政调控制度安排。

（三）宏观和微观财政调控制度

按照财政调控制度作用的经济层面不同，把财政调控制度分为宏观财政调控制度和微观财政调控制度。

1. 宏观财政调控制度

宏观财政调控制度是指通过财政收支手段调节其收支总量，以此来调节整个经济运行，实现经济增长、充分就业、国际收支平衡等宏观经济目标。宏观财政调控制度一般包括自动稳定的财政调控制度和相机抉择的财政调控制度。

2. 微观财政调控制度

微观财政调控制度的主要调节对象是微观经济主体，其作用层面在微观领域。也就是说通过具体财政调节手段和有关政策，引导微观经济主体的经济行为，从而达到预定的经济目标。

（四）分配性和调节性财政调控制度

根据财政调控制度对社会经济活动的影响不同，把财政调控制度分为分配性财政调控制度和调节性财政调控制度。

1. 分配性财政调控制度

分配性财政调控制度是指国家对社会的财富、国民收入、财产和权力，在社会各阶层、各团体中的配置和再配置的一种财政调控制度。

2. 调节性财政调控制度

调节性财政调控制度是指国家凭借政治统治权力对某些经济活动、某些阶层或团体的利益作出限制的财政调控制度。

三、财政调控制度的功能、目标和政策工具

（一）财政调控制度的功能

财政调控制度的安排具有一定的历史性或动态性，不同的时期或者同一时期的不同阶段，财政调控制度所包含的内容都有所不同。纵观国内外不同时期的财政调控制度的安排，都具有导向、调节和控制 3 方面的功能。

1. 导向功能

导向功能是指在特定的政策目标下，政府通过运用各种政策工具，引导经济主体的行为，从而使国民经济向预定政策目标靠近的功能。一般包括财政的税收导向功能和支出导向功能。

2. 调节功能

调节功能是指根据国家预定的目标或者针对经济生活中导致偏离目标的经济行为，政府通过运用财政政策工具对其进行调节，使之有利于目标的实现。财政调控制度的调节功能源于财政的收入分配和稳定经济的职能。如国家必须通过财政调控制度对收入分配、地区经济差距和产业结构进行调解，以促进经济的发展和保证社会的安定。

3. 控制功能

控制功能是指对经济生活中一些不利于经济社会发展的因素，通过财政手段对之进行有效的控制，从而实现预定的经济目标。市场机制是调节经济组织的有效方式之一，但也存在很大的负面影响，并不能完全依靠市场对经济进行调节，特别是宏观经济领域中的问题。如经济过热、财政赤字等，都需要国家制定有关政策，通过运用财政政策工具对其进行有效的控制。

（二）财政调控制度的目标

1. 设立财政调控制度目标的基本原则

财政调控制度作为国家实现经济政策目标的重要手段，是国家经济政策的重要组成部分。如果财政调控制度目标选择错误或者不够科学合理，财政调控制度手段之间不能很好协调，必然导致财政调控制度的失误，进而将严重影响国民经济的稳定和发展。因此，财政调控制度目标的设立应遵循下列 3 个原则：

（1）财政调控制度的目标必须与国家经济政策目标相一致

只有与国家经济政策目标保持一致时，才能很好地保证财政调控制度目标和经

济政策目标的实现。同时经济政策调控手段是多元化的，如果财政调控制度目标和经济政策目标不一致或存在冲突，必然造成经济政策调控的其他手段与财政调控制度手段冲突，效用相互抵消，从而无法达成财政调控制度目标和经济政策目标，不利于经济运行的稳定和持续增长。

（2）财政调控制度目标的确定必须结合国内外经济环境

①财政调控制度目标的确定必须结合本国的经济社会环境，国内环境是财政调控制度目标确定的内部环境，对财政调控制度目标的确定起决定性的作用。也就是说，财政调控制度目标的确定必须符合本国的基本国情，也只有这样才能制定合理、科学的财政调控制度目标。②财政调控制度目标的确定也必须结合国际环境。如在制定财政调控制度目标时，必须考虑世界经济一体化这一大的趋势。

（3）财政调控制度目标的确定必须考虑国家的财政状况

财政状况特别是财政收入状况，是财政调控制度目标确定的重要依据和基本约束条件。因为财政收入规模严重影响财政调控制度的运用空间，进而限制了财政调控制度目标的确定。如果制定财政调控制度目标时不考虑国家的财政状况，将影响财政调控制度目标的实现，不利于经济和社会的稳定和发展。

2.财政调控制度目标的内涵

财政调控制度作为一个历史范畴，受社会、经济以及所处的历史时期等条件的限制。不同的国家或同一国家在不同的历史时期，由于社会政治经济的具体情况不同，所制定的财政调控制度的目标都存在较大的差别。但是，任何国家，在任何时期制定任何财政调控制度的目标，都必须尊重经济发展的客观规律，都应包含财政职能的各个方面，具体目标的内涵包括：

（1）经济目标

经济目标是指根据当时国内外社会经济环境，通过财政调控制度的合理安排，达到经济稳定、持续和健康发展的目标。其核心就是经济的稳定和发展。经济稳定的目标主要包括：保持价格总水平的相对稳定；保持充分就业；保持预算平衡以及保持国际收支平衡等。经济发展的目标就是通过财政调控制度的安排，使促进经济增长的各产业、要素等能够协调发展以及资源合理配置，以此达到经济的持续稳定发展的目标。具体而言，就是通过财政调控制度的安排使国民经济中第一、二、三产业之间能协调发展，不致出现严重的失衡；使经济中各个要素主要包括自然资源、人力、物力、财力和信息等方面合理配置，从而推动经济的可持续发展和人类社会的全面进步。

（2）社会目标

社会目标就是国家通过制定财政调控制度，达到保障社会稳定、促进社会全面进步的目的。保障社会稳定的关键是使社会产品公平分配。一般而言，市场的作用主要是保证经济高效率地运行，而政府的职能主要是促进社会的公平。一国为了促进社会的公平、保障社会的稳定，通常采用税收、财政支出以及转移支付等制度安排来实现。首先，规定合理的税收负担和税负水平，建立适合经济发展的税收制度，保证经济主体能够在公平的基础上进行竞争，从而促进经济的稳定和发展；其次，通过健全转移支付制度，尽可能地保证社会财富公平分配，缩小地区之间的经济差距，以此保证社会的稳定；最后，通过建立社会保障制度和各种社会保险制度来达到社会稳定的目的。

（3）政治目标

政治目标就是实现国家职能的目标，即维护国家法律的尊严、管理社会事务和实现阶级统治的目标。财政调控制度作为国家权力的重要工具，其中主要目标之一就是实现国家的职能，保证国家机器的正常运转，促进生产关系的不断发展。

（三）财政调控制度的政策工具

财政调控制度作为实现政府经济、政治和社会目标的制度安排，其功能作用的发挥是通过运用一系列的财政政策工具来实现的；财政政策工具在一定的制度约束下实施和运用，是财政调控制度的实现形式。随着现代市场经济的建立和发展，财政政策日益成为政府宏观经济调控的一个重要手段，财政政策在弥补市场失灵、引导经济发展中起着重要的作用。一般来讲，财政调控制度的政策工具主要有以下4种：

1. 政府预算

政府预算是国家财政收入和支出的年度计划，反映了国家整体宏观政策，规定了政府活动的范围和方向。政府预算的编制过程本身就是政府参与经济活动、合理配置社会产品以及规定政府收支规模和结构的过程，对经济运行中的货币流通、经济稳定发展和社会总需求有着重要的影响。政府预算作为财政调控制度的重要手段之一，具体表现在：

（1）政府预算是财政调控制度中其他手段运用的重要依据。公债手段、税收手段以及财政支出手段都必须根据政府预算来执行。因为政府预算具有一定的法律效力，并且政府预算具有全面性和综合性，它反映了政府行为的各个方面，不仅包括整体的收支情况及其平衡状态，还包括其结构安排等。

（2）政府预算直接影响社会的总需求和总供给。尤其在市场经济不发达的国家和地区，政府可以根据国内外经济形势，结合本国的具体情况，通过制定相应的政府预算达到调节社会总需求的目的。如果经济出现萎缩，社会总需求小于社会总供给时，可以采用扩张性的预算政策；反之，则实行紧缩性的预算政策，从而达到稳定经济的作用。

（3）政府可以通过调节预算收支结构，达到调节国民经济结构的目的。政府预算是政府职能的反映，是对社会产品再分配的计划。政府可以根据国家的产业政策、宏观调控政策，调节预算中的收支结构，进行社会资金的再分配。如政府可以通过加大对国家重点扶持产业、国民经济中瓶颈部门的投入来保证国民经济的协调发展。

2. 公债

（1）促进经济发展

发行公债实际上是资金使用权的转移，政府通过发行公债集中社会上部分资金，根据国家产业政策，统一管理，将公债资金投入到国家重点建设项目和主导产业上，从而推动国民经济的发展。

（2）引导社会资金投向

通过公债投资可以引导民间资金流向符合国家产业政策的项目，优化资源的合理配置，达到调节经济结构的目的。

3. 税收

税收是国家依靠政治权力参与社会产品再分配的重要手段，具有强制性、无偿性和固定性的特点。

（1）税收是调节国民经济总量的重要工具

税收作为政府参与社会产品再分配的主要手段，政府可以根据国内外经济形势，制定合理的税收政策，调节社会总需求，实现国家的经济目标。具体而言，在经济萧条时期，政府可以采用降低税率、减少税收等措施，刺激社会总需求，推动经济增长。在经济繁荣时期，政府可以反向操作，通过扩大税基、提高税率以及减少税收优惠政策来控制经济的发展。

（2）税收是调节经济结构的重要工具

政府可以根据国家的产业政策、宏观调控政策等，对国家重点扶持的产业和行业采用低税率或税收优惠政策等，使其达到优先发展的目的。同时，政府也可以通过税收安排，对国家的资源结构、技术结构以及国民经济各部门之间的比例关系进行调节。

（3）税收是调解收入分配、促进社会公平、保证社会稳定的重要工具

税收调节收入分配主要是通过累进税、财产税和遗产税等实现的。一方面，通过这些税种可以对那些高收入者和拥有较多财产的人多征税；另一方面，通过对低收入阶层实行减税或免税，增加其实际收入，从而达到调节收入分配、促进社会公平和稳定的目的。

4. 财政支出

（1）财政支出是调节经济的重要工具

一方面，财政支出规模的大小对社会总供求的调节和平衡起着重要的作用。当社会总需求大于社会总供给时，政府可以采取减少支出的政策，以此减小社会有效需求，缓解需求压力；反之，政府可以采用扩大财政支出的措施，刺激有效需求。另一方面，政府根据国家的投资政策、产业政策等，通过改变支出结构调节产业结构、资源结构以及国民经济部门之间的比例关系，从而使经济各部门要素之间协调发展。

（2）财政支出能促进社会公平，保证社会安定和经济发展

①政府通过转移支付制度，协调不同地区间的财力分配状况，促进区域经济的发展；②通过转移性支出将高收入阶层的部分收入无偿转移到低收入阶层，促进社会产品的公平分配，保证社会的安定；当经济处于危机时，政府可以扩大转移性支出的规模，增加人们的可支配收入，有利于社会有效需求的增加，推动经济的增

长，当经济处于繁荣期时，政府通过减少社会保障和社会福利费用的支出，减少人们的可支配收入，从而减轻需求压力，达到稳定经济的作用。

四、财政调控制度的传导机制

财政调控制度的传导机制是财政调控制度的执行和目标实现的过程。具体而言，财政调控制度的传导就是通过对财政调控工具的运用，凭借收入分配、价格以及货币供应等传导媒介影响经济主体的经济行为，从而实现财政调控制度目标的过程。财政调控制度的传导机制主要包括：

1. 以收入分配为媒介

以收入分配为媒介的传导机制主要是通过对居民个人征税或通过某种形式的补贴，增加或减少居民个人的实际收入，进而影响其储蓄和消费行为。对企业而言，同样是通过税收手段调整其税后利润的分配，以此影响企业的生产行为，特别是影响其投资行为。也就是说，通过调控工具变量的调整，对个人和企业收入分配产生影响，进而改变其经济行为，达到财政调控制度的目标。

2. 以价格为媒介

价格是市场经济运行过程中最主要的调节变量，许多财政调控制度的传导都是通过价格的作用来实现的。具体而言，通过对财政调控工具的运用，特别是对税收和支出工具的运用，调节经济主体的利益分配，影响其经济行为，最终可以反映在商品的价格水平上，进而影响个人的消费行为和企业的生产投资行为，以此达到财政调控制度的目标。

3. 以货币供应为媒介

以货币供应为媒介的传导机制主要是通过赤字政策来实现的。一般来说，财政赤字政策具有货币扩张效应，必将影响到货币的实际购买力，进而影响微观经济主体的经济行为，通过对各国赤字政策的分析，制定和实施有效的货币供应政策，可以实现财政调控制度的目标。

总之，财政调控制度无论以何种媒介进行传导，其传导过程都是通过对财政调控制度工具的运用，调节经济主体的利益分配，进而影响其经济行为，最终达到财政调控制度的目标。

第二节　典型国家的财政调控制度

宏观调控是现代市场经济的一个重要方面，综观当今世界各国经济发展，国家对市场经济进行宏观调控的作用愈来愈重要。现代西方国家的经济基本上属于市场经济与政府调控相结合的混合经济。由于各国的政治、经济、社会、文化、历史等因素的不同，因而混合的程度高低和范围大小也不同。

世界范围宏观调控的模式大体可以分为 3 类：第一种是对市场机制的依赖程度

较高，政府宏观调控作用有限的美、英模式；第二种是以市场机制为基础，但政府宏观调控的作用和范围比较大，国有经济成分比较高，社会福利业比较多的欧洲模式，它以法、德及北欧国家为代表；第三种是政府干预程度更高的政府主导型市场模式，它以日、韩等国家为代表。

一、欧盟的财政调控制度

在欧盟的宏观经济政策结构中，财政政策的分权程度是最高的，其基本框架是由欧盟层面制定财政政策规则，各成员国实施财政政策。形成这一分权格局的基本原因是：欧盟的财政预算只占国内生产总值的1%左右，又不能出现赤字，无法执行宏观经济目标。但健康的财政又是宏观经济稳定不可缺少的条件，某个成员国不当的财政行为会对整个经济货币联盟稳定产生不利影响，并给货币政策保持价格稳定带来过度负担，因此需要制定财政规则。

（一）财政政策基本框架的主要内容

1993年11月生效的《欧洲联盟条约》（以下简称《马约》），规定成员国财政赤字和公共债务占国内生产总值的比重不能超过3%和60%；1997年6月执行的《稳定与增长公约》（以下简称《公约》），对《马约》的原则做了详尽的规定，形成了欧盟成员国财政政策的基本规则。

1. 过度财政赤字的定义

年度财政赤字占国内生产总值的比重超过3%就属于过度财政赤字。但成员国满足以下3种情况不属于过度赤字：

（1）异常性，即造成财政赤字的原因超出了正常的范畴，这些原因包括：成员国无法控制的重大事件，如严重自然灾害、战争等；出现经济下降2%以上的严重衰退。

（2）暂时性，允许财政赤字占国内生产总值的比重在有限的时间内高于3%。在非常事件或严重经济衰退结束后，财政赤字可降到国内生产总值的3%以下。这种财政赤字就是"暂时的"。

（3）接近性，即财政赤字占国内生产总值的比重始终接近3%。

2. 控制赤字的原则

《公约》要求，欧盟成员国必须制定中期经济发展稳定规划（由欧元区成员国制定）和中期经济趋同规划（由非欧元区成员国制定），确定实现中期财政预算目标的时间表，努力在较短的时间内实现预算接近平衡或略有盈余。

3. 对成员国实施财政政策的协调和监督

欧盟委员会负责监督成员国财政预算执行情况和公共债务的变化情况，监测赤字的变动。

（1）如果某一成员国的财政赤字可能超过或已经超过3%的限制，欧盟委员会就会着手整理起草有关该国经济和预算的报告，提交欧盟理事会和该成员国政府。

（2）欧盟理事会在接到欧盟委员会有关成员国财政赤字可能超过或已经超过

3%的报告后，必须在 3 个月内就该成员国是否已经存在过度财政赤字作出决定。一旦确定某成员国存在过度赤字，就向该国提出在一定时期内纠正的建议。

（3）一般情况下，成员国必须在 4 个月内采取有效措施，消除过度赤字，欧盟理事会的建议不对外公开。

（4）若成员国没有在规定的时间内执行欧盟理事会的建议，欧盟理事会再次向该国提出迅速纠正的建议，并将建议公布于众。

（5）如果成员国仍不执行，欧盟理事会就会决定对该成员国进行惩罚。

4.对违反财政规则的惩罚

一般来说，成员国过度财政赤字可以持续两年。因为，欧盟判断成员国是否出现过度财政赤字，必须使用该国下半年的统计数字。一旦确定某国出现过度财政赤字，该国需要在一年内纠正，再加上审议和决策时间，就可以达到两年。如果两年后仍存在赤字，就要面对惩罚。罚金由固定部分和附加部分两部分组成，固定部分相当于国内生产总值的 0.2%，附加部分则按当年财政赤字占国内生产总值的比重超出 3%部分的 1/10 计算。最高罚金不超过国内生产总值的 0.5%。

（二）欧盟对财政政策规则的修改

在 2005 年 3 月举行的欧盟春季首脑会议上，欧盟各国领导人就修改《稳定与增长公约》达成一致。这是自 1999 年欧洲经货联盟正式启动以来，欧盟首次对其宏观经济管理框架作出重要修改。

1.《公约》修改的具体内容

严格来说，此次修改只涉及《公约》的具体执行程序和条款的解释，并不是对《公约》本身进行修改。这主要是由于《公约》是欧洲经货联盟的基础性法律文件，需要有相对稳定性。根据欧盟首脑会议公布的文件，此次修改主要涉及以下几方面的内容：

（1）放松年度财政赤字超标限制。本次修改继续坚持 3%的年度赤字上限和60%的政府债务率不变，但放宽了允许赤字暂时超标的条件，使 3%的赤字上限实际上被突破。

（2）延长纠正过度赤字的各类时限。从确定成员国存在过度赤字到要求成员国最终回到赤字限额内，欧盟规定了一系列的时限。本次修改延长了各类时限，以使成员国政府有更多的时间和更大的回旋余地来处理赤字超标的问题。

（3）加强对财政失衡的防范。成员国的经济和财政特征不同，中期目标可以有所不同。实现财政的可持续是制定中期目标的重要内容，特别是人口老龄化带来的隐含债务对财政的影响。对尚未实现中期财政目标的成员国，应在经济增长较好时期加大财政调整力度，允许执行有利于长期财政平衡的改革措施而短时偏离中期目标。修改之后的《公约》还特别强调了养老金制度改革对财政长期可持续的重要性。

2.欧盟此次修改《公约》的特点

（1）从经济稳定取向转变为经济增长取向

以稳定为核心的宏观经济政策主要是为保证欧元的顺利推出和保持稳定，这一目标已经实现。欧盟经济面临的主要问题是低经济增长和高失业率。因此通过修改《公约》，使宏观经济政策更及时对经济形势作出反应，促进经济增长，并支持结构改革的顺利进行。

（2）执行《公约》的重点由控制年度赤字转向长期财政平衡

欧盟过去希望通过限制年度赤字来控制总债务水平的上升，《公约》执行的重点一直放在控制年度赤字。面对人口老龄化带来的隐性债务负担不断上升，欧盟意识到中长期公共财政的健康有赖于把经济蛋糕做大，只有不断提高潜在增长水平才能增加未来财政收入。因而不应过分限制在短期内扩大财政赤字但在长期有利于财政收支平衡的支出，特别是有利于提高生产率的公共投资。

（3）修改重在重新挽回《公约》的信誉和提高可行性

在此次修改前，由于欧盟经济形势不佳，违约的成员国不断增多，特别是在欧盟中有重要影响的法德两国连年超标，使《公约》的执行实际处于停顿状态，《公约》的信誉因此受到严重损害。《公约》的难以执行是和《公约》规定得过于严格有关，欧盟认识到一个严格但无法执行的规则并不能起到应有的作用。因而此次修改在很多方面有利于提高《公约》的可行性。

（4）修改注意照顾各方利益

如放松年度赤字限制对欧盟委员会的权威有一定影响，但保留了 3% 的赤字标准和 60% 的债务标准，以及成员国在经济增长较好时改善财政状况的承诺[①]。

二、美国的财政调控制度

（一）美国财政调控政策手段

在美国，不管是增税、减税还是调整预算收支的规模和结构，都要启动繁琐、严格的司法程序，必须经国会审批。因此，美国财政政策是长期的供给型政策。

1. 税收

（1）减税。美国主要运用税收手段进行调节。每当经济萧条时，为了刺激经济发展，美国政府就实施减税政策，减税的手段包括降低税率和缩小税基（如提高起征点、增加免税额等）。里根执政的 20 世纪 80 年代，为了刺激经济发展，实施了大幅度减税措施；小布什执政期间，先后在 2001 年和 2003 年两次提出了以减税为核心的经济刺激计划。

（2）增税。当经济增长过快出现过热苗头时，为了抑制经济过热或减少财政赤字，政府实施增税政策，增税的手段包括提高税率或扩大税基（如降低税收起征点、减少或取消免税额）。

（3）提高个人所得税边际税率。克林顿执政时期，为减少政府财政赤字，保证美国经济长期稳定增长，曾将应纳税收入在 14 万美元以上的夫妻联合申报家庭（单身纳税人应税收入在 11.5 万美元以上）的边际税率从 31% 提高到 36%，同时规

---

① 孙学工．欧盟宏观调控的经验与启示[J]．宏观经济研究，2008（10）．

定应税收入超过 25 万美元以上的部分适用 39.6% 的最高边际税率。此外，为了支持某个产业发展，美国也会制定相应的税收优惠政策。

2. 发行国债

美国政府对发行国债持审慎态度，其基本做法是：根据财政收支预期进行，每年 3 月份公布政府的发债情况。美国决定发债是自动形成的，经济好时政府就少发债；经济不好时政府就多发债。不管政策制定者的意图如何，当政府财政紧张时，总统必然要求发债，国会只要求财政部为满足一定支出融资，而不管采用什么手段。

美国多数年份政府都有财政赤字，弥补财政赤字的主要手段就是面向全球发行国债。目前美国 40% 的国债由外国投资者购买，中国和日本是主要的购买国。面向世界发行国债，美国不仅弥补了巨额的财政赤字，还通过资本项目的盈余来弥补经常项目的逆差，保持国际收支的平衡①。

（二）美国财政政策的运用

1. 克林顿政府财政政策

长期以来，美国联邦政府备受巨额财政赤字的困扰。为摆脱财政困境，克林顿政府实行了以平衡预算为目标的财政政策。

（1）总体目标。优化财政支出结构、逐步减少财政赤字、最终实现财政盈余。克林顿政府 1993 年制定了《综合预算调整法案》，规定在 1994—1998 年的 5 年间削减联邦政府预算赤字 5 000 亿美元，为此，从财政收入和支出两方面采取了"双管齐下"的措施。

（2）财政收入方面，实施对富有阶层增税，并对公司增加税收。

（3）在削减政府开支方面，大刀阔斧地精简了一大批联邦政府机构，大幅度减少了国防支出，砍掉了一些社会福利项目。

通过实施卓有成效的财政政策，美国财政赤字大幅下降，1996 年财政年度为 1 073 亿美元，1997 年财政年度迅速减到 226 亿美元，为 1974 年以来的最低水平。1998 年财政赤字不仅消失，而且实现了 728 亿美元盈余。

2. 财政政策与货币政策的灵活组合

20 世纪 80 年代中期到 90 年代末，美国财政政策与货币政策实行了不同的组合方式：

（1）1985—1990 年间，联邦政府实施了紧缩财政与紧缩货币的"双紧"经济政策。通过紧缩财政，抑制财政赤字增长，实施紧缩的货币政策的最终目的是控制通货膨胀。

（2）1990—1992 年间，联邦政府实行了紧缩财政和适度放松货币的经济政策。紧缩财政是为了继续控制财政赤字，适度放松货币政策是为了刺激不景气的经济，试图通过松紧搭配的经济政策，使美国经济走上健康发展的轨道。

---

① 兰军.美国宏观调控政策及对我国的启示[J].宏观经济研究，2005（1）.

（3）1993—1997 年间，联邦政府在继续紧缩财政的同时实行了松紧搭配的货币政策，即所谓的抑短放长政策，抑制短期利率旨在控制通货膨胀，放松长期利率政策可以大大刺激投资，促进经济快速发展。联邦政府实行的宏观经济政策不仅控制了通货膨胀的上涨，而且大幅度减少了联邦财政赤字，阻止了失业率的上升，对美国经济维持低通胀下的持续增长是十分有利的[①]。

三、日本的财政调控制度

（一）日本经济模式的特点

自第二次世界大战以来，日本经济高速健康发展，其中政府起到了举足轻重的作用。与欧美的市场经济相比，日本式的市场经济最大特点在于政府强有力的宏观干预。这种市场经济体制适应了日本的国情，促进了日本经济的飞速发展，使日本在短短的二三十年里，经济实力迅速超过英国、法国和德国，跃居世界第二。日本经济模式的特点主要体现在：

1. 政府主导型

"政府主导"是日本市场经济模式最突出的特征，这种宏观调控模式的理论依据是：

（1）"市场失灵论"。市场失灵论认为市场机制存在缺陷，因此需要政府干预以矫正其不足，如公路设施建设、环境保护、发展科技等，都不能单独依靠市场机制的自发调节。

（2）"高速公路论"。高速公路论认为经济发展不能完全靠各部门、各企业自行其是，这就好比城市的交通需要红绿灯和交通指挥棒一样。因此政府应当确定合理的目标，选择最佳的路线，这就如同修筑一条高速公路。

（3）"后发优势论"。后发优势论认为日本是一个后起的资本主义国家，这种后起性，一方面对日本经济的发展造成了诸多的不利因素，但另一方面又使它具有享用后发优势的一些有利条件。工业化起步较晚的国家，完全有可能经过国家的保护和扶植，吸收先进国家的经验和技术等，用较小的代价和较短的时间发展新的优势产业。

2. 干预产业政策

"政府主导"主要表现在日本政府所采取的产业政策和经济计划方面。同美国以财政政策和货币政策为主要手段进行短期调控不同，日本采用的是以指导性经济计划为出发点的、以产业政策为核心并辅之以行政指导的中长期管理，并以财政政策和货币政策为主要手段进行经济调节的宏观调控政策体系，其中产业政策和经济计划发挥了很重要的作用。

日本的产业政策主要是指以促进产业发展为目的，以产业和企业为对象，由政府推行的干预产业的政策总称。第二次世界大战以后日本产业政策作为国家干预经

---

① 郭曦.20 世纪 90 年代以来的美国宏观调控政策评述[J].价格月刊，2006（1）.

济的一种手段，与凯恩斯主义的宏观经济政策本质上并无明显不同，其最终目的都是要通过实现供求总量的平衡来发展经济，但二者在国家干预经济的方向和重点上却是不同的。凯恩斯主义主要是着重于需求方面的管理，是通过调节需求来发展经济。日本的产业政策着重于供给方面的管理，主要是通过调节供给来发展经济。

（1）日本政府根据每个时期经济发展的需要和有关产业的地位及其作用确定各个时期的重点产业，并且通过各种手段加以扶持，以促成整个产业结构的合理化与高级化。如在 1945—1955 年日本经济恢复时期，大力支持煤炭、钢铁等基础产业的发展；在 1955—1973 年日本经济高速发展时期，重点扶植了钢铁、化工、机械、汽车产业的发展；到 20 世纪 70 年代石油危机以后，大力支持了技术的开发和创新，注重"知识密集型产业"的发展等。

战略产业的选择依发展经济的需要而定的这种思路实质上是把产业结构的变化、经济结构的调整和经济发展纳入到一个系统中。随着产业结构的合理化和高级化，经济结构得到适时调整，从而使经济得到发展。战后日本经济基本上是沿着这种轨迹发展的，随着时间的推移，日本经济的发展与产业结构高级化呈同方向变化。

（2）日本政府围绕产业政策制定并采用各种保护措施，包括限制进口、限制外国在特定行业的直接投资，促进投资的"倾斜减税"和"倾斜金融"政策以及通过实施出口，优惠的金融制度、优惠税制和建立出口保险制度来振兴出口的政策。随着日本对外开放程度的提高，有些保护政策在 20 世纪 60 年代中期以后不再采用[①]。

（3）在经济计划方面，日本经济计划主要由通产省、国土厅以及经济企划厅根据国内外经济形势负责设计制订，同时配以财政和货币政策的支持。

3.政府直接参与微观经济领域

（1）政府通过自身和立法组成一个权威机构来维护企业的产权，保护企业所有者的利益。（2）政府在市场经济中维护企业之间的公平竞争，同时也特别注重企业之间的合作与共同发展。日本政府成立的通产省发挥了企业之间的中间人和协调者的职能，通过劝说和协商等方式来促成企业之间的合作，并为企业提供大量的产业、产品以及国家计划等方面的信息，以使整个国民经济在预定的轨道上发展。

（二）日本财政调控制度的实施手段

1.财政投融资

财政投融资是指以政府信用为基础筹集资金，以实施政府政策并形成固定资产为目的，采取投资或融资方式将资金投给企业、单位和个人的政府金融活动，是政府财政活动的重要组成部分。与财政预算相比，财政投融资具有灵活性大的特点，可以采取反周期的政府投融资政策，起到稳定经济的作用。此外，财政投融资是一种投资、融资行为，也是民间资本的重要补充。通过财政投融资手段，实现国家财政经济政策目标是日本在第二次世界大战后经济快速发展的重要经验之一。

---

① 秦嗣毅.日本宏观调控中经济计划和产业政策的反思[J].哈尔滨工业大学学报：社会科学版，2002（1）.

2. 税收制度

第二次世界大战以后，日本为了促进其经济在较短时间内得到恢复，政府采用了低税率的税收制度，并实施税收优惠政策，推进新兴产业的迅速发展，进而形成规模经济。如日本通过和实施的《租税特别措施法》，规定了税收优惠领域和产业，扶持了新兴产业，适应了经济现代化的需要。通过税收改革促进企业技术更新和引进国外先进技术。日本经济恢复以后，其政府采取了减税的财政制度安排，给予大型企业集团公司一定的税收优惠政策，促使其加速资本积累，进行技术革新，促进了日本垄断资本的形成。

3. 财政政策

日本根据社会经济发展的实际情况，通过合理实施扩张性和紧缩性的财政政策，对经济进行"逆向"调节，保证社会总需求和总供给的平衡。财政政策的运用主要经历了 4 个阶段：

（1）第一阶段（20 世纪 80 年代前），采用扩张性财政政策

在 20 世纪 60 年代，由于私人投资缓慢，政府采用了扩张性的财政政策，直接增加公共投资，扩大了社会的有效需求；20 世纪 70 年代，由于出现石油危机，世界经济出现萧条，为此通过扩大政府预算、刺激有效需求，抑制了经济的萧条。

（2）第二阶段（20 世纪 80 年代—90 年代初），采用紧缩性财政政策

进入 80 年代以来，由于经济出现"滞胀"，80 年代后半期，日本发生了严重的经济泡沫，地价股价暴涨，个人消费迅速上升。为此，采用了紧缩性的财政政策，控制财政赤字，保证经济稳定发展。

（3）第三阶段（1990 年以后），采用扩张性财政政策

①政策的基本内容

1990 年以后股市泡沫和房地产泡沫相继破灭，最后导致整个泡沫经济崩溃。之后，日本出现了通货紧缩、经济衰退的严峻局面。面对日趋恶化的经济形势，日本政府基本上是实行以增加公共支出为主的扩张性财政政策，主要措施是扩大国债发行、减税、扩大公共投资和增加社会保障支出等，也辅助采取一些增加转移支付的措施。

一是追加公共投资。自 1992 年开始，日本政府连续推出了 10 个以扩大政府公共投资为中心的"经济综合方案"，这些追加预算的特殊措施，也可以理解为对预算扩张的强化或补充，资金规模达 136.1 万亿日元。

二是大规模减税。减税范围包括消费税、所得税、住宅税和法人税，税收从 1988 年的 60.1 万亿日元下降到 1999 年的 47.23 万亿日元。减税措施使税收占国民收入的比重由 1990 年的 27.4%下降到 1999 年的 22.1%。

三是增加政府转移支出。在 20 世纪 90 年代日本政府出台的 10 次"经济综合方案"中，多次涉及政府转移支出。如紧急经济对策投入 1 万亿日元帮助中、老年失业者再就业，计划增加 100 万个就业机会，发放 7 000 亿日元地方振兴券，对全国无收入的老人和 15 岁以下的儿童每人发放 2 万日元的购物券等等，这些措施都

直接刺激了个人消费[①]。

②政策实施的结果

长期的扩张性财政政策虽然给日本经济带来了两次短暂的复苏，但是由于财政政策运用缺乏针对性（20 世纪 90 年代日本经济的突出问题主要是国内经济有效需求不足，导致国内需求不足的根本原因在于金融体系遭到重创，即经济的问题出在金融体系上，而日本政府的对策重点放在扩大公共投资和启动消费上）、财政政策孤军作战以及公共投资效率下降进一步影响了财政政策的效果，使得扩张性财政政策并没有从根本上强化日本经济增长的基础，没有把日本经济推向正常的增长轨道。

相反，由于长期的扩张性财政政策使日本的国债规模不断增大，财政状况不断恶化。高额的财政赤字，一方面严重地抑制了日本经济增长，另一方面也使政府运用财政政策的空间越来越小。因此大规模削减财政赤字、重建财政、恢复财政政策的效力，再一次成为日本政府的重大课题。1995 年 12 月确定了财政健全化的目标，即争取到 2005 年度，将中央政府与地方政府的财政赤字控制在 GDP 的 3%以内；在 21 世纪初期摆脱赤字公债，降低公债依存度，建立起一个公债负担率不再上升的财政体制。

基于这一目标，制定了政府财政运营中应坚决贯彻的原则，即国家一般会计支出和地方财政计划支出的增长率低于同期名义经济增长率的基本原则。依据上述目标与原则，日本政府将 1997 年度确定为"财政结构改革元年"，并决定将该年经常性财政支出的增长率控制在 1.5%左右，使之低于预期 3.1%的名义经济增长率。同时，还决定减少公债的发行数量。1997 年下半年发生的东南亚金融危机，使日本不得不重新拾起了传统的扩张型财政政策，大规模发行赤字公债。

（4）第四阶段，金融危机应对政策

始于 2008 年下半年的美国次贷危机引发的金融海啸对世界各国经济都造成了巨大的冲击。面对金融危机，日本政府先后出台了耗资近 80 万亿日元的紧急救助计划，用于稳定民生、开发新能源技术和安定金融市场。

①提出不以增加短期需求为目标的指导原则，代之以"结构改革促经济发展"的长远发展思路。

②加大了对节能、替代能源的技术开发和普及的投资。

③在原有基础上增加财政专项支出约 4 000 万亿日元，特别照顾高龄者、失业者、母子家庭等社会弱势群体。

④为确保金融经济的平稳安定，将在市场经济中经常处于被支配地位的中小企业，特别是为大企业提供零部件或服务的中小企业和家庭作坊作为重点扶助对象，政府将对以中小企业为服务对象的地方银行的出资额从现行的 2 万亿日元增至 12 万亿日元[②]。

①　龚六堂.日本后危机时期的宏观调控措施及启示[J].农村金融研究，2010（1）.
①　王莹.日本应对金融风暴策略对我国宏观调控的借鉴[J].中国经贸导刊，2010（19）.

第三节 区域经济发展的财政调控制度

一、美国促进区域经济发展的财政调控制度

(一) 开发经济落后地区的战略内容

区域经济发展不平衡是当今世界普遍存在的问题, 也是各国政府宏观调控的一个重要目标。美国曾经是一个地区经济发展很不平衡的国家。从 18 世纪美国成立到 20 世纪 30 年代, 美国的制造工业绝大部分集中在环大西洋西岸的东北部地区, 而南部则是一个落后的传统农业区。因此, 先进的北部工业区统治落后的南部农业区是当时美国经济发展的一个重要特征。美国政府对落后地区经济与发达地区之间的差距始终予以高度重视, 把这一问题的解决看做事关全局、事关国家长期利益和国际经济关系的大事。

为促进贫困地区的发展, 美国制定与实施了有效开发经济落后地区的基本战略, 其中主要包括 3 个方面:

1. 综合战略

通过广泛的财政、货币政策等综合措施, 使贫困地区的经济发展保持较高的增长率。

2. 减轻财政支出压力

通过失业津贴、医疗保健方案、公共援助等长短期援助和减免税费, 减缓落后地区的财政支出压力, 消除落后地区的贫困。

3. 根治战略

通过地区开发计划、职业培训和扶持教育, 提高落后地区自我发展的能力。根治战略也是最重要战略。

(二) 财政制度措施

美国政府调解区域经济差异的思路是: 借助政府机器推动落后地区经济发展。通过一系列财政行为, 综合运用法律措施、制度措施和经济措施等多重手段, 不但单独调控落后地区经济、平抑区域差距, 而且为其他宏观措施的实施创造条件、弥补实行过程中的不足。

1. 允许各州实行不同的税收制度

从 20 世纪 30 年代起, 为调节区域经济平衡, 联邦政府允许各州在保证联邦政府财政的基础上, 针对不同区域的经济发展水平实行相对独立的、有差别的税收政策, 以利于各州创造有利的区域投资环境。在美国, 各州之间的消费税不同, 一些州希望吸引更多的人来本州购买商品, 以刺激本州商业的发展, 就会降低本州的消费税。联邦政府对不同区域一直采用不同的税制, 其根本出发点是为落后地区留出更多资金以增强其自我发展能力。

2. 建立统一规范的财政转移支付制度

从 1933 年罗斯福总统推行"新政"开始，联邦政府就加强了对地区经济的干预。通过扩大政府间转移支付来调节落后地区社会经济发展，增强州和地方政府提供社会公共服务的能力，并缩小地区之间行政能力与公共服务能力的差异。第二次世界大战以后，美国联邦财政始终注意对落后地区的资金补助，即通过转移支付的形式对欠发达地区给予财政上的大力补助，以平衡各地区的公共服务水平。

20 世纪 80 年代以后，东北部和西南中部地区，个人收入的很大一部分被联邦财政再分配给其他地区，突出的现象是五大湖地区的资金净外流，而南部地区的资金净流入。财政转移支付制度在缩小地区间经济发展差距和地区间收入差距方面的作用十分明显。

3. 组建经济开发区

美国政府于 1961 年颁布了《地区再开发法》，核心目的是有计划地开发落后地区，并依法成立了地区再开发管理局。联邦政府把贫困落后地区划分为开发专区、经济开发专区和经济再开发区域。开发专区由多个县或州组成，一般包括两个以上的财政收支开发区，并兼容一个"增长中心"（较富裕地区）。

这种做法的目的在于使先进和落后两个地区相互促进、取长补短、要素流动。1965 年为实施约翰逊总统的"伟大社会计划"，美国政府又颁布了《公共工程和经济开发法》、《阿巴拉契亚区域开发法》等一系列法规，成立了经济开发署、阿巴拉契亚区域委员会以及一些其他的州际区域开发委员会，它们的根本职能就是加快落后地区的经济发展。

4. 对落后地区基础设施进行投资

在美国，由于水利工程、高速公路等基础设施项目耗资多、风险大、工期长、收益不稳定，私人资本一般不愿意介入，各级地方政府出于本位利益考虑，也不愿意投资建设跨区的大型水利工程，因此，联邦政府采取统一规划、直接管理的方式，出资组织兴建跨州、跨县的水利工程和高速公路网，扶持落后地区的基础设施建设。

5. 充分利用财政投融资手段

美国政府出资援助落后地区实质上是发挥示范作用，真正的目的在于鼓励私营企业和外资企业向落后地区投资，引导私人资本和外国资本流向落后地区。因此，联邦政府对在落后地区投资的私营企业和外资企业，通过提供长期低息、无息贷款或技术援助的方式予以扶持，从而在佐治亚州和佛罗里达州分别出现了外资直接投资增加的情况。

6. 优化人力资本结构

在促进落后地区经济发展过程中，美国联邦政府不仅注重物质投入，而且努力完善综合经济发展条件。其中主要措施就是提高人力资本素质，引导人力资源流向。美国联邦政府一方面增加向落后地区的教育投资，另一方面，则通过物质鼓励手段，引导劳动力向落后地区转移。

总之，美国联邦财政对落后地区的经济调控是全方位的。调控的意义并不仅仅在于输入资金，而是在于完善经济发展条件、调理经济运行机制、强化长期自我发展基础，并且从治标和治本两个方面促使落后地区摆脱贫困，形成自我循环能力，并且这种调控是在法治化、规范化、协调性轨道上运行的，是立足于稳定全局、促进全国经济增长和优化全国市场运转基础上的宏观调控行为。它本质上在于构造新的区域利益分配格局，相机调整整体区域分工格局。

二、欧盟促进区域经济发展的财政调控制度

（一）财政支持的内容

欧洲联盟区域发展存在着不平衡的现象，主要体现在两个方面：一是欧盟各国内部区域发展的不平衡，在欧盟各国内部不同程度地存在工业区与农业区、沿海与内地、内河平原与山区的差别；二是欧盟各国之间发展的不平衡。为了改变这种状况，欧盟各国政府积极运用财政调控制度，通过有限拨款、赠款、补贴、政策优惠、基础设施投入等措施，刺激、鼓励和带动国内资本甚至国际资本流向后进地区。

财政对后进地区的支持分为 3 个方面：

1. 资金援助

资金援助主要包括政策提供用款、补贴等转移支付及无息或低息贷款。

2. 技术援助

技术援助主要是基础设施建设、人力资源培训投入、信息投入等。

3. 政策优惠

政策优惠则通过税收优惠来体现。

（二）财政支持方式

从欧盟各国的实践来看，向后进地区提供财政支持的方式主要包括：

1. 积极推进后进地区的基础设施建设

这项措施是指政府直接拨款在后进地区兴建基础设施，改善交通运输条件，提高教育水平，进行技术培训等。

2. 对投入后进地区的资本提供投资补贴

这一措施旨在鼓励、刺激工业资本投向特定的后进地区。

3. 实行税收优惠

几乎所有的欧盟国家都把这项政策作为刺激私人企业向后进地区投资的手段。其主要内容有：对投资实行免税，在一定时期内对收入免征或减征所得税，实行加速折旧或自由折旧等等。

4. 对后进地区提供就业补贴

为了稳定后进地区的人口，增加该地区的就业，欧盟各国政府均对后进地区的就业人员提供就业补贴或社会保险补贴。

5. 利用国有资本带动社会投资

这项措施是指国家采取直接投资或与地方财政资金及其他资本合股的方式，在后进地区举办国有企业或国有控股企业，以带动、吸引其他资本的进入。

6. 扶持中小企业发展

中小企业在后进地区的开发中显示出较强的生命力。它们不仅在生产上具有较大的灵活性，而且在吸收劳动力方面也具有较大的伸缩性，因而成为欧盟各国财政支持后进地区发展经济的重要措施。一些国家，如意大利政府拨款用于南方地区发展中小企业，并成立南方金融租赁公司，专门为该地区中小企业优惠出租先进技术设备和生产流水线。

7. 促进后进地区农业经济的发展

为推进农村"结构改革"和农场现代化"开发计划"，法国在西部、西南和中央高原等重点发展地区实行了一系列财政刺激政策和扶助政策，包括建立资金和补贴制度、低息贷款和税收优惠等，取得了显著效果。

8. 规定对后进地区的强制性政府采购比例

这是为了支持后进地区的经济发展，在政府采购总额中规定一定比例必须在后进地区购买。

三、德国促进区域经济发展的财政调控制度

德国统一后，原东德地区在 10 年间取得了巨大的成就，生产得到了明显改善，基础设施得以改造更新，居民的住房和生活水平也大幅度提高。总体来说，德国在促进东部地区经济和社会发展的战略和政策方面所采取的区域经济协调发展措施包括：

（一）建立联邦财政均衡体系

在过渡阶段（1990—1994 年）主要通过德国统一基金实施对东部各州和地方政府的转移支付。1995 年以后，则主要通过东西部各州之间的横向财政平衡实施转移支付、实行税收的横向分配和流转税均衡。

（二）实行联邦政府追加拨款

联邦政府每年向东部各州提供特殊追加拨款以及过渡期追加拨款等，满足东部各州的支出需要。

（三）提供特殊投资拨款

除了财政均衡体系外，自 1995 年以来，联邦政府还向东部各州提供特殊投资拨款以增强它们的经济实力。东部各州还受益于其他各种形式的联邦政府援助和欧盟的援助。这些援助或者向州政府拨付，或者直接支付给企业或个人，以促进落后地区经济和社会的发展。

（四）建立特定机构进行企业改制

为了实现东部国有企业向市场经济过渡，联邦财政部建立了一个特殊机构，负责将大型国有企业转为中小企业，实行重组或私有化，以吸引原西德的人才和资金

到东部。

（五）基础设施投入

联邦政府在其职责范围内将主要资金投向东部的公共设施建设。

四、各国财政调控制度的共性

（一）财政调控制度以区域经济发展规划为指导

1. 区域规划法制化

从各国的实践来看，政府向后进地区提供发展支持的财政政策，是以贯彻落实国家区域经济发展规划为指针的理性选择和自觉行动。西欧各国历来十分重视区域规划，一些国家如德国甚至把区域规划的主要内容纳入法律框架。

2. 财税政策置于区域规划框架内

各国区域开发的财税政策，都是在区域经济发展规划的宏观指导下运用和实施的，有的国家直接把具体的财税政策列入区域规划。同时，欧盟各国在日益精细的区域经济发展规划指导下，财政支持的主要目标十分清晰、具体。受援区域明确、选择标准定量化，从而有利于提高财税政策的针对性和实效性，既能突出政策差异、便于实际操作，又便于对政策效果进行评价、考核和比较，还有利于控制财政支出的数量和规模。

（二）运用规范的转移支付制度来实施区域经济政策

规范的转移支付制度是所有国家缩小地区间发展差距、实现地区间公共服务水平均等化的基本手段。例如，美国联邦政府通过转移支付的形式对州和地方政府给予财政补助，以增强州和地方政府提供公共服务的能力，平衡各地区提供公共服务水平。德国联邦政府十分重视转移支付手段的运用，把财政支出的20%用于补助低于各州平均水平的贫困州以支持其发展。

（三）避免财政资金的分散使用

在运用财政政策开发后进地区的实践中，各国政府都避免财政资金的分散使用。欧盟各国都曾不同程度地经历过财政资金从分散使用到集中使用的演变过程。进入20世纪80年代以后，欧盟各国不约而同地先后对其区域财政政策进行调整，调整的内容包括：（1）改变"天女散花"式的财政补贴办法，缩小补贴范围。（2）加强对单个项目的援助力度，集中使用财政资金，提高资金运用效率。（3）重点扶持和激励后进地区的积极因素与发展优势。（4）在财政支持中，注重仔细策划、精心设计、量力而行，以避免政府陷入财政负担过重、资金筹措困难的境地。

（四）对落后地区采取税收优惠政策

各国在促进区域均衡发展中都注重发挥税收政策的作用。例如，美国为了鼓励资本向欠发达地区流动，联邦政府扩大了州和地方政府的税收豁免权，州政府也可以运用减免税政策。

（五）对落后地区实行企业补贴制度

从一些发达国家的经验来看，中央政府对落后地区企业的援助大多采取补贴的形式，包括投资补贴、就业补贴、税式支出和直接拨款生产公共产品等。例如，意大利为促进南方地区的工业化，对南方新办企业的厂房建设资金、购置机器设备提供财政补贴，为新建企业提供优惠。

（六）重视对落后地区的教育投资

注重开发落后地区的人力资源、为其发展提供人力资源以解决地区间经济发展不平衡是发达国家的共性问题。例如，美国联邦政府为了振兴南部经济，满足这些落后地区对人才的需求，大力发展南部地区的教育事业。

☐ 本章小结

* 财政调控制度是指政府通过运用预算、税收、公债和支出等具体的经济调控手段，为了实现特定时期的经济、政治和社会目标而制定的一系列行为准则，具有4个明显特征：（1）调控目标的明确性；（2）调控手段的多样性；（3）调控对象的广泛性；（4）调控效能的时滞性。

* 财政调控制度主要可分为：扩张、紧缩和均衡的财政调控制度；自动稳定和相机抉择的财政调控制度；宏观和微观财政调控制度；分配性和调节性财政调控制度。财政调控制度具有导向、调节和控制3大功能。政策工具主要有政府预算、公债、税收、财政支出。传导机制主要包括：收入分配、价格和货币供应。

* 欧盟财政政策基本框架的主要内容包括：过度财政赤字的界定、控制赤字的原则、对成员国实施财政政策的协调和监督、对违反财政规则的惩罚。欧盟《公约》对财政政策规则修改的具体内容是：（1）放松年度财政赤字超标限制；（2）延长纠正过度赤字的各类时限；（3）加强对财政失衡的防范。

* 美国财政调控主要通过税收和发行国债两种方式。财政政策的实施反映在两个方面：一是克林顿政府财政政策；二是财政政策与货币政策的灵活组合。

* 日本干预经济模式的特点主要体现在：政府主导型、干预产业政策、政府直接参与微观经济领域。日本财政调控制度的实施手段包括：财政投融资、税收制度和财政政策。

* 美国促进区域经济发展的财政调控制度包括制定开发经济落后地区的战略和财政制度措施，具体包括：（1）允许各州实行不同的税收制度；（2）建立统一规范的财政转移支付制度；（3）组建经济开发区；（4）对落后地区基础设施进行投资；（5）充分利用财政投融资手段；（6）优化人力资本结构。

* 欧盟促进区域经济发展的财政调控制度包括财政支持内容和财政支持方式，具体包括：（1）积极推进后进地区的基础设施建设；（2）对投入后进地区的资本提供投资补贴；（3）实行税收优惠；（4）对后进地区提供就业补贴；（5）利用国有资本带动社会投资；（6）扶持中小企业发展；（7）促进后进地区农业经济的发展；（8）规定对后进地区的强制性政府采购比例。

* 德国促进区域经济发展的财政调控制度措施包括：（1）建立联邦财政均衡体系；（2）实行联邦政府追加拨款；（3）提供特殊投资拨款；（4）建立特定机构进行

企业改制；（5）基础设施投入。

　　* 各国财政调控制度的共性体现在：（1）以区域经济发展规划为指导；（2）运用规范的转移支付制度来实施区域经济政策；（3）避免财政资金的分散使用；（4）对落后地区采取税收优惠政策；（5）对落后地区实行企业补贴制度；（6）重视对落后地区的教育投资。

☐ 关键概念

　　财政调控制度　扩张忄生财政调控制度　紧缩性财政调控制度　自动稳定财政调控制度　相机抉择财政调控制度　宏观财政调控制度　微观财政调控制度　分配性财政调控制度　调节性财政调控制度　过度财政赤字　财政投融资

☐ 复习思考题

　　1. 论述财政调控制度的特征。

　　2. 财政调控制度按不同的标准如何分类？

　　3. 简述财政调控制度的功能。

　　4. 论述财政调控制度的政策工具。

　　5. 财政调控制度的传导机制有哪些？

　　6. 论述欧盟财政政策规则的具体内容和特点。

　　7. 简述 20 世纪 80 年代中期到 90 年代末美国财政政策与货币政策的组合形式。

　　8. 简述日本实施财政调控制度的手段。

　　9. 简述日本应对 2008 年金融危机的政策内容。

　　10. 论述美国促进区域经济发展的财政调控制度内容。

　　11. 论述欧盟促进区域经济发展的财政调控制度内容。

　　12. 简述德国促进区域经济协调发展措施。

　　13. 论述各国促进区域发展的财政调控制度的共性。

主 要 参 考 文 献

[1]刘长琨.美国财政制度[M].北京：中国财政经济出版社，1998.

[2]刘长琨.俄罗斯联邦财政制度[M].北京：中国财政经济出版社，1998.

[3]刘长琨.日本财政制度[M].北京：中国财政经济出版社，1998.

[4]朱明熙.西方财政研究[M].成都：西南财经大学出版社，1999.

[5]财政部财政制度国际比较课题组.美国财政制度[M].北京：中国财政经济出版社，1999.

[6]财政部财政制度国际比较课题组.英国财政制度[M].北京：中国财政经济出版社，1999.

[7]财政部财政制度国际比较课题组.德国财政制度[M].北京：中国财政经济出版社，1999.

[8]财政部财政制度国际比较课题组.日本财政制度[M].北京：中国财政经济出版社，1999.

[9]财政部财政制度国际比较课题组.俄罗斯财政制度[M].北京：中国财政经济出版社，1999.

[10]高强.日本税制[M].北京：中国财政经济出版社，2000.

[11]斯基亚沃－坎波，托马西.公共支出管理[M].张通，译.北京：中国财政经济出版社，2001.

[12]朱志刚.美国联邦政府预算管理[M].北京：经济科学出版社，2001.

[13]罗元文.国际社会保障制度比较[M].北京：中国经济出版社，2001.

[14]李俊生，李新华.国债管理[M].北京：中国财政经济出版社，2001.

[15]刘小明.财政转移支付制度研究[M].北京：中国财政经济出版社，2001.

[16]青木昌彦.比较制度分析[M].周黎安，译.上海：上海远东出版社，2001。

[17]经济合作与发展组织.比较预算[M].北京：人民出版社，2001.

[18]刘军，郭庆旺.世界性税制改革理论与实践研究[M].北京：中国人民大学出版社，2001.

[19]林奇.美国公共预算[M].苟燕南，董静，译.北京：中国财政经济出版社，2002.

[20]刘溶沧，赵志耘.税制改革国际比较研究[M].北京：经济科学出版社，2002.

[21]王传纶，高培勇.当代西方财政经济理论[M].北京：商务印书馆，2002.

[22]付伯颖.外国财政[M].北京：经济科学出版社，2003.

[23]财政部国际司.财攻新视角——外国财政管理与改革[M].北京：经济科学出版社，2003.

[24]高如峰.义务教育投资国际比较[M].北京：人民教育出版社，2003.

[25]高强.德国税制[M].北京：中国财政经济出版社，2004.

[26]崔联会.中国财政制度研究[M].北京：经济科学出版社，2004.

[27]沃尔曼.德国地方政府[M].陈伟，段德敏，译.北京：北京大学出版社，2005.

[28]王德祥.现代外国财政制度[M].武汉：武汉大学出版社，2005.

[29]彭健.政府预算理论演进与制度创新[M].北京：中国财政经济出版社，2006.

[30]蒋洪.公共经济学（财政学）[M].上海：上海财经大学出版社，2006.

[31]陈工，袁星侯.财政支出管理与绩效评价[M].北京：中国财政经济出版社，2007.

[32]白彦锋.落实科学发展观的财税政策体系[M].北京：经济科学出版社，2009.

[33]童伟.俄罗斯政府预算制度[M].北京：经济科学出版社，2013.

[34]肖鹏.美国政府预算制度[M].北京：经济科学出版社，2014.

[35]赵永冰.德国的财政转移支付制度及对我国的启示[J].财经论丛，2001（1）.

[36]刘泽云.西方发达国家的义务教育财政转移支付制度[J].比较教育研究，2003（1）.

[37]随新玉.美欧（盟）财政支农政策比较与启示[J].财政研究，2004（5）.

[38]周天勇.中美财税立法体制及支出结构比较[J].财贸经济，2005（6）.

[39]郭新力.国外政府实施义务教育的模式及其启示[J].教育研究，2005（3）.

[40]王朝才.日本中央和地方财政分配关系及其借鉴意义[J].经济研究参考，2005（81）.

[41]邵学峰，崔焱.日德财政分权体制对地方经济发展的影响[J].现代日本经济，2005（8）.

[42]蔡琛，童晓晴.公共支出绩效管理的国际比较与借鉴[J].广东社会科学，2006（2）.

[43]邵学峰.以公平促进效率：科学发展观指导下的税收理念[J].江汉论坛，2006（7）.

[44]东晓，石田和之.日本地方政府预算研究与启示[J].中南财经政法大学学报，2007（6）.

[45]郑振儒.西方发达国家社会保障管理比较分析[J].经济纵横，2007（6）.

[46]郭冬梅.日本近代地方财政制度的形成[J].现代日本经济，2007（3）.

[47]李淑霞，苗裴.日本财政分权与经济增长[J].现代日本经济，2007（4）.

[48]徐永鬻.美国政府非税收入管理[J].中国财政，2007（12）.

[49]孙玉栋，陈洋.个人所得税综合税制国际比较与评价[J].财政与税务，2008（4）.

[50]徐鲲，陈亮亮.国外政府财政绩效考评的经验借鉴[J].华东经济管理，2008（5）.

[51]边维慧，李自兴.财政分权：理论与国外实践[J].国外社会科学，2008（3）.

[52]王鹏程，刘斌.美国财政集中收付制度及其对我国的启示[J].商业时代，2008（29）.

[53]潘勇辉，刘飞.中美财政支持农业保险的比较研究[J].商业时代，2008（27）.

[54]张占平，吕洁，申越魁.发达国家社会保障的城乡差别演变与启示[J].河北经贸大学学报，2008（7）.

[55]王小广.美国宏观调控的经验、教训及启示[J].中国金融，2008（17）.

[56]黄桥法，王贺.西方发达国家社会保障制度对和谐社会建设的启示[J].科学社会主义，2009（5）.

[57]杨雅琴.呼吁中国财政中期预算[J].经济研究导刊，2009（18）.

[58]李树，陈刚.国外财政支农的经验与启示[J].宏观经济管理，2009（2）.

[59]万春梅.加拿大财政预算编制简介与启示[J].财政与发展，2009（1）.

[60]房连泉.改革中的瑞典社会福利制度[J].天津社会保险，2009（1）.

[61]祖玉琴.美国社会救助制度探析[J].特区实践与理论，2009（4）.

[62]郑军，彭欢.中西方社会救助制度中政府责任差异的比较分析——基于制度文化的视角[J].经济问题探索，2010（2）.

[63]张晶.日本地方政府发行公债对我国的启示[J].价格月刊，2010（9）.

[64]昝剑森，刘扬.发达国家社会保障制度比较与启示[J].当代世界与社会主义，2010（6）.

[65]财政部财政科学研究所课题组.政府间基本公共服务事权配置的国际比较研究[J].经济研究参考，2010（16）.

[66]汪朝霞.社会救助制度的国际比较与经验借鉴——以英、美、日等国为研究对象[J].苏州大学学报，2011（5）.

[67]鲁全.美国 401K 计划：自由市场经济的产物[J].社会保障制度，2011（4）.

[68]蔡江南.美英两国医改新动向及对中国医改的启示[J].中国市场，2011（3）.

[69]朱炜.意大利预算监管情况的启示与借鉴[J].财政研究，2011（8）.

[70]孙文基，魏文斌.税权划分的国际比较[J].国外生活科学，2011（2）.

[71]李旭章.西方国家的转移支付及启示[J].中国党政干部论坛，2011（3）.

[72]何自强.税制结构国际发展新趋势与中国结构性减税之政策取向[J].现代财经，2011（10）.

[73]陈丰元.积累制养老保险研究[J].山东社会科学，2011（3）.

[74]齐红芳，曾瑞明，李甜.欧洲福利国家社会福利制度及其改革对我国的启示——仅以瑞典和英国为例[J].劳动保障世界，2011（4）.

[75]张斌.西方发达国家中央与地方关系概况及启示[J].地方财政研究，2012（10）.

[76]董晶.国外财政监督制度的特点与借鉴[J].山东行政学院学报，2012（2）

[77]王文行，张健.欧美生态税改革的内容、成效及对我国的启示[J].财会研究，2012（3）.

[78]朱尔茜.政府非税收入管理的国际比较与借鉴[J].求索，2013（4）.

[79]崔惠玉，武玲玲.中西方政府预算制度的变迁与思考[J].河北经贸大学学报，2013（4）

[80]沈向民.西方个人所得税课税模式的经验与借鉴[J].现代经济探讨，2013（8）.

[81]李青，蔡华.英国预算改革述评[J].安徽工业大学学报：社会科学版，2014（4）.

[82]谢宇航，邓菊秋.发达国家地方主体税种设置及启示[J].经济纵横，2014（11）.

[83]刘红灿.政府间事权、财权划分的国际经验及改革设想[J].中国财经信息资料，2014（7）.

[84]刘建阳.美国政府采购制度的启示[J].审计月刊，2014（4）.

[85]王洁若.美国遗产税制及其对中国的启示[J].财政监督，2014（7）.

[86]黄春元，张战平，金玉姗.中美个人所得税制度的比较及对我国的启示[J].税务与经济，2014（2）.

[87]樊丽明，李昕凝.世界各国税制结构变化趋向及思考[J].税务研究，2015（1）.

[88]汪星明.完善地方税体系的国际借鉴[J].国际税收，2014（10）.

[89]葛乃旭，杨留花.建立我国横向转移支付制度的方案设计研究：借鉴德国转移支付制度改革最新经验[J].地方财政研究，2014（4）.

[90]陈尚斌，龙晓燕.绿色税收体系建立的国际经验及启示[J].中国财经信息资料，2014（26）.

[91]李海，张达芬.分税制国际经验介评[J].税务研究，2014（11）.

[92]甘长来，段龙龙.国外农业巨灾保险财政支持模式及对我国启示[J].地方财政研究，2015（1）.